U0710623

雍正传

上

冯尔康 著

中华书局

图书在版编目(CIP)数据

雍正传/冯尔康著. —北京:中华书局,2023.6
ISBN 978-7-101-16194-6

Ⅰ.雍…　Ⅱ.冯…　Ⅲ.雍正帝(1678~1735)-传记
Ⅳ.K827=49

中国国家版本馆 CIP 数据核字(2023)第 066147 号

书　　名　雍正传(全二册)
著　　者　冯尔康
责任编辑　吴冰清
责任印制　陈丽娜
出版发行　中华书局
(北京市丰台区太平桥西里 38 号　100073)
http://www.zhbc.com.cn
E-mail:zhbc@zhbc.com.cn
印　　刷　河北新华第一印刷有限责任公司
版　　次　2023 年 6 月第 1 版
2023 年 6 月第 1 次印刷
规　　格　开本/920×1250 毫米　1/32
印张 25⅞　插页 4　字数 550 千字
印　　数　1-5000 册
国际书号　ISBN 978-7-101-16194-6
定　　价　98.00 元

自序（一）

本书每个版本都有《自序》，在2014年版作了归纳，距今近十年了，新版也有要交代的话，于2013年《自序》内续写亦可，何以另书序言？盖因有涉及学人做人的根本性认知，如何对待学术风气问题，进行专门交代，较为醒目，是以书此《自序（一）》。我要讲的有四点，即：

（1）理直气壮地、勇往直前地将独立思考研究心得呈现给读者。

（2）跳出五种生产方式模式，重新认识秦汉以降社会性质。

时至今日，中国古代封建社会说仍为主流观点，然而秦汉以降的社会哪里是封建社会?！学者冯天瑜著《“封建”考论》（武汉大学出版社2006年版），力辟秦汉至明清封建社会论，提出“宗法地主专制社会”说。我非常佩服。我同样不以封建社会说为然，撰文《秦汉以降古代中国“变异型宗法社会”述论——以两汉、两宋宗族建设为例》（《天津社会科学》2008年第1期），认为“变异型宗法社会”是秦汉以降社会特征，实质是专制主义皇权社会。按照五种社会形态及经济基础决定上层建筑理论，“变异型宗法社会”“宗法地主专制社会”均未明确上层建筑与经济基础的关系，都没有直接交代生产方式，这种“理论”纠缠着我，现在的想法是从历史实际出发，不管理论怎样说，都认为中国中古、前近代社会是君主专制主义社会。有此见识，在先秦史之外，秦汉以降社会，不再使用“封建”概念，本书原来出现的有关观念、词汇一概删去。

（3）为何有少量内容的增订？

在原版电子文档校正之先，设想保持原貌，只是改正“手民”之误，但一投入，发现开卷的《自序》说到将雍正史分作五部分、十七章交代，而没有雍正生平的概括；再看全书十七章，大多缺略导语，直接进入第一节叙事，让读者不明本章主旨及主要内容。我感到如此写法对读者阅览不便，容易摸不着头脑，为此在《自序》增订概述雍正及其政治简史，对各章写出“内容摘要”式的文字。此外，我还对全书的章节标题进行修订，以简练明了的形式概括章节主要内容。

（4）为何不介绍、不回应雍正史研究新信息？

近十年来学术界产生了雍正史研究的新成果，如颇有见地的杨珍《康熙四十七年众臣保举皇太子释疑》（《清史论丛》2015年第1期），如在朝鲜发现康熙遗诏。本书均应有所论及，然学界新论不令我根本改变观点的，自家又无突破性认知，就不再添写。即如雍正施行族正制，我于2011年发表《政府与民间互动的族正制及其史料解读》(《社会科学辑刊》2011年第3期)，可是《雍正传》对此叙述极其简略，我亦不予补充，为的是不再扩展内容、增加篇幅，以免枝蔓丛生。

好了，新序就此止住。

著　者

2022年12月27日

新冠疫情肆虐之日，谨愿同胞康宁！

自序（二）

自序写些什么？为何写作此书，怎样表述人物历史，是应该首先向读者告白的；其次，由于本书已有几个版本，内容有何不同？书已问世28年，读者多有批评，都需要有所说明和回应。写作的原因与表达方法，在1985年版的《序言》作了交代，现在将之述录下来，然后再说本书的版本与增订原则。要之，期望通过《序言》，为读者提供阅览的方便。

雍正的形象，在人们的心目中，至少在一部分人的印象里，是一个篡位者，屠戮功臣、施行特务统治的残忍的暴君，又是有着重大事迹的帝王。笔者在检阅了有关他的大部分资料之后，认为他敢于革除旧弊，办事雷厉风行，是康乾盛世的有力推进者，是促进清朝历史发展的政治家，是可以肯定的历史人物，因而觉得过往的评论不够中肯，诬罔较多，想为他有所辩白，这是写作本书的第一个目的。第二，做好历史人物的评论，要避免概念化的毛病，“千人一面”，则不是成功的研究。对历史人物所特有的东西，如他具有怎样的秉赋，有什么样的信念，爱憎如何，性格又是怎样的，要做必要的考察，否则难以还原历史人物的本来面貌。雍正具有鲜明个性，而且充分表现出来了，对他的研究可以很好地阐明个人在历史上的地位及其是如何发挥作用的。笔者就是想作这方面的尝试。第三，历史人物的个人意志来源于他所在社会的现实，并在那种情况下对社会发生影响，因而要想了解它的产生和作用，就不能离开诞育它的特定的社会条件。把个人放到时代社会中考察，既可以阐明个人的历史地位，还可以揭示那个社会的发展状况。这就是从一个人看一个时代，这是进行历史人物研究的目的之一，也是一种研究方法。笔者奢想，通过雍正史的研讨，概括雍正生活时代的社会历史，说明它的状况和特点，探索中国君主专制社会进程中一个阶段的发展规律。

为了把这些设想表述出来，采取这样一些写作方法：

较多采摘历史资料，加以排比胪列，用资料表现雍正和他的时代。根据资料，笔者作简要的分析。这种评论也许是不确切的，甚至是错误的，但读者若能通过那些资料作出自己的判断，笔者就感到欣慰了。本书为较多地容纳材料，征引大段引文，使篇幅繁冗，可能做得不恰当；还有一些考证，令人读之如同嚼蜡。凡属缺陷，应当改正，而致此之由，则在于想用资料说话。

本书不仅包括主人公雍正的历史资料和叙述，还包含他生平事迹以外的、他那个时期的制度、事件、人物的材料和叙述，换句话说是以他为中心，凡和他的活动有联系的事物，尽可能地给予说明，以期达到透过雍正观察他的时代的目的。

对雍正的思想、才能、性格、作风，企图有所揭示，唯做得是非常不够。

写人物传记，要考虑人的自然法则，即青少年、中年、老年的不同时期，还要考虑某个特定人物的历史特点。具体到雍正，皇子时代四十五年，做皇帝十三年，他所接触和处理的事务是多方面的，可以和应该描绘的，不像科学家、文学家、军事家等那样较为单纯，要把他的复杂的历史面貌表现出来，就要将他生命演进与生平事迹两方面结合起来，划分他的历史阶段，认清他的主要事迹，作有秩序的、分类的叙述。因此将雍正史分为两大阶段，五大部分，十六个方面进行交代，即第一部分，为本书第一章，皇子时代的雍正，是他前半生的历史——接受严格的文化、武艺教育，随从康熙南巡、五台山礼佛、出征准噶尔蒙古噶尔丹部，撰著《悦心集》，以"富贵闲人"面貌掩盖谋取储位的竞争，最终是康熙选定的继承人。第二部分，为本书第二至十二章，是雍正即位后的重要政治活动，也即雍正朝的重大政事——打击朋党、害死政敌允禩等人，兴起权臣年羹尧、隆科多之狱，清查经济、整顿吏治乃至形成"抄家风"，实行耗羡归公和养廉银制度，实现摊丁入亩制度，秘密奏折制度化，“台省合一”，改革旗务，设立军机处，建立秘密立储法，在西南实行改土归流政策，平定准噶尔部罗卜藏丹津之乱、为青海建省奠定基础，开始在西藏设立驻藏大臣，西北两路用兵及与准噶尔蒙古议和，驱逐西洋传教士于澳门，与俄国订立《恰克图条约》，重农抑末、奖励老农，除豁贱民，推行保甲法和族正制，试图解决八旗生计，在京畿试行井田制，制造路不拾遗假象，残暴镇压民众运动，出奇料理曾静投书案、不用刑法处置主犯，并公布、宣讲指斥他的言论（《大义觉迷录》）；顶礼膜拜孔子、承认儒学对统治者最有益；崇佛用佛，参与佛教教派之争；勤政，亲理庶务，日理万机，加强皇权到君主专制制度的顶峰；论才能而不限成例的用人方针，宠信允祥、鄂尔泰、张廷玉、田文镜、李卫。这一切政治举措都是在“雍正改元，政治一新”“振数百年颓风”革新思想主导下实现的。第三部分，为本书的第十三至十五章，雍正的为人、作风、后宫生活：性格刚毅、急躁，办事雷厉风行且见效果，也体现他才华横溢；以铁手腕处置政敌、有尾大不掉嫌疑的功臣，暴露他性格残忍一面；个性鲜明，以天子之尊与庶民、读书人、佛徒辩论；生活上不暴殄天物，而有对精美艺术品的追求，不惜挥霍财富。第四部分，为本书的第十六章，雍正的死亡和遗政——暴薨，死因众说纷纭，可能是劳累过度，乞求道家养生之药而导致丹药中毒身亡；遗骸安葬易州泰陵，今为国家重点文物保护单位；嗣皇帝乾隆初政及传承他的主要制度。第五部分，为本书的最后一章（第十七章），总结雍正的一生和时代特征，肯定他的政治更新对庶民有益，对生产力发展有利，致力于从思想文化方面控制民人，但是昧于世界开始全球化的局势，可谓为他的时代局限性；提出清代历史分期和君主专制社会晚期时代特征的见解，社会还允许他实行局部的政治经济制度更革，由于摊丁入亩制度的实现，相当于取消人口税，因而人口大量增加，并可自由离开乡里，为手工业、商业提供充足劳动力；养廉银制度的实行，使得地方财政有规划，有类于近代地方财政预算。这类近代社会管理法则，有利于中国向近代社会发展。总之，雍正成为历史上的杰出帝王。

本书名称，若以写作的内容来定，可以叫做《雍正及其时代》；若从本书夹叙夹议的写法，也可取名《雍正评传》；或者还可拟用其他的名称。为名实相副，为从简、从俗，取了现在的书名——《雍正传》。

现在来说各个版本的关系，本次增订的原则，对读者、批评者的感谢和对某些学术见解讨论的回应。

本书手稿成于1982年底，次年1月中旬送交人民出版社，1984夏天该社要求作些修改，我遂进行少许文字加工，并因出版有望而于中秋节写出《后记》，1985年印行。几年之后，台湾商务印书馆给了我重梓的机会，因而乘便加进《查抄江宁织造曹家》一章。其实这一章也是在1982年写成的，只因有人认为查抄曹家与雍正史没有多大关系而从书稿中撤了出来，至是我把它恢复进去，这是人民出版社版与台湾商务印书馆版唯一不同的地方，不过它仍应当被视为《雍正传》第2版。第3版是1999年上海三联书店的印本，除个别文字的订正，增添第十四章中的第三节，即《接见中下级官员》。我在第1版《序言》中说："对雍正的思想、才能、性格、作风，企图有所揭示，唯是做得非常不够"，一直引以为憾。1995年到北京中国第一历史档案馆查阅档案文书，写作《清代引见履历档案的史料价值——以雍正朝为例》一文（刊载于《故宫博物院院刊》1996年第4期），因之截取其中有关雍正为人作风的一部分，作为对那种遗憾的弥补。三联版之后，有了人民出版社2004年的"中国文库"版重印本和2014年的图文本。

初版《后记》说："雍正和他的时代的历史，我哪里把它说清楚了！我想以后把它改得好一点，这当然要自己努力，另外要靠同行和读者的帮助，我殷切地期盼着同志们的指教。"是的，我希望改写《雍正传》，以提高它的学术品质，故而不时地关注雍正及雍正朝史，搜集新的资料，探求新见解；20世纪80年代以来学术界清史研讨的大发展，雍正史研究的丰硕成果，给了我许多养料和启迪，促使我思考新问题，并应吸收和回应；读者的关爱，激励着我。从互联网页上的信息得知，有青年读者攒钱购买拙作，令我感动，更有不安，还有读者指出我的误失，如在三联版“引见官员”一节，就雍正所说“世那有学养子而后嫁者也”以鼓励官员边干边学的话，认为他的“比喻是世俗的，而且不那么正经”，我不知这句话是孔子说的，白露嘉先生就此指出它出自《大学》第四十二章，说我对“四书”不熟。批评得非常中肯，特在此鸣谢。我若不努力改写，怎么能对得起抬爱拙作的读者和学术界朋友呢！

修改，确定了两条基本原则，一是此次不作观点性的大动，二是适当增补。从成稿至今，已有近三十个年头，社会和学术思想界发生巨大变化，我的学术观念也同时代发展相合拍，尤其是进行了世纪性的思潮反思，对史学基本理论重新认识，思考了经济基础与上层建筑关系（经济决定论）、封建社会、资本主义萌芽、18世纪时代特征、世界资本主义化时代的中国、民族问题说到底是阶级问题、宗教是鸦片烟等重大理论问题。今日再来看原书，认识到它的一些缺失、不足，特别是给人物、事件、制度、社会定性式的结论，有的没有必要，有的未见准确，有的不到位，应当删改。但我决定基本保持原貌。为什么？因为对雍正其人的主体评价没有改变，不公允、不恰当的那种评论，对于本书的基调来讲还不是主要的，如今权且作些文字修订，算作暂时“交差”，如果以后还有机会改写，则将在雍正时代特性方面下些功夫，把对时代特征成熟的新认知写出来。至于增补，本来是可以扩大写作量的，然而我想以适量为宜，免得枝蔓横生，条理不清，主旨反而不明。故而本次增加，主要在继位之谜、奏折制度、社会政策、雍正性格与生活情趣、乾隆初政与雍正政治关系、野史与文艺作品中的雍正诸方面，增加了好几节和若干子目。

至于修订的具体原则，以下列几点约束自己：

维持史学著作应多提供原始材料的一贯认识，给读者思索的资料和思考空间，避免武断的结论，尤其对雍正继位疑案，到目前为止，难有定论，需要多方发掘资料，供读者判断。

对历史人物的评论，力避感情色彩，警惕偏袒、苛求或曲意颂扬。

对不同的学术观点，确有必要的始进行适当的讨论，且需尊重他人，心平气和，不自以为是。

增加信息量，吸收学术界新成果，然而不大量表现在文字的扩充中，而在于观点的概述。

有少量增补的内容在注释中体现，没有写入正文，以避免臃肿。

所利用的《实录》《起居注》《清史列传》等基本参考书，在20世纪80年代初写作时尚无后来出版的点校本或编有统一页码的本子，此次再版，本应补进新版本的册页，然因年龄精力关系，已无力再去查阅添注；在新增写的部分，有的注释出新版页码，造成体例的不统一，凡此，均祈请读者谅宥。

适当增补“雍正年表”的内容。

原版有“引用书目”，现改为“参考书目”，原引用书目全部移入，另增加一部分新引用书目和参考书目。

著　者

2013年5月11日

目 录

上 册

下　册

第一章　储位争夺，胤禛嗣位

康熙帝皇四子胤禛，少年时在尚书房学习文化，习字模仿康熙字体，侍从康熙南巡、拜谒祖陵、秋狝、五台山礼佛，与喇嘛教高僧章嘉呼图克图交游。二十一岁受封为贝勒，因“为人轻率”不能获得郡王爵位。在康熙废太子事件中，胤禛深知自家与储位无缘，遂八面玲珑地与各方交好，博得康熙“纯孝”的赞扬，受封为雍亲王。在康熙不立储贰、诸皇子谋取储位的争竞中，胤禛设计出争夺储位的方案和步骤，以外弛内紧的方式欺骗康熙、麻痹对手，最终被康熙指定为继承人。

第一节　侍从康熙，巡幸四方

康熙十七年十月三十日（1678年12月13日），一个婴儿诞生在皇宫中，这就是后来对中国历史进程发生一定影响的雍正帝。他的父皇康熙这时已有了10个儿子，他是来得并不算早的第11个了，但是按清朝皇室规矩，皇子夭折，即不叙齿，康熙幼殇的血胤很多，在这婴儿的哥哥中，当时健康成长的只有康熙十一年（1672年）、十三年（1674年）、十六年（1677年）先后出世的胤禔、胤礽和胤祉三人，因此算起行次来，这婴儿倒居了第四位，成了康熙的皇四子。这个行次，在康熙全部35个儿子中，确切地说在叙齿的24个皇子中居于前列，是年长皇子，占据从事政治活动的有利地位。后来他继承皇位，被一些人说成是篡改康熙“传位十四子”遗诏中的“十”字，因此，皇四子的行次不可不加注意。皇四子的父皇给他赐名胤禛，胤字是他们兄弟的排行，凡是叙齿的，都用的这个字；禛，读音zhēn（音真），按照许慎《说文解字》的解释，禛意是“以真受福”。康熙希望这个儿子对上天和祖宗真诚，以此得到福祐。康熙给儿子们取名都从示字旁，所用禔、礽、祉等字，都寄予有福的愿望。且不管康熙的原意，在胤禛成为皇帝以前，就用这个符号来代表他。胤禛的生母乌雅氏，出身寒微，隶属镶蓝旗包衣籍。胤禛是她生的第一胎男孩，其高兴心情可想而知。她这时还是一般的宫人，第二年被封为德嫔，才具有了妃嫔地位。胤禛的曾外祖父额参系膳房总管，外祖父威武（魏武）为护军参领，胤禛即位后将其家族抬入正黄旗，追封威武三代为一等公[1]。所以胤禛的生母与外家并不高贵，不能给他带来皇子中的特殊地位。

顺治、康熙时皇子多交由内务府官员（皇家家奴）抚养，成人之后，往往将抚养之家的产业给予该皇子；或者由皇帝指令，妃嫔代育他人之子。前者如胤禛的长兄胤禔、三兄胤祉分别养育在内务府总管噶禄、内大臣绰尔济之家[2]，后者如八弟胤禩由胤禔之母惠妃、十三弟胤祥由胤禛之母德妃养育。胤禛与他们有所不同，据康熙在四十七年（1708年）说："朕之诸子，多令人养视，惟四阿哥朕亲抚育。"[3]所谓亲自抚养，是指将胤禛交给皇贵妃佟佳氏养育。这位皇贵妃是一等公佟国维的女儿、康熙生母孝康章皇后的侄女，康熙十六年（1677年）被封为贵妃，二十年（1681年）晋为皇贵妃，二十八年（1689年）病死前被册立为皇后，死后谥为孝懿仁皇后。她既然是正位后宫的皇后，故而由她抚养的胤禛，可以被说成是皇帝亲自抚育的，而其他妃嫔抚养的皇子就不能这样说。胤禛由帝、后养育的特殊情况，倒是由他与内大臣马武的关系得到验证。马武侍候康熙五十年，所谓"朝夕侍奉，不离左右，恪恭勤慎"，忠实于皇上，而对年幼的胤禛"抱扶服侍，备极小心"，因此胤禛即位后任命他为领侍卫内大臣。他临终之际，胤禛要亲自探视，为大臣所劝阻，遂命照伯爵治丧，赐阿达哈哈番世职[4]。不寻常的恩典，表明幼年胤禛实系在康熙身边受到马武的照应。孝懿仁皇后没有生过男孩，仅分娩一女也殇逝了，其抚养胤禛，必然也会慈爱尽心。年幼的胤禛，因她尊贵，很可能有意识地讨她的好，巴结她，并因此同她的娘家人有一种特别的关系。

康熙二十二年（1683年），虚龄已届六岁的胤禛[5]，入尚书房读书。学习的课程有满、汉、蒙古文和经史等文化课，还有骑射、游泳等军事、体育课目。据法国传教士白晋在1697年讲，他见康熙前十四位皇子受教育的情形是：

这些皇子的教师都是翰林院中最博学的人，他们的保、傅都是从青年时期起就在宫廷里培养的第一流人物。然而，这并不妨碍皇帝还要亲自去检查皇子们的一切活动，了解他们的学习情况，直到审阅他们的文章，并要他们当面解释功课。

皇帝特别重视皇子们道德的培养以及适合他们身份的锻炼。从他们懂事时起，就训练他们骑马、射箭与使用各种火器，以此作为他们的娱乐和消遣。他不希望皇子们过分娇生惯养；恰恰相反，他希望他们能吃苦耐劳，尽早地坚强起来，并习惯于简朴的生活。这些就是我从神父张诚那里听说的，是他在六年前随同皇帝在鞑靼山区旅行回来后讲的。起初，君王只把他的长子、第三个和第四个儿子带在身边；到打猎时，他还叫另外四个儿子随同前往，其中年龄最大的只十二岁，最小的才九岁。整整一个月，这些年幼的皇子同皇帝一起终日在马上，任凭风吹日晒。他

胤禛读书像

们身背箭筒，手挽弓弩，时而奔驰，时而勒马，显得格外矫捷。他们之中的每个人，几乎没有一天不捕获几件野味回来。首次出猎，最年幼的皇子就用短箭猎获了两头鹿。

皇子们都能流利地讲满语和汉语。在繁难的汉文学习中，他们进步很快。那时连最小的皇子也已学习"四书"的前三部，并开始学习最后一部了。皇帝不愿让他们受到任何细微的不良影响。他让皇子们处在欧洲人无法办到的最谨慎的环境中成长起来。皇子们身边的人，谁都不敢掩饰他们的哪怕是一个微小的错误。因为这些人明白，如果这样做，就要受到严厉的惩罚。[6]

白晋认为包括胤禛在内的康熙诸皇子受到的是比较全面的教育，而康熙本人对他的儿子们的教育非常重视和严格。白晋讲的基本符合史实。康熙对儿子们的学习抓得很紧。他看到一些贵胄之家，对子孙过分娇生惯养，长大成人，不是"痴呆无知"，就是"任性狂恶"，反而害了子孙，因此做"上人"的，对子孙必须从幼年就严格管教[7]。他的二儿子胤礽，是孝诚仁皇后所生，长到两岁，册立为太子，年至六岁，命他读书，为他挑选张英、熊赐履、徐元梦、尹泰、顾八代、汤斌、耿介、汪灏等人做讲官，张、熊、徐、尹等都官至大学士，熊、汤等为著名理学家。皇太子的师傅基本上就是同时就读的皇子的老师，胤禛从张英学习"四书五经"，向徐元梦学习满文。与胤禛关系最密切的是顾八代，他是满洲镶黄旗人，康熙二十三年（1684年）以侍讲学士入值尚书房，后升礼部尚书，三十七年（1698年）休致，一直在内廷教育胤禛和其他皇子。顾八代退职后过清贫的生活，死时家中没钱办理丧事。胤禛说他“品行端方，学术醇正”[8]，亲自给他理丧，出资安葬。他的廉洁奉公，无疑给胤禛深刻的印象和一定的影响。康熙在繁忙的政务中，给皇太子讲“四书五经”，据记载，有一阶段，每天在临朝御政之先，令太子将前一日所授的书背诵复讲一遍，达到熟记和融会贯通才告结束[9]。他特别着重以孔孟的经书教育儿子们，对他们说：“凡人养生之道无过于圣人所留之经书，故朕惟训汝等熟习五经四书性理，诚以其中凡存心养性立命之道无所不具故也。”[10]少年和青年时代的胤禛，受父皇和师傅的严格管束，从事以“四书五经”为主要内容的学习，掌握了满文、汉文等文化知识和骑射技术，锻炼了身体，养成读书和思考问题的习惯。这个时期，胤禛作《春园读书》《夏日读书》等诗歌，叙述其在春光明媚之时，“讽咏芸编兴不穷”，酷暑难耐之日，静坐书斋习读[11]，都是写实的。清朝教育皇子的方法颇为成功，康熙、雍正、乾隆、嘉庆等皇帝都是这样培养出来的。这个方法，为许多读书人所称道，乾隆时目睹其事的入直军机处、翰林院编修赵翼，富有感情地写道：

本朝家法之严，即皇子读书一事，已迥绝千古。余内直时，届早班之期，率以五鼓（凌晨3—5时）入，时部院百官未有至者，惟内府苏拉数人（谓闲散白身人在内府供役者）往来。黑暗中残睡未醒，时复倚柱假寐，然已隐隐望见有白纱灯一点入隆宗门，则皇子进书房也。吾辈穷措大专恃读书为衣食者，尚不能早起，而天家金玉之体乃日日如是。既入书房，作诗文，每日皆有程课，未刻（13—15时）毕，则又有满洲师傅教国书、习国语及骑射等事，薄暮始休。然则文学安得不深？武事安得不娴熟？宜乎皇子孙不惟诗文书画无一不擅其妙，而上下千古成败理乱已了然于胸中。以之临政，复何事不办？因忆昔人所谓生于深宫之中，长于阿保之手，如前朝宫廷间逸惰尤甚，皇子十余岁始请出阁，不过官僚训讲片刻，其余皆妇寺与居，复安望其明道理、烛事机哉？然则我朝谕教之法，岂惟历代所无，即三代以上，亦所不及矣。[12]

他虽意在颂扬清朝，然叙事是属实的。

胤禛在尚书房读书的同时，跟随康熙四处巡幸，有时还奉命出京办事，得到接触社会的机会。

康熙在平定三藩叛乱和统一台湾后，把注意力转向北方，几乎每年都到塞外巡视，每次指令几位皇子侍行。二十五年（1686年）七月，康熙北巡塞上，九岁的胤禛首次随同出发，同去的还有胤禔、胤礽、胤祉。他们一行出古北口，到博洛和屯，西南行，至西尔哈乌里雅苏台，于八月下旬回到北京。此后，康熙出塞，胤禛经常奉命侍从，所经过的地方，大体是今天河北省承德和张家口两个地区。康熙出塞，名为"秋狝"，与蒙古王公共猎，实是会见蒙古族首领，密切他们同清朝中央政府的关系，稳定对这个地区的统治。胤禛多次侍行，看到乃父的巡幸作用，他说"一人临塞北，万里息边烽"[13]，不过说得夸大了些。

康熙二十九年（1690年），漠西准噶尔部首领、野心家噶尔丹攻占漠北喀尔喀蒙古，迫使哲布尊丹巴呼图克图率众南下。康熙谕其撤兵，并令归还喀尔喀故地，噶尔丹不听劝阻，兵犯内蒙古，扬言"夺取黄河为马槽"[14]，妄图吞灭清朝。在这严重威胁面前，康熙任命裕亲王福全为抚远大将军，领兵抵抗，并命十九岁的皇长子胤禔为副将军从征，这是用皇子领兵的开始。康熙于三十五年（1696年）亲征噶尔丹，命皇子参与军事，胤禛时年十九岁，奉命掌管正红旗大营，随从他的有公长泰、都统齐世、原任尚书顾八代等人。与此同时，皇五子胤祺、皇七子胤祐、皇八子胤禩分别管理镶黄旗、正黄旗、镶红旗大营。他们于二月出发，四月胤禛与诸兄弟参加对噶尔丹进兵与否的议论，六月回到北京。这一次的统兵，胤禛和他的三位弟弟不过是坐镇的意思，没有真正指挥打仗，但是行军议事，也是得到一次军事训练。这次出征的第二年，康熙再次亲征，兵至狼居胥山，彻底击败噶尔丹分裂势力。此役胤禛没有参加，然而他很关心这次战斗，作《狼居胥山大阅》《功成回銮恭颂二首》，颂扬乃父用兵功业："指顾靖边烽，怀生尽服从。遐荒归禹甸，大漠纪尧封。庙算无遗策，神功迈昔踪。凯旋旌耀日，光景霁天容。"[15]这也表现了他对这场战争的看法。

如今的永定河，清初名叫无定河，又叫浑河，经常泛滥，河道迁徙不常。康熙为了治理它，不断出发考察，三十三年（1694年）胤禛随同康熙出京，沿北运河到天津，西行，至霸州的信安镇、白洋淀西淀东口的赵北口，了解无定河下游的情况。康熙在三十六年（1697年）彻底粉碎噶尔丹势力后，大力治理无定河，次年，疏浚河道145里，筑堤一百八十余里，为了表示希望它不再改道的愿望，特赐名"永定"。三十九年（1700年）十月，康熙带领胤禛和皇十三子胤祥视察永定河南岸工程，驻在宛平县榆垡，胤禛拔出桩木，发现短小不合规格，报告父皇，要求返工[16]。次年四月，胤禛、胤禔、胤祥再次陪同乃父视察永定河，奉命作纪行诗《阅永定河应制》，他对他们父子的任务写道："帝念切生民，銮舆冒暑行。绕堤翻麦浪，隔柳度莺声。万姓资疏浚，群工受准程。圣心期永定，河伯助功成。"[17]诗未见佳，亦可作康熙年间修治永定河的纪实。

康熙为着治理黄河、淮河、里运河，联络江南士大夫，于二十三年（1684年）起，不断南巡视察河工和了解民情。开始几次，胤禛没有机会参加。四十一年（1702年），他与胤礽、胤祥侍从父皇南巡，行至德州，胤礽生病，就住了下来。胤禛、胤祥依照宫中尚书房的规矩，照常读书习字。一天，康熙召见翰林院侍读学士陈元龙等谈论书法，议得兴起，引诸臣至皇子读书处，胤禛弟兄正在书写对联，"诸臣环立谛视，无不欢跃钦服"[18]。胤禛临帖很多，善于模仿，曾学书乃父字体，颇为相像，得到嘉奖[19]。话说回来，皇太子的病一时好不了，康熙无心南下，遂带着儿子们返回京城。数月后，于四十二年（1703年）正月，原班人员起程南行，途经济南，参观珍珠泉、趵突泉，过泰安州，登泰山。路经沂州府蒙阴县，胤禛作《过蒙阴》诗。之后在宿迁县阅堤工，渡过黄河[20]。再经淮安、扬州，在瓜洲渡长江，到达镇江，登金山江天寺，康熙为它书写"动静万古"匾额，胤禛作诗云："宿暮金山寺，今方识化城。雨昏春嶂合，石激晚澌鸣。不辨江天色，惟闻钟磬声。因知羁旅境，触景易生情。"[21]继续南行，乘船至苏州，作《雨中泊枫桥遥对虎阜》诗记兴："维舫枫桥晚，悠悠见虎丘。塔标云影直，钟度雨声幽。僧舍当门竹，渔家隔浦舟。茫茫吴越事，都付与东流。”[22]寻经嘉兴，到杭州，胤禛在演武厅，同父皇、兄弟等射箭。至此回还，道经江宁（今南京市），驻跸江宁织造署，其时《红楼梦》作者曹雪芹的祖父曹寅正担任织造郎中。康熙命从行大学士祭明太祖孝陵。后经由江苏沛县、山东东平州（今东平县）、东昌府（今聊城）等地，于三月间回到北京。这一次，康熙偕同胤禛弟兄察阅了徐家湾、高家堰、翟家霸堤、祥符闸、新河口、桃园烟墩等处，指示将在永定河工程中使用的下挑水埽坝方式移用过来，在王家营对面的鲍家营开挖引河。此次南巡实际是对治河工程的验收，故而颁诏天下，赐复条款三十八项。此行使胤禛了解了黄淮河道工程及江南民情，也是他终身仅有的一次大江南北之行。

清朝皇帝远祖的坟墓永陵在兴京（今辽宁省新宾县），开国君主努尔哈赤的福陵、皇太极的昭陵都在盛京（今沈阳市），顺治的孝陵又在直隶遵化县。顺治母亲孝庄文皇后的遗体放置在孝陵的旁边，称“暂安奉殿”。中国古人认为祭祀和兵戎是国家的大事，祭祖又是祭祀的重要事项。清朝皇帝对于祭祖异常重视，国家有重大事情，或用兵的胜利，都要祭告祖陵。康熙因系孝庄文皇后所扶立，对他的祖母生前极力孝养，死后虔诚致祭。他的儿子们还没有长大成人时，康熙就带着他们祭祖，年岁稍长，就让他们独立进行祭祀活动。二十七年（1688年）十二月，孝庄文皇后一周年忌辰，康熙率同胤禛和胤禔、胤祉去暂安奉殿致祭，次年的忌辰，命皇太子率领胤禛、胤祉前往行礼。三十五年（1696年）、四十五年（1706年）的忌辰，胤禛独自奉命往祭。三十七年（1698

年），因平定噶尔丹之乱，康熙亲往盛京拜谒祖陵，七月出发，出古北口，穿越蒙古诸部落，到松花江及吉林乌拉（今吉林市北），南下至兴京祭永陵，到盛京祭福、昭二陵，然后取道山海关，于十一月回到京师。这一次侍行的皇子很多，据《清圣祖实录》记载，有胤禔、胤祉、胤祺、胤祐、皇九子胤禟、皇十子胤䄉及皇十三子胤祥[23]，没有提及胤禛，但是他有《侍从兴京谒陵二首》诗，表明他跟随乃父祭祀了盛京三陵[24]。他在诗中写道："龙兴基景命，王气结瑶岑。不睹艰难迹，安知启佑心。山河陵寝壮，弓箭岁时深。盛典叨陪从，威仪百尔钦。"[25]这是云游了清朝发祥地，获得祖宗创业艰辛的深切感受。祭祖之外，胤禛参与了其他祭祀。三十二年（1693年），重修阙里孔庙落成，因系发内帑所修，康熙特令胤祉带领胤禛、胤禩等前往曲阜参加祭祀大典，并勒石《御制重修阙里孔子庙碑》[26]，年仅十五岁的胤禛进行了尊师重道的活动。

康熙于三十七年（1698年）赏赐皇八子以上的皇子郡王、贝勒爵位，胤禛受封为贝勒，胤禔被封为直郡王，胤祉为诚郡王，皇五子胤祺、皇七子胤祐、皇八子胤禩均为贝勒。这时胤禛仅比胤祉小一岁，受封却有等级的差别，而与比他小一岁的胤祺、小两岁的胤祐、小三岁的胤禩属于同一等级，他的年龄处于可上可下的位置，其实更可以上属封王，但是没有得到。其时大学士伊桑阿等请求将上述六位皇子一律封为郡王，康熙不允，认为拟封的四个贝勒为人不足以封王爵，他说："朕于阿哥等留心视之已久，四阿哥为人轻率，七阿哥赋性鲁钝，朕意已决，尔等勿得再请，异日视伊等奋勉再为加恩，

康熙便装半身像

未始不可。”[27]看来胤禛不能封王，在于他“为人轻率”。

康熙多次去佛教圣地五台山朝佛，四十一年（1702年）正月，胤禛与胤礽、胤祥随同父皇出发，经涞水、易州、阜平，过龙泉关时胤禛朝佛有感，作诗云：“隔断红尘另一天，慈云常护此山巅。雄关不阻骖鸾客，胜地偏多应迹贤。兵象销时崇佛像，烽烟靖始飏炉烟。治平功效无生力，赢得村翁自在眠。”[28]旋至五台山佛教圣地，畅游诸大寺。回程经正定，阅视永定河堤，返抵京师。

康熙四十七年（1708年）第一次废太子事件以前的胤禛，即三十岁前的皇四子，比较多的是过书斋的生活，较少独立活动，但不时随从乃父巡幸，东北到满洲发祥地的辽吉，东南至富甲天下的苏杭，西去山西五台，北达内蒙古草原，足迹遍布半个中国。在巡游中，了解了各地经济出产，山脉河川，水利运输，民风社俗，宗教信仰，名胜古迹，历史问题；观察了康熙处理政事，考察了地方行政和吏治，获得了官场情况的第一手资料。所以巡阅四方，是年轻的胤禛向社会学习的良好方式。这对他日后参加皇位争夺和继位后治理国家，都有极重要的意义。使皇子接触社会，不把他们关在宫墙之内，不使他们只同太监、宫女为伍，增长他们的见识，这是康熙培养皇子的一个良好的方法。

第二节　八面玲珑，初试锋芒

胤禛较多的政治活动，出现在第一次废太子事件中。

康熙废黜太子，是康熙朝的一件大事，关乎着包括胤禛在内的诸位皇子，有必要详加交代。说起来话就长了。康熙在十四年（1675年）忙着立太子，是为政治环境所决定。当时三藩之乱初起，清朝在全国的统治很不稳定，康熙为安定人心，巩固清朝政权，采取了许多措施。改变清朝不立储君的习惯，学习汉人立嫡长子为皇太子，便是其中的一项。他认为："自古帝王继天立极，抚御寰区，必建立元储，懋隆国本，以绵宗室无疆之休。"因此立皇太子是"垂万年之统""系四海之心"[29]的大事，事关国家根本。

胤礽被册立之后，在父皇和师傅的调教之下，随着体质的增强，学问上和政治上日益成熟，八岁时就能左右开弓，背诵"四书"[30]。康熙说他"骑射、言词、文学无不及人之处"[31]，是颇有才能的人。康熙很高兴，令他参与一部分政务，特别是在三次亲征噶尔丹时期，皇太子坐镇京师，代表皇帝举行郊祀大礼，各部院的奏章，听太子处理，重要事情，诸大臣提出协商的意思，启禀太子裁决施行。太子干预一部分朝政，就逐渐在自己身边集结了一批官僚，成为太子党人，首领是索额图。此人

胤礽画像

早在八年（1669年）就出任大学士，二十五年（1686年）改任领侍卫内大臣，胤礽的生母孝诚仁皇后是他的亲侄女，他与皇太子的关系当然极其密切了。他为人“专权用事，贿赂公行，人多怨之”[32]。和他同时掌握朝政的是另一个大学士明珠，明珠的妹妹为惠妃纳拉氏，生皇长子胤禔[33]。他积极赞助康熙平定三藩之乱，因而权势煊赫。他为帮助皇长子胤禔，联合大学士余国柱、户部尚书佛伦、刑部尚书徐乾学等人，与太子党人对立。二十七年（1688年），在康熙授意下，御史郭琇参劾明珠与大学士余国柱背公营私，联结党羽。康熙指责他们“互相交结，同年门生，相为援引倾陷，商谋私事，徇庇同党，图取货赂，作弊营私”[34]。实际是为维护太子地位，罢斥明珠及其一伙，结束了两派的争竞，这是因太子问题而出现的第一次政治斗争。

只惩治明珠，显然是康熙还没有看到太子党人活动的严重性。此后，太子的权势与日俱增，索额图制定的关于太子的仪制，与皇帝的相接近。每年元旦、冬至、千秋三节，皇太子于主敬殿升座，王以下百官排班朝贺，进表笺，行二跪六叩首礼[35]。康熙说太子“服用仪仗等物，太为过制，与朕所用相同”[36]。胤礽长期处在一人之下、万人之上的地位，权势欲恶性发展，就不安于皇太子的地位了，他说：“古今天下，岂有四十年太子乎？”[37]企图早日登极之心溢于言表。很明显，太子势力长成后，要求尽早接收政权，同皇帝力图保持权力，产生尖锐的矛盾。这就是他们父子间摩擦的第一个内容。

第二，胤礽为人奇骄至奢，贪得无厌。十三岁时，人们就说他“刚愎喜杀人”[38]。他凌虐宗亲贵胄和朝中大臣，鞭挞平郡王纳尔苏、贝勒海善。他贪财好利，跟随康熙巡幸，所到之处，向地方官勒索，四十六年（1707年）南巡至江宁，知府陈鹏年反对加派，供奉比较简单，引起胤礽的恼怒，非要将陈鹏年处死，后经张英、曹寅等人援救，陈氏才得幸免[39]。胤礽这样暴戾不仁，与康熙实行的宽大政策相悖谬，不符合后者对继承人的要求。因此，康熙说胤礽若当政，“必至败坏我国家，戕贼我万民而后已”[40]。朝鲜人则说他必亡清国[41]。

第三，父子感情日趋恶化。二十九年（1690年），康熙于征讨噶尔丹归途中生病，想念胤礽，命其驰驿来见，但胤礽见病中的父皇，“略无忧戚之意”，康熙因而认为他“绝无忠爱君父之念”[42]，当即令他先回京师。

康熙为限制太子势力的发展，采取了打击其党人的政策。三十六年（1697年）康熙征讨噶尔丹回到京师附近，指责内务府总管海喇孙等人，匆忙下令处死私自在皇太子处行走的内廷膳房人花喇、茶房人雅头。这实际上是对胤礽的警告，不得结交外人。四十年（1701年）斥出索额图，四十二年（1703年）以索额图等人“议论国事，结党妄行。举国俱系受朕深恩之人，若受恩者半，不受恩者半，即俱从尔矣”为罪名，将他囚禁致死[43]。他的党羽有阿米达、麻尔图、额库礼、副都统佟宝等满人。康熙责备索额图的话，让人费解，所谓议论国事，所谓有一半不受恩就从你了。这是潜台词，因为索额图背后有胤礽，康熙不愿挑明，还是希望胤礽改恶向善，安于皇太子地位。这次惩治索额图及其党人，当代学者王锺翰敏锐地指出，是索额图要发动政变，让胤礽提前登极，所以康熙先发制人，予以打击，并留有分寸[44]。在这个事件过程中，康熙命令胤祉、胤禩密审索额图。在没有废太子以前，太子党人的活动就使我们看到事情的严重性：第一，一开始就出现党派，使事情具有政治斗争性质；第二，政争的焦点是夺权，康熙是保卫皇权，防止他人干政，胤礽是希图早日继位。可是索额图的失败，并没有使在斗争中处于劣势的胤礽清醒一些，他依然野心勃勃，胡作非为。在废太子事件发生的前夕，即四十七年（1708年）七月，给事中王懿疏参胤礽党人步军统领托合齐欺罔不法，康熙命其面奏，实际上是给皇太子的警告。总之，康熙与胤礽矛盾重重，焦点在于权力分配。在这个根本问题上，谁也不会让步，必然会酿出新的斗争。

太子与皇帝的对立，只是皇家的诸多矛盾中的一个。胤礽当太子，惹起众兄弟的忌恨，成了众矢之的。加之太子失欢于父皇，诸兄弟更认为有隙可乘，加紧倒他的台。这些矛盾交织在一起。所以暂且放下康熙与胤礽的关系问题，看看诸皇子的角逐。胤禔在成年诸皇子中年岁最大，得到康熙的宠爱[45]，多次被委以重任。前已说过，他出任副将军领兵征讨噶尔丹，衔命祭华山，董理永定河工程。他于三十七年（1698年）被封为直郡王，皇子中同时被封为郡王的还有胤祉，但后者不久即因罪降为贝勒，所以在众兄弟中，除太子之外，他的爵位最高。他又知父皇同胤礽的不和，遂企图靠营求取代胤礽的地位。胤禔迷信厌胜巫术，访知胤祉的下人蒙古喇嘛巴汉格隆会此法术，就将之请来，把镇厌物件埋于十几处，幻想咒死胤礽，为他腾出太子之位。他还与胤禩勾连，共同对付皇太子。胤禩少时为胤禔生母惠妃所抚养[46]，与大阿哥相结纳。其为人“颇有识量”[47]，成为康熙所喜爱的一个皇子。三十七年受封为贝勒，时年十八岁，在被封为这个爵位的兄弟中数他年龄最小。他的为人和作风与皇太子大不相同，他以仁爱自励，善于笼络人才和收买人心。康熙南巡招徕的有名士人何焯在胤禩府中侍读，后丁忧回原籍苏州长洲县，胤禩多次给他书信，嘱其节哀，委托他的弟弟在南方各地采购图书。何焯为人耿介，清誉甚高，被学者尊称为“义门先生”。因之“文士都说胤禩极是好学，极是好王子”[48]。康熙对胤礽不满，自然早就考虑废太子和立新太子的问题，他的哥哥裕亲王福全在皇帝面前称赞胤禩“有才有德”[49]，实际是推荐胤禩做皇位继承人。胤禩觊觎储位，甚至对来自反对太子方面的谋杀计议，寄予某种希望。有相面人张明德，给顺承郡王布穆巴、镇国公普奇、辅国公赖士等看相，从中造作言语，他对布穆巴说，普奇对他讲皇太子甚恶，他们要刺杀太子，并邀请布穆巴入伙。布穆巴将此事告诉胤禔，胤禔不让他揭发，还让将张明德送到自己府中看相。与此同时，普奇又把张明德荐到胤禩府中，张给皇八子看相，说其“丰神清逸，仁谊敦厚，福寿绵长，诚贵相也”。又说“皇太子暴戾，若遇我，当刺杀之”。还说他有十六个好友，俱是武艺高强的人，招来一两个人就能刺死胤礽。胤禩听了很高兴，就把他的话转告与已交厚的胤禟和皇十四子胤禵[50]，而不向皇帝揭发张明德刺杀皇太子的阴谋。上述事实表明，许多皇子、王公联合起来反对皇太子，使胤礽在统治集团最高层中处于比较孤立的地位；胤礽的反对派阴谋采取暗杀的方式迫害对手，双方矛盾尖锐，势不两立。

在这重重矛盾下，终于发生了第一次废太子事件。四十七年（1708年）夏天，康熙出巡塞外，命胤礽、胤禔、胤祥等皇子从行。皇帝与太子同行在外，冲突愈发表面化了。胤礽每当夜晚就围着皇帝的帐篷转，从缝隙窥视父皇的动静。康熙很警觉，预防发生谋害于己的政变，他说："朕未卜今日被鸩，明日遇害，昼夜戒慎不宁。"[51]他一面命胤禔好好保护自己，一面先发制人，在归途中，于九月初四日召集诸王及副都统以上大臣，宣布皇太子罪状："不法祖德，不遵朕训，惟肆恶虐众，暴戾淫乱，难出诸口。朕包容二十年矣……专擅威权，鸠聚党与，窥伺朕躬"，不堪接替太祖、太宗、世祖创立的基业，将其废黜，并加监禁[52]。同时诛杀索额图之子格尔芬、阿尔吉善等人。废太子，关乎国本，康熙等不及到京城祭告天地祖宗，匆迫如此，用他的话说，是包容太子的过错已二十年，实不能再容忍了。冰冻三尺，非一日之寒。皇帝与太子的严重对立，康熙以他崇高的威望和绝对的权威，轻而易举地瓦解了经营多年的皇太子势力。但是皇储的遗缺由谁来补进的问题产生了，而且具有相当的严重性和紧迫性。

首先积极营谋这个地位的是胤禔。康熙命他保驾和看守废太子，给了他错觉，自以为是未来的储君了。康熙早看透此人，初四日宣布废胤礽时，就明确表示"并无欲立胤禔为皇太子之意"，而且认为他"秉性躁急愚顽"，没有资格做皇太子[53]。胤禔看到自己没有希望，转而支持胤禩，将他推荐给康熙，说"相面人张明德曾相胤禩后必大贵"，希望以命运之说打动父皇。他还怕胤礽东山再起，意欲将之置于死地，并深知康熙不便于诛杀胤礽，因此讨令由他下手。胤禔奏称

“欲诛胤礽，不必出自皇父之手”，可以由他代行。他如此露骨地参与储位斗争，激起康熙的愤怒。因为杀太子，将会给皇帝本人留下骂名，如同汉武帝杀戾太子而留下恶名一样，所以康熙说他“不谙君臣大义，不念父子至情”，是“乱臣贼子，天理国法，皆所不容者”[54]。到十月份，胤祉揭发他的厌胜事，康熙遂将他革爵，严行圈禁。

废胤礽的第四天，康熙命胤禩署理内务府总管事。清朝每当皇室内部发生重大事情，如皇帝、皇太后死亡，常派皇子或皇帝弟兄管理内务府事务。胤禩的被任用，是皇帝对他的重视和信任，也是给他政治表现的机会。内务府前任总管凌普，是胤礽乳母的丈夫，康熙起用他，原为照顾胤礽，便于其指使内府下人和使用宫中财物。胤礽见废，胤禩受命审查凌普。凌普原来借着太子的势力，贪婪不法。胤禩为了收买人心，包庇昔日的冤家对头，准备草草结案。康熙看出他的心思，说“八阿哥到处妄博虚名，凡朕所宽宥及所施恩泽处，俱归功于己，人皆称之”[55]。康熙怕在胤礽太子之外，又出一个与君父争人心的胤禩太子，警告他不要重蹈胤礽的覆辙。待到胤禔以张明德相面事保荐时，胤禩不想因此得祸。康熙把张明德凌迟处死，进而指斥胤禩“妄蓄大志”，阴谋夺嫡，命将其锁拿，交议政处审理。张明德事件，对于胤禩争取储位，是一个不小的打击。

现在来看本书主人公的活动。前已说过，胤禛在三十七年（1698年）被封为贝勒，比他只年长一岁的胤祉获得郡王世爵，所以他得的虽是显秩，但在诸兄弟中不算突出。四十七年（1708年）的“秋狝”他没有参加，康熙废胤礽时，命他和胤禩"在京办理事务"[56]。十六日康熙到京，将胤礽拘禁于上驷院旁，命胤禛参与对他的监视，表明胤禛在废太子问题上有一定发言权。胤禛揣摩康熙对胤礽是恨铁不成钢，不是要将他置于死地，故对胤礽表示出救援的态度，据胤禟的亲信秦道然说，他听胤禟讲，胤礽事发后，胤禛"十分着急，很要救他"。康熙在宣布废胤礽的告天文书之前，将文书让胤礽观看，胤礽说我的皇太子是父皇给的，父皇要废就废，何必告天？胤禔把这个话转奏了，康熙说做皇帝是受天之命，这样大事，怎能不告天，胤礽如此胡说，以后他的话不必上奏了。胤禔将谕旨传达给胤礽，废太子又说："父皇若说我别样的不是，事事都有，只弑逆的事，我实无此心，须代我奏明。"胤禔以有不许转奏的旨意，严词厉色地予以拒绝。这时胤禟向胤禛说，这件事关系重大，似乎应该代奏。胤禛就说九阿哥说得对，即使我们因代奏得了不是，也该替他奏明。但是胤禔仍不答应，胤禛就下决心地说："你不奏，我就奏。"胤禔只得同意代替废太子陈奏。康熙听了说他们奏得对，就把胤礽项上的锁链拿掉了[57]。当时诸皇子在攘夺储位，尔虞我诈，多对废太子落井下石，唯有胤禛维护胤礽的正当要求。他这样做，自有他的道理。废胤礽之后，胤禔、胤禩的地位明显地超越众兄弟，胤禛很清楚，新太子轮不到他，而他同胤禩、胤禔等人关系一般，太子换人，对他不利，若太子依旧是胤礽，他们间是原有的君臣关系，与他没有损害，所以才为废太子说话。

废太子时，胤禛与胤禩也维持良好的关系。胤禛知道胤禵、胤禟等私藏毒药，假如胤禩遭到不测，他们就和他同归于尽[58]。胤禩等让他知道他们的隐私，表明胤禛与他们平素有所往来，相互之间有谅解，他不便得罪胤禩一伙。

康熙在迫不及待的心情下废黜太子，没有想到儿子们会那样激烈地争夺储位。他到京后，即于十七日，亲自撰写祭告天地、太庙、社稷文书，除说明罢黜胤礽的原因，还说“臣虽有众子，远不及臣。如大清历数绵长，延臣寿命，臣当益加勤勉，谨保终始”[59]，表示他对所有皇子都不大满意，无意于立即再立太子。同日还宣布废太子事已告结束，谕令诸皇子安分守己，不得“借此邀结人心，树党相倾”，否则断不姑容，并举出先年宗室褚英、莽古尔泰、阿敏等人案例，加以警告[60]。又告诫众臣，“凡非本王门上之人，俱不许在别王子阿哥处行走”[61]。严厉禁止皇子与朝臣结党营私，谋求非分大位。及至胤禔请杀废太子和张明德谋杀案被揭露，康熙进一步感到事态的严重，屡屡劝谕诸子不要钻营储位。十月初四日，他说：“众阿哥当思朕为君父，朕如何降旨，尔等即如何遵行，始是为臣子之正理。”又说：你们若是争竞不息，等我死时，“必至将朕躬置乾清宫内，尔等束甲相争耳”[62]。他想到齐桓公死，五公子停尸争位的可怕情景，不寒而栗，简直是哀求儿子们听话，然而没有人动心。十五日，胤祉告发胤禔厌胜的阴谋，给康熙巨大震动，使他把胤礽的不法行为，看成中了邪，有所原谅，第二天，就召见废太子和胤禩，并说自此之后，不提往事，胤礽亦迁至咸安宫安养。还在本月初一日，康熙宣称他对立太子的事已有成算，只是不告诉众人，也不让大家知道，到时候听他的安排就是了。朝臣中有人见召见胤礽，忖度康熙心理，以为废太子有复立的可能，密上条陈，加以保奏。十一月初八日，康熙告诉大臣不要妄意揣测，不要向废太子献殷情，立谁为太子，“在朕裁夺”，臣下不得干预。可是，十四日，他命满汉文武大臣各自举荐太子，除大阿哥外，诸皇子都可入选，表示“众意属谁，朕即从之”。又下令大学士马齐不许参与此事。开始诸臣都说：“此事关系甚大，非人臣所当言”，不敢遵命。这时有几个活跃人物，首先是马齐，他先到内阁，对另一大学士张玉书说：“众议欲举胤禩”，实际要众人保荐皇八子。领侍卫内大臣鄂伦岱、理藩院尚书阿灵阿、户部尚书王鸿绪、工部右侍郎揆叙暗中联结，于手掌书写“八阿哥”字样以示众人，朝臣见此，相继推荐胤禩。康熙知后，大不以为然，马上收回徇从众人保举的诺言，转说立太子事情重大，你们还要尽心详议。又说不宜册立胤禩，第一，他没有办理过政事，缺少经验；第二，在太子问题上犯过罪，近又遭到处分；第三，他的生母是出身于辛者库的贱籍，因而不适宜做储君[63]。十六日，康熙释放胤礽，有意将他复立，并为安定众心，告诫他改恶从善，不许对揭发他的人打击报复，一定要“观性理之书，以崇进德业”，以礼对待宗亲贵戚和大臣，为此特地讲了胤礽几个弟兄的好处，说胤禛“能体朕意，爱朕之心，殷情恳切，可谓诚孝”；胤祺“心性甚善，为人淳厚”；胤祐“心性举止蔼然可亲”；胤禩“诸臣奏称其贤”，“必性好，不务矜夸”，希望胤礽同他们亲近[64]。次日，诸臣俱题本请复立胤礽，康熙考虑时机还不成熟，将题本留中，到第二年三月，重新册立胤礽为皇太子。这一次胤礽的废黜及复立，历时半年，始告结束。

康熙对拥立胤禩的事很注意，四十八年（1709年）正月，追查首倡之人。开始群臣互相包庇，最后都查了出来。首领就是前述的马齐。此人为议政大臣，历任兵部、户部尚书，康熙赐给他“永世翼戴”的匾额，视为亲信大臣。清朝制度，大学士中以一满人居首（首辅），马齐恰当其任。他位高望重，是以拥戴胤禩的主张，为百官遵从[65]。还有佟国维，是康熙的舅舅兼岳丈，早年为领侍卫内大臣、议政大臣，四十三年（1704年）以年老解任。当康熙废胤礽后，立太子事正在进退维谷的时候，佟国维不能宽慰康熙，反而加以催促，说“此事于圣躬关系甚大，若日后易于措处，祈速赐睿断，或日后难于措处，亦祈赐睿断”[66]。意思是说康熙若不把此事赶快料理清楚，就会有变故。康熙说众官听了他的话，都害怕起来，因而“欲立胤禩为皇太子，而列名保奏矣”[67]。这就是说佟国维对康熙施加压力，对胤禩被百官推荐有利。揆叙是已故大学士明珠的次子，承其父的遗风，交游颇广，很早就同胤禩相结识。他父亲是反太子党首领，太子见弃，他自然希望胤禩获胜，而不愿见胤礽复辟。阿灵阿是皇十子胤䄉生母温僖贵妃的弟弟，胤䄉与胤禩、胤禟相好，这可能是他结交胤禩的一个原因。王鸿绪是一甲二名进士，为《明史》总裁官，成《明史列传》一书，曾因贪婪结党被弹劾罢官。贝子苏努，是清太祖长子褚英的曾孙，康熙说这一支与他的清太宗一支有仇，总想破坏他们父子兄弟的关系，以便遂其心意。这些人推崇胤禩，大约有两个原因：一是图拥立大功，为异日荣宠垫步。二是尊崇胤禩，因其主张仁义，礼贤下士，为诸大臣视为奇人[68]。

为废太子谋求复位的人，也怀有个人企图。康熙将诸臣请求胤礽复位的奏疏留中后，左副都御史劳之辨于十二月初八日密疏请将胤礽早日正位东宫，振振有词地说他“职司言路，不敢不披沥上陈”[69]。其实他是为向胤礽买好，正如康熙所说：“将朕下旨已行之事，作为己功，行事甚为奸诡。”[70]

康熙把这些人的活动，一律看作是结党图私。他不许皇子谋取储贰，在废太子的当月，两次发出警告：“诸阿哥中如有钻营谋为皇太子者，即国之贼，法断不容。”[71]“诸阿哥倘有借此邀结人心，树党相倾者，朕断不姑容也。”[72]也就是说，皇帝喜爱谁就定谁为储君，这是皇帝的绝对权力，它同营求相对立，后者是皇帝所坚决反对的。康熙不许官僚辅助皇子谋求储位，害怕这些人将来居功专擅，皇权旁落。如指斥马齐谋立皇八子，“岂非欲结恩于胤禩，为日后恣肆专行之计耶”[73]。对于这些人康熙还给以一定的惩罚，马齐夺职拘禁，其弟马武、李荣保并革退；责令王鸿绪休致；劳之辨革职，逐回原籍。康熙对这些人的打击，适可而止，没有兴大狱，因为胤禩既不得立，拥戴他的人不会得意，无须乎大惩治。此一方面说明康熙对待臣下宽厚，另一方面，也说明废立胤礽，全按他的意志实现的，他人意见亦起一定影响，但不能操纵他。

康熙复立胤礽，不是听从某个臣下的意见，却是屈从了环境的安排。他废胤礽后，立即出现不可遏止的诸皇子争夺储位的局面。更严重的是，外戚、贵胄和朝臣卷了进来，如果不迅速再立太子，激烈的争竞不可停息，也不能符合人们已经长期养成的国有储君的习惯要求。这就决定康熙必须再立皇储。至于人选，都不如意，尤其不能容忍的是胤禔、胤禩的钻营储位，立胤禩以外的人，不符人望，诸皇子也不会服气。只有把原来的太子抬出来，众人也就说不出什么话了。五十三年（1714年），康熙回顾说："朕前患病，诸大臣保奏八阿哥，朕甚无奈，将不可册立之胤礽放出。"[74]这是说的真心话。所以胤礽的再立，在某种意义上说，他是以嫡长的地位填补储位的真空，是康熙迫于形势，用以作为平息诸子争位和诸臣请立国本的手段。

康熙进行太子废立，原意是要解决已经发展的储贰权力与皇权不相容的矛盾，但是没有成功。胤礽表示悔罪，同时又把责任推之他人，他说"因为我的不善，人就利用来陷害我"[75]。他没有改恶从善的决心，而他的地位又使一些官僚向他靠拢，结党营私。皇帝与嗣君因废黜事件感情更趋恶化，矛盾不是解决了，而是加深了。

诸皇子与太子的关系不仅没有得到改善，反而更其恶化。在这个事件中，大阿哥凶相毕露，被康熙处分最重，屡次下令严行看守，使他永远退出政治舞台。此后，如同行尸走肉，苟活到雍正十二年（1734年），悄悄地死去。十三阿哥胤祥，原是康熙爱子，事情一开始，就被圈禁[76]，终康熙之世再未能有起色。胤禩一度被革爵，不久复还了。遭革爵，是耻侮；被推举，又是光彩；争夺储位，没有达到目的，总的来看胤禩是受到一些挫折。其他的人得了好处。康熙为改善太子与诸兄弟的关系，为防止太子的打击报复，同时也可能是为牵制太子势力，于再立胤礽的当月，册封胤祉、胤禛、胤祺为亲王，胤祐、胤䄉为郡王，胤禟、皇十二子胤祹、胤禵为贝子。同年十月，给胤祉赐封号诚亲王，胤禛为雍亲王，胤祺为恒亲王，胤祐为淳郡王，胤䄉为敦郡王。他们都因此提高了政治地位，并得到大量属人，胤禛获得满洲佐领六个，蒙古、汉军佐领各三个，计十二个。胤禛、胤祺原与胤祐、胤䄉比肩而坐，至是大不一样了，他们升到了臣下所能有的顶端。特别是胤禛，在十年前屈居贝勒之位，还被康熙当众说他"为人轻率"，如今则褒奖为"诚孝"之人，大大改变了在父皇心目中的形象，他在第一次废太子事件中获得巨大利益。胤禵不仅荣获世爵，而且得到胤禩原有的包衣佐领和浑托和人口的一半以及上三旗所分佐领的全部，是受益较多的一个皇子。康熙分封诸子，使他们地位提高，更有资本与胤礽进行斗争。太子险被夺嫡，对众兄弟自更怀恨，诸子自恃显贵，更不将太子看在眼里，他们之间的裂痕远比过去加大了。

康熙废立太子，一度造成政治混乱，加剧了皇室内部的矛盾，这是错误的政治举措，是一次失败的政治活动。

康熙因胤礽不争气和诸子的争夺储位，既羞愧，又气愤，生了重病。他在宣布废胤礽的第八天，召见领侍卫内大臣、满洲大学士等说："今皇太子所行若此，朕实不胜愤懑，至今六日，未尝安寝。"他边说边哭，不能自已，以至诸臣皆呜咽，奏请曰："天下臣民所仰赖者，惟我皇上，伏愿皇上以祖宗弘业为重，暂释痛愤，颐养圣躬。"[77]大臣这样的劝慰，日后也有问安的，不过虚应故事，不敢过问皇帝的健康，更有甚者，像佟国维那样胁迫建储，在摧残皇帝身体。只有胤禛和胤祉二人劝请就医，他们说："皇父圣容如此清减，不令医人诊视，进用药饵，徒自勉强耽延，万国何所依赖。"又请求由他们来择医护理："臣等虽不知医理，愿冒死择医，令其日加调治。"[78]康熙接受他们的请求，命他们同胤祺、胤禩检视药方和用药，经过治疗，恢复了健康。

胤禛在皇太子的废立事件中，基于自己替补的无望，采取维护旧太子地位的态度。他对乃父从身体上给予体贴；对胤礽表示关切，仗义直陈，疏通皇帝与废太子的感情；同夺嫡最力的胤禩亦保持某种联系，表面上既不反对，也不支持，骨子里不愿他得势；对其他兄弟也在皇帝面前频频上好话，或在人需要时给予支持，如康熙说他"为诸阿哥陈奏之事甚多"[79]。当胤禟、胤䄉、胤禵等封为贝子时，他启奏说，都是一般弟兄，他们爵位低，愿意降低自己世爵，以提高他们，使兄弟们地位相当。他如此表现，意在获取父皇的信任和各方面的好感。这是一次大的政治风波，他在波涛中角逐，表演基本上是成功的，赢得了康熙的好感，特传谕旨表彰："前拘禁胤礽时，并无一人为之陈奏，惟四阿哥性量过人，深知大义，屡在朕前为胤礽保奏，似此居心行事，洵是伟人。"胤禛听了，本应高兴，却表现出诚惶诚恐的样子，说他从来没有保过废太子，因而"皇父褒嘉之旨，臣不敢仰承"[80]。他深知此事关系重大，不便承担这个责任和领受这个功绩，免得将来太子出事而受牵连，也免得遭受众兄弟的妒忌。这次斗争显示了胤禛的八面玲珑的政治活动才能，也使他得到了锻炼。

这时期，胤祥的被关押问题，现在已弄不清楚了。乾隆年间，胤祺的遗胤弘旺在《皇清通志纲要》中写道："(康熙四十七年）九月，皇太子、皇长子、皇十三子圈禁。""十一月，上违和，皇三子同世宗皇帝、五皇子、八皇子（先君）、皇太子开释。”[81]胤礽、胤禔、胤禩、胤祥被囚禁，前已说过，胤祉的拘执，亦有原因可寻。康熙在宣布废胤礽的第四天，谈到从京城征召胤祉的原因：“胤祉平日与胤礽甚相亲睦，所以召胤祉来者，因有所质问，并非欲拘执之也。”[82]说不囚系，实际是把他拘捕了。胤祉告发胤禔使用厌胜法，所用的巫师就是他的属下，很可能是他为戴罪立功才揭发的。胤禛和胤祺既被说成“开释”，被捕过当没有问题。何以被关禁，由于材料的贫乏，很难说清楚了，但不妨揣测胤禛致祸的几种可能：一是替废太子说话，被视为太子党人而遭惩处；二是康熙怕年长的皇子谋变，把他们都暂时拘禁起来[83]，他也不能例外；三是他的两面派活动被康熙看出破绽的结果。仔细想来，第二种可能性最大，对此后面还有机会谈到。

第三节　皇子争储，胤禛谋划

胤礽再次被立为皇太子之后，皇室内部，巩固皇位与提前即位，保卫和争取储位的斗争持续不断地进行着。作为雍亲王的胤禛，以更大的精力投入这个纷争之中，为嗣位创造了比较充分的条件。

一、胤礽第二次被废及徒劳的复位活动

胤礽复立之后，照旧纠集党羽，扩充势力，很快在他的

周围聚集了一批亲贵大臣，这中间有步军统领托合齐、兵部尚书耿额、刑部尚书齐世武、都统鄂缮、迓图、副都统悟礼等人。他不知接受先前教训，尊奉父皇，自我抑损，仍摆太子派头，饮食服御陈设等物，与皇帝相较，“殆有倍之”[84]。骄奢淫侈，贪黩货财，一样也没有改。常派家奴至各省富饶地区，勒索贡物和美女，如若稍微不能满足他的要求，就向皇帝诬告，给以惩罚[85]。太子如此作威作福，使官员难措手足：若屈从太子，皇帝不乐意，立时可以致祸；若只奉承皇帝，不理会太子，在储君嗣位之后会遭到惩罚，因此产生“两处总是一死”的不安情绪[86]。是以太子的胡作非为，不仅影响了皇帝的权威，还政出多门，导致政治的混乱和不安定。

胤礽实在昏暴，不会审时度势，不能自处，其实，他的地位很不巩固。康熙是不得已再立的他，这是许多人都清楚的事。被罢斥回江南家乡的王鸿绪说：“我京中常有密信来，东宫目下虽然复位，圣心犹在未定。”曾在陕西作过道员的程兆麟、丁忧回原籍苏州的原东平州知州范溥在苏州、扬州等地预言：“东宫虽复，将来恐也难定。”[87]首都及江南的舆论都是如此，胤礽有何可恃?

康熙对胤礽的乍废乍立，已失乖张，再立之后，希望他能转好，不再出现废黜的败政，所以对太子的不法行为极力容隐。胤礽要责备的官员就替他责备，要处分的就处分，要驱逐的就驱逐，以满足他的愿望。只是对他不放心，不让他单独活动，每有巡幸，必令其随从，“使不得须臾离侧”[88]，防止发生事变。

胤礽的弟兄可不顾及乃父的心情，对胤礽的复立，恨之入骨，非要攻倒他而后快。胤礽复位时，胤禩党人无限失望，阿灵阿甚至不想活了，但他们很快清醒过来，继续向胤礽挑战。据胤禛讲，揆叙利用他的家财，与阿灵阿等“合谋买嘱优童下贱，每于官民燕会之所，将二阿哥肆行污蔑”[89]。他们利用对方的弱点，制造倒太子的舆论，以影响皇帝的视听和决策。

到五十年（1711年）十月，康熙再也不能容忍了，离宫在畅春园正大光明殿前召集诸王文武大臣，说现今“诸大臣有为皇太子而援结朋党者”，兵部尚书耿额是索额图家奴，欲为主人报仇，是索额图之党还未根绝，因此将鄂缮、耿额、齐世武锁拿审问[90]。这时有人告发托合齐不守礼法事，康熙命胤祉、胤禛、领侍卫内大臣阿灵阿、署内务府总管马齐等会同宗人府察审[91]。胤禩党人参与了对太子党人的审讯。一年后，康熙宣布胤礽罪状，加以废黜。上谕说：胤礽“是非莫辨，大失人心”；“秉性凶恶，与恶劣小人结党”，不可不防这些小人的谋害；鉴于他的过恶“断非能改”，不得不再行废黜。同时告诫诸臣，不许为胤礽保奏，“后若有奏请皇太子已经改过从善应当释放者，朕即诛之”[92]。对太子党人也作了处分，托合齐死于狱中，仍锉尸扬灰，伊子舒起绞监候。康熙再废太子，当机立断，使胤礽不能作乱，减少他对政治的干扰是好的。他对太子防范甚严，也是必要的。但对太子的穷奢极欲和暴虐无道，不采取有力的制止措施，反而顺着他，以为如此可以“感悦伊心，冀其迁善”[93]。事与愿违，说明康熙对胤礽的认识并不透彻。

胤礽的再废，像前一次一样，是皇帝与储君、太子与皇子间的矛盾的产物，是一场权位之争。这场斗争使康熙又一次遭到不幸，用他的话说是“心思用尽，容颜清减”[94]。精神上的打击、体质上的消耗还不算什么，最主要的是胤礽废后，储位虚悬，诸子争夺不休，让他无休止地劳精费神处理这个棘手问题。

在第二次废黜时也发生类似于拘禁皇子的事情。据目睹其事的西洋传教士马国贤在《清廷十三年——马国贤在华回忆录》中记载，在废胤礽时，“八个，或者十个官员，还有两个太监跪在地上，光着头，双手被绑在背后。离他们不远的地方，皇子们站成一排，也是不戴帽子，手被缚在胸前”[95]。在被捆绑的众皇子中应当有胤祉、胤禛等年长皇子。废太子事件中诸皇子被囚、被绑，究竟如何解释，可以说研究者都难于理解。如杨珍就捆绑诸皇子事情说：“这是否意味着他们与二废太子之间，还有某些更直接的牵连，或是与某些满洲习俗有关？史料不足，难以结论。”[96]笔者推测：年长诸皇子在废太子事件中有的一度有罪，有的并没有罪，可能因年长关系，康熙怕他们生事，以禁闭、捆绑、责骂而警告他们，甚至是保护性拘执，不让他们犯错误。

废胤礽后的几个月，即五十二年（1713年）二月，左都御史赵申乔以太子为国本，请求册立。康熙说“建储大事，朕岂忘怀，但关系甚重，有未可轻立者”。具体理由是：立太子必得其人，“必能以朕心为心者”，没有适合的人，立了反而不好，如胤礽之废黜；太子年长，容易结党为乱，以致出了本朝第一罪人索额图；诸皇子已经分封，手下人多，立了太子，难保不出太子与诸王的纠纷；本朝没有立太子的惯例，不立储贰也不是缺陷[97]。因此将赵申乔奏折发还，不准实行。不再立太子，是康熙晚年的基本方针。

东宫虚位，包括废太子在内的诸皇子都在营求太子印玺。“百足之虫，死而不僵”。胤礽毕竟拥有近四十年储君的历史，虽被囚禁，开始仍有复位的可能。据朝鲜人记录，五十二年（1713年）冬至五十三年（1714年）春，康熙对废胤礽有后悔的意思，五十二年会试，以“放太甲于桐宫”出题。太甲无道，被伊尹放逐于桐宫，三年改过，迎还立之。因此，人们传说胤礽将要复位。恰在这时发生了德琳案件，德琳是胤礽下人，获罪流放关东，擅自行动，偷挖积银人参，罪上加罪，牵连胤礽不获谅解[98]。胤礽自己也在极力谋求。五十四年（1715年）四月，发生了准噶尔策妄阿拉布坦部众骚扰哈密的事件，康熙命吏部尚书富宁安督兵往讨。胤礽很快获知此事，希望利用这一机会跳出樊笼。当时有医生贺孟頫为胤礽福晋看病，出入府门，胤礽亲自使用矾水写信，交由他转给正红旗满洲都统公普奇，希望普奇保举自己为大将军，企图以出征恢复旧日的储位。矾水写字可以瞒人眼目，哪知此事竟被辅国公阿布兰探听了去。阿布兰对揭发与否，犹豫不决，胤禩集团的贝子苏努要他检举，阿布兰遂行告发，生出“矾书案”。从前哲布尊丹巴呼图克图说过胤礽“灾星未脱”的话，这时胤礽打听这位活佛何时来京，以便再问前程。这件事也被当做不安本分被揭发了。外间流传“皇上有褒奖二阿哥之旨”，也成为胤礽和普奇的罪状[99]。经过审讯，贺孟頫斩监候，普奇照前拘禁。胤礽图谋出征的心机枉费了。

朝中大臣主动为胤礽再次复位进行活动的亦颇有人。大学士王掞，祖父王锡爵是明朝万历时首辅，曾连章奏请册立神宗长子朱常洛为太子，反对立神宗宠妃郑贵妃的儿子朱常洵，得到成功。康熙因王掞关系，赐王锡爵“懋勷贻范”的匾额。王掞对皇帝感恩图报，觉得不是尊奉旧规、履行一般行政事务就可以报答的[100]，决心做“天下第一事”[101]，效法乃祖“争国本”，遂于五十六年（1717年）五月向康熙密陈建立太子的重要：“伏愿皇上深念国本之重，察德慧福泽之所钟，念困心衡虑之已久，手颁诏谕，早定储位，则宗社幸甚，臣民幸甚！”[102]他没有明说复立胤礽为太子，既然学其先人，实际就是要立嫡长。所以弘旺在其著作中谈及此事，直截了当地说“王掞奏保皇太子”[103]。同年十一月，康熙有病，御史陈嘉猷等八人怕发生变故，公同疏请册立太子。康熙以大学士与御史启奏同一事情，是要搞朋党，加以申斥。他们的奏疏有请皇帝与太子分理政事的内容，康熙大不以为然，说：“天下之事，岂可分理乎？”[104]显然是怕大权旁落而不立太子。诸臣为胤礽复立所进行的活动，遭到了失败。

五十七年（1718年）正月，又有翰林院检讨朱天保奏请复立胤礽为太子。他说二阿哥原本“仁孝”，如今于拘禁处甚为安静，是“圣而益圣，贤而益贤”，堪为太子[105]。又引汉武帝戾太子事件为鉴戒，说“储位重大，未可移置如棋，恐有藩臣旁为觊觎，则天家骨肉之祸，有不可胜言者”[106]。康熙听了很动感情，“欷歔久之”，但是阿灵阿说“朱某之疏，为希冀异日荣宠地步”[107]。康熙转而认为朱天保取媚于胤礽，“希图侥幸取大富贵”[108]，将之处斩，并牵连他的父亲原兵部侍郎朱都讷、姐丈戴保、副都统常赉、内阁学士金宝、都统齐世等人，使他们遭到流放、革职等处分。这就给谋复胤礽的势力一个重大打击。

六十年（1721年），是康熙登基一甲子大庆之年，二月十七日，王掞借机又一次上疏，请求建储，说“臣愚以为皇上于启后之计，尚不能不仰烦睿虑也”[109]。不到一个月，即三月十三日，监察御史陶彝等十二人疏奏，亦说“宝历周初，万年伊始，恭请早定储位，以光大典”[110]。这是五十六年大学士和御史先后上书请建储君的重演，引起康熙震怒，痛诋王掞、陶彝等沾染明季恶习，植党希恩，责令王掞交代目的。时值初春，天气尚寒，王掞待罪在宫门外，铺纸石阶上，以唾液研墨，书写奏折，申明不敢唆使台臣启奏[111]。康熙余怒不息，说“六十年大庆，大学士王掞等不悦，以朕衰迈，谓宜建储，欲放出二阿哥，伊等借此邀荣”[112]。又说王掞等既称为国为君，西北正在用兵，应发往军前效力。于是陶彝等十二人应罚前去，康熙以王掞年过七十，命其子少詹事王奕清代往。次年四月，王奕清请求捐银1万两回京省亲，康熙留中不批准，可知他对王掞的行为耿耿于怀。这是六十年庆典中不愉快的插曲。

“矾书案”以及王掞、陈嘉猷、陶彝、朱天保建储疏议遭拒绝，无不表明康熙无意于再立胤礽。他手书谕诸大臣：“二阿哥两次立为皇太子，教训数十年不能成就，朕为宗社及朕身计，故严行禁锢，所以不杀者，恐如汉武帝之后悔，致后人滋以口舌也。朕并无可悔之处，见今时常遣人存问，赉赐嘉物，其子朕为抚养，凡此皆为父子之私情，不能自已，所谓姑息之爱也，人何得以此生疑耶！”[113]他把胤礽的两个儿子、胤礽之子弘晳的三个儿子，即两个孙子、三个重孙子养育在宫中[114]。又照顾胤礽的家属，给以亲王待遇。五十七年（1718年）四月，胤礽福晋病死，按规定，亲王福晋可用20名侍卫穿孝，胤礽无侍卫，康熙特命步军统领隆科多率领30名侍卫去穿孝，超过了对亲王的规定。胤礽女亡，礼部不敢为她奏请祭文，康熙命翰林院撰写，秋后致祭。五十九年（1720年）封胤礽女为郡主，婿为和硕额附，这是给她以亲王女待遇。这样做，康熙固然是嘉奖胤礽福晋“秉资淑孝，赋性宽和”[115]，及照顾自己的孙儿、孙女，更重要的是他怕出现第二个汉武帝戾太子事件，遭人议论，落个“不慈”的恶名。

上述一系列事实说明，胤礽自第二次被废之后，仍因有过做太子的历史和嫡长子的地位，具有一定的政治影响，他本人及部分朝臣在请命。但他使康熙失望了，复位绝无可能。为此而进行的一切活动，都是徒劳的。有一点似可注意，自胤礽二次被废之后，诸皇子的攘夺储位，虽也同胤礽有一定矛盾，然而是各自谋取太子名位，不再具有夺嫡的性质。

二、胤禩继续谋立和嗣位之无望

胤禩集团在复废胤礽中起了一定作用。其时，胤禩从初次废黜时众人保举他的事实出发，以为有再次被推举的可能，因向康熙问道：我如今应怎样做？要不就装病，免得再有保荐我的事情。康熙说他是试探自己对他的看法，所说的话是越分的不法之言，回绝了他[116]。胤禩想当皇太子，没有成功，仍继续活动。

当时的形势对胤禩有利。胤礽再黜，不立太子，胤禩有着被群臣公举的历史，一旦康熙亡故，他就会被朝臣拥护上台。故康熙揭露说：胤禩"谓朕年已老迈，岁月无多，及至不讳，伊曾为人所保，谁敢争执，遂自谓可保无虞矣"[117]。

康熙看到这种情况，及时地给胤禩集团以棒喝。复废太子的当年十一月，康熙出外打猎，住在京北的遥亭，胤禩因生母二周年忌辰出京祭祀，完毕后住京北的汤泉，不赴行在请安，只派人送去将死的鹰，并说他即将回京。康熙见状，认为这是故意藐视自己，气得心脏病要发作。为此对他大张挞伐，指责他"不孝不义"，与鄂伦岱、阿灵阿等结成党羽，密行奸险。康熙把胤禩与胤礽作了比较，说"二阿哥悖逆，屡失人心；胤禩则屡结人心，此人之险百倍于二阿哥也"。康熙看得很准确，也正因此，不喜欢胤禩结人心图位，更害怕他篡位，心情不安地说：胤禩"党羽甚恶，阴险已极，即朕亦畏之"。他怕胤禩搞逼宫，说"朕恐日后必有行同狗彘之阿哥，仰赖其恩，为之兴兵搆难，逼朕逊位而

胤禩画像

立胤禩者”。他表示：“若果如此，朕惟有含笑而殁已耳。”[118]他意识到胤禩的能量大，必须认真对付，给予打击。胤禩的奶公雅齐布夫妻，本被充发边地，却恃势潜藏京城，康熙早就知道，这时派人回京将二人捉拿正法。五十四年（1715年）正月，以胤禩“行止卑污，凡应行走处俱懒惰不赴”的罪名，停发他及其属下护卫官员的俸银俸米[119]。康熙以此表明，废胤礽，不是要立胤禩，他们都不合储君的要求。

胤禩一伙仍然加紧活动，阿灵阿认为胤禩年庚八字是庚戌己丑丁未壬辰，与前代帝王相同，即有君主的福分[120]。他们扩大势力，不断网罗人员。湖广总督满丕是胤禟的属人，他向主人报效2万两银子，胤禟用它替胤禵建造花园。两江总督赫寿在江南采买女子送给胤禩[121]。胤禟收买太监陈福、李增，伺察康熙动静[122]。极力支持胤禩为皇太子的揆叙，家产800万，五十六年（1717年）死，无子，家产入官，由胤禟掌管。西洋人穆景远代表胤禟向四川巡抚年羹尧送荷包，说“胤禟像貌大有福气，将来必定要做皇太子的，皇上看他也很重”[123]，希望年羹尧为胤禟效力，实即参加胤禩集团。年羹尧是雍亲王门下，胤禟挖人挖到他那里，可见活动规模之大了。胤禟富有财产，他的太监何玉柱往关东私刨人参贩卖，在天津开木行[124]。他的富有，为胤禩集团提供了活动经费。

他们制造舆论，扩大影响。胤禟的门客礼科给事中秦道然常对人说他的主公，“为人宽洪大量，慈祥恺悌”[125]。胤禟亲自对穆景远讲：“外面人都说我合八爷、十四爷三个人里头有一个立皇太子。”[126]五十六年（1717年）社会上流传着将立胤禩等人为太子的说法，可能就是他们自己编造的。

胤禟画像

胤禩集团越活动，康熙越警惕，越要打击胤禩。五十四年(1715年)十一月，康熙将胤禩门客何焯的翰林院编修、进士、举人等职衔、科名尽行革除，罪名之一是他把当今的文章比作万历末年的文字，侮辱了圣朝[127]。康熙还在胤禩给何焯的信上批道："八阿哥与何焯书，好生收着，恐怕失落了。"[128]把它看作是胤禩的罪证，处分何焯，实际是给胤禩难堪。次年九月，胤禩得了伤寒病，大有离世之态，这时康熙正从热河往京城进发，准备去西郊的畅春园。康熙给几个儿子赐了花园，就在畅春园附近，胤禩的园子，在从热河到畅春园的必经路上。康熙未到之先，打发人传旨给料理胤禩病务的胤禛、胤禵，"将胤禩移回家中之处，着诸皇子议奏"。胤禛见此询问，就要将住在赐园内的胤禩移回城里府中，胤禟不同意，愤怒地说："八阿哥今如此病重，若往家中，万一不测，谁即承当?"康熙闻知后说：八阿哥已不省人事，若欲移回，"断不可推诿朕躬令其回家"[129]。诸皇子明白康熙的意思，是要把胤禩转移到城里，让父皇经过他的花园时，不会碰到秽气，即不吉祥之物。因康熙教训过儿子们："汝等皆系皇子王阿哥，富贵之人，当思各自保重身体，诸凡宜忌之处，必当忌之，凡秽恶之处，勿得身临，譬如出外，所经行之地，倘遇不祥不洁之物，即当遮掩躲避。古人云：千金之子，坐不垂堂。况于尔等身为皇子者乎？”[130]康熙以自己为重，不顾重病的胤禩的死活，可见父子感情决裂的程度了。不久胤禩病愈，康熙大约觉得自己的做法太不慈爱了，于是恢复胤禩的俸银俸米，并问他病后想吃什么：“朕此处无物不有，但不知与尔相宜否，故不敢送去。”皇父用“不敢”二字，皇儿哪敢承受，故胤禩到宫门内跪求免用此二字。康熙又责备他“往往多疑，每用心于无用之地”，“于无事中故生事端”[131]。真是话不投机半句多。双方芥蒂太深，各存疑心，怎么也合不拢，康熙还怎会立胤禩为太子呢！所以愈往后，胤禩离太子的宝座愈远。如果说还有一线希望的话，则在于尚得人心，还有一定的政治能量。

三、胤禵觊觎储位及渐为康熙所赏识

胤禩受挫之时，他集团中的胤禵活跃起来，积极谋取储位。五十七年（1718年）以前，胤禵广泛联络士人，如接见大学士李光地的门人、翰林院编修陈万策时，“待以高坐，呼以先生”。李光地是理学名臣，康熙在建储问题上屡次征求他的意见，胤禵企图通过陈万策与李光地联系，并以此取得士人和官僚的好感，为自己传播声誉，所以当时社会上流传“十四爷虚贤下士”的说法。当然，人们也看得出来，这是“颇有所图”[132]——谋取皇储之位的。

正在这时，西北战事的发展，给了胤禵在政治上大露头角的机会。策妄阿拉布坦扰乱以来，康熙调兵遣将前往征讨，五十六年（1717年）三月，任命富宁安为靖逆将军、傅尔丹为振武将军、祁里德为协理将军，分路戍守，准备进攻，但没有任命统领前方部队的司令官。同年七月，富宁安疏报军情，康熙见奏，说自己年老了，血气渐衰，就把这个事拖延下来了，若自己我少壮时，早已成功了。康熙说的是事实，平定三藩和噶尔丹，就是明证。他如今年事已高，又有储位不定的头痛事，不能集中精力对付边疆的叛乱，有心起用皇子领兵，下命将富宁安的奏疏给诸皇子观看[133]。五十七年（1718年）春天，策妄阿拉布坦属下策零敦多卜进攻西藏，藏王和硕特蒙古人拉藏汗请求清朝发兵救援，康熙命侍卫色楞会合驻守在青海的西安将军额伦特部军士前往援助，策零敦多卜先行攻入拉萨，控制了西藏地区。这时不仅战争地区扩大了，更严重的是准噶尔人掌握了西藏喇嘛教，对清朝极其不利。大漠南北及西北地区的蒙古人都尊奉喇嘛教，清朝历来利用它，作为统治、联络蒙古人的一个工具，它被准噶尔人掌控，意味着北部边疆的不稳定，所以康熙决心解决西藏问题。这一年的三月，胤禵由贝子超授王爵，并被任命为抚远大将军[134]，准备往西边出征。九月，奉命从青海经理西藏事务的署理西安将军额伦特阵亡，全军覆没。十二月，康熙命胤禵率师出发。同时为提高八旗战斗力，他还任用皇子办理旗务，命胤祐管理正蓝旗满洲、蒙古、汉军三旗事务，胤䄉和胤祹分别主持正黄旗三旗、正白旗三旗事务。这是对皇子将兵作了统一的安排。胤禵出师，康熙高度重视。出发前，他亲往堂子行祭告礼，出师这一天，登太和殿向胤禵授大将军敕印，胤禵乘马出天安门，诸王及二品以上文武官员都到德胜门军营送行。根据康熙的命令，胤禵“用正黄旗旗纛，照依王纛式样”[135]。胤禵在军中称“大将军王”，所上奏章及皇帝的谕旨都这样称呼他。他做抚远大将军，官职非常明确，他在三月封王，这里又说用王纛式样的旗子，是按王爵对待，但究竟封的什么王，有无赐号，史料无征，即在他自己的奏疏中也只说“大将军王臣”，从未见有王号。估计康熙封他为王了，但一直未给名号，有点类于“假王”[136]。大约是因他年未富且无功，由贝子一跃为王，怕他尚未有王爵的哥哥们

抚远大将军西征图卷局部

不服，可是统帅又要有崇秩以便号令全军，所以先赐以王的名爵。随同胤禵出征的，有所谓“内廷三阿哥”，即弘曙、弘治、弘禧[137]，都是康熙的孙辈，还有平郡王讷尔苏、裕亲王保泰子广善、简亲王雅尔江阿子永谦，都是皇室帝胄，因此康熙说此次出兵，是“命皇子为大将军王，又遣朕子孙等调发满洲、蒙古、绿旗兵各数万……”[138]这个阵容反映了他对胤禵出征的重视。

五十八年（1719年）三月，胤禵驻扎西宁，奉康熙指令，以与京城相隔辽远，军事相机调遣。他统率驻防新疆、甘肃、青海的八旗、绿营，号称30万[139]，实际十数万大军[140]，并指挥当地蒙古人部队。康熙给青海厄鲁特罗卜藏丹津降旨，说“大将军王是我皇子，确系良将，带领大军，深知有带兵才能，故命掌生杀重任。尔等或军务，或巨细事项，均应谨遵大将军王指示，如能诚意奋勉，即与我当面训示无异”[141]。由此可见，康熙赋予胤禵代自己出征的神圣使命。

胤禵到军前，驻扎西宁，一面整顿内部，题参办事不力的料理西宁兵饷的吏部侍郎色尔图、包揽运米之事的笔帖式戴通、贪婪索诈的都统胡锡图，以提高部队办事效率和战斗能力；一面遣兵戍守河西走廊，把重点放在对西藏用兵上。他做了达赖七世的工作。达赖五世死，拉藏汗迎立博达克山出生的阿旺伊什嘉穆错为达赖，青海厄鲁特不服，迎立里塘出生的罗布藏噶尔桑嘉穆错，驻西宁宗喀巴寺。康熙因策零敦多卜乱藏，封罗布藏噶尔桑嘉穆错为弘法觉众第七世达赖喇嘛，不承认被策零敦多卜囚禁的阿旺伊什嘉穆错。胤禵使达赖七世传谕西藏、四川、云南的藏人，说皇帝派皇子领兵，

“扫除准噶尔人，收复藏地，以兴黄教”，应该欢迎清军的到来[142]。胤禵遵照康熙的战略部署，先收西藏，后捣准噶尔本部，对藏分两路出击。五十九年（1720年）二月，平逆将军延信由青海、定西将军噶尔弼由川、滇两路向西藏进军，胤禵进驻穆鲁斯乌苏，调遣官兵，办理粮饷。八月，噶尔弼军入拉萨，延信屡败策零敦多卜部众，清除了准噶尔人势力，安定了西藏。清军护送达赖七世至拉萨，举行了坐床仪式。西藏战乱的结束，作为前线统帅的胤禵立了大功，康熙命立碑纪念。当时作碑文的是阿布兰，胤禛即位后，说阿布兰的碑文“并不颂扬皇考，惟称大将军胤禵功德”[143]，将碑毁掉，另撰新文。应该说阿布兰的碑文是反映胤禵战功的，因碑毁，使后人失掉了了解他的功绩的一些具体资料。这次军事胜利，掐断了准噶尔与达赖喇嘛的联系，使其不能利用黄教煽动对清朝的叛乱；这次军事胜利，稳定了西藏地区，使清朝能够集中力量，全力对付准部地区，胤禵遂于六十年（1721年）五月从青海移驻甘肃的甘州。

在策妄阿拉布坦领区，清军一直没有进展，军士因病死亡的事不断发生[144]。六十年（1721年）十月，康熙令胤禵回京，面授西北用兵的方略。十一月，胤禵到京，康熙令胤祉、胤禛率领内大臣郊迎。次年四月，胤禵辞赴军前，驻扎甘州，直至康熙故世，未对准噶尔部作军事进攻。

胤禵在第一次离京之前，为争储位事，对京中政局很不放心。他对胤禟说：“皇父年高，好好歹歹，你须时常给我信儿。”[145]皇父“但有欠好，就早早带信给我”[146]。他倒不一定是关心乃父的健康，而是为自己相机行事。自胤禵有大将军之任命后，胤禩集团积极支持他，希望他能步入东宫。胤禵出发前，胤禟每天到他家，二三更天才离开，总是商议胤禵早成大功，回来当太子的事。胤禟赞扬胤禵“才德双全，我兄弟内皆不如，将来必大贵”[147]，为之延誉。又当面对他表示：“早成大功，得立为皇太子。”[148]及至六十年，胤禵回京述职，胤禟怕不让胤禵再赴军前，说“皇父明是不让十四阿哥成功，恐怕成功之后，难于安顿他”[149]。说明胤禟、胤禵是把出师看做争取储位的好机会。

胤禵在西北，继续招贤纳士，三次派人礼聘颜（元）李学派的代表人物李塨。李塨是洁身自好的学者，不愿同权贵交往，打算迁居以躲避胤禵的征召。胤禵对自己前途很关心，五十八年（1719年）让临洮人张恺算命，张恺故意奉承，说他的命是“元武当权，贵不可言，将来定有九五之尊，运气到三十九岁就大贵了”[150]。胤禵生于二十七年（1688年），这时三十二岁，听了张恺的许愿，以为数年后可以龙飞九五，自然很高兴，称道他“说的很是”[151]。胤禵同其他皇子一样，垂涎未来的御座。

胤禵被任为大将军，是胤礽求之而不得的。他的大将军，权重位尊，远远超过清初统一中原、平定三藩所任用的那些大将军。胤禛说他“妄自尊大，种种不法，我朝大将军如此行事者，从未之闻也”[152]。适见他不同于众的崇高地位。因此，在当时人的观念里，把担任大将军视作向皇太子过渡的一个步骤。但是要走完这个过程，需要完成军事目标，对藏用兵的成功，便前进了一步，对准部的毫无进展，则难于达到目的。再说他还只是没有赐号的王，从等级制度看，与太子地位尚有距离。

胤禵远处西北边隅，对他立为皇太子有所不利。胤禛曾说康熙春秋已高，不可能立远离身边的胤禵[153]。这不能说没有道理。康熙年老多病，如果一心要立胤禵，让他领军出征，多少立点功劳，即可在西藏事毕后令其返京，何必要他长驻西北。或许有人会说，京中斗争激烈，胤禵在首都不安全，令其外出，倒合“申生在内而危，重耳在外而安”之意，可是后来实践证明，在外并不安全，有兵权也无济于事。

胤禵的为人、事功及与父皇关系，他的储位如何？康熙究竟怎样看待他呢？

（甲）康熙钟爱胤禵，绝不像胤禛说是厌弃他。

胤禛说康熙任用胤禵，不过是以皇子虚名坐镇，而胤禵又是秉性急悍，素不安静的，借此把他打发到远处，免得生事。胤禵绝不是虚名坐镇的人，而是在战争中发挥了统帅作用，上述事实已交代了，他确实是如同康熙所说，有统帅才能。当六十年十月令其回京议事时，康熙还指示，若策旺阿拉布坦这时大举进犯，胤禵就不要回京，同时前进到肃州，以便指挥。在康熙心目中前方离不开这个大将军，怎么会是为了远远打发他哩！胤禵的出征，只能说明康熙喜爱他，重用他，任何不利于胤禵的解释，都与客观实际相背离。事实上，康熙看重允禵的才力、品格、身体，爱护有加，双方感情笃厚。

（乙）康熙在培养胤禵。

胤禵具有高超的才能，西藏胜利的事实，雄辩地证明了这一点。胤禵前线的胜利在臣民中大大提高了威望，但也非出众得了不得，李塨坚不赴召，王掞等请复立胤礽，说明他还没有取得朝野的一致信奉。康熙使用他，培养他，如果条件成熟了，指定为皇太子，当是可能的。胤禵对康熙的培养，做过努力，力争做好，以达到预定目标，然而事实也不尽如人意。他的亲信何图弟兄根据在西北的亲身闻见，说胤禵初去时名声很好，后来开门纳贿、索诈文武官员钱财，手下人也敲诈勒索，名声就不好了，有人抱怨了。胤禵确实捞了不少钱，一次送给胤禩20万两、胤禟6万两银子。看来他的进取精神并不能善始善终。

（丙）胤禩集团为胤禵储位未定而担心，康熙对胤禵的考察使他们心烦不安。

五十七年（1718年）任命胤禵为大将军王之后，康熙未对胤禵再行加恩，并没有真正封王，实际爵位仍是他原有的贝子。这从康熙对胤禵女儿的封爵表现出来，五十八年（1719年）八月他女儿出嫁，封为“郡君”，女婿为多罗额驸。清朝制度，固山贝子女封“郡君”，亲王女封“郡主”，胤禵女儿的封号，与贝子之女相同，显然是按其父贝子的爵级授予的，而那时胤祉、胤禛女儿出嫁都封为“郡主”，是按亲王女赐爵的。

六十年（1721年）胤禵回京并非主动请求，是奉召的，他的集团成员没有把这看作是好事，胤禟说乃父明明不要胤禵成功，恐怕将来难于安顿他。表明他们不相信康熙以胤禵为继承人，心里总是嘀嘀咕咕，忐忑不安。

贝子距离亲王的爵位，差着贝勒、郡王两个等级，至于同皇太子，更不是一般的等级差距问题了。康熙指斥胤禩以贝勒身份向往皇太子地位是不自量，他的等级观念很强，名分不假于人，不愿随便给胤禵以真王，怎么能视为内定的皇太子？

总之，康熙对胤禵的态度，鉴于他才华出众，单纯率直，有培养前途，指派他为大将军王，建立功业，作为选择皇太子的一个人选，但他还不够成熟，不是理想的唯一一个。与他争夺储位，还有能人，其中之一是他的同母兄长胤禛。

四、胤祉"希冀储位"

皇三子诚亲王胤祉，在胤禔、胤礽出事之后，年龄最长，又受封王爵，在诸兄弟中具有特殊地位。胤祉喜爱钻研学问，和他常在一起的学者蔡升元说他手不释卷。他的书法好，还在二十二岁时，诗坛领袖、尚书王士禛就说他的字方圆径寸，遒美妍妙。基于他的文才，康熙于五十二年（1713年）命他负责修辑律吕、算法诸书，在畅春园蒙养斋开馆。他大量吸收著名学者参加工作。进馆的有陈梦雷，康熙亲书"松高枝叶茂，鹤老羽毛新"联句赐给他，他著有《松鹤山房集》《天一道人集》等书[154]。方苞是桐城派散文创始人，胤祉以下都尊敬地称他为先生[155]。还有魏廷珍、蔡升元、法海、耶稣会士等。他们工作的范围比较广，除编书外，奉命重修坛庙、宫殿、乐器。胤祉提出制历法，要测北极高度，康熙准行，分遣何国栋、索住、白映棠等赴广东、云南、四川、陕西、河南、江西、浙江测量北极高度及日影[156]。他们撰写的书，康熙赐名《律历渊源》（含《律吕正义》《数理精蕴》《历象考成》），又编辑我国第二部大类书《古今图书集成》。开蒙养

胤祉画像

斋馆，皇帝重视，对它的主持人胤祉，人们自然刮目相看。开馆那年的十一月，朝鲜君臣议论清朝政事，有人说“十三王、第三王又称以抚军监国”[157]。胤祉未曾抚军监国，外间如此流传，足见他名播遐迩。

五十三年（1714年）发生皇子太监诈骗官员案，涉及胤祉、胤禟、胤䄉、胤禵、胤禑、胤禄六位皇子，大约在康熙关照下，胤祉和胤禵的属人没有治罪。

五十六年（1717年）冬天，皇太后生病及死亡期间，康熙也身患重病，不能照料皇太后医药及丧葬事务，恒亲王胤祺因系皇太后所抚养，要求代替乃父料理，康熙不答应，却让胤祉、胤禛、胤祹、胤禄协助自己[158]，适见胤祉及胤禛在康熙心目中的较高地位了。

在胤祉得意的时候，他的属人孟光祖，打着主子的旗号，到山西、陕西、四川、湖广、广西等省活动，代表诚亲王向川抚年羹尧赠送礼物，年羹尧回赠马匹、银两[159]，江西巡抚佟国勷亦送给他银两、缎匹。清朝制度，王阿哥差人赐属下外任官物件，该官即应奏报中央，佟国勷等都没有上报，直到孟光祖活动数年，直隶巡抚赵弘燮始行奏闻。清朝制度，过往官员要有勘合，地方官才能供应车船马骡，孟光祖没有勘合，却能通行无阻，是地方官惧怕王阿哥势力，不敢不奉承他们的属人。在第一次废太子时，康熙宣布，非皇子属人的官员不得与皇子往来，而年羹尧并非是胤祉的属人，所以此事由康熙直接过问，派人捉拿孟光祖，将之处斩，并把佟国勷革职，年羹尧革职留任。对孟光祖是否为胤祉派出一事，康熙不予追问，还怕胤祉落个不好名声，对魏廷珍说：你“每日与三阿哥一处修书，若有此事，即当以身命保之”[160]。康熙如此着意保护胤祉，是不让他陷入皇子结交地方大吏的违法事件。至于孟光祖的活动，是否系其主子胤祉指使，不好肯定，但一主一奴，孟活动数年，胤祉很难说不知道。江南武进县有名叫杨道昇的人，被人认为“颇通才学，兼通天文”，胤祉把他请到府里[161]。这里说他通天文，就是表示胤祉通过杨道昇了解自己获取大位的可能。胤禛曾责备胤祉，“希冀储位”，在废胤礽后，“以储君自命”[162]。胤祉以温文尔雅的学者面貌出现在政治舞台上，亦为康熙所喜爱，他也想摘取东宫印绶，不过活动不那么剧烈。

胤祉得到康熙的钟爱、任用、保护，也有意于染指储位，但是缺乏政治活动能力，两次陷入部属犯罪案，显然无能制驭下人，如此怎能治理天下，所以康熙很难选择他为继承人，他所奉命主持的事情与他的身份地位、才学有关，似乎与选择皇储没有特别关联。

五、胤禛结党谋位

诸皇子营求储位，雍亲王胤禛毫不让人，但他的表现方式多少与众不同。

胤礽第二次出事，储贰的事牵动着胤禛的每一根神经，他为自己的未来而奋斗，进行着有纲领有计划的经营。他的方针、策略见于属人戴铎于五十二年（1713年）写给他的书启。戴铎写道：

当此君臣利害之关，终身荣辱之际，奴才虽一言而死，亦可少报知遇于万一也。谨据奴才之见，为我主子陈之：

皇上有天纵之资，诚为不世出之主；诸王当未定之日，各有不并立之心。论者谓处庸众之父子易，处英明之父子难；处孤寡之手足易，处众多之手足难。何也？处英明之父子也，不露其长，恐其见弃，过露其长，恐其见疑，此其所以为难。处众多之手足也，此有好竽，彼有好瑟，此有所争，彼有所胜，此其所以为难。而不知孝以事之，诚以格之，和以结之，忍以容之，而父子兄弟之间，无不相得者。我主子天性仁孝，皇上前毫无所疵，其诸王阿哥之中，俱当以大度包容，使有才者不为忌，无才者以为靠。昔者东宫未事之秋，侧目者有云："此人为君，皇族无噍类矣！"此虽草野之谚，未必不受此二语之大害也。奈何以一时之小忿而忘终身之大害乎？

至于左右近御之人，俱求主子破格优礼也。一言之誉，未必得福之速，一言之谗，即可伏祸之根。主子敬老尊贤，声名实所久著，更求刻意留心，逢人加意，素为皇上之亲信者，不必论，即汉官宦侍之流，主子似应于见面之际，俱加温语数句，奖语数言，在主子不用金帛之赐，而彼已感激无地矣。贤声日久日盛，日盛日彰，臣民之公论谁得而逾之。

至于各部各处之闲事，似不必多于与闻也。

本门之人，受主子隆恩相待，自难报答，寻事出力者甚多。兴言及此，奴才亦觉自愧。不知天下事，有一利必有一害，有一益必有一损，受利受益者未必以为恩，受害受损者则以为怨矣。古人云：不贪子女玉帛，天下可反掌而定。况主子以四海为家，岂在些须之为利乎！

至于本门之人，岂无一二才智之士，但玉在椟中，珠沉海底，即有微长，何由表现。顷者奉主子金谕，许令本门人借银捐纳，仰见主子提拔人才之至意。恳求主子加意作养，终始栽培，于未知者时为亲试，于已知者恩上加恩，使本门人由微而显，由小而大，俾在外者为督抚提镇，在内者为阁部九卿，仰藉天颜，愈当奋勉，虽未必人人得效，而或得二三人才，未尝非东南之半臂也。

以上数条，万祈主子采纳。奴才身受深恩，日夜焚祝。我主子宿根深重，学问渊宏，何事不知，何事不彻，岂容奴才犬马之人刍荛之见。奴才今奉差往湖广，来往似需岁月。当此紧要之时，诚不容一刻放松也！否则稍为懈怠，倘高才捷足者先主子而得之。我主子之才智德学素俱，高人万倍，人之妒念一起，毒念即生，至势难中立之秋，悔无及矣。

胤禛阅后，写了如下批语：

语言虽则金石，与我分中无用。我若有此心，断不如此行履也。况亦大苦之事，避之不能，尚有希图之举乎？至于君臣利害之关，终身荣辱之际，全不在此，无祸无福，至终保任。汝但为我放心，凡此等居心语言，切不可动。慎之！慎之！[163]

戴铎的建言，首先分析政治形势，明确奋斗目标。他深知胤礽再黜、储位未定之时，诸皇子争夺激烈，谁活动有力，谁就有可能夺标，所以这时是“利害之关，终身荣辱”之际，因此一定要参加角逐，争取不世之荣。方针确定了，要有行之有效的办法。戴铎提出的是：一要生方设法，用孝行取得康熙的宠爱。二要以废太子凌虐昆季为戒，妥善处理好弟兄关系。三要加意联络百官，尤其是康熙亲信重臣，对地位较低的近侍和汉人官僚也不要放过，用他们为自己造舆论，把胤禩所有的好名声夺过来，对皇帝考虑继承人施以影响，以利对胤禛的选择。四要大力培植雍邸人才，为建立江山的基干；放他们出门，谋求朝内外的要职，为夺取江山奠定基础。戴铎的书信，向胤禛全面提出争取储位的纲领、策略和措施。胤禛的批语是半真半假。他认识到戴铎对形势分析得精当，争位的略策、方法较为完善和巧妙，完全可以接受和实践，而且在戴铎建议以前，已经帮助门下外出做官，扩大势力和影响，加紧了争位活动，现观戴铎的全面规划，当然喜之不胜，奖为“金石”之言，乐于采纳了。至于“与我分中无用”、做皇帝是“大苦之事”的批语，实是欺人之谈。他当皇帝后多次重述这类话，什么“朕向无希望大位之心”[164]，“朕在藩邸时坦易光明，不树私恩小惠，与满汉臣工素无交往，有欲往来门下者严加拒绝”[165]。谎言不必管它，戴铎的书启和胤禛的表态，表明胤禛集团在太子复废之后，制订了争夺储贰的切实可行的全面计划，制订了处理父子、兄弟、朝臣、藩属诸种关系的策略，争取各方面的好感和支持，建立、扩大自家力量。余下的问题就在于实践了。

胤禛迷信天命，在活动中总想预知自己的前程。戴铎于五十五年（1716年）秋天往福建赴知府之任，沿途及到任所均写信报告见闻和办理主子交代事务，在一封信中写道：在武夷山，见一道人，“行踪甚怪，与之谈论，语言甚奇，俟奴才另行细细启知”。胤禛见信，非常感兴趣，随即在批语中追问：“所遇道人所说之话，你可细细写来。”[166]就此，戴铎回启禀道：“至所遇道人，奴才暗暗默祝将主子问他，以卜主子，他说乃是一个万字。奴才闻之，不胜欣悦，其余一切，另容回京见主子时再为细启知也。”这封书信比之前多透露一点，但还是欲言又止。他不是卖关节，引逗主子，而是害怕此事让人知道，所以信中接着说：“福建到京甚远，代字甚觉干系。”这封信就放在装上进土产的匣子的双层夹底内，以便保密。胤禛在此信的批语中赞扬了他的谨慎，但仍急不可待地要周知道士算命的全部内容，又令戴铎将道人的话“细细写来”，又说“你得遇如此等人，你好造化”[167]。说他遇道人是好造化，毋宁说有“万”字命的雍亲王做主子才是福气，这是胤禛关心的一次问命运的事。另一次，是马尔齐哈干的，详情没有记载，然胤禛做皇帝后责备马尔齐哈在康熙时，“指天文而妄谈祸福，此惟悯不畏死之徒受其愚”[168]。马尔齐哈一定向胤禛进奉了“天命所在”的美言。胤禛的奴才奉承主人，主人也信以为真，胤禛以“万”字命自期，就是要做储君，当皇帝。这一点，同他的弟兄一样。胤禩命张明德相面，胤禵让张恺算命，胤礽欲再向哲布尊丹巴问命运，胤祉罗致杨道昇，都相信自已有荣登“九五之位”的天命。他们笃信天命有多方面的原因：一是用以激发自身竞争储贰的信心；二是燃起手下人的升官欲望，坚决跟从主子；三是制造舆论，以收人心。所以宣扬贵命成为诸皇子争取储君的一种工具。康熙有鉴于此，严加禁止，胤禩相面成为他被囚的罪状。胤禩案发在前，胤禛明知故犯，表明他追求储位，已发展到不顾罹罪的程度，当然，胤禵、胤祉亦是如此。

胤禛奉康熙的指令，处理过一些案子和事务，从中表现了他的政治主张。康熙时太监曹之璜索诈官员银两，赶打抬夫，致使宫中命妇“常在”的棺木落地，胤禛审判，以大不敬律将之议斩，监候待刑。到雍正三年（1725年），他阅囚至曹之璜案，说：“彼时因太监纳贿不法，如此类者甚多”，故置重典，“以警戒余人”[169]。五十二年（1713年），顺治淑惠妃死，康熙发现办理丧事官员草率从事，命胤禛查办。胤禛随即奏报，这是工部和光禄寺承办的，请将工部尚书满笃、侍郎马进泰、内阁学士兼管光禄寺卿马良以及应该兼理此事的内务府总管赫奕、署总管事马齐议处，致使他们都得了处分[170]。四十八年（1709年），胤禛随从康熙巡视京畿，在归途中，康熙责备同行的鄂伦岱等结党，鄂伦岱是康熙舅父佟国纲之子，以国戚自居，不知畏惧。这时胤禛说：“此等悖逆之人，何足屡烦圣怒，乱臣贼子，自有国法，若交与臣，便可即行诛戮。”[171]这几个事例说明，胤禛从政，严刑峻法，不徇情面，主张君主对臣下以威严相制。他的奴才戴铎对此体察得非常深刻。据戴讲，他曾同大学士李光地讨论储君事，李认为：“目下诸王，八王最贤。”戴则说：“八王柔懦无为，不及我四王爷聪明天纵，才德兼全，且恩威并济，大有作为。”[172]胤禩以仁义为号召，搞仁义，多主张维持现状，少生事；胤禛与他针锋相对，以恩威并施为政纲，所谓“威”，实是讲严厉、严格，与此相联系的是要整饬积习，有所振作。胤禛、胤禩政纲不同。储位之争，具有不同政治纲领的政治派别间斗争的性质。

胤禛为扩展力量，破坏康熙不许皇子结党的规定，千方百计招揽官员。命马尔齐哈联系礼部侍郎蔡珽，招他来见，蔡以身居学士不便往来王府辞谢，六十年（1721年），年羹尧入觐时，又向胤禛推荐蔡珽，胤禛令其代表自己往请，蔡仍不就招。次年蔡珽有川抚之命，到热河行宫陛辞，时胤禛亦住行在，蔡就由年羹尧之子年熙引领晋谒胤禛，并把左副都御史李绂介绍给他[173]。看得出，胤禛对要争取的人，纠缠不休，不入他的帷幄，不会撒手。戴铎赴福建，胤禛要他带东西给闽浙总督觉罗满保，戴铎到福州，把东西秘密地交给满保的家人[174]，以进行私人间的感情联络。

经过胤禛的经营，形成了一个小集团。这些人在官场，于尽职的同时，热衷于为本集团利益服务。这个集团的成员有：年羹尧，汉军旗人，为胤禛“多年效力”的“藩邸旧人”[175]，其妹为胤禛侧福晋。年羹尧于四十八年（1709年）出任川抚，五十七年（1718年）升四川总督，六十年（1721年）晋川陕总督，为康熙所信任。年羹尧之父年遐龄，早年任湖广巡抚，康熙四十三年（1704年）休致。年羹尧之兄年希尧，在康熙末以布政使衔署理广东巡抚。魏经国，康熙末为湖广提督[176]。常赉，为前面提到过的朱都讷之婿，官副都统。戴铎，在福建由知府升为道员。他初上任，因生活不习惯，想告病回京，就此请示胤禛，胤禛回信说："为何说这告病没志气的话，将来位至督抚，方可扬眉吐气，若在人宇下，岂能如意乎？"[177]以谋图升官鼓励他。康熙末，戴铎官至四川布政使。其兄戴锦，由胤禛遣人向吏部活动，出任河南开归道。沈廷正，历任商州知州、兰州府同知。金昆，武会元出身，在雍邸绘画行走[178]。马尔齐哈，会医术，曾任清江理事同知[179]。博尔多，"藩邸旗下人"，举人出身，官内阁中书[180]。傅鼐，"侍世宗于雍邸，骖乘持盖，不顷刻离"[181]。隆科多，康熙生母孝康章皇后的侄子，康熙孝懿仁皇后的弟弟，他的身世见下列佟氏世系表最为清晰[182]：

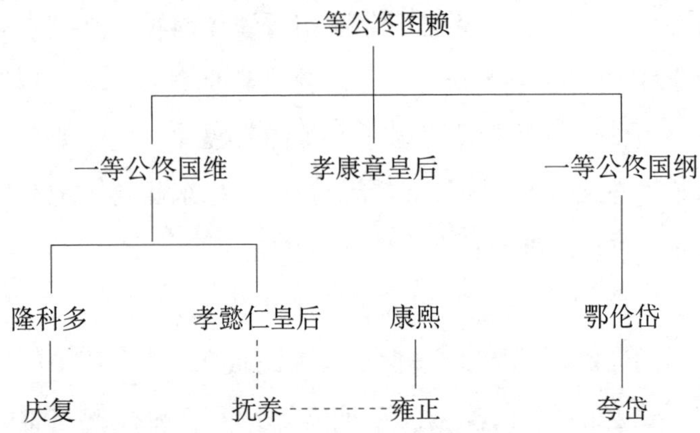

他先与胤禔亲近，康熙于四十八年（1709年）指责他"与大阿哥相善，人皆知之"[183]，不久取得康熙的信任，五十年（1711年）用为步军统领，取代胤礽党人托合齐的职位，五十九年（1720年）出任理藩院尚书，仍管步军统领事。他受康熙秘密使命，监视废太子、被囚禁的胤禔，秘察宗室王公动向。胤禛说他"深邀皇考知遇"[184]，确是事实。他大约

在康熙末年同胤禛搭上手。胤祥，与胤禛关系最密切，即如胤禛时或扈从秋狝，胤祥以诗词、书札寄怀，胤禛为之收藏，仅诗即达32首[185]。胤禛这个集团，人数不算多，所居要职也有限，但是拥有步军统领、用兵前线的川陕总督等职务的人，对日后胤禛顺利上台起了相当重要的作用。

胤禛为维系他的集团，加强对门下的控制。年羹尧因与孟光祖的瓜葛，又不经常向胤禛致书请安，就是具启本，称官职而不称奴才，惹恼了胤禛，骂他是“儇佻恶少”，抓住他给自己书启中的话——“今日之不负皇上（按指康熙），即异日之不负我者（按指胤禛）”，说他“以无法无天之谈而诱余以不安分之举也，岂封疆大臣之所当言者，‘异日’两字足可以诛年羹尧全家”。胤禛同年羹尧的通信，表明他们主奴同心协力谋取异日之荣，年羹尧并未改投他人门下，只因年轻得志，对主子有点不恭罢了。胤禛除拿揭发吓唬他，还责令他将从前准许带赴任所的弟侄送回京师，十岁以上的儿子不许留在任所，以示惩罚[186]。胤禛对戴铎动辄申斥，戴铎于五十七年（1718年）向胤禛呈送物品，启本中说他“自到福建以来，甚是穷苦”。胤禛批道：“天下无情无理，除令兄戴锦，只怕就算你了。一年差一两次人来诉穷告苦，要两坛荔枝酒草率搪塞，可谓不敬之至。”[187]胤禛强调主奴名分，要求门下人对他绝对忠诚。

胤禛惯用两面派的手法进行活动，愚弄对手，欺骗乃父。他与胤禩、胤禵集团的对立是必然的，如在戴铎报告胤禵礼遇陈万策的书启上批写：“程（按应为陈）万策之傍，我辈岂有把屁当香闻之理。”[188]表现了对敌对集团的仇视和蔑视。但在表面上又对胤禩一伙表示亲善，如胤禩于五十三年（1714年）获谴时，胤禛“独缮折具奏”，为他说好话，向胤禩买好[189]。五十五年（1716年）胤禩得病时，胤禛正在侍从康熙秋狝回京的路上，一天，康熙问他，胤禩的病你差人探望过吗？回说没有，康熙说应该派人去。数日后探视人回说病情严重，胤禛以为乃父心念胤禩，即请示先期回京看视，康熙允许他先走，随后又说四阿哥置扈驾之事不顾，忙忙地去看望胤禩，“观此关切之意，亦似党庇胤禩”，就罚他料理胤禩的医药事务。这时他才恍然大悟，理会错了父皇的意思，惹出麻烦，就赶到康熙面前认错，奏称“臣未审轻重，实属错误，罪所难免”，从而获得了康熙的谅解[190]。雍邸伶人徐彩官打死人，本应抵罪，康熙只判了流刑，显然是为照顾胤禛，不使他丢面子，和在孟光祖案上顾恤胤祉是一个意思。康熙给胤禛王爵赐号“雍亲王”中的雍字，有多种含义，大约是

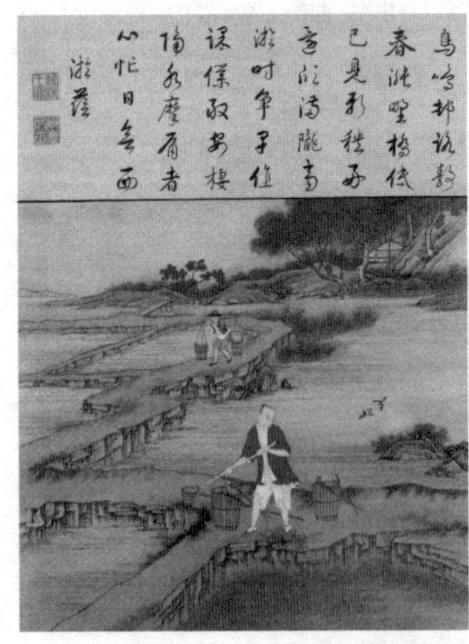

《胤禛耕织图》施肥、打谷

取的和睦的意思。他们父子关系和好，虽偶有小疙瘩，但很快解除，双方感情向亲密方向发展，这应当是胤禛总以迎合康熙的意旨为宗旨，希图取得父皇的喜爱。

康熙令臣下绘制《耕织图》，劝民农桑，男耕女织，期望生民勤业，天下太平。胤禛领会乃父之意，倩人制作《耕织图》，用他和王妃的脸形摹绘图画中的耕夫织妇，表示他们夫妇像农夫农妇那样勤于劳作，生活在太平盛世，以此讴歌康熙政事，同时表示自己恬淡无为，与世无争。

在紧张的储位斗争中，胤禛与僧衲往还，建设寺宇，把自己打扮成为“天下第一闲人”[191]，并写了这样一些诗：

懒问沉浮事，闲娱花柳朝。吴儿调凤曲，越女按鸾箫。道许山僧访，棋将野叟招。漆园非所慕，适志即逍遥。[192]

山居且喜远纷华，俯仰乾坤野兴赊。千载勋名身外影，百岁荣辱镜中花。金罇潦倒春将暮，蕙径葳蕤日又斜。闻道五湖烟景好，何缘蓑笠钓汀沙。[193]

胤禛以富贵之身，处繁华之境，却似乎不问功名荣辱，唯愿与山僧野老为伍，过清心寡欲的恬淡生活，成为一个富贵闲人。这时期，他在读书时，把赏心悦目的文字辑录起来，成《悦心集》一书。选的诗文有明代著名书画家唐寅的《一世歌》，词曰：

人生七十古来稀，前除幼年后除老。中间光景不多时，又有炎霜与烦恼。过了中秋月不明，过了清明花不好。花前月下且高歌，急须满把金樽倒。世人钱多赚不尽，朝里官多做不了。官大钱多心转忧，落得自家头白早。春夏秋冬弹指间，钟送黄昏鸡报晓。请君细点眼前人，一年一度埋荒草。草里高低多少坟，一年一半无人扫。

又有《布袋和尚呵呵笑》，歌词讥讪伏羲画八卦，神农尝百草，尧舜禅让，汤武家天下，更有甚者，说及佛老、孔子、玉皇、天子：

我笑那李老聃五千言的道德，我笑那释迦佛五千卷的文字，干惹得那些道士们去打云锣，和尚们去敲木鱼，生出无穷活计。又笑那孔子的老头儿，你絮絮叨叨说什么道学文章也，平白地把好些活人都弄死。住住住，还有一笑，我笑那天上的玉皇，地下的阎王，与那古往今来的万万岁，你带着平天冠，衣着衮龙袍，这俗套儿生出什么好意思，你自去想一想，苦也么苦，痴也么痴，著什么来由，干碌碌大家喧喧嚷嚷的无休息。[194]

胤禛借助《悦心集》宣传恬淡和出世思想，把自己装扮成怡情自适、与世无争的皇子，欺蔽世人，掩盖他谋夺储位的活动。这是他写那些诗章和编辑《悦心集》的主要原因。还有，在储位之争中，他的境遇不总是有利的，开始是胤禩成功的呼声最高，后来胤禵欣欣向上。胤禛虽不能说是处于逆境，总不算顺心，不免有些牢骚要发，也需要有点清心寡欲的东西安慰自己，进而对呵斥圣人佛祖、嘻笑玉皇天帝的文章也有所欣赏。

不难看出，胤禛谋位活动的特点，是善于玩弄两面派手法，外弛而内张，欺骗康熙、政敌和广大官员。

康熙对胤禛的态度，从派给他的差使中有所表露。

五十一年（1712年），胤禛奉命参加对胤礽党人步军统领托合齐的审判。五十四年（1715年）西北军事发生，康熙召见胤禛、胤祉，征求他们的意见，胤禛说：当初征讨噶尔丹时，就应该把策妄阿拉布坦一并剿灭，今其扰犯哈密，自应用兵，以彰天讨[195]。五十六年（1717年），康熙因有人偷盗明朝陵寝，命胤禛、胤祉等皇子查处，并令他们到各陵祭奠。同年，皇太后丧，胤禛与胤祉等承奉康熙旨意，转达有关衙门和官员执行。次年，皇太后梓宫安放地宫，康熙因病不能亲往，命胤禛去陵前读文告祭。六十年（1721年），康熙登极六十年大庆，他认为典礼中尤其重要的是往盛京三陵大祭[196]，但因年迈，不能亲行，于正月派胤禛偕同十二阿哥胤裪、世子弘晟前往致祭。回京后，遇三月十八日万寿节，又秉命祭祀太庙后殿。同月，会试下第士子以取士不公哄闹于副主考李绂门前，康熙命胤禛、胤祉率领大学士王顼龄、原户部尚书王鸿绪等复查会试中试原卷。同年冬至节，胤禛遵命祀天于圜丘。六十一年（1722年）十月，康熙以通仓、京仓仓米发放中弊病严重，命胤禛带领世子弘昇、延信、尚书孙渣齐、隆科多、查弼纳、镇国公吴尔占等查勘。胤禛等盘查仓粮存储出纳情况，建议严格出纳制度，增建仓廒，厉行仓上监督人员奖惩制度[197]。他曾作《冬日潞河视仓》五言律诗："晓发启明东，金鞭促玉骢。寒郊初喷沫，霜坂乍嘶风。百雉重城壮，三河万舶通。仓储关国计，欣验岁时丰。"[198]记其查仓之事。同年十一月初九日，因冬至将届，康熙命他南郊祭天，先去斋所斋戒。

胤禛与乃父的私人感情，亦时有交流。前面说过，康熙

胤禛朗吟阁读书像

喜住畅春园，将附近园苑赐给皇子居住，他给胤禛的就是后世享有盛名的圆明园，连园子的称呼“圆明”也是康熙赐的[199]。康熙秋狝热河，建避暑山庄，将其近侧的狮子园赏给胤禛。胤禛工于书法，康熙要他帮助书写扇面，赐给臣工；康熙也给胤禛书写匾额、对联，如写“为善最乐”匾额，对联：“种德在宽仁，俾昌尔后；立身惟忠孝，永建乃家。”胤禛把匾联悬挂在雍亲王府书院正室太和斋。康熙还给胤禛书写“五福堂”匾额，胤禛把它悬挂在王府后室[200]。康熙赏赐胤禛“御赐朗吟阁宝”印玺，朗吟阁是圆明园内一所建筑，雍正在此读书，以之为镇阁之宝。康熙后期因储位虚悬，诸子争竞，天伦之乐大减，胤禛、胤祉经常请他到他们在京西和热河的花园游玩散心。据《清圣祖实录》记载，早在四十六年（1707年）十一月胤禛请乃父临幸府园进宴，随后胤祉也请乃父。统计《清圣祖实录》资料，康熙先后去胤禛的圆明园和热河狮子园十一次，胤祉花园十八次。这是他们二人的特殊恩荣，为其他皇子所无。六十一年（1722年）康熙幸胤禛花园多达三次，有一次是诸皇子公请父皇，假座于圆明园，显然这时胤禛的园苑为康熙乐于散心的地方。有一次是胤禛把弘历引见给康熙。胤禛于五十年（1711年）生弘历，这是他的第五个男孩，是叙齿的第四个，在这五兄弟中，康熙年间死掉三个，弘历实际上成了老二。他勤于学习，得到胤禛的欢心。六十一年春天，康熙到圆明园牡丹台观花，正在高兴的时候，胤禛告诉乃翁有弘历这个孙子，康熙当即召见，很喜爱他，命送到宫中养育，赐居畅春园澹宁堂。不久弘历随从到热河，住在避暑山庄的万壑松风。康熙临幸狮子园，弘历侍从回家，康熙传见他的生母钮祜禄氏，连连称她是“有福之人”[201]。一时祖孙三代、翁媳之间，雍雍睦睦，尚有点天伦乐趣。

胤禛没有担任过固定的差使，建言征讨策妄阿拉布坦，亦被人认为谋求出任领兵大将军，但没有成功。当社会上盛传胤禩、胤禟、胤禵三人中将有一人立为太子时，其心急如焚和懊丧情绪是可以想见的。五十六年（1717年），远在福建的戴铎向他提出谋求退路的主张，戴说台湾远处海洋之中，沃野千里，而台湾道兼管兵马钱粮，我不如谋调这个职务，“替主子屯聚训练，亦可为将来之退计”[202]。戴铎的悲观估计，多少反映出胤禛当时在争夺储位中的不利处境。但是，康熙到晚年，对胤禛的差遣、与他的接触明显地增多了，特别是在祭祀上。冬至祭天，孟春祈谷，常雩，四时享太庙，都是大祀，而冬至祭圜丘、祈谷、常雩又为三大祀，尤其重要。大祀主持人，除皇帝亲行外，即为天子指定的亲信王公。

康熙“自即位以来，凡大祀皆恭亲行礼”[203]，自云：“天坛大祭，朕亲行礼”，“方展诚心”[204]，轻易不要人代替。晚年身体不好，实在不能成行，他才派人代祭。胤禛屡次主持大祀，表明他在康熙心目中地位的提高，也是社会名望的提高。

上面叙述了诸皇子各立门户争夺储位的情况，唯一具有立太子权的康熙是什么态度呢？他根本不想立太子，也没有立太子。五十六年（1717年）冬天，在朝臣坚请立皇储时，康熙被迫让搞皇太子仪制，同时写出他未来的遗书，讲述他一生行事、某些政治见解和宗室内部的团结，但是没有涉及继承人的问题。《清圣祖实录》记叙了这份遗言。另据档案资料揭示，康熙在五十七年（1718年）春天，按照颁布重要诏书的制度，举行了隆重的仪式，将遗言宣之于臣民[205]。宣诏前大学士马齐等奏称，立太子问题，需要“皇上特旨”[206]，可见确定东宫，与这个遗言不相干，不是《实录》故意不载。当时朝鲜的贺冬至使臣俞命雄回国报告说：“皇帝（按指康熙）诏书辞旨荒杂无归宿，而太子（按指胤礽）无复位之理矣。”[207]亦证明没有指定新太子。那么在诸皇子中，康熙有没有意中人，或比较满意的人，以备他日为太子呢？他曾对大臣说：“朕万年后，必择一坚固可托之人与尔等作主，必令尔等倾心悦服，断不致贻累尔诸臣也。”[208]他究竟选中了谁，没有透露过。为此只能从他对诸皇子不尽相同的态度作一些推测：胤礽遭两度废黜，已成为一具政治僵尸，不可能再复位；胤禩得人心，有潜在力量，但露骨地谋位，为乃父所忌恨；胤祉以年长有学识赢得康熙的重视，然无政治远谋和行政才干，很难是理想的太子；胤禵有才有功，处于要职，应该说是康熙选择储贰的目标之一；胤禛以年长有才能及善于体会乃父的意图而获得好感，尤其在康熙季年得到重视，也可能是皇储候选人之一。

至此，不妨综述康熙不再立储、选择继承人的标准及可能的人选。不立储有三方面的考虑：

第一，长期没有合意的人选。太子是国本，应当慎重选择，特别是有了废黜太子的教训，康熙更知立非其人关系的重大。他在五十二年（1713年）说众皇子学问见识不坏，但不一定能在复杂政争中把持得住。

第二，国家只能有一个君主，不能要副君——皇太子分理国政。他深知皇太子年长，身边难免有小人，会结成朋党，不能尽臣子之道，难免与皇帝发生冲突。废胤礽后若再立皇太子，自身年老多病，从生理上讲需要太子协理政事，诸臣也这样建议，可是康熙坚持天无二日，民无二主，天下大权，当统于一的观念，还是以不立皇太子为好。

第三，防止皇子间结党争竞。康熙看到儿子们长大了，分封了，各有属人，各自谋利益，若立了皇太子，正是大家攻击的目标，将会出现不停的党争。

康熙选择皇太子的标准：

首先，反对皇子结党谋位，册立皇太子一定要皇帝独断。他深知结党谋位的危害，将会造成皇帝与皇太子、皇太子与诸皇子以及诸皇子之间的冲突斗争，并把大臣卷进来恶化朝政，可能出现朝臣拥立皇太子而日后借以擅权的危险。结党谋位也是剥夺皇帝特有的立太子的权力，康熙要保卫它，从刘邦立太子受吕后干预，唐太宗立李治必须获得长孙无忌支持的历史中汲取了教训。康熙初立胤礽时，不可能出现结党谋位的事，别的朝代立太子一般也不存在这个问题，康熙朝由于先出现了皇太子结党，接着有废太子事件以及伴随而生的诸皇子结党争夺储位，这种实际情况，使康熙不得不以是否结党图位作为选择继承人的基本条件，甚至是先决条件。

其次，康熙要求继承人要能做到诚孝。据《清圣祖实录》记载，康熙在五十二年（1713年）说，“今欲立皇太子，必能以朕心为心者，方可立之”。“以朕心为心”是有丰富内容的严格标准。古人讲孝，父母想要吃、穿、用的东西，要办的事情，还没有说出来，儿子先想到了，给老人预备了，筹办了，甚至父母没有想到的，儿子想到了，去做了，这样符合父母的心思，才算得上纯孝。康熙经常对儿子们讲孝道，说宋孝宗孝敬太上皇宋高宗，明宣宗奉事母后，但认为他们还做得不够，宋孝宗是定期朝见宋高宗，而自己服侍皇太后50年，有事随时去商量，无事也是不几天就去看望，表现出天伦至性，而不是预定日子，走走形式。他说的“以朕心为心”就是要皇储有这种纯孝：能体会皇父的意思，以其意志为意志，想皇父之所想，做皇父之所欲做的事，所以孝道是康熙立太子的重要标准。

复次，皇太子要有才能。康熙说他的后继人应当是“坚固可托”的，就是讲的这个条件。皇帝要当好，要能保持清朝的江山，没有才能当然不行，否则天下就会大乱，臣民就要遭殃，江山就可能易姓，这是康熙所极不愿意看到的，也关乎他的名声，所以必然要有这个条件。

至于皇太子的可能人选，不见于任何历史文献，只能作下述分析：

（甲）康熙将在胤禩、胤禛两人中选择一人为储君，究竟是谁，未作最后确定，或者已有成算，但未公之于世。（乙）要全面分析康熙对诸子的态度，只强调看中胤禵是不全面的，胤禛，还有胤祉，在康熙心目中及朝政中的比较特殊的地位，不应当忽视。（丙）既要充分注意胤礽两度被废，以及胤禔、胤祉、胤禛、胤禩、胤禟、胤禵都在争夺储位，胤䄉、胤祥等参与的事实，又要看到康熙失策及对某些皇子刻薄寡恩的事实，全面权衡，才有利于弄明事情的真相和给予当事者以公平合理的评价，避免左袒的片面性。

第四节　康熙驾崩，雍王继统

康熙是要强的人，许多政事又都很顺利，只是太子的事把他弄得焦头烂额。他愧恨交加，所以第一次废胤礽时得了大病，再黜太子时，他虽说是谈笑间处理了事，实际怎能不在意，不伤心，不得病呢？五十四年（1715年）十月，康熙说他因病右手不能写字[209]。五十六年（1717年），他说自废胤礽起，“过伤心神，（身体）渐不及往时”[210]。在先经常率领皇子射箭习武，这年秋天身体不好，只能参观射击了[211]。到了冬天，心神恍惚，头昏，大病起来，开始行动让人扶持，后来腿肿下不了地。康熙面对现实，不忌讳死亡，在遗言中说：三代之事，不可全信，然自秦以来，一千九百六十余年，称帝而有年号的二百一十一人中，我有幸在位时间最长，已经满足了。《尚书·洪范》所载“五福”，其五曰“考终命”，这是很难得的，特别是皇王，事务殷繁，不能息肩，故而享年不永[212]。不讳辞世，是他身体不支的反映。五十七年（1718年）二月，康熙说他稍微早起，就“手颤头摇，观瞻不雅；或遇心跳之时，容颜顿改”[213]。过了这年春天，他的身体有所好转，此后又照常哨鹿打猎，但总的情形是年老衰弱多病。这里应述及米兰传教士兼内科医生佛奥塔博士于六十一年（1722年）春天给康熙检查身体的事，他的结论是：“陛下的健康状况非常好”[214]，与中国记载大不相同。不知是否他为讨好康熙而故意说好听的话，以便于他在华活动。陪同他查体并记载此事的马国贤在半年后碰上康熙亡故，并无一点惊异。看来佛奥塔的诊断不足以说明康熙身体好坏的状况。

康熙的死，据《清圣祖实录》所载，他于六十一年（1722年）十月二十一日往南苑打猎，十一月初七日身体欠安，回到畅春园，初九日因身体有病，命胤禛代行南郊冬至祭天大礼，初十至十二日，胤禛每日派遣护卫、太监至畅春园问安，康熙都传谕：“朕体稍愈。”十三日他病情沉重，急召胤禛于斋所，戌刻（19—21时）死于寝宫[215]。《永宪录》记载，十一月初七日，康熙由南苑回到畅春园，次日有病，传旨：“偶冒风寒，本日即透汗。自初十至十五日静养斋戒，一应奏章，不必启奏。”十三日戌刻死于畅春园[216]。《皇清通志纲要》则云：十一月初十日“上幸南苑，不豫，回畅春园，十三日甲午戌刻，上升遐”[217]。这三种文献都说康熙于十一月十三日戌刻死于畅春园，这个时间和地点没有疑义，问题是：

老年康熙帝画像

甲、哪一天得病的，是初七日？初八日？还是初十日？弘旺的记录不足征信，他说康熙初十日到南苑，生病又返回畅春园，这不是一天的事，康熙早就去南苑了，初十日得病之说可以排除。初七日或初八日生病，离十三日之死，都有六七天，这时间说长不长，说急骤也不是，官书《实录》无须乎为提前一天，伪造时日，故可径从其说。

乙、患的什么病？所谓“偶冒风寒，本日即透汗”，应是患的感冒，时值冬季，也正容易得这种病。

丙、病情重不重？宣布不收奏章，以及说“朕体稍愈”，看来感冒是比较重的。

丁、是否注意医疗？对皇帝的诊治，自不容忽视，但从“偶冒风寒，本日即透汗”语气上体察，似乎对病情不够重视。

六十一年十一月十三日（1722年12月20日），康熙结束了他的有意义的一生，享年六十九岁，以平定三藩、统一台湾、扫清漠北、稳定西藏、实行滋生人丁永不加赋，修治黄河、淮河等业绩，载入史册。这个人可以盖棺论定了。但是他的死因、他的传位遗诏，却是众说纷纭、久而不定的公案。

康熙致死的原因，在他死后，社会上盛传：“圣祖皇帝在畅春园病重，皇上（按指新皇帝胤禛）进一碗人参汤，不知如何，圣祖皇帝就崩了驾，皇上就登了位。”[218]康熙是被胤禛放毒药于人参汤中害死的吗？康熙因太子问题，防人暗算，他讲“五福”中“考终命”为难，并以南朝梁武帝台城之祸，隋文帝见害于逆子炀帝为戒，表明他警惕性高，谋害他谈何容易！病人喝参汤，确是那时人们的习惯，但具体到康熙又不一定适用。五十一年（1712年），他在苏州织造李煦奏报江宁织造曹寅病重代请赐药的折子上批道：“南方庸医，每每用补剂，而伤人者不计其数，须要小心。曹寅原肯吃人参，今得此病，亦是人参中来的。”[219]五十七年（1718年）又说：“南人最好服药服参，北人于参不合，朕从前不轻用药，恐与病不投，无益有损。”[220]这样认为用参有害而北方人尤不适宜的人，会肯饮参汤吗？毒他也难[221]！康熙久病缠身，患了重感冒，却没有引起足够注意，加之高龄体虚，还可能引起并发症，较快死亡。说他是寿终正寝的记载，还是可以相信的。

虚悬十载的国本问题，随着康熙的辞世，不得不解决了，这就是雍亲王皇四子胤禛的嗣统。胤禛自己说当日即位的情形是：

至康熙六十一年十一月冬至之前，朕奉皇考之命，代祀南郊。时皇考圣躬不豫，静摄于畅春园。朕请侍奉左右，皇考以南郊大典，应于斋所虔诚斋戒，朕遵旨于斋所至斋。至十三日，皇考召朕于斋所。朕未至畅春园之先，皇考命诚亲王允祉、淳亲王允祐、阿其那（按指允禩）、塞思黑（按指允禟）、允䄉、允祹、怡亲王允祥、原任理藩院尚书隆科多至御榻前，谕曰："皇四子人品贵重，深肖朕躬，必能克承大统，着继朕即皇帝位。"是时，惟恒亲王允祺以冬至命往孝东陵行礼，未在京师。庄亲王允禄、果亲王允礼、贝勒允禑、贝子允祎俱在寝宫外祇候。及朕驰至问安，皇考告以症候日增之故，朕含泪劝慰。其夜戌时，龙驭上宾。朕哀恸号呼，实不欲生，隆科多乃述皇考遗诏。朕闻之惊恸，昏仆于地。诚亲王等向朕叩首，劝朕节哀。朕始强起办理大事。[222]

当天夜里，康熙遗体用銮舆载运，像是皇帝日常出行一样，被扶回大内乾清宫，胤禛在隆科多保护下先回大内迎接。次日传出大行皇帝命胤禛嗣位的遗言，胤禛任命总理事务大臣，封胤禩、胤祥为亲王，召胤禵回京，关闭京城九门。十六日颁布遗诏，词意与五十六年冬天康熙预作的遗言基本相同，唯增加继承人和丧事遵照礼制办理两节："雍亲王皇四子胤禛人品贵重，深肖朕躬，必能克承大统，着继朕登基，即皇帝位。即遵典制持服，二十七日释服。"十九日，胤禛以登极遣官告祭天坛、太庙、社稷坛，京城开禁。二十日，胤禛御太和殿登极，受百官朝贺，因丧中免宣庆贺表，颁布即位诏书，宣称“皇考升遐之日，诏朕缵承大统”。宣布继承乃父法规，不作政治变更；呼吁宗室内部团结，谓“朕之昆弟子侄甚多，惟欲一体相关，敦睦罔替，共享升平之福，永图磐石之安。”诏书还公布了恩赐款项三十条，改年号为雍正，依照习惯，自次年开始实行。二十八日，诸王文武大臣拟上大行皇帝谥号，曰：“合天弘运文武睿哲恭俭宽裕孝敬诚信功德大成仁皇帝”，庙号“圣祖”。胤禛表示满意，说诸臣如此举动，使“朕之哀思，庶可稍释”[223]，刺破中指，用血圈出“圣祖”二字。十二月初三日，康熙遗体移送景山寿皇殿停放。初九日，康熙辞世已过二十七天，胤禛释服，从倚庐乾清宫东庑移居养心殿。雍正元年（1723年）二月，正式确定康熙谥号、庙号。四月初二日，胤禛亲送乃父遗体至遵化山陵，安放享堂，一切按礼仪进行，胤禛很高兴，写朱谕告诉远在西北的年羹尧：“山陵入庙大典，诸凡如意，顺遂得十成尽力尽礼。”[224]在送灵之前，康亲王等疏请由王大臣等恭送，皇帝不必亲行，胤禛朱批：“朕亲送皇考梓宫已定，王大臣等勿再强奏。”[225]不顾京城可能出现的政治事故，终于顺利成行。十一月，诸臣以康熙梓宫奉安山陵大典已成，请求皇帝御门听政，胤禛遂御乾清门处理政务。九月，胤禛再往遵化，将康熙遗体安放地宫，墓名“景陵”，完成了康熙的葬礼，胤禛既尽了嗣子的义务，又行使了嗣皇帝的权力。他又为纪念乃父，特意在康熙喜爱居住的畅春园内建立恩佑寺，不时去顶礼膜拜。

胤禛的即位，是否如同他所讲的那样具有合法性？其时社会上议论丛生，说他违背乃父意志，篡夺乃弟胤禵的皇位，直到今日，人们仍聚讼不已，使它与“太后下嫁”“顺治出家”成为清初三大疑案之一。因此需要用些笔墨，作点可能是枯燥的考辨，这对于了解胤禛的历史以及康熙朝储位斗争的归宿、康熙后期和雍正前期的政治也是必要的。

胤禛说他承父命即位，证据何在？最有权威性的应是康熙亲自书写的遗诏。五十六年冬月的遗言没有涉及储贰，此外的遗言，就是胤禛所公布的，这个所谓“康熙遗诏”的汉文原件，现存中国第一历史档案馆，文件所署时间是“康熙

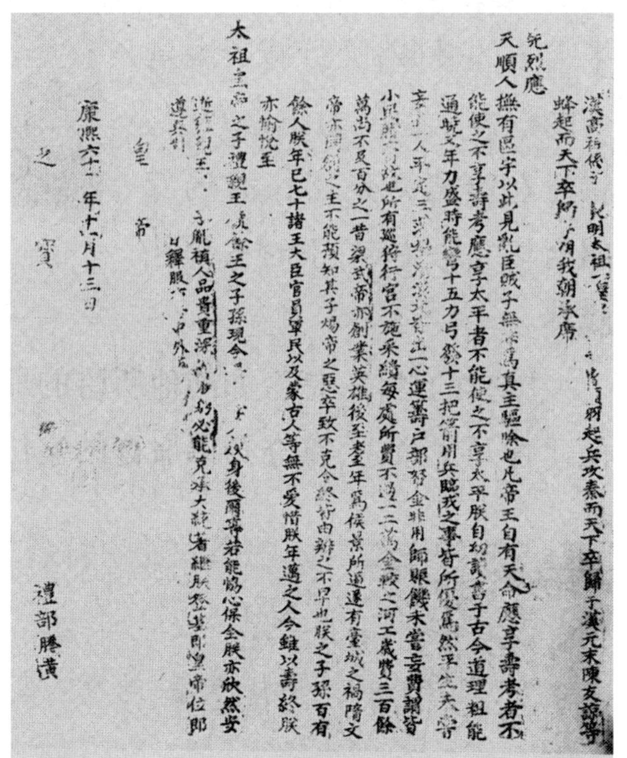
漢高祖係泗上亭長明太祖一皇覺寺僧項羽起兵攻秦而天下卒歸于漢元末陳友諒等
蜂起而天下卒歸于明我朝承席
先烈應
天順人撫有區宇以此見亂臣賊子無非為真主驅除也凡帝王自有天命應享壽考者不
能使之不享壽考應享太平者不能使之不享太平朕自幼讀書于古今道理粗能
通曉又年力盛時能彎十五力弓發十三把箭用兵臨戎之事皆所優為然平生未嘗
妄殺一人平定三藩掃清漠北皆出一心運籌戶部帑金非用師賑饑未嘗妄費謂皆
小民脂膏故也所有巡狩行宮不施采繢每處所費不過一二萬金較之河工歲費三百餘
萬尚不及百分之一昔梁武帝亦創業英雄後至耄年為侯景所逼遂有臺城之禍隋文
帝亦創業之主不能預知其子煬帝之惡卒致不克令終皆由辨之不早也朕之子孫百有
餘人朕年已七十諸王大臣官員軍民以及蒙古人等無不愛惜朕年邁之人今雖以壽終朕
亦愉悅至
太祖皇帝之子禮親王饒餘王之子孫現今俱各安全朕身後爾等若能協心保全朕亦欣然安
逝雍親王皇四子胤禛人品貴重深肖朕躬必能克承大統著繼朕登基即皇帝位即
遵典制持服二十七日釋服布告中外咸使聞知
皇帝
康熙六十一年十一月十三日
之寶
禮部騰黃

康熙遗诏

六十一年十一月十三日”，看似康熙逝世那天写的，然而胤禛十六日才公布遗诏，而且只宣读满文本，引起御史汤保等人参奏宣读诏书的鸿胪寺官，指责他们没有宣布汉文本，胤禛就此作了说明，但没有讲出道理[226]。看来当日汉文遗诏尚未草就，无从公布。毫无疑问，这个诏书是胤禛搞的，不是康熙的亲笔，也不是他在世时完成的，不能作为他指定胤禛嗣位的可靠证据。

但是这个遗诏，从原件看，书写比较草率，有四处涂抹，一个错字[227]。这些虽无害原意，然亦说明它系仓促写成，当是世宗即位初时之作，不是后来慢慢加工成的。胤禛二十日公布的即位诏，原件也藏在中国第一历史档案馆，它的开头说：“惟我国家，受天绥祐，圣祖神宗，世祖皇帝统一疆隅，我皇考大行皇帝……”话不通顺，故《清世宗实录》改为：“惟我国家，受天绥祐，太祖太宗肇造区夏，世祖章皇帝统一疆隅，我皇考大行皇帝……”[228]即位诏原件“圣祖神宗”句中的“圣祖”，不是专有名词，因为八天以后，诸王大臣才为康熙拟出“圣祖”庙号，而且还没有最后确定，它同“神宗”连用，不过是说清室祖先神圣伟大。由此可知，这个诏书必写在二十日之前，实际应是所署时日以前的作品。《雍正朝起居注册》记叙康熙六十一年十二月胤禛生母仁寿皇太后的话：“钦命予子缵承大统，实非梦想所期。”《起居注》比《实录》成书早，可靠性要大些。这几项资料的形成都比较早，它们对胤禛受诏即位的记载没有矛盾，反映他应命嗣位的一定真实性。

在康熙弥留之日，《清圣祖实录》说胤禛奉召至畅春园，三次进见父皇，康熙告诉他病势转重。他在斋戒期间，负有祭天重任，如果不特地召唤，不能离开斋所，否则，他到畅春园，就违背了皇帝旨意，会被谴责和驱逐。可见他多次见到乃父，说明他的前来，必为康熙所召。而这时的非常召见，当有特殊使命。这件事，可作为传位胤禛的侧面证明。

关于康熙的死亡及其时的宫廷动向，马国贤的记录特别值得重视。前述与佛奥塔一同为康熙检查身体的马国贤，六十一年（1722年）冬天，在畅春园附近的住处，得知康熙在南苑"忽然染上了炎症，可能是因为气候的关系，这种疾病在中国北方没有像在意大利南部那样流行"。他对比中国、意大利的冬季疾病，表明康熙在南苑得的是感冒。当康熙驾崩之夜，雍正即位的事，他在住所的闻见，在其回忆录中是这样写的：

吃完晚饭后，我正在和安吉洛神父聊天。当时我们听到一种不寻常的低沉的嘈杂声，好像还有一些其他的声音从宫中渐渐响起。鉴于对这个国家的了解，我马上把门锁上，对同伴说：要么是皇帝死了，再要么就是北京爆发了叛乱。为了摸清这次骚动的原因，我爬到我们居处的墙头上瞭望。墙角下有一条马路环绕，我吃惊地看到数不清的骑兵，相互之间谁也不说话，驾着马疯狂地往四面八方去。几次看过他们的行动后，我终于听到一些步行的人说：康熙皇帝死了。我随后就被告知，御医们断定皇帝不治后，陛下指定了第四子雍正为继承人。雍正即刻继位，人人都服从了他。新皇帝关心的第一件事，就是装殓好他父亲的遗体，在当天晚上，由他自己骑着马，还有他的兄弟、孩子和皇亲国戚们随从着，更还有无数手持利剑的士兵们与他们一起，护送灵柩回到北京的宫里。次日凌晨，我和安吉洛神父及希普一起收拾行李，其目的是回北京去，以表示我们对康熙逝世的哀悼。[229]

马国贤告诉我们不少信息：其一，康熙是病逝的，死亡时有御医在场；其二，雍正的继位，是康熙临终指定的；其三，继位之际状况正常，人人服从雍正；其四，雍正办的第一件事是尽孝子之责，装殓康熙，将遗体从离宫护送回大内；其五，神情严肃的骑兵四出，应当是传递与康熙故世有关的信息。值得注意的是，马国贤是在事情发生的同时获得的资讯，用今天的话说是“第一时间”得到的，不是事后听闻，由消息发布者从容编造的故事，也即他所得知的信息作伪的可能性很小，换句话说可信度高。由马国贤的记叙，笔者得出的印象是：康熙是正常死亡，雍正是正常即位。

朝鲜迎接清朝告讣使的官员金演，早在康熙死后的一个月，即十二月十七日，就说听译员讲，康熙病重时，“召阁老马齐言曰：‘第四子雍亲王胤禛最贤，我死后立为嗣皇。胤禛第二子有英雄气象，必封为太子’”[230]。说明在胤禛嗣位之时，人们就将他的即位与弘历联系起来。后来弘历也这样说。他在讲乃祖传见其生母一事时说：“即今仰窥皇祖恩意，似已知予异日可以付托，因欲豫观圣母佛相也。”[231]在他的话下，乃父是乃祖的当然继承人，然后才有他的嗣统。后人因为这次召见和弘历的说明，产生康熙晚年爱弘历，因而及于乃父，立了胤禛的说法[232]。由爱孙而及子，历史上确有先例。明成祖先立仁宗为世子，甚不满意，常想更易，待后议立太子，想立汉王朱高煦，朝臣解缙请立仁宗，谓“皇长子仁孝，天下归心”。但成祖不以为然，解缙又说仁宗有好儿子宣宗——“好圣孙”[233]，这才打动了成祖的心，决定立仁宗为太子。胤禛因弘历而得位的说法，是否脱胎于此，不能排除它的可能性。但康熙晚年确实宠爱弘历，进而增加对胤禛的好感，选他为嗣君，也并非不可能。不过这里应注意的是，只有康熙先选择胤禛，才可能预期弘历的正位，这个因果关系不宜颠倒，不宜渲染因爱孙而及子。

乾隆前期文人萧奭笔述，康熙病危之时，“以所带念珠授雍亲王”[234]，朝鲜人对此事记录比较详细。前面提到的金演还说，听译员讲：康熙病剧，“解脱其头项所带念珠与胤禛，曰：‘此乃顺治皇帝临终时赠朕之物，今我赠尔，有意存焉，尔其知之’”[235]。不用说，这是胤禛的亲信以授念珠说明其主子即位的合法性，并在国内外广泛宣传。可是胤禛多次讲其继统的事，从来没有说过给念珠的话，如实有此事，他一定会大加张扬。

记载都说隆科多是传遗诏的人，他是如实传诏，抑或矫诏立胤禛，则说法不一，然而有一件事应当注意，雍正五年(1727年)，胤禛给隆科多定罪，有一条是说隆科多曾讲“白帝城受命之日，即是死期已至之时”[236]。这是说传遗诏的人身为重臣，会被皇帝所忌而有杀身之祸。这也意味着他是受命辅佐胤禛。

康熙讲择个坚固可托之人作嗣子，《清世宗实录》就此说这个人是指世宗皇帝——“天心默定，神器攸归久矣”[237]。乾隆中礼亲王昭梿也认为这个人就是指的“宪皇帝”[238]。他们可能是从胤禛性格刚毅与康熙所要求的相同而得出的结论。这也可作立胤禛的一种说法。

总起来说，胤禛讲康熙遗言传位给他，并没有留下令人确信无疑的材料，但是联系康熙生前比较看重他的情况分析，在弥留之际决定传位给他，并从斋所召其至畅春园继统是完全可能的。胤禛嗣位初期的许多资料所描述的这一情况，他于十三日到畅春园的问安，康熙综合考虑胤禛和弘历父子的品格，隆科多的传诏，都具有可信的成分，所以说不能排除康熙传位胤禛的说法。当然，怀疑他得位不正的论点论据，也是必须认真对待的，应与胤禛合法即位说的资料一并考察。

与传位胤禛说最对立的是传位胤禵说。胤禛在位时就有人说："圣祖皇帝原传十四阿哥胤禵天下，皇上将十字改为于字"篡了位[239]。后人就此说得更生动：康熙第十四子胤禵，原名"胤祯"，康熙的遗诏是"皇位传十四子胤祯"，雍亲王原来的名字也不叫"胤禛"（叫什么还不知道），他把遗诏中的"十"字改为"于"字，"祯"字易作"禛"字，使遗诏变成"皇位传于四子胤禛"。这种观点，可以叫做盗名改诏篡位说。这是以汉文书写遗诏作前提的说法。弄清这个问题，首先要明了清代关于皇子的书写制度。在明代，书写"太子"，文前必冠以"皇"字，成"皇太子"，皇帝的其他儿子则不必带这个字。清代制度不同，书写皇子，不是"某子"，或"某某子"，一定要冠以"皇"字，作"皇某子""皇某某子"，如"皇四子""皇十四子"，这是制度，违错不得。说"皇位传十四子"，若十四子之前没有皇字，不合清朝制度；若前面加个皇字，则原文为"皇位传皇十四子"，若将十字改为于字，遗诏变为“皇位传皇于四子”，就不可解了，是以胤禛不可能作这样的篡改。又传位给谁，应用“於”字，“於”“于”在清代并不通用，事关国本的诏书，在关键字上写别字，容易暴露作伪者的马脚，胤禛应当考虑得到。雍亲王的名字，康熙年间历次所修的《宗室玉牒》[240]都作“胤禛”，各种官书也是以此作为他的御名，原没有错，也没有改名字，既然找不出他有别的名字，也说明他只有胤禛这一正式名讳[241]。皇十四子抚远大将军的名字，康熙三十六年（1697年）修的《宗室玉牒》写作“胤禵”，四十七年（1708年），康熙封他为贝子的上谕称之为“胤祯”，他在抚远大将军任上亦用“胤祯”一名，雍亲王即位后，复其名为胤禵，故其名始曰胤禵，更名胤祯，复称胤禵[242]。雍亲王本名胤禛，即使篡改遗诏，也没有更易名字的必要。“祯”“禛”二字固然字形相近，但把“祯”改为“禛”，即使改得巧妙，也不能不显痕迹。若雍亲王真改了遗诏，使诏书成为“皇位传皇于四子胤禛”，文字不通，字迹变易，拿这样的遗诏骗得了谁？精明的胤禛岂能出此下策？盗名改诏篡位说实于理不通。

还有一种传位胤禵的说法，也是雍正年间就流传于社会各阶层的。民间传说，康熙病中，“降旨召胤禵来京，其旨为隆科多所隐，先帝宾天之日，胤禵不到，隆科多传旨遂立当今”[243]。康熙降旨召胤禵，应由内阁承办，纂写诏书，由兵部所管的驿站发送。隆科多既非内阁大学士，又不是兵部主管，他怎么能一手遮天，阻止得了康熙召回胤禵？再说即使康熙原想传位十四子，但后者在数千里之外，从下达诏书到他抵京，须要二十几天的时间[244]，在诸皇子激烈争位的情况下，这么多天没有国君，天下岂不大乱？所以康熙也很难这样办。

传位胤禵的这两种说法，材料并不可信，很难成立。但是，对胤禛登极的合法性，仍然有不少疑问：

胤禛说他十三日晋谒乃翁，还作了交谈，康熙为什么不当面宣布立他为储君，何劳隆科多传达[245]？这事是有点怪，是否他在制造谎言？其实，这种事说怪也不怪，康熙多年不立、也不准立太子，如果面封胤禛，就不符合他的做法，他可以要求等他死后再行宣布。

康熙丧事一出来，胤禛便采取一些非常措施，“诸王非传令旨不得进”大内[246]，关闭京城九门六天，朝鲜政府认为这是秘不发丧[247]。其实，这是由当时形势所决定。诸皇子集团本不相让，康熙病中真指定了继承人，他一死，大家也不一定心服，可能出现政变或战争。对这种情况，朝鲜人很敏感，早在第一次废胤礽后，朝鲜大臣就预言：“康熙死后，兵乱可翘足而待”[248]。及至康熙凶耗传出，朝鲜人说：“彼国不豫建太子，似必有五公子争立之事。”[249]“康熙既殁之后，祸乱之作，十居八九。”[250]清朝终于没有出现诸皇子停尸相战的事，康熙后事办理得也较顺利。胤禛的保安措施，防止了可能发生的政治变故，这是应当肯定的，由此怀疑他系出自篡位需要，则属不察当时形势脱离实际的议论了，自不能说明胤禛得位的不正。

如果立胤禛之说没有破绽，哪来的这些异说呢？似乎也不难理解。因为争储位是激烈的权力之争，有了新君之后，失败者也不会甘心，胤禛的政敌必然要在其继位的合法性问题上大做文章，倒他的台。疑问能在当时群众中流传，是百姓对康熙后期十分严重的太子问题早有议论和担心，而不管谁上台，对于鞭挞他的观点，容易为一些人所接受。同情失败者，也是人之常情。

至此，关于嗣君问题，是否可以归纳说，康熙原本要在胤禵和胤禛两人中选择一个继承人，而最终确定了胤禛。如果这样说证据不足，也可以说康熙临终所指定的皇储，胤禛比乃弟的可能性要大[251]。

胤禛能在角逐中赢得胜利，有其原因。他的精明、务实而又严格的政治观点和作风，会取得一部分人的支持，康熙也未尝不因此而欣赏他、取中他，此其一。其二，他善于耍两面派手法，从而欺骗了对手和他的父皇，使政敌不以他为意，不集中力量对付他，他从而轻巧地取得了成功。其三，他有一个集团，在关键时候用上了力。步军统领隆科多，统辖八旗步军五营，约有2万名官兵，掌管京城内九门管钥，有他帮助，胤禛顺利地控制了京城的治安和局势，使反对派不能发动事变。胤禵驻兵之所，基本上就是川陕总督年羹尧的辖地，年的治所西安，是内地通往西北前线的必经之处，容易控制胤禵与内地的联系。因此，胤禵若在青海、甘肃举兵反对胤禛，也难于进入关中，更不要说称兵犯阙了，年羹尧起到了震慑胤禵、稳定西北局势的作用。胤禛的奴才戴铎获知主子龙飞九五时正在四川布政使任上，立即向巡抚蔡珽表示，若胤禵闹事，四川应该出兵丁钱粮支持主子政权[252]。蔡珽则向新皇帝上疏，劝其节哀，又提出优待八旗、从西边撤军等建议，以便稳定人心军心[253]。可见胤禛党人从各方面维护他们的新政权。有了朝内外的一批骨干和拥护者，胤禛顺顺当当地坐住了龙庭。

六十一年（1722年）十一月二十日，确切地说是十三日，把胤禛的一生划为截然不同的两个阶段，结束了他四十五年的皇子生活。雍亲王由名义上的“富贵闲人”、实际上的党争忙人，变为“真龙天子”，日理万机，实行他的新政策，以此影响着社会政治经济生活的变化和发展。此后，叙述胤禛在位期间的历史，就以“雍正”表示他。

第五节　储位斗争，是非辨析

康熙朝的太子问题，如果从二十七年（1688年）的打击明珠反太子党人算起，到六十一年（1722年）康熙的辞世，为时长达三十四年，若从四十二年（1703年）处理索额图太子党人算起，也有二十年的历史。在此期间，诸皇子集团争斗不休，太子废立相寻，大故迭起，终康熙之世不能解决。在这种争斗中，朝臣在东宫和皇帝之间，或则结党，或则无法相处。诸皇子结党，把宗室王公、国戚、八旗与内阁的满汉大臣、一部分中小官僚和士人以及一些西洋传教士都卷了进来，涉及面很广。争斗中诸集团各抒政见，干扰朝政，影响官僚以至百姓的思想。争斗中一个个集团垮台，一批批人遭到清洗，造成政治上的某种混乱。这种争斗让很有作为的康熙长期纠缠在储贰问题上，消耗了大量精力，影响他从事一些有积极意义的活动，比如西北用兵，就不能像早年那样三次亲征噶尔丹，致使战事长期拖延下来。他在季年，不能勤政，官僚乘机肆无忌惮地作恶，弊端丛生，与储位之争共同构成某种程度的政治危机。太子废立和储位斗争，给康熙朝政治带来严重的恶果。

储位之争为什么如此严重而不能解决？

康熙满族出身，立意学习汉族文明，实行嫡长制的继承制度。然而顺利实现嫡长制需要什么条件，清朝的条件具备与否，他并未认真考虑。汉族帝王立嫡长子为储君，有悠久历史，成为传统，也形成约束力，所以行之有效，但也不时出乱子。分析那些争位事件，要实行好嫡长制，必须：(甲）皇子不预政，以避免皇子与太子的矛盾。立了太子，要维护其权威，就不宜让其他皇子从事政务活动，否则这些皇子会在从政中发展自己的势力，与太子形成对抗局面。(乙）太子也不预政，以免储君与皇帝发生权力冲突。古代专制主义政体，皇帝大权独揽，若太子从政，势必分皇帝之权，也会产生不同的政见，容易使父子双方出现水火不容之势。康熙立太子，既没有根据清朝的情况，又无有善处太子、诸子的政策。清朝没有形成立太子的制度，清太祖打天下，一度委国政于长子褚英，后将其处死于禁所，次年清太祖才正式建立后金，建元称汗。太祖死后，战功颇多的四贝勒皇太极自立为帝。清太宗死，皇弟阿济格、皇长子豪格等争立，后来亲贵互相妥协，立了皇太极的第九子福临。清世祖死，遗诏第三子玄烨即位。这些事实表明清朝没有嫡长制的观念，也没有立太子的制度，而新君之立，同其对国家的建树颇有关系。康熙不顾这些历史情况，贸然册立嫡长子为太子，就容易发生问题。更重要的是让太子从政，植成党羽，又让诸皇子预政，为他们觊觎储位创造机会，于是出现太子与皇帝、太子与兄弟间的双重矛盾，造成废太子的悲剧。

然而皇子预政，是清朝的传统政策，而且对建立和稳定清朝的统治起过积极作用。康熙以前，清室诸皇子领兵从政，各展所能，为国立功，对清朝的建立、统一全国，都起了重要作用。那个时期，不预立太子，使有功德者为君，在传子制中寓有传贤之意。这种皇子从政的传统，康熙很自然地继承下来。令诸子参加一部分政务，也是培养、训练皇子从政能力，以便日后治理国家，这对清朝统治的巩固是有好处的。所以，令皇子从政，在康熙以前还没有充分认识到它的弊病的时候，是清朝传统制度所必然发生的。因此，若把太子问题全部怪罪于康熙个人身上，是不妥当的。

储位斗争，不是某一个朝代所特有的现象，而是古代专制主义的必然产物。皇帝有至高无上的权力，是任何人不能比拟的。很自然的，皇位是人们的争夺目标，国家实行所谓“家天下”的政体，皇位传递在同一个家族内进行，皇帝的儿子们，都有继承权。在未确定继承人之前，皇子之间本是兄弟，只有长幼之分，一旦有人被立为太子，成为皇帝，则兄弟之间分为君臣，地位之差别遂如天壤，是以多数皇子垂涎皇权，追求为太子，做皇帝。正是这个缘故，争夺储位，在历史上屡见不鲜。这种争斗，往往使皇帝难于确定太子，就是那些叱咤一世的君王也常常为此而苦恼。如唐太宗立李承乾为太子，但偏爱魏王李泰，有废立之意，李承乾不安，欲刺杀李泰，并谋反，事情败露后，被废为庶人。唐太宗面许立李泰为太子，李泰又威胁晋王李治，致使唐太宗看出他的不肖。那时唐太宗因诸子相争，非常痛苦，以致拔佩刀欲自刎，后来谋于妻舅长孙无忌，决意立李治为太子，囚禁李泰，始得相安无事。唐太宗因偏爱而招祸。康熙曾讥唐太宗“定储位于长孙无忌，朕每览此，深为耻之”[254]。事实上他的识见并不比唐太宗高明。康熙也是英睿之主，立太子的家事亦料理不妥。这些英主尚且如此，足见这是难于措处的棘手问题。

指定储君，是皇帝无所不包的权力的一个内容，它还是皇帝的家事，大臣亦不得干预，即使皇帝征询朝臣意见，最后决定权亦在皇帝自身。储君的确定，是皇帝一人说了算，立储制度就是皇帝制度的一个组成部分。皇太子选择的恰当与否，因由皇帝一人所决定，常常发生问题，而皇权神圣不可动摇，皇帝犯的错误，如果他自己不来纠正，就很难改过来，即使纠正了，也要付出相当代价。像康熙朝发生的两次废黜太子事件，就是没有把错误改正过来。

归根结底，专制主义的皇帝制度是造成争夺储位和皇位的根源，这个制度的独裁性质，又使得储位问题难于合理解决。康熙朝的太子问题，就是在专制主义皇帝制度下，康熙不合满族传统的立嫡方针和没有正确对待太子与诸王的政策造成的，它的出现有历史的必然性。

在储位问题上，康熙和他的儿子们虽然是一家人，亲骨肉，但尔虞我诈、明争暗斗、杀气腾腾的情景，真像《红楼梦》里三小姐贾探春所说的：“咱们倒是一家子亲骨肉呢，一个个不像乌眼鸡似的，恨不得你吃了我，我吃了你！”[255]在这里，骨肉之情，君臣大义，基本消失了。它充分暴露了三纲五常传统道德虚伪性的一面。既然如此，就不应当以“父为子纲、君为臣纲”的伦理作为标准衡量人们的行动，判断人们的是非。

需要特别说明的是，不能以皇帝的是非为是非。皇帝所立的太子是合法的，是合皇帝之法；谋为储君，甚而自立者，是不合法的，是不合皇帝之法。这是以国君之是非为是非，是传统道德的是非观念。皇帝所立者不一定好，非皇帝所立者不一定坏，这要看当时的社会反响和其人在位时政绩两个方面。一般说来，皇帝所立太子登极，很少引起政局变乱，这是无可厚非的。自立的，可能引起政局的不稳定。但政局的不稳，是好是坏，要作具体分析，不可全盘否定。皇帝所指定的继承人可能昏庸暴虐，造成政治黑暗，自立者也可能励精图治，政治比较清明。在储君问题上，以皇帝之是非为是非，是“君为臣纲”的道德标准的体现，当然不能把它奉为神圣不可动摇的准则。

不能用传统伦理评论康熙朝储位之争，也就是说不要简单地指责某一个人，要看到这个事件发生的社会原因和性质，据此作出准确的评论。

储位斗争把胤禛卷了进去，使他的青壮年时代在党争中度过。他也结成党羽，极力参加对储贰的争夺，同他的兄弟们一样，是为获取最高统治权，扩大本身和本集团的政治权力。这是统治阶级最高层的内部争夺，对参与者，无需称道，但也不必像过往那样专门为难胤禛一人，要谴责的话，康熙、废太子和进行谋位活动的那些皇子都有程度不等的不是。胤禛最终获得皇权，是康熙指定的也好，篡夺的也好，在皇室内部的纷争中，谁上台都包含谋夺的成分，手脚都不干净，都不高尚。储位之争，给胤禛的思想以深刻的影响，给了他丰富的政治斗争经验，并在斗争中提出政治主张，在他即位后，必将发展成为全面的施政纲领和政策，贯彻实行。

储位之争像其他事物一样，不会随着胤禛的嗣统就彻底地消失，不会像快刀斩乱麻一样，把事情截然割断，皇室内部的争斗不会是康熙朝激烈，到雍正朝就销声匿迹。储位问题只是基本结束，它的余波，必将影响着胤禛的政治，会在他的行政中反映出来，胤禛还必须把这种斗争进行到底。

1　乾隆官修《八旗通志初集》第3册，卷78《封爵世表四》，东北师范大学出版社1985年版，第1541页；赵尔巽等撰:《清史稿》卷214《后妃传》，中华书局1977年版。

2 《大清圣祖仁皇帝实录》卷250，五十一年七月丁酉条，1936年影印本（书名简称《清圣祖实录》）。

3　中国第一历史档案馆编:《雍正朝起居注册》第1册，中华书局1984年版，第808页。

4　中国第一历史档案馆编:《雍正朝起居注册》第1册，第880页；赵尔巽等撰:《清史稿》卷287《马武传》。

5　本书所讲人的年岁，均采用古人传统的计算年龄方法，就是今天我们所说的虚岁。

6 ［法］白晋著、马绪祥译:《康熙帝传》，《清史资料》第1辑，中华书局1980年版，第241页。

7　清世宗辑:《庭训格言》，津河广仁堂本。

8　王锺翰点校:《清史列传》卷11《顾八代传》，中华书局1987年版。

9　王士禛:《居易录》卷3，《王渔阳遗书》本。

10　清世宗辑:《庭训格言》。

11 《清世宗宪皇帝御制诗文集》(《清世宗诗文集》）卷21《雍邸集》，光绪五年《清历朝御制诗文集》本。

12　赵翼:《檐曝杂记》卷1《皇子读书》，中华书局1982年版。

13 《清世宗诗文集》卷24《雍邸集·热河闲咏之二》。

14　魏源:《圣武记》卷3《康熙亲征准噶尔记》，中华书局《四部备要》本。

15 《清世宗诗文集》卷22《雍邸集》。

16　中国第一历史档案馆整理:《康熙朝起居注》，三十九年十月十四日条，中华书局1984年版。

17 《清世宗诗文集》卷22《雍邸集》。

18 《清圣祖实录》卷210，四十一年九月甲申条。

19　雍正《上谕内阁》，元年八月初十日谕，拱北楼书局藏板印本。

20　当时黄河在今江苏北部入海。

21 《清世宗诗文集》卷23《雍邸集·金山夜怕遇雨》。

22 《清世宗诗文集》卷23。

23 《清圣祖实录》卷189，三十七年七月辛丑条。

24　康熙除了这一次，还于二十三年（1684年）去过盛京，那时胤禛年方七岁，他同他的哥哥都没有随行，所以胤禛侍从拜谒盛京祖陵，只能是这一次。

25 《清世宗诗文集》卷22《雍邸集》。

26　王士禛:《居易录》卷22;《清圣祖实录》卷160，三十二年十月丙子条。

27 《清圣祖实录》卷187，三十七年三月丁丑条；台北“故宫博物院藏”《起居注册》汉文本，康熙三十七年三月初二日，转见杨珍:《清朝皇位继承制度》，学苑出版社2001年版，第218页。

28 《清世宗诗文集》卷24《雍邸集·恭谒五台过龙泉关偶题》。

29 《清圣祖实录》卷58，十四年十二月丁卯条。汉文帝朝臣请立太子：“豫建太子，所以重宗庙社稷，不忘天下也。”（司马迁:《史记》卷10《孝文本纪》，中华书局1982年版，第419页。）

30　朝鲜《李朝实录·肃宗实录》第39册卷135，八年（康熙二十一年）正月乙卯条，日本学习院东洋文化研究所1953年版，第373页下。

31 《清圣祖实录》卷234，四十七年九月己丑条。

32　朝鲜《李朝实录·肃宗实录》第39册卷6，三年（康熙十六年）三月甲午条，第108页上。

33　萧奭:《永宪录》卷3，中华书局1959年版，第191页。

34　王锺翰点校:《清史列传》卷8《明珠传》。

35　王士禛:《居易录》卷17。

36　中国第一历史档案馆整理:《康熙朝起居注》，五十七年正月二十日条。

37　朝鲜《李朝实录·肃宗实录》第41册卷54，三十九年（康熙五十二年）十一月丙寅条，第341页下。

38　朝鲜《李朝实录·肃宗实录》第39册卷15上，十年（康熙二十三年）三月庚辰条，第482页上。

39　宋和撰:《陈鹏年传》，见李桓辑:《国朝耆献类征初编》卷164，湘阴李氏版。

40 《清圣祖实录》卷234，四十七年九月丁丑条。

41　朝鲜《李朝实录·肃宗实录》第39册卷15上，十年（康熙二十三年）三月庚辰条，第482页上。

42 《清圣祖实录》卷147，二十九年七月癸丑条;［法］白晋著、马绪祥译:《康熙帝传》,《清史资料》第1辑，第234页。

43　王锺翰点校:《清史列传》卷8《索额图传》;《清圣祖实录》卷212，五月乙丑条。

44　王锺翰:《清史杂考·清世宗夺嫡考实》，中华书局1963年版，第148页。

45 ［法］白晋著、马绪祥译:《康熙帝传》,《清史资料》第1辑，第242页。

46　中国第一历史档案馆编:《雍正朝起居注册》，四年正月初五日条。

47　中国第一历史档案馆编:《雍正朝起居注册》，二年四月初七日条。

48 《文献丛编》第1辑《允禩允禟案》，北平故宫博物院文献馆刊本；王锺翰点校:《清史列传》卷71《何焯传》。

49 《文献丛编》第6辑《允禩允禟案》。

50 《清圣祖实录》卷234，四十七年

九月戊戌条、壬寅条；卷235，十月甲辰条。

51 《清圣祖实录》卷234，四十七年九月丁丑条。

52 《清圣祖实录》卷234，四十七年九月丁丑条。

53 《清圣祖实录》卷234，四十七年九月丁丑条。

54 《清圣祖实录》卷234，四十七年九月戊戌条。

55 《清圣祖实录》卷234，四十七年九月辛丑条。

56　中国第一历史档案馆编:《雍正朝起居注册》，四年正月初五日条。

57 《文献丛编》第3辑《允禩允禟案》。

58　中国第一历史档案馆编:《雍正朝起居注册》，四年九月二十九日条。

59 《清圣祖实录》卷234，四十七年九月辛卯条。

60 《清圣祖实录》卷234，四十七年九月庚寅条。

61 《大清世宗宪皇帝实录》(《清世宗实录》) 卷45，四年正月甲子条。

62 《清圣祖实录》卷235，四十七年十月丙午条。

63 《清圣祖实录》卷235，四十七年十一月丙戌条；卷236，四十八年正月癸丑条。王锺翰点校:《清史列传》卷12《揆叙传》。

64 《清圣祖实录》卷235，四十七年十一月戊子条。

65　王锺翰点校:《清史列传》卷14《马齐传》。

66　王锺翰点校:《清史列传》卷11《佟国维传》；蒋良骐:《东华录》卷21，中华书局1980年版，第337页。

67　蒋良骐:《东华录》卷21，第339页。

68　雍正《上谕内阁》二年八月二十二日谕云:“从前众皆保廉亲王为皇太子，视为奇人。”《雍正朝起居注册》同日记作:“从前众皆奇异廉王，保为皇太子。”

69　钱仪吉编:《碑传集》卷20《劳之辨传》附奏疏，光绪十九年江苏书局校刊本。

70 《清圣祖实录》卷235，四十七年十一月辛巳条。

71 《清圣祖实录》卷234，四十七年九月壬寅条。

72 《清圣祖实录》卷234，四十七年九月庚寅条。

73　李桓辑:《国朝耆献类征初编》卷9《马齐传》。

74 《清圣祖实录》卷261，五十三年十一月甲子条。

75 《清圣祖实录》卷235，四十七年十一月戊子条。

76　中国第一历史档案馆编:《雍正朝起居注册》，元年十一月二十五日条；弘旺纂:《皇清通志纲要》卷4下，北京大学图书馆藏抄本。

77 《清圣祖实录》卷134，四十七年九月壬午条。

78 《清圣祖文集》第3集卷14《谕宗人府》。

79 《清圣祖实录》卷235，四十七年十一月辛卯条。

80 《清圣祖实录》卷235，四十七年十一月辛卯条。

81　弘旺纂:《皇清通志纲要》卷4下。

82 《清圣祖实录》卷234，四十七年九月庚辰条。

83　年长的皇子，从皇长子起到皇八子止，除皇六子早逝不计外，只有皇七子胤祐没有被捕，而胤祐在年长皇子中，是最没有政治活动能力的人。

84 《清圣祖实录》卷251，五十一年十月辛亥条。

85　朝鲜《李朝实录·肃宗实录》第41册卷52，三十八年（康熙五十一年）十二月癸酉条，第294页下。

86《清圣祖实录》卷252，五十一年十一月丁未条。

87《李煦奏折》，中华书局1976年版，第80—81页。

88　朝鲜《李朝实录·肃宗实录》第41册卷52，三十八年（康熙五十一年）十二月癸酉条，第294页下。

89　王锺翰点校:《清史列传》卷12《阿灵阿传》。

90《清圣祖实录》卷248，五十年十月壬午条。

91《清圣祖实录》卷251，五十一年十月辛亥条。

92《清圣祖实录》卷252，五十一年十一月戊戌条。

93《清圣祖实录》卷251，五十一年十月辛亥条。

94《清圣祖实录》卷251，五十一年十月辛亥条。

95［意］马国贤著、李天纲译:《清廷十三年——马国贤在华回忆录》，上海古籍出版社2004年版，第72页。

96　杨珍:《清朝皇位继承制度》，第299页。

97《清圣祖实录》卷253，五十二年二月庚戌条。

98　朝鲜《李朝实录·肃宗实录》第41册卷55，四十年（康熙五十三年）正月乙巳、三月辛亥、戊辰条，第347页上、348页下、349页上。

99《清圣祖实录》卷266，五十四年十一月庚子条；卷277，五十七年正月庚午条。雍正《上谕内阁》，二年闰四月十四日谕。

100　钱大昕撰:《王掞传》，见李桓辑:《国朝耆献类征初编》卷11。

101　袁枚撰:《王掞传》，见李桓辑:《国朝耆献类征初编》卷11。

102《文献丛编》第4辑《康熙建储案·王掞奏折（一）》。

103　弘旺纂:《皇清通志纲要》卷4下。关于王掞保举谁的问题，金承艺在《胤祯：一个帝梦成空的皇子》(台北《“中研院”近代史研究所集刊》1977年第6期）一文中，认为保的是胤祯（即胤禵），但缺乏论据，故不取其说。

104　中国第一历史档案馆整理:《康熙朝起居注》，五十六年十一月二十六日条。

105　中国第一历史档案馆整理:《康熙朝起居注》，五十七年正月二十、二十一日条。

106　昭梿:《啸亭杂录》卷4《朱检讨上书事》，中华书局1982年版。

107　昭梿:《啸亭杂录》卷4《朱检讨上书事》。

108《清圣祖实录》卷277，五十七年正月庚午条。

109《文献丛编》第4辑《康熙建储案·王掞奏折（四）》。

110《文献丛编》第4辑《康熙建储案·陶彝等折》。

111　袁枚撰:《王掞传》，见李桓辑:《国朝耆献类征初编》卷11。

112《清圣祖实录》卷291，六十年三月丙子条。

113《清圣祖实录》卷291，六十年三月丙子条。

114　中国第一历史档案馆译编:《雍正朝满文朱批奏折全译》上册，黄山书社1998年版，第181页。

115《清圣祖实录》卷279，五十七年五月己巳条；卷280，五十七年七月壬子条。
116 《清圣祖实录》卷261，五十三年十一月丙寅条。
117 《清圣祖实录》卷261，五十三年十一月甲子条。
118 《清圣祖实录》卷261，五十三年十一月甲子、乙丑条。
119 《清圣祖实录》卷262，五十四年正月丙寅条。
120 中国第一历史档案馆编:《雍正朝起居注册》，二年十月二十八日条。
121 故宫博物院明清档案部编:《关于江宁织造曹家档案史料》，中华书局1975年版，第210—213页。
122 《文献丛编》第1辑《允禩允禟案·秦道然供词》。
123 《文献丛编》第1辑《允禩允禟案·穆景远供词》。
124 《文献丛编》第1辑《允禩允禟案·秦道然供词》。
125 《文献丛编》第1辑《允禩允禟案·秦道然供词》。
126 《文献丛编》第1辑《允禩允禟案·穆景远供词》。
127 《清圣祖实录》卷266，五十四年十一月癸卯条。
128 《掌故丛编》第6辑《胤禩给何焯书信》，北平故宫博物院文献馆刊本。
129 《清圣祖实录》卷269，五十五年九月辛巳条。
130 清世宗辑:《庭训格言》。
131 《清圣祖实录》卷271，五十六年正月甲申条。
132 《文献丛编》第3辑《戴铎奏折（五十七年折）》。
133 《清圣祖实录》卷273，五十六年七月辛未条。
134 弘旺纂:《皇清通志纲要》卷4下。
135 允禵:《抚远大将军奏议》,《清史资料》第3辑，中华书局1982年版。
136 《永宪录》记载，雍正元年五月封胤禵为郡王，下注云:“未赐封号，注名黄册，仍称贝子”（第119页）。将封王而未赐号的情况区别开来，可作康熙对胤禵封王的参考。
137 允禵:《抚远大将军奏议》,《清史资料》第3辑。
138 《清圣祖文集》第4集卷23《平定西藏文》。
139 《清圣祖实录》卷284，五十八年四月乙巳条。
140 参见王锺翰:《清史杂考·胤祯西征纪实》，第198页。
141 允禵:《抚远大将军奏议》,《清史资料》第3辑。
142 允禵:《抚远大将军奏议》,《清史资料》第3辑。
143 中国第一历史档案馆编:《雍正朝起居注册》，二年闰四月十四日条。
144 朝鲜《李朝实录·景宗实录》第42册卷2，肃宗四十六年（康熙五十九年）九月丁丑条，第13页上。
145 《文献丛编》第1辑《允禩允禟案·秦道然供词》。
146 《文献丛编》第1辑《允禩允禟案·穆景远供词》。
147 《文献丛编》第1辑《允禩允禟案·何图供词》。
148 《文献丛编》第1辑《允禩允禟案·秦道然供词》。
149 《文献丛编》第1辑《允禩允禟案·秦道然供词》。
150 《文献丛编》第1辑《允禩允禟案·张恺供词》。“元武”，本为“玄武”，因避康熙名讳，故此。
151 《文献丛编》第1辑《允禩允禟

案·张恺供词》。

152　雍正《上谕内阁》，三年六月初七日谕。

153 《大义觉迷录》卷3，《清史资料》第4辑，中华书局1983年版。

154　陈寿祺撰:《陈梦雷传》，见李桓辑:《国朝耆献类征初编》卷116。

155　全祖望撰:《方苞神道碑铭》，见李桓辑:《国朝耆献类征初编》卷69。

156 《清圣祖实录》卷260，五十三年十月己巳条；卷261，十一月辛亥条。

157　朝鲜《李朝实录·肃宗实录》第41册卷54，三十九年（康熙五十二年）十一月丙寅条，第341页下。

158　中国第一历史档案馆整理:《康熙朝起居注》，五十六年十二月初四、初五、初六、十三日，二月三十日，三月十三、十四日各条。

159　王锺翰点校:《清史列传》卷13《年羹尧传》。

160　中国第一历史档案馆整理:《康熙朝起居注》，五十六年三月初五日条；《清圣祖实录》卷270，五十五年十二月壬寅条；卷271，五十六年二月丁酉条；卷272，四月癸卯条、五月庚申条；卷273，七月辛酉条；卷280，五十七年八月癸未条。

161 《文献丛编》第3辑《戴铎奏折（康熙五十七年折）》。

162　雍正《上谕内阁》，八年五月二十四日谕。

163 《文献丛编》第3辑《戴铎奏折一》。

164　中国第一历史档案馆编:《雍正朝起居注册》，二年四月初七日条。

165　中国第一历史档案馆编:《雍正朝起居注册》，二年七月初六日条。

166 《文献丛编》第3辑《戴铎奏折（五十五年折）》。

167 《文献丛编》第3辑《戴铎奏折（五十五年折）》。

168　中国第一历史档案馆编:《雍正朝起居注册》，二年五月二十八日条。

169　中国第一历史档案馆编:《雍正朝起居注册》，三年十一月初七日条。

170 《清圣祖实录》卷257，五十二年十一月丙午、甲寅条。

171　中国第一历史档案馆编:《雍正朝起居注册》，三年二月二十九日条。

172 《文献丛编》第3辑《戴铎奏折（五十七年折）》。

173　雍正《上谕内阁》，七年十月初六日谕。

174 《文献丛编》第3辑《戴铎奏折（五十四年折、五十五年折）》。

175　中国第一历史档案馆编:《雍正朝起居注册》，五年三月十一日条。

176　雍正《上谕内阁》，五年十二月十五日谕。

177 《文献丛编》第3辑《戴铎奏折（五十五年折）批语》。

178　中国第一历史档案馆编:《雍正朝起居注册》，二年五月二十四日条。

179　中国第一历史档案馆编:《雍正朝起居注册》，二年五月二十八日条；雍正《上谕内阁》，七年六月初十日谕。

180　中国第一历史档案馆编:《雍正朝起居注册》，五年二月初七日条。

181　袁枚:《小仓山房文集》卷2《刑部尚书富察公神道碑》，乾隆三十四年刊本。

182 《清圣祖实录》卷236，四十八年二月己巳条。

183　乾隆官修《八旗通志初集》第3册，卷78《封爵世表四》，第1541页。

184　中国第一历史档案馆编:《雍正朝起居注册》，元年四月十八日条。

185 《清世宗诗文集》卷11《和硕怡贤亲王遗稿题辞》。
186 《文献丛编》第1辑《雍亲王致年羹尧书》。
187 《文献丛编》第3辑《戴铎奏折（五十七年折）》。
188 《文献丛编》第3辑《戴铎奏折（五十七年折）》。
189 中国第一历史档案馆编:《雍正朝起居注册》，三年四月初七日条。
190 《清圣祖实录》卷269，五十五年九月甲戌、己卯、癸未条。
191 《清世宗诗文集》卷6《雍邸集序》。
192 《清世宗诗文集》卷25《雍邸集·园居》。
193 《清世宗诗文集》卷24《雍邸集·山居偶成》。
194 见清世宗编:《悦心集》卷3，清末铅印本。此处“埋荒草”“无人扫”，可与乾隆间问世的曹雪芹《红楼梦》第一回“好了歌”对观:“世人都晓神仙好，惟有功名忘不了。古今将相在何方？荒冢一堆草没了。”参见拙文:《清世宗的〈悦心集〉与曹雪芹的“好了歌”》，《南开学报》1983年第6期。
195 《清圣祖实录》卷263，五十四年四月乙未条。
196 《清圣祖实录》卷290，五十九年十二月庚申条。
197 《清圣祖实录》卷299，六十一年十月辛酉、庚午条；卷300，六十一年十一月丁亥条。
198 《清世宗诗文集》卷26《雍邸集》。
199 清世宗:《圆明园记》，见清高宗编:《御制圆明园图咏》，乾隆官刻本。
200 《清高宗诗集》第5集卷94《新正幸御园即事》。
201 《清高宗诗集》第5集《甲寅游狮子园·注》。
202 《文献丛编》第3辑《戴铎奏折（五十六年折）》。
203 中国第一历史档案馆整理:《康熙朝起居注》，五十六年十月三十日条。
204 《清圣祖文集》第3集卷18《谕内阁（五十年十一月）》。
205 《明清史料》丁编第8册，商务印书馆1951年版，第788页。
206 《明清史料》丁编第8册，第788页。
207 朝鲜《李朝实录·肃宗实录》第41册卷61，四十四年（康熙五十七年）四月辛巳条，第531页。
208 《清世宗实录》卷10，元年八月甲子条。
209 《清圣祖实录》卷266，五十四年十月丙寅条。
210 《清圣祖实录》卷275，五十六年十一月辛未条。
211 中国第一历史档案馆整理:《康熙朝起居注》，五十六年九月十五日条。
212 《清圣祖实录》卷275，五十六年十一月辛未条。
213 中国第一历史档案馆整理:《康熙朝起居注》，五十七年二月二十六日条。
214 ［意］马国贤著、李天纲译:《清廷十三年——马国贤在华回忆录》，第100页。
215 《清圣祖实录》卷299、300。
216 萧奭:《永宪录》卷1，第48、49页。
217 弘旺纂:《皇清通志纲要》卷4下。
218 《大义觉迷录》卷3,《清史资料》第4辑。
219 故宫博物院明清档案部编:《关于江宁织造曹家档案史料》，第99页。
220 中国第一历史档案馆整理:《康熙朝起居注》，五十七年正月二十日条。
221 常建华:《康熙帝不可能死于喝人

参汤新证》,《紫禁城》2001年第1期。

222 《大义觉迷录》卷1,《清史资料》第4辑。

223 雍正《上谕内阁》,康熙六十一年十一月二十八日谕。

224 清世宗“朱谕”,第12函,中国第一历史档案馆藏。

225 中国第一历史档案馆译编:《雍正朝满文朱批奏折全译》上册,第24页。

226 雍正《上谕内阁》,康熙六十一年十一月十六日谕。

227 涂抹处是:“欲致海宇升平,人民乐业”一句,其“人民乐业”四字,压缩写在两个字的空当之内;“盖由天下事繁”句中“事繁”二字;“惟诸葛亮能如此耳”句中的“亮能”二字;“礼亲王、饶余王之子孙现今俱各安全”句中的“安全”二字,均只占一字的空当,显系原来书写有误,抹去后填写的文字。错字是把“承”字写作“承”。

228 《清世宗实录》卷1。

229 [意]马国贤著、李天纲译:《清廷十三年——马国贤在华回忆录》,第105页。对于马国贤的记录笔者曾有怀疑,夜晚时分,那时恐怕那里没有路灯,纵然有,也会是昏暗的,马国贤怎能在墙头看得见街道上人们的行踪?不过康熙死在阴历十三日,是在月中,月光会让人看出街道行人状态,因而释疑。

230 朝鲜《李朝实录·景宗实录》第42册卷10,二年(康熙六十一年)十二月戊辰条,第151页。

231 《清高宗诗集》第5集卷91《游狮子园》。

232 参见[日]稻叶君山著、但焘译:《清朝全史》,中华书局1915年版,第48章。

233 张廷玉等撰:《明史》卷147《解缙传》,中华书局1974年版。

234 萧奭:《永宪录》卷1,第49页。

235 朝鲜《李朝实录·景宗实录》第42册卷10,二年(康熙六十一年)十二月戊辰条,第151页。

236 《清世宗实录》卷62,五年十月丁亥条。

237 《清世宗实录》卷1。

238 昭梿:《啸亭杂录》卷4《王太仓上书事》。

239 《大义觉迷录》卷3,《清史资料》第4辑。

240 原书藏中国第一历史档案馆。

241 参见拙作:《清世宗本叫胤禛,并未盗名》,《南开大学学报》1982年第1期。

242 参见拙作:《康熙第十四子胤禵本名考释》,《历史档案》1981年第4期。

243 《大义觉迷录》卷3,《清史资料》第4辑。

244 据《永宪录》第66页所记,召胤禵回京,限程24日。他实际走的时日还多。

245 孟森《明清史论著集刊·清世宗入承大统考实》(中华书局1959年版)发出此疑问。

246 萧奭:《永宪录》卷1,第49页。

247 朝鲜《李朝实录·景宗实录》第42册卷10,二年(康熙六十一年)十二月戊辰条,第151页。

248 朝鲜《李朝实录·肃宗实录》第41册卷36,三十六年(康熙四十九年)十一月庚申条,第191页。

249 朝鲜《李朝实录·景宗实录》第42册卷10,二年(康熙六十一年)十一月辛亥条,第147页。

250 朝鲜《李朝实录·景宗实录》第42册卷10,二年(康熙六十一年)十二月壬子条,第148页。

251 关于储位之争及胤禛的即位,有兴

趣的读者，或可参见拙作:《雍正继位新探》，天津人民出版社2008年版；杨珍:《清代皇位继承制度》，学苑出版社2001年版。

252 《文献丛编》第4辑《戴铎口供二》。

253 雍正《朱批谕旨·蔡珽奏折》，光绪十三年上海点石斋缩印本。

254 《清圣祖实录》卷275，五十六年十一月辛未条。

255 《红楼梦》第75回。

第二章　雍正改元，政治一新

康熙晚年因废太子事件和储位虚悬下诸子争斗，损害健康，朝政有所废弛，历史存留的积弊不能清理。即位的雍正对这一切心知肚明，他胸怀“雍正改元，政治一新”的抱负，期望清理社会积弊，“振数百年颓风”。他为政务实，认为宽仁方针不适合于当今，应行严猛政治，并笃信“人治”，张扬“以一人治天下”君主独裁观念。

第一节　康熙晚年，积弊丛生

人的思想支配人的行动，而人的意识又来源于社会环境。雍正即位前后的行政，是他的政治思想的表现。他的政治观点是他即位前后的社会矛盾，经过他的大脑加工而形成的。上一章介绍了包括胤禛活动在内的康熙朝储位斗争，对当时社会其他矛盾及康熙的全面政治思想无暇叙述，不能把雍正政治思想产生的全部原因揭示出来，这里略作补叙。

康熙在统治的后期，倦于政务，受功成名就思想的羁绊，与早年较为进取的精神相比，失去了变革现实的锐气，加之身体衰弱，太子问题耗费大量精力，从而无力进行鼎兴事业。五十年（1711年）三月，他说：“今天下太平无事，以不生事为贵。兴一利，即生一弊。古人云多事不如少事，职此意也。”[1]又说：“治天下务以宽仁为尚。”[2]“不生事”，就是不管现状如何，一概维持，不求有贡献，唯求无过失，因此讨厌多事。对社会弊端，因不能改变，只好睁一眼闭一眼，以“宽仁”为怀。五十六年（1717年），康熙进一步说：“为君之道，要在安静，不必矜奇立异，亦不可徒为夸大之言。”[3]“安静”“宽仁”指导思想下的“不生事”，是康熙后期基本的施政方针。

人们主观上可以向往不生事，但客观存在的“事”——冲突却不能不生出来。康熙后期矛盾越积越多，越严重。概要言之，有下列数端：

朋党之争。储位斗争是朋党之争的一项内容，此外，朝臣中有满汉的矛盾，遇有朝中大事，每每是“满洲大臣一议，汉大臣一议”[4]，有不同政见是正常的，但以满汉相区别，则是双方矛盾的表现。汉人大学士李光地、左都御史赵申乔互相徇隐，不把满人大学士嵩祝等放在眼里，康熙就起用马齐为首辅，以事震慑[5]。

贪官、专制政府与农民的矛盾。附加税火耗，康熙原不许征收，十七年（1678年）规定：“州县官克取火耗、加派私征及司、道、府徇情不报者，皆革职提问，徇纵不参之督抚革职。”[6]但是低俸禄的制度和官僚制度决定火耗禁止不了。二十八年（1689年），浙闽总督兴永朝奏称：“若断绝外官火耗，则外任实不能度日。”康熙也不得不表示同意[7]。既不能取缔，州县官必然会利用火耗而滥征。据文献记载，康熙后期各省火耗加征率有如下表：

地区	火耗率（%）	资料出处
江苏	5—10	沈德潜：《归愚诗钞》卷5《百一诗》
湖南	10—30	《清圣祖实录》卷266，五十四年十一月庚子条
山西	30—40	雍正《朱批谕旨·高成龄奏折》，三年二月初八日折；《清圣祖实录》卷121，二十四年六月辛卯条
陕西	20—50	《清圣祖实录》卷299，六十一年九月戊子条
山东	80	汪景祺：《读书堂西征随笔·西安吏治》
河南	80	汪景祺：《读书堂西征随笔·西安吏治》

不难看出，加耗很重，大约总在正额钱粮的三四成之间。州县官征收耗羡，除落入私囊，要给上司送规礼，地方官也要给朝臣送礼。所以火耗同各种陋规相联系，腐蚀着整个官僚阶层。州县官为确保私人及规礼用度，征耗羡银严于收钱粮，征了的钱粮还往往挪作他用，不能上交国库。五十九年（1720年），康熙指出：“直隶各省钱粮亏空甚多。”[8]那时“库帑亏绌，日不暇给”，户部库里只存有800万两银子[9]。在“私派浮于国课，差徭倍于丁粮”的情况下[10]，官吏、政府为一方与农民为一方，产生严重的对立。钱粮的挪用，使皇帝为首的政府与官僚也产生矛盾。火耗关乎着吏治、国课、民众情绪，康熙也深明于此，但无力去整顿。有的官员奏请限制火耗成数，他不赞成，说若将火耗明定额数，官员无忌惮，必

将更加多收。六十一年（1722年）九月，陕西巡抚噶什图建议，将耗羡除留州县用度外，多余的归省里，用于公共事务，康熙也不批准，还说征收火耗原是地方官的私事，若允许它部分归公，就是使它合法化，而他本人将落个实行加派的罪名[11]。康熙由反对火耗的态度，转向姑息、纵容它的恶性发展，充分说明滥征耗羡、吏治不清是难于解决的严重社会问题，由此激化农民与清政府的矛盾。

依靠富民的政策与阶级矛盾的积累。康熙曾责备江苏巡抚张伯行"每苛刻富民"，因而说"地方多殷实之家，是最好事"[12]。清朝政府保护富人，给它的上层过多的特权，从而严重危害平民百姓的利益。清朝政府允许绅宦士人称为"儒户""宦户"，享有一定的免役权。他们又凭恃绅衿身份与官吏勾结，将自身应当承担的赋役转嫁到平民身上。有的地方，绅衿"例不承役，一切费用尽出于穷民"[13]。有的官员看到贫富赋役不均的严重性，主张平均负担，特别是把穷户的丁银摊入到地亩中征收，但是户部以"不便更张"阻止实行[14]。所以摊丁入亩只能在极少数地区施行。贫苦农民受地主及政府的双重盘剥，矛盾日益积累，有的地方已相当严重，在康熙末年，出现了一些农民暴动。如五十年（1711年）江西永新县陈显五领导暴动，次年浙江沿海"海盗"不断杀死清军[15]。五十六年（1717年）河南兰宜县亢铤、阌乡县王更一分别发动反抗运动。次年湖广地区发生所谓"捏造妖言，煽惑愚民"的群众准备起义事件[16]。五十九年（1720年）山东盐贩王美公等和农民会聚在一起，洗劫盐店富户，称王称将军[17]。同年朱一贵在台湾领导农民起义，击杀清军总兵官欧阳凯，称帝，有众数万。此外，群众性秘密结社在许多地方开展活动。

西北用兵造成的问题。五十四年（1715年）西北兵端肇起以后，康熙调兵遣将，开销较大，西北前线民众负担显著增加。部分军士不愿出征，相继逃亡，清政府严行惩治。五十六年（1717年）朝鲜使臣李枋、李大成等归国报告，说他们在路上看到槛车载送男人和妇女，原来是不愿意西征的人的妻子，流放到沈阳或宁古塔。他们还说过去所经之地，见“人物甚盛，关门嗔咽”的繁荣景象，如今“关外人家多有撤毁处，关内人物颇稀疏，马畜甚贵，或骑牝骡而行，盖以征讨西㺚之故，如是凋蔽云耳”[18]。被迫进行的西北用兵，一定程度上破坏了百姓、军士的正常生活秩序，带来一些痛苦。于是有一些官僚对用兵提出异议，贵州巡抚刘荫枢、甘肃提督师懿德先后上疏，反对进兵，康熙把刘荫枢发往军前种地，师懿德拟绞立决[19]。西北用兵十分必要，处理反对派也有其必要性，但用兵带来的兵力疲弊和财政耗损则是现实问题，也必须解决。

总之，康熙后期，皇帝倦勤，实行“宽仁”之政，传统社会政治固有的疾弊显现出来，社会矛盾有所上升。其实他实行的已不是宽仁政策，而是政治上的废弛。明朝开国的第二年（1369年），明太祖问元朝旧臣，元朝为什么会灭亡，回答说它实行了宽容政治，明太祖说不对：“元季君臣，耽于逸乐，循至沦亡，其失在纵弛，非宽也。”又说：“大抵圣王之道，宽而有制，不以废弃为宽；简而有节，不以慢易为简；施之适中，则无弊矣。”[20]这话说得中肯。宽仁不等于纵弛，对臣下的贪婪不法，不严行惩处，看似宽容仁爱，实际放纵他们继续作恶，而使老百姓遭殃，所以纵弛害政害民，为励精图治的帝王所不取。

第二节 雍正即位，励志更新

雍正说他事事不如乃父，“惟有洞悉下情之处，则朕得之于亲身阅历，而皇考当日所未曾阅历者。朕在藩邸四十余年，凡臣下之结党怀奸，夤缘请托，欺罔蒙蔽，阳奉阴违，假公济私，面从背非，种种恶劣之习，皆朕所深知灼见，可以屈指而数者，较之古来以藩王而入承大统者，如汉文帝辈，朕之见闻，更远过之”[21]。他对雍亲王时期的经历颇为自负。确实，这一经历使他“于群情利弊事理得失无不周知”[22]，也使他对接受政权时的社会问题、民众情绪、施政班底都有比较符合实际的了解，产生他的政治思想。

（1）兴利除弊的革新思想

雍正即位，命翰林条奏时政，成文奏请“兴利除弊”，雍正见了，大加训斥，责问他：“皇考圣治，又有何弊，朕何以除之？”[23]这是成文老实，说真话触了霉头。不是雍正看不出时弊，他说：“朕在藩邸时，闻九卿会议，归有纪录，所议之事，则群然笑之，此等习俗，朕所深恶。”[24]做雍亲王时就痛恨达官贵人的因循苟且，雍正即位的当月，就向大学士、尚书、侍郎说：“政事中有应行应革能裨益国计民生者，尔等果能深知利弊，亦着各行密奏。”[25]就是要采纳各官之言，革除时弊，只是即位之初，尤须使用乃父旗号，改革要实行，而不必大肆宣传。雍正对他的政治，有一个总的要求，就是“雍正改元，政治一新”[26]，“移风易俗，跻斯世于熙皞之盛”[27]。即要随着新朝的开始，剔除前朝积弊，在政治上出现一个崭新的局面，形成国富民殷的盛况。雍正不仅看到康熙朝的问题，而且深知其渊源，绝非一朝一代的事情，所以他的改革胃口很大，宣称：“朕欲澄清吏治，乂安民生，故于公私毁誉之间，分别极其明晰，晓谕不惮烦劳，务期振数百年之颓风，以端治化之本。”[28]又针对因科举而产生的情弊，说他欲“将唐、宋、元、明积染之习尽行洗濯，则天下永享太平”[29]。他要清除的颓风主要是吏治不清以及与之密切相关的腐败的科举制度、民间风习。振新，同“多事不如少事”的墨守成规思想相对立，雍正反对“因循玩愒”[30]，主张多事，这是他改革思想不可缺少的内容。

（2）反对朋党，强调忠君

雍正是从朋党争斗中过来的，深知它祸国乱家的危害。他说人臣应以君主之是非为是非，若敢于“树朋党，各徇其好恶以为是非”，“是罔上行私”，犯了背叛君主的不忠之罪。又说人臣结党，讥讪朝政，扰乱君主之视听，君主要坚持既定的政策。至于朋党之间互相攻击，则干预了君主用人去人的权柄。一句话，朋党干扰了朝政，妨碍君权的充分发挥，所以他说：“朋党之恶，可胜诛乎？”[31]

（3）主张为政务实，反对沽名钓誉

雍正在继位一周年之际，告诫臣工说：“为治之道，要在务实，不尚虚名。朕缵承丕基，时刻以吏治兵民为念……”[32]治理国家，是尚虚，还是务实？他的观点非常鲜明，那就是务实，注意吏治、民生。他要求臣下“筹国是，济苍生”[33]。学校教育要“实行”“文风”两者并重[34]。他的尚实，就是要求君臣共同关心国家大计，去解决民生、吏治的实际问题。

要务实，必然反对沽名钓誉。雍正在元年正月分别给地方各级文武官员发布上谕，说明他们的职责和对他们的要求，谕总督说：

> 朕观古之纯臣，载在史册者，兴利除弊，以实心行实政，实至而名亦归之，故曰：名者实之华。今之居官者，钓誉以为名，肥家以为实，而曰：“名实兼收”，不知所谓名实者果何谓也。[35]

给按察使的谕旨又说到这个问题：

> 迩来士大夫好云名实兼收，所谓名者官爵也，所谓实者货财也。[36]

他对官场中流行的“名实兼收”，非常不满，一针见血地指明官员讲的“实”是个人的“货财”，是“肥家”，不是国计民生的“实”；官员讲的“名”，是官爵，是钓誉，不是由于实心实政而应得的美名。他分清“名实兼收”的“名”和“实”，与为政务实以及由此而得名的“名”和“实”，是两种名实观，他反对不顾民生吏治的“名实兼收”和官员的沽名钓誉。

（4）舍宽仁从严威

康熙为政尚宽仁，雍正要不要继承它？他有自己的见解。是宽仁好，还是严猛好，他认为应从当时的实际情况出发：“观乎其时，审乎其事，当宽则宽，当严则严。”[37]他说即位时的情形是：“人心玩愒已久，百弊丛生”，因此，“若不惩创，将来无所底止”[38]。他具有实行严猛政治的思想，认为宽仁不合当时的社会情况，并为此多次作过说明。他在云贵总督鄂尔泰报告镇沅土司叛乱的奏折上写道：“且猛做去，宽之一字，乃上天之恩，若容宽时，得有可宽之日，乃尔我君臣之大福，天地神明之殊恩也。”[39]鄂尔泰是他的宠臣，所以雍正公开地告诉对方，他赞成严猛思想。雍正在云南巡抚杨名时的奏折中批道：“政宽则民慢，慢则纠之以猛。猛则民残，残则施之以宽。宽以济猛，猛以济宽，政是以和。此诚圣人千古不易之名言也。”[40]杨名时主张宽仁，雍正企图以此说服他。雍正有时还讲宽严结合，对湖广总督杨宗仁说：“尔等封疆大臣于一切政治，但务宽严相济，舒畅兵民之情。”[41]讲究宽仁的，绝不提严猛，因宽仁好听，易得兵民官员拥护；讲严猛，易被舆论谴责。雍正讲宽严相济，似不偏废，意在用“宽”遮盖“严”，实质是要严。

（5）主张人治

雍正元年，御史汤之旭奏请划一律例条款，颁示天下，雍正答复说：所奏“未尝不是，但天下事，有治人，无治法，得人办理，则无不允协，不得其人，其间舞文弄法，正自不少……虽条例划一，弊终难免”[42]。法令制度和制定、执行法令的人，两者对于国家治乱的关系，雍正把人看成是重要的因素，而认为法制的作用则取决于从政的人的状况，是次要的。他认为很好的法制也要守法的人来推行，若碰到坏人，反倒被利用为“贪营巧取”的工具[43]。他又认为法久弊生，故法不可恃，还要靠人把它改过来，才能免除弊病。至于法不完善并不要紧，只要有好人来执行，自然会“因时制宜”，加以补充调整，使之成为善法，所以他说“有治人，即有治法”[44]。“有治人，无治法”，自从荀子提出来之后，历来被统治者所信奉，雍正信之弥坚，他的“有治人，即有治法”之说，越发明确地把法治从属于人治，进一步说明人治的重要。

人治作为雍正的政治思想的内涵，主要是帝王的励精图治和在君主指导下的良好官僚队伍的从政。他说“治天下惟以用人为本，其余皆支叶事耳”[45]，就是这种思想的体现。

雍正在即位之初，为寝宫养心殿西暖阁书写了一副对联，联语是：“原以一人治天下；不以天下奉一人。”[46]“一人治天下”的思想，自然形成人治的观念。本来，君主权力要多大有多大，法律是他制定的，法律如不完备，或同他的意志相抵牾，会更改它，或用令、式、格来补充它。他的话就是法令，就是施政方针，当然法治从属于人治了，从属于君主之治了。“以一人治天下”，这是雍正对他的君主至治的思想，也是君权至上的思想的高度概括。

雍正所笃信的人治观念虽然为历代君主所共有，但在他之前，思想家黄宗羲已经在《明夷待访录》中提出“有治法而后有治人”的观点。黄宗羲猛烈抨击了“有治人，无治法”的传统观念，认为法制对国家的兴衰比人重要，因此要求“治人”服从法制。毫无疑问，黄宗羲的观点比雍正们先进，雍正在他之后还强调人治，从思想体系上讲当然是反动的。但是法制在古代社会不可能真正实现，政治的好坏往往视执政者状况为转移。雍正的人治，强调君主励精图治，重视官吏的任用得人，希望实现清明政治。从实践的角度看，他的人治又有着某些合理内容。雍正为政务实的思想，重视解决国计民生的实际问题，比那些沽名钓誉而又贪婪的官僚、唯知剥民害民的执政者当然要好。雍正反对朋党的观点是帝王思想，然而朋党在历史上没起多少好作用，常常同政治黑暗相联系，雍正为避免政治混乱，反对朋党，无可非议。

雍正的政治思想如何评价，重要的是看这种思想形成的社会政策及其实践效果。

本节为读者提供的是雍正政治思想概貌，以便阅读后面章节。为概述而采取评论式写法，未能以所叙事情、言论发生的时间顺序来进行，实为拙笔。下面的章节，就避免了这种表达法，尚祈读者鉴宥。

---

1 《清圣祖实录》卷245，五十年三月乙卯条。

2 《清圣祖实录》卷245，五十年三月庚寅条。

3 《清圣祖实录》卷275，五十六年十一月丙子条。

4 《清圣祖实录》卷266，五十四年十月壬辰条。

5 《清圣祖实录》卷266，五十四年十月壬辰条。

6 李鸿章等纂：光绪《大清会典事例》卷172《户部·田赋》，宣统二年商务印书馆版。

7 中国第一历史档案馆整理：《康熙朝起居注》，二十八年九月十二日条。

8 《清圣祖实录》卷289，五十九年七月庚午条。

9 昭梿：《啸亭杂录》卷1《理足国帑》。

10 《掌故丛编》第5辑《年羹尧奏折》。

11 《清圣祖实录》卷299，六十一年九月戊子条。

12 《清圣祖实录》卷266，五十四年十月辛丑条。

13 朱轼：《朱文端公集》卷2《答白中丞书》，乾隆间刊本。

14 吴振棫：《养吉斋余录》卷1，光绪二十二年刊本。

15 《李煦奏折》，第117页。

16 《清圣祖实录》卷282，五十七年十二月戊戌条。

17 张廷玉：《澄怀园主人自订年谱》卷1，光绪六年刊本。

18 朝鲜《李朝实录·肃宗实录》第41册卷59，四十三年（康熙五十六年）四月乙酉条，第464页下—465页上。

19 《清圣祖实录》卷277，五十七年二月庚寅条。

20 谷应泰撰：《明史纪事本末》卷14《开国规模》，中华书局1977年版。

21 中国第一历史档案馆编：《雍正朝起居注册》，四年十月初二日条。

22 中国第一历史档案馆编：《雍正朝起居注册》，二年九月二十五日条。

23 雍正《上谕内阁》，元年正月二十七日谕。
24 雍正《上谕内阁》，四年九月二十六日谕。
25 雍正《上谕内阁》，康熙六十一年十一月二十九日谕。
26 李绂:《穆堂别稿》卷18《漕行日记》，乾隆十二年刊本。
27 中国第一历史档案馆编:《雍正朝起居注册》，二年七月十六日条。
28 中国第一历史档案馆编:《雍正朝起居注册》，五年一月十七日条。
29 中国第一历史档案馆编:《雍正朝起居注册》，五年二月初三日条。
30 雍正《朱批谕旨·范时绎奏折》，六年六月二十日折朱批。
31 《清世宗实录》卷6，元年四月丁卯条。
32 《清世宗实录》卷13，元年十一月丁酉条。
33 雍正《朱批谕旨·李绂奏折》，四年十一月二十一日折朱批。
34 《清世宗实录》卷3，元年正月辛巳条。
35 《清世宗实录》卷3，元年正月辛巳条。
36 《清世宗实录》卷3，元年正月辛巳条。
37 雍正《上谕内阁》，七年七月初五日谕。
38 雍正《上谕内阁》，七年五月初五日谕。
39 雍正《朱批谕旨·鄂尔泰奏折》，五年五月初十日折朱批。
40 雍正《朱批谕旨·杨名时奏折》，二年九月初六日折朱批。
41 雍正《朱批谕旨·杨宗仁奏折》，三年四月初九日折朱批。
42 中国第一历史档案馆编:《雍正朝起居注册》，元年七月十八日条。
43 《清世宗实录》卷89，七年十二月癸卯条。
44 中国第一历史档案馆编:《雍正朝起居注册》，二年七月十六日条。
45 雍正《朱批谕旨·鄂尔泰奏折》，四年八月初六日折朱批。
46 雍正《朱批谕旨·朱纲奏折》，五年九月二十六日折。于敏中等编纂《日下旧闻考》第1册卷17作“惟以一人治天下，岂为天下奉一人”（北京古籍出版社1981年版，第231页）。

第三章　惩治政敌，巩固帝位

康熙晚期诸皇子植党争夺储位，不论谁为新君，只要失败者不服，党争就会继续下去。新君雍正为巩固帝位，就以反对朋党名义惩治政敌，致死允禩、允禟，囚禁允禵。朋党斗争中上台的新君，必然给予拥戴者格外的权利，于是出现权臣擅自用人的“佟选”“年选”局面，对此雍正不能容忍，赐死年羹尧，禁死隆科多，还惩治他们各自的党羽。雍正从而巩固皇位，大权独揽，施行他的政治。

第一节　软硬兼施，瓦解异己

康熙死的第二天，尚未正式即位的雍正办了几件大事。他任命贝勒允禩、十三阿哥允祥、大学士马齐、尚书隆科多四人为总理事务大臣，还说居丧期间，心绪不宁，臣下“有所启奏诸事”，除藩邸事务外，“俱交送四大臣，凡有谕旨，必经由四大臣传出”，以便把各种事情有条不紊地办好[1]。总理事务大臣，位尊权重，自应是新朝的核心人物，应是先朝的元老重臣和新君的亲信。雍正与允祥情谊最笃，上台受隆科多拥护最力，命他们为总理事务大臣，顺情顺理。任用政敌允禩及其追随者马齐，是一个大的战略决策。同日封允禩、允祥为亲王，允礽的儿子弘皙为郡王。十二月十一日，赐允禩爵号和硕廉亲王，允祥和硕怡亲王，允祹多罗履郡王，弘皙多罗理郡王。同月命允禩兼管理藩院和上驷院，雍正元年（1723年）二月改兼管工部。

雍正优待允禩的亲属，任用了一些他的支持者。雍正赐允禩的儿子弘旺贝勒衔[2]，荣誉之高，在诸皇侄中，是除弘皙外所仅见的。允禩的母舅噶达浑，康熙并未因允禩及其母良妃而把他放出辛者库，雍正为照顾允禩，削其贱籍，放为一

雍正朝服像

般旗民，赏赐世袭佐领世职，并擢升内务府总管[3]。被康熙指斥与允禩勾结的贝子苏努，雍正在乃父死后的第五天，将他晋爵贝勒，不久把他的儿子勒什亨委署领侍卫内大臣。佛格，原系闲散宗室，与允禩关系密切，元年（1723年）年初，雍正用他为刑部尚书。贝勒满都护，雍正命他总理事务处协同行走。佟吉图，允禩管内务府广善库时的司官，因之交厚，后退职居闲，"自云藏器待时"，意在为允禩异日效力。雍正即位，说他"才具可用"，擢为山东按察使，很快升布政使[4]。允禩和他的一些追随者，在政敌当权下，反倒加官晋爵，似比在先朝还要得意，一部分人因而弹冠相庆。允禩晋王爵，他的妻子乌雅氏的亲戚来祝贺，乌雅氏说：有什么可喜的？不知道哪一天掉脑袋哩[5]！允禩本人也对朝中大臣说："皇上今日加恩，焉知未伏明日诛戮之意？"又说："目下施恩，皆不可信。"[6]允禩夫妇是储位斗争的当事人，他们很明白，政敌不会饶过自己，现在的"荣宠"，正是未来的开罪把由。他们的担心并非是多余的。雍正在继位初期，采取的是拉拢允禩本人及他的集团中一部分人的政策。

雍正对允禵是另一种态度。任用允禩为总理事务大臣的当天，下令召允禵回京。雍正说：皇考的丧事，若允禵不能亲临，恐怕内心一定不安，为了他，还是让他急速回来吧。随即命辅国公延信驰驿赴甘州军营，管理大将军印务，行文川陕总督年羹尧协理军务，延信未到之前，命平郡王讷尔苏署理大将军事[7]。十二月十七日，允禵到京，未到之先，行文奏事处，请示先拜谒大行皇帝的梓宫，还是先庆贺新君的登极[8]，雍正命先谒梓宫，他便径赴景山寿皇殿乃父灵柩前哭

允禵画像

拜。那时雍正也在那儿，允禵望见了，正是仇人相见，分外眼红，本来江山大有希望，不想今日屈为臣子，只得含愤忍辱，远远地给皇兄叩头，但情绪极坏，无论如何也不向皇帝表示祝贺和亲近。雍正为示大度，向前将就他，他还不动弹，侍卫蒙古人拉锡见此僵局，连忙拉他向前。待到离开皇帝，允禵就责骂拉锡，又到雍正面前，控诉拉锡无礼："我是皇上亲弟，拉锡乃掳获下贱，若我有不是处，求皇上将我处分，若我无不是处，求皇上即将拉锡正法，以正国体。"[9]明是攻讦拉锡，实是向雍正抗议。雍正说他"气傲心高"[10]，确是不假。雍正对他毫不容情，取消他的王爵。据朝鲜于康熙六十一年（1722年）派到清朝贺冬至使李混、副使李万选的见闻报告，说宗人府与十四王有事置对，这件事的记录，由宗人府钤印公布过，当初的本子封面最高处，有朱笔写的"旨：胤祯削去王爵，仍存贝子"十一字[11]。雍正只给允禵保留了他最初所得的封爵。

元年（1723年）三四月之交，雍正送康熙灵柩至遵化景陵享殿，传旨训诫允禵，允禵不服，允禩怕事闹大，令允禵跪受，允禵这才接受了[12]。事毕，雍正返京，留允禵看守景陵，谕令副将李如柏，若允禵要去陵寝，除大祀外都不准行[13]，实际把他囚禁了。雍正在送灵时，传问允禵家人：昔日允禵在军中，听说专好吃酒行凶？家人雅图、护卫孙泰、苏伯、常明等回奏没有这些事，雍正恼怒，命将他们永远枷示，他们十六岁以上的儿子也行枷号。在允禵府中教书的天津监生徐兰，亦以其人不端，逐回原籍，交地方官收管[14]。允禵的属人随着主人遭了殃。

康熙去世，雍正生母德妃自然晋为皇太后，雍正拟给她上徽号“仁寿皇太后”，请她从原来居住的永和宫迁到皇太后的宁寿宫，她一概以在丧中而不接受。她生有三子，皇四子、皇十四子及皇六子胤祚，胤祚六岁殇逝，老四和十四子都有得皇位的可能，这是她的喜事，然而这两个又是誓不两立的冤家，叫做母亲的真难调处。大儿子如此欺负小儿子，她有心要照顾小的，大的不答应，小的又倔犟，不妥协。恐怕她够伤心的了，尤其是雍正将

孝恭仁皇后朝服像

允禵拘禁于景陵，令她想见也见不到，能不愤懑吗？遇此不可变易的景况，身体自然会出毛病。据《清世宗实录》记载，元年（1723年）五月二十二日未刻（13—15时）得病，次日丑刻（1—3时）死亡[15]。从病到死，不过十几小时，实系暴卒。当时允禟太监何国柱等人说皇太后是自杀的："太后要见允禵，皇上大怒，太后于铁柱上撞死。"允禩太监马起云说："皇上命塞思黑[16]去见活佛，太后说何苦如此用心，皇上不理，跑出来，太后怒甚，就撞死了。"[17]一说为允禵事，一说为允禟事，有矛盾，而他们是雍正政敌的太监，也可能造作谣言，诋毁雍正，但不管怎样，太后的死，总有可疑的地方。以德妃贤德的为人而论，撞死的话是给康熙、雍正难堪，不会做得出来，她的死可以视为积郁难抒，活活气死的。皇太后的死，对雍正是严重打击，他在闽浙总督满保奏折中朱批："前皇考大事朕已精疲力竭，不料大事接踵而至，朕纵奋力，亦已力不可支。"[18]雍正以慰皇妣在天之灵为名，封允禵为郡王，仍囚系在景陵。不久，他的福晋患病去世，雍正给她指定葬地，允禵以风水不好不高兴，允禩劝他才接受了。允禵遭此种种打击，悲愤交集，奏称"我今已到尽头之处，一身是病，在世不久"[19]，还是那种不服失败的劲头。

雍正对允禟更不客气。康熙大事出来，允禟生母宜妃正在病中，急忙坐在软榻上奔向灵堂，她原受康熙宠爱，这时也顾不上多想，竟跑到德妃的前面，雍正见了自不高兴。她见雍正时还不识时务，摆出母妃的架子，雍正更不畅快，十二月初三日，说她的太监张起用违禁做买卖，发往土儿鲁耕种，允禟太监李尽忠发往云南极边当苦差，太监何玉柱发往三姓给穷披甲人为奴，籍没他们的家产，如果不愿往边地，就命自尽，但仍把骨头送往发遣之处[20]。同月，将代替允禟料理家务的礼科给事中秦道然逮捕，雍正说他仗势作恶，家产饶裕，命追10万两送甘肃充军饷。秦道然是无锡人，两江总督查弼纳秉命清查，他所有的家产不值1万两银子，因命监禁追究[21]。雍正对允禟本人异常蔑视，说他“文才武略，一无可取”，是乃父的“无足数计之子”[22]，但也不放过他，就以允禵从前线回来军中需人为名，命允禟前往西宁。允禟知道这是发配他，推说等过了父皇的百日冥辰前往，后又说等送了陵寝起程，雍正不容延宕，迫令速行，遂于元年（1723年）到了西大通（今青海大通县东南）。年羹尧将城内居民迁出，加派兵丁监视允禟，雍正指示他留意士兵动态，不要叫允禟收买了去[23]。允禟到西大通后，就奏请回朝，雍正批“知道

臣羹堯謹奏貝子允禟家眷於七月初六日至西安臣因其跟隨之人與太監等於山西之平定州水頭兩處打傷民人臣嚴諭其辦理家務之杜頼六雅圖兩人若於陝省如此狂為即便鎖拿問罪決不輕恕又此次貝子家帶來銀兩頗多皆用大餑餑匣子裝貯箍鎖堅固而託言食物究不能瞞騾夫也再額駙永福臣叫至署中其衣服藍縷面目病瘦細問始知合貝子家上下人等無不作踐永福者呼為奸細其所與飲食腳騾皆不堪已極蓋將有致之死地之意殊為可憐也謹奏

年羹尧奏报允禟至西安折

了”三个字，不置可否，暗中指示年羹尧不放他回京[24]。允禟遣人到河州买草，踏看牧地，本是寻常细事，宗人府却于二年（1724年）二月奏参他“抗违军法，肆行边地”，议将其贝子革去[25]，实是欲加之罪了。

雍正对敦郡王允䄉也很讨厌。元年（1723年），哲布尊丹巴呼图克图到京师拜谒康熙灵堂，寻病死，雍正命送其灵龛还喀尔喀，让允䄉赍印册赐奠，允䄉不愿离京，先称无力准备马匹行李，及至出发，行到张家口外，不肯再走，宣称圣旨叫他进口，遂在张家口居停。雍正见此光景，故意刁难允祺，命将其议处，允祺要求行文允䄉，让他继续前进，但责罚不行谏阻的长史额尔金。雍正说允䄉既不肯行，何必非要他去，额尔金的话他原不听，处分有什么必要，命允祺再议。允祺就请求把允䄉的郡王革去。而这时允䄉安然地住在张家口，亦不差人请罪。雍正就将他革去世爵，调回京师，永远拘禁。又查抄他的家产，得金银六十多万两，金银器皿及土地房屋的价值，还不在这个数内[26]。

允䄉画像

雍正崇爵待允祺，

囚系允禵于遵化，发遣允禟于西北，拘禁允禩于京城，把他们分散各地，使他们联络不便，动辄得咎。给他们的待遇明面上不一样，实则都在雍正的股掌之中，日子都不好过。雍正封允禩，是把他套在自己驾驭的马车上，不得脱缰。允禩是集团的首领，影响大，抓住他，就易稳定他的集团，使他们不至于起来造反。允禵也是首领，但在康熙季年嗣位呼声远远高过允禩，雍正即位之初，他的影响比允禩大，号召力强，雍正对他不能优遇，否则人们可以乘机向他靠拢，倒会使他发展势力，不好收拾，故以打击为妙。允禟之母健在，地位原尊贵，在宗室中有一定威望，她的儿子不能不防，否则母子结合，致干政乱。允䄉不是该集团的最核心人物，严厉处置，既不会引起事端，又可杀鸡儆猴，使那些非核心的人有所畏惧而不敢死心塌地追随他们的首领。雍正对允禩、允禵集团采取的是分化瓦解、有打有拉、各个击破的策略，实行也较成功，在即位初期的一年多的时间里获得初步胜利。

雍正对政敌只是拘系，并不像后来那样杀戮，这是他继位之初客观形势造成的——他不敢杀。他经常责备兄弟们“任意妄行，惟欲朕将伊等治罪，以受不美之名”[27]。“廉亲王之意不过欲触朕之怒，必至杀人；杀戮显著，则众心离失，伊便可以希图侥幸成事。”[28]雍正说他不上当，“断不使伊志得遂”，因而对他们曲加优容[29]。这种顾虑，使他对政敌的处置不得不慎重，不敢恣意而行。如考虑处理允禟的女儿和外孙时，想拆散其母子，但小孩特小，容易夭折，他怕因此“招许多闲议论”，思之再三，决定不下，就暗中征求年羹尧的意见[30]。就这样也招致了很多议论，如说皇帝“凌逼弟辈”，惩治一些人是“报复私怨”[31]。翰林院检讨孙嘉淦公开上疏，要求皇帝“亲骨肉”。雍正对善意的建言与恶意的攻击区别对待，提升孙嘉淦为国子监司业[32]，以示鼓励，对攻击者大加威胁，说若再这样，将“启朕杀人之端”[33]。

雍正用软硬兼施的手段对待允禩一伙，占于主动地位，这是因为他是最高统治者。但这种位置也有不利的因素，皇帝在明处，要防止臣下的暗算，特别是雍正继位的情况特殊，更易出事。雍正清楚地认识到，多年的储位之争，人们斗红了眼，为达到目的，不惜采取一切手段，他说以乃父之“圣神，犹防允禩等之奸恶，不能一日宁处”，而诸兄弟与父皇是父子关系，同我只是兄弟关系，兄弟视父子相去远甚，昔年父子至情，兄弟们还恣意妄行，今处兄弟关系，他们活动不止，更当引起深虑[34]。继位初，大约出现过两次险情，一次是他出宫祭祀，隆科多说有刺客，遂在祭案下搜查。又一次他到东陵谒陵，隆科多说诸王变心，要防备[35]。到四年（1726年）秋天局势完全稳定之后，雍正说明他不能像父皇那样秋狝的原因，不是把它看作游猎不应该做，而是因为允禩、允禟“密结匪党，潜蓄邪谋，遇事生波，中怀叵测，朕实有防范之心，不便远临边塞”。因自己去不成，而这事又重要，在二年（1724年）就派皇子出口行围，以示训练讲武之意[36]。他除了去过东陵，不敢离京城一步，正是怕允禩集团发动政变，不能镇压。

雍正在即位初年，给年羹尧的朱谕，总说京师形势好。元年初夏，他说亲送康熙灵柩到景陵，“一路平安，内外无事”，“内外人情光景照春一样，又觉熟练些，总之一切如意，出于望外之次第顺遂也”。秋天又写道：“入秋以来，朕躬甚安，都中内外一切平静。”次年春天，说他举行耕耤礼、诣太学临雍的那两日，“天气和畅，人情顺悦，诸凡如意，都中内外平静”[37]。另一朱谕说：“都中内外，尔合家老幼均平安如意。”[38]这样说固然反映政局稳定，而之所以要絮絮叨叨，乃因胸中有事，惧怕政敌发动事变。在政局可能发生意外的情况下，对政敌可以采取屠戮政策，以削弱对方力量，但这要有把握，不致激成事端；也可以采取稍微缓和的政策，使对方被逐渐吞噬而消亡，这也要有把握能绝对控制对方作为前提。雍正采取后一政策，并且获得成功，是在斗争中采取了谨慎态度，正确把握了形势。

雍正对其他参与过争位的兄弟，亦根据情形区别对待，有打有拉。他认为允祉的势力在蒙养斋修书处，即位不到一个月，就向该处人员动手了。他说陈梦雷是耿继茂叛逆案中的罪犯，皇考从宽处理，命他在修书处行走，然而他“不思改过，招摇无忌，不法甚多”，因皇考既经宽恩，不再加刑，然应将他及其儿子发往远边，他的门生中有生事者也要严行惩治[39]。刑部尚书陶赖、张廷枢执行谕旨不坚决，将陈梦雷的两个儿子释放了，雍正把他们降职[40]。如此小题大做，是新皇帝为立威，为政务必做到令行禁止地步，当然也是坚决拆散允祉势力的方针的体现。

雍正对废太子允礽不为已甚，康熙死，放允礽去哭灵，旋即禁锢如初[41]。封其子弘皙为郡王后，将旧日东宫所有的服御金银及奴仆、官属赏赐给他。二年（1724年）十二月允礽死，雍正亲临丧所，令将他的陵寝按康熙之兄裕亲王福全的规制，予以优待。或谓允礽被雍正害死，其实，对这具政治僵尸已经没有致死的必要了。至于禁锢，乃康熙定的规矩，也无需破坏。雍正对拥护允礽的人又是一个态度。元年(1723年)七月给官员荫子，九月给封典，代父军前效力的少詹事王奕清均不得授予[42]，这是对王掞谋复允礽耿耿于怀的表现，不过王掞之子湖南粮储参政王奕鸿于元年六月捐银5万两，赴军前代父兄效力，被雍正批准。

大阿哥允禔，仍如康熙时一样严行禁锢。

雍正打拉结合的策略，到二年（1724年）夏天发生了变化，主要表现在对允禩的态度上。在这以前，对他也有过指责，如元年十一月，雍正在讲到丧葬不可过奢时，说允禩居其母丧，伪孝矫情[43]。但这还不是专为允禩而发。二年四月初七日，雍正特为允禩谕诸王大臣，说：自康熙四十七年(1708年）以来，自己的无知弟兄结党妄行，惹皇考之忧，朕即位后，不追究允禩“从前诸恶，惟念骨肉兄弟”之情，但他不知痛改前非，“乃不以事君事兄为重，犹以同辈诸兄弟允禟、允䄉为伊出力之故，怀挟私心，由此观之，其大志至今未已也”。如此“肆行悖乱，干犯法纪，朕虽欲包容宽宥，而国宪具在，亦无可如何，当于诸大臣共正其罪”。因令诸王大臣对他据实揭发，不许隐讳[44]。这是对允禩开展了凌厉的攻势，往后就更为严重了。五月，以苏努、勒什亨父子党袒允禟、允禩，“扰乱国家之心毫无悛改”，革去苏努贝勒，撤回公中佐领，与诸子同往山西右卫居住[45]。到七月，雍正发布《御制朋党论》，进一步打击朋党势力。所以从雍正即位到二年七月，是他打击朋党的第一个阶段。

这种变化源于政治形势的演变。二年春天，青海罗卜藏丹津叛乱平定了，雍正帝位因而进一步巩固。他说这件事“谁不诵朕之福，畏朕之威也”[46]，因而减少顾忌，大刀阔斧地向政敌杀去了。但进展得并不快，这中间又有年羹尧和隆科多的案件插了进来，使政事复杂化。因此暂且放下允禩集团，看看年羹尧、隆科多与雍正初政的关系。

第二节　年隆擅权，残酷打击

一、宠异年隆

随着雍正的继位，隆科多、年羹尧成为新政权的核心人物。康熙死去的第九天，雍正把佟国维在康熙第一次废太子中获罪失去的公爵赏给隆科多[47]，过了两天，下命称隆科多为“舅舅”[48]，使他多了一个头衔，即再提到他的时候，在世爵之外，还要加上“舅舅”字样。雍正与隆科多分属甥舅，但皇帝承认不承认是另一回事，所以这称舅舅，是皇帝封给的，不是理所当然的。封爵、尊称及总理事务大臣，是雍正酬谢隆科多扈翼登极之功。同年十二月，任命他为吏部尚书，仍兼步军统领，次年命兼管理藩院事，任《圣祖仁皇帝实录》和《大清会典》总裁官，《明史》监修总裁。雍正还赐给他太保加衔，双眼孔雀花翎、四团龙补服、黄带、鞍马紫辔。这时的隆科多，作为“密勿大臣”，是雍正在中央的左右手，参与处理重大事务，雍正奖他为“当代第一超群拔类之稀有大臣”[49]，真是宠荣备至。

再从雍正给臣工的赏赐匾额、对联等物来看雍正元年隆科多的地位。这一年雍正给内外大小臣下的赏赐，据中国历史博物馆保存的《御笔赏赐簿》记录，笔者依人头作统计，多数人得到一两次恩典，在三次以上的就不多了。不计算太监，官员得到赐予次数多寡的次序是：隆科多十三次，允祥八次，年羹尧七次，直隶巡抚李维钧六次，庄亲王允禄、果郡王允礼、户部尚书张廷玉、都御史兼吏部尚书朱轼、吏部左侍郎黄叔琳各五次，此外四川提督岳钟琪、内阁学士查嗣庭均为三次。隆科多不仅首屈一指，且远远超越众人。他所得的恩赏多系御书匾额、对联、诗扇、福字以及数珠、袍褂，如四月初八日赏的御笔“世笃忠贞”匾，九月二十二日的“功宗元祀”匾，上面均钤有“雍正御笔之宝”印记；七月二十八日隆科多、年羹尧都获得御笔诗扇，上用“为君难”引首，“朝乾夕惕”“雍正宸翰”图章各一方；八月十三日隆科多领赏御笔对联一副，上书“英烈冠当时旗常著绩；鸿名垂奕世俎斗酬勋”[50]。匾额、对联的文字，表示雍正对隆科多的赞扬和期望，对隆科多来说是极不寻常的。“世笃忠贞”之匾词标志隆科多家族历朝为忠臣，将长盛不衰。在雍正给隆科多的赐品中有四团龙补服，这是很少赏给臣下的。而所赐黄带更属罕见，因为这是宗室成员的专用品及身份标志，康熙朝特例赏赐过额驸尚之隆，雍正以此为例赐予隆科多。从赏赐次数、品物和御笔文字内容，可知隆科多在群臣中的独特地位。不只对隆科多本人如此，雍正对他的家属也是特别加恩，康熙六十一年十二月加恩总理事务王大臣，赏隆科多一等轻车都尉世职，由长子岳兴岱承袭，次子玉柱由侍卫提升为銮仪尉銮仪使。雍正元年四月追赠隆科多之父佟国维谥号“端纯”。

隆科多在正式职务之外，还有两项特别的使命，一是“传谕”，就是传布雍正的口谕，具有这种资格的大臣，只有隆科多及允祥、张廷玉等几个大臣，这样的“口含天宪”，是朝政中不常有的；另一是转传奏折，因为有些中下级官员没有资格上奏折，而被雍正特许，但是折子不能直接送交内廷，需要交给皇帝特许的亲重大臣，也就是允祥和隆科多几个人。隆科多还有一些职务外的临时、临事差事，如二年（1724年）三月雍正召见孔子后裔孔继溥及儒家曾、颜等五氏后裔，因孔继溥是候补知府，若依年资等候，得缺尚需时日，故而让隆科多会同张廷玉传旨，赐孔传商等五十六人貂皮各一张[51]。雍正整治允禩党人，遇到阻力，有反对者，也有观望者，二年十一月，雍正说他责备允禩，察看众人神色颇不以为然，唯有“舅舅隆科多、大将军年羹尧、大学士王顼龄、侍郎沈近思曾在朕前陈奏”[52]。可知隆科多、年羹尧是向允禩发难的极少数大臣。

雍正对隆科多的倚重暂说到此，接着来看他是如何对待年羹尧的。年羹尧在康熙末年做到川陕总督，得到康熙重用，但在六十一年（1722年）建议从四川撤军，遭到申饬，而进入雍正朝，地位骤升，不可一世了。

允禵被召回京，年羹尧受命与管理抚远大将军印务的延信共同执掌军务，半年后，即元年（1723年）五月，雍正发出上谕：西北军事，“俱降旨交年羹尧办理，若有调遣军兵，动用粮饷之处，着防边办饷大臣及川陕、云南督、抚、提、镇等俱照年羹尧办理。边疆事务，断不可贻误，并传谕大将军延信知之”[53]。名为川陕总督的年羹尧，实际上揽到了西北军事指挥权，夺了抚远大将军延信的权力。雍正告诫官员秉命于年羹尧，在云贵总督高其倬的奏折上批道："年羹尧近年来于军旅事务边地情形甚为熟谙，且其才情实属出人头地。""兵马粮饷一切筹备机宜，如及与年羹尧商酌者，与之会商而行。"[54]在四川提督岳钟琪的奏折上批示："西边事务，朕之旨意，总交年羹尧料理调度。"[55]在署理西安将军普照元年六月奏折上朱批："诸事朕已俱谕年羹尧矣，按伊交付遵照施行。"[56]唯年羹尧是赖、是信，说得非常明白。同年十月，发生了青海厄鲁特罗卜藏丹津暴乱，雍正遂任命年羹尧为抚远大将军，率师赴西宁征讨，次年成功，封年羹尧为一等公。这时年大将军威震西北，兼预云南政事，是没有封王的西北王。他是雍正在外地的主要依靠者。

年羹尧远在边陲，却一直奉雍正之命参与朝中事务，特别是在青海平乱成功之后。年的与议朝政，有许多是秘密的，后来他又出了事，所以他的预政难见史册，唯中国第一历史档案馆所藏雍正给他的朱谕，保留了若干痕迹。雍正在一份朱谕中写道：

> ……陕西光景似少些雨，麦田如何？近京城少旱，闻得直隶四外雨皆沾足，其余他省颇好。闻得江南、河南、山东三省搭界处有十数州县，去岁蝗蝻复发，随便写来你知道。再先因边事急，要尔所办之事外，实不忍劳你心神，今既上天成全，大局已定，凡尔之所见所闻，与天下国家吏治民生有兴利除弊，内外大小官员之臧否，随便徐

徐奏来，朕酌量而行。特谕。[57]

要年羹尧条奏的事情非常广，吏治民生的得失，朝内朝外大大小小的官员的好坏，全都包括在内。这本是宰辅的职责，要年来做，实是寄予了重托。

雍正在另一份朱谕中说："有条奏数条和你商量者，徐徐有时写来"[58]，同他研究别人的奏议。耗羡归公一事，山西巡抚诺岷提出后，雍正认为很好，可以行得，但交廷臣讨论，遭到反对，雍正又觉得他们的话也有道理，拿不定主意，于是征求年羹尧的意见："此事朕不洞彻，难定是非，和你商量。你意如何?"[59]律例馆修订律例，边改定，边上呈，雍正阅后，发给年羹尧看，要他于可斟酌处提出修改意见。康熙将朱熹升入十哲之列，雍正还想把周敦颐、程颢、程颐抬进这个行列，但周、程生活时代早于朱熹，要升格，就必须排在朱熹前面，雍正觉得朱熹事是乃父所定，若再将周、程置于朱熹之前，于乃父面上不好看，于本身讲孝道也不好，故而委决不下，要年羹尧"详细推敲奏来"[60]。及至年提出意见，雍正特谕九卿，说年羹尧"读书明理，持论秉公"，要他们细心参考[61]。有一次考庶常，翰林院已按惯例分三等作了衡量，定了名次，雍正又将试卷秘密送给年羹尧阅视，他在朱谕中写道：

时文头二三内，你速速看了，应那上移下者另封，上写应入某等，仍封原封内交还。不可令都中人知发来你看之处。二等者特多了，若恐冤抑人，作四等亦可……文章尽力速速看来。[62]

既令年羹尧参与其事，又不让人知道，把事情办得很诡秘。

二年（1724年）冬，年羹尧陛见之前，雍正因其将来，命各省大吏届期赴京集会[63]，四川巡抚蔡珽以无可会商事务提出异议，雍正又就此征询年羹尧的看法[64]。以年之行止定其他督抚的行动，足见雍正把年羹尧置于其他督抚之上，使他的政见具有某种决定性作用。对于允禩集团的处理，雍正不仅与年羹尧磋商，更让他执行。允禟交年羹尧监管后，年说允禟“颇知收敛”，他的人也知道畏惧了。雍正告诉年：允禟和允禩是不可能改变态度的，允禟是“奸诡叵测之人”，要继续提防。又说“苏努实国家宗室中之逆贼，真大花面也，其父子之罪，断不赦他也”[65]。对于雍正指责阿灵阿、揆叙等允禩党人，社会上传言是年羹尧的主意，雍正加以否定，说：“朕之年长于年羹尧，朕胸中光明洞达，万几庶务无不洞烛其隐微，年羹尧之才为大将军总督则有余，安能具天子之聪明才智乎？”[66]这是“顾左右而言他”，不能否认年羹尧在打击允禩集团方面的作用。

在用人和吏治方面，雍正更与年羹尧频频相商，并给予后者以巨大权力。在年的辖区内，“文官自督抚以至州县，武官自提镇以至千把”，俱听年羹尧分别用舍[67]。元年四月，雍正令范时捷署理陕西巡抚，不久欲将之实授，意将原任巡抚噶世图调为兵部侍郎，就此项任命，特同年羹尧相商[68]。川陕境外的官员的使用，雍正也常让年羹尧参谋意见。京口将军何天培的为人，雍正听到不同的议论，就问年羹尧可曾听到什么，希望他“据实奏来，朕以定去留”[69]。葛继孔原任江苏按察使、内阁侍读学士，被年羹尧参奏，降为鸿胪寺少卿[70]。长芦巡盐御史宋师曾，年羹尧把他大为保荐[71]。安徽官员朱作鼎，年羹尧奏请将他罢职[72]。康熙末，赵之垣署理直隶巡抚，年羹尧密参他是庸劣纨袴，不可担当巡抚重任，雍正听了年的话，将他撤职，改用李维钧。李由妾扶正的妻子，是年羹尧家人魏之耀的干女儿，雍正又特地叫李与年亲近[73]，所以畿辅重臣倒成了年羹尧的“下人”。江西南赣总兵缺出，雍正拟用宋可进，年羹尧奏称宋不能胜任，请将黄起宪补授，雍正采纳了年的建言[74]。二年（1724年）二月，李绂就广西巡抚任，保荐徐用锡同往，年羹尧却说徐是人品不端的小人，不能用[75]。松江提督高其位年老，雍正欲令他在总督、提督、銮仪使三职内任挑一个，适值年羹尧进京，就令他去问高，并征询年的意见[76]。

雍正初，年羹尧两度进京。一次在元年春天，路过山西，因该地歉收，他就叫晋抚德音奏请缓征钱粮[77]，德音没有照办，雍正就以此为一个缘由将德音免职，肯定了年羹尧的越境管事。第二次是在二年十月至十一月间，雍正特令礼部拟定迎接年大将军的仪注，侍郎三泰草拟不够妥善，受到降一级处分[78]。年到京时，黄缰紫骝，郊迎的王公以下官员跪接，年安坐而过，看都不看一眼[79]。王公下马问候，他也只点点头[80]。年羹尧在京的短暂日子里，与总理事务大臣马齐、隆科多等一起担任宣传上谕的使命，雍正说年是“藩邸旧人，记性甚好，能宣朕言，下笔通畅，能达朕意”，是以“令其传达旨意，书写上谕”[81]。年羹尧俨然成为总理事务大臣了。

雍正跟年羹尧私交至厚，给予他特殊的甚至是人臣所绝无的荣宠。元年，雍正认为像年羹尧这样的封疆大吏，有十来个人，国家就不愁治理不好[82]。待到青海平乱功成，雍正兴奋异常，把年羹尧视为自己的“恩人”，他也知道这样说有失至尊的体统，但还是情不自禁地说了[83]。他又向年说：

> 你此番心行，朕实不知如何疼你，方有颜对天地神明也。立功不必言矣，正当西宁危急之时，即一折一字恐朕心烦惊骇，委曲设法，间以闲字，尔此等用心爱我处，朕皆体到。每向怡（亲王）、舅（舅），朕皆落泪告之，种种亦难书述。总之你待朕之意，朕总晓得就是矣。所以你此一番心，感邀上苍，如是应朕，方知我君臣非泛泛无因而来者也，朕实庆幸之至。[84]

把对年的宠异，当作是对天地的忠诚，既不伦不类，话也让人听了肉麻。他还说："朕不为出色的皇帝，不能酬赏尔之待朕。"[85]因有这样的臣子而严格要求君主，也是人们难于闻见的。雍正为了把对年羹尧的评价传诸久远，谕诸王大臣：对年羹尧这样为国出力的人，"不但朕心倚眷嘉奖，朕世世子孙及天下臣民当共倾心感悦，若稍有负心，便非朕之子孙也，稍有异心，便非我朝臣民也"[86]。简直以对年羹尧的态度，判断人们的正确与否。雍正对年及其家属关怀备至。年羹尧的手腕、臂膀及妻子得病，雍正都加以垂询，对年父遐龄在京情况、年羹尧之妹年贵妃及她生的皇子福惠的身体状况，也时时谕知。年妻是宗室辅国公苏燕之女，封为县君，又因她加恩多给她娘家一个公爵[87]。雍正对年羹尧赏赐极多，元年春天，查抄原苏州织造李煦家产，将其在京房屋赏给了年，家奴任他挑选[88]。赐药品、食物是经常的，一次赐鲜荔枝，通过从京师到西安的六天驿程的驿站传送，争取保存鲜美[89]。这种赏赐，可与唐朝向杨贵妃送荔枝媲美了。在前述赏赐隆科多十三次事情中，已经说明年羹尧得到七次，是第三多的人，然而雍正御书的匾额，词曰“社稷之臣”，为隆科多所未用。

年羹尧以藩邸元老看不起隆科多，对皇帝说隆是“极平常人”[90]。雍正为使这两个宠臣不发生摩擦，多次为隆向年做工作。他在元年正月初二日年羹尧的奏折上就年是否进京陛见之事批道：有些事，舅舅隆科多说必得你来商量。表明隆对年的尊重。他接着说：“舅舅隆科多，此人朕与尔先前不但不深知他，真正大错了。此人真圣祖皇考忠臣，朕之功臣，国家良臣，真正当代第一超群拔类之稀有大臣也。”[91]希望年能与隆和好共事。雍正为糅合这两家，自行主张，把年的长子年熙过继给隆作儿子，隆已有两个儿子，获知这一恩赏，喜不自禁，说他命中该有三子，如今得到皇帝之赐，即如同上天所给的，就把年熙更名为得住，并表示一定和年羹尧团结共事：“我二人若少作两个人看，就是负皇上矣。”[92]隆本具和好之意，年经过雍正的这些工作，自然也要和衷共济了。

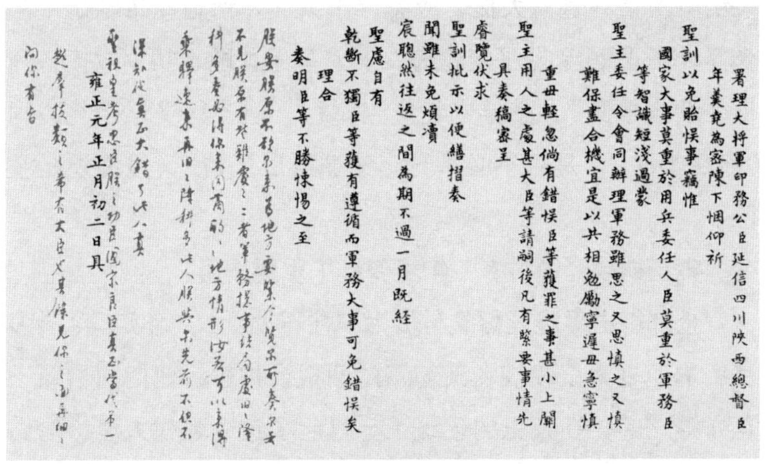
署理大將軍印務公臣延信四川陝西總督臣
年羹堯為密陳下悃仰祈
聖訓以免貽悞事竊惟
國家大事莫重於用兵委任人臣莫重於軍務臣
等智識短淺過蒙
聖主委任令會同辦理軍務雖思之又思慎之又慎
難保盡合機宜是以共相勉勵寧遲毋急寧慎
重毋輕忽倘有錯悞臣等獲罪之事甚小上關
聖主用人之處甚大臣等請嗣後凡有緊要事情先
具奏稿密呈
睿覽伏求
聖訓批示以便繕摺奏
聞雖未免煩瀆
宸聰然往返之間為期不過一月既經
聖慮自有
乾斷不獨臣等獲有遵循而軍務大事可免錯悞矣
理合
奏明臣等不勝悚惕之至
[illegible]
雍正元年正月初二日具
[illegible]

雍正在年羹尧奏折中朱批称赞隆科多

年羹尧的功劳，主要是在二年（1724年）二月平定青海的罗卜藏丹津的叛乱上，这个事情的过程及本身意义，以后有机会谈到，其实它的重要性是大大提高雍正的威望和稳定政权。其时雍正继位不到一年半，人们还在观望他能不能坐得住。他遂利用这个胜利，大肆庆祝，好稳住政权并向政敌发动进攻。二年三月初九日，正在遵化祭陵的雍正，接到年羹尧青海大捷的奏报，捷报称，之所以获得胜利，“皆由圣主高厚之恩，官兵感戴，依仗天威，各加奋勇所致”。雍正向扈从大臣官员宣示，众人欢呼称贺，咸云：“半月克奏大功，自古未有，皆我皇上圣德神威之所致。”[93]年羹尧和朝臣众口一词，将胜利归功于当今皇上的圣德神威。二十二日雍正以平定青海，遣官告祭天、地、宗庙、社稷、奉先殿。四月初二日遣官告祭遵化孝庄文皇后暂安奉殿、顺治孝陵、孝东陵、康熙景陵。十五日举行庆贺礼，雍正接受之外，又以“追念圣祖仁皇帝遗烈，悲哀不止”[94]。二十日，总理事务王大臣等奏请，青海大捷，应献俘于太庙，恭请皇帝临御午门受俘，雍正下旨：“平定青海，实乃皇考留贻之功，故捷音到日，恭告景陵”，献俘之礼应当举行，但若行受俘之礼，则“归功于朕”，是否不必举行，然循群臣之请[95]，最终还是举行了。

雍正初政，隆科多、年羹尧起了重要作用。

佥都御史吴隆元称隆科多为“柱石大臣”，确实，隆科多和年羹尧是雍正政权在其初年的两根台柱子，他们同怡亲王允祥等一起，在雍正的建筑下，撑起了这个政权大厦。他们坚持反对允禩、允禟的斗争，置对方于无能为力的被动地位；

他们进行青海平叛战争，稳定西北局势；他们赞助耗羡归公等项改革，促进清除康熙季年的弊政。他们是雍正初年朝政的重要执行者，促进了政治的进步。

他们得到雍正的殊宠异荣，有其客观原因。长期的朋党之争，使雍正上台之后，不能完全依靠原来的朝臣，而必须在他们中选择倾向于自己的或持中立态度的官僚；对自己集团的老人，雍正既要酬其往日的劳绩，又要为保持今日政权的稳定，用他们为核心，团结广大官员，建立起自己的政权班底，本集团的首要分子，自然就成为朝中的柱石。

雍正对年、隆的荣宠有一定的限度，隆职权虽重，但没有用为大学士，年无有朝中职务，大将军虽尊，干预事务虽多，然不能直接施行，要假手于人，终非能为所欲为。不过，雍正对他们，尤其是年羹尧，宠异过分，评价过高，征求意见过多，以致他们权势炳赫，几乎形成尾大不掉之势，这也是雍正有意无意养成的。早在元年，都统图腊、副都统鄂三等就说雍正“凌逼众阿哥，纵恣隆科多、年羹尧擅权”[96]。被年羹尧保举的范时捷几次在雍正面前诉说年羹尧“狂纵”[97]。戴铎向雍正揭发年羹尧违制用家奴桑成鼎为官[98]。二年（1724年）上半年，来喜说雍正“听用总理事务大臣等之言，所用者皆系伊等亲友”[99]。这些言论讲了两个内容，一是他们任用私人，一是擅权狂纵。这些人讲话时，都遭到了雍正的呵斥，说他们是无知之论，是庸人揣测皇帝的心意。但为时不久，他就以类似的言论开始责难年、隆，并不断升级，兴起大狱。

二、年羹尧之狱

年羹尧凭恃功劳大，皇帝宠信，行事不知检点，做出种种越权枉法的事，即使皇帝允许，但也是不合制度的。他的行事不端，概要讲来：

（甲）全凭己意任用属员

山西按察使蒋泂说年羹尧擅权用人情状：

为川陕督臣，恣凭胸臆，横作威福，每遇文武员缺，无论大小，必择其私人始行请补，或一疏而题补数人，甚者或至数十人，吏、兵两部几同虚设。更可骇者，巡抚、提、镇、布、按大吏皆皇上所特简者也，而年羹尧必欲挤排异己，遍树私人，未有缺之先外间已传闻某人为巡抚、提、镇、布、按矣，闻者亦疑信将半，未几而其缺果出矣，未几而其人果得矣。[100]

这是讲年羹尧以总督的身份，任用属员，连巡抚、布政使、按察使、提督、总兵官等地方大员的任免也出于他的意志，所谓皇帝特简之权也就徒具形式了。作为大将军的年羹尧，以军功保举官员，滥用私人，所谓“军中上功，吏部别为一格，谓之‘年选’，尽与先除”[101]。吏、兵二部给年羹尧特殊待遇，凡他的报功请封名单一律准行。奴仆没有出籍不许做官，年羹尧的家仆桑成鼎以军功议叙，先任西安知府，后升直隶道员。另一仆人魏之耀也叙功，位至署理副将[102]。年的幕客赵士河的弟弟赵勖因军前效力得知县职衔，已经亡故，年就私令刘以堂顶替[103]。

（乙）接受贿赂，开奔竞之门

君主制度下，皇帝开捐纳卖官鬻爵，高级官员自亦可纳贿用人。年羹尧大权在握，“于是鲜廉寡耻、行贿钻营之徒相奔走于其门”[104]。有人说年羹尧保题各官“悉多营私受贿，赃私巨万”[105]。被年奏参过的葛继孔，两次向年羹尧打点，送去铜器、磁器、玉器、字画等文物，年因而答应对其“留心照看”[106]。被年密奏罢官的赵之垣，向年赠送价值10万两银子的珠宝，年转而保举赵之垣可以起用[107]。

以私人关系用人、荐人，很容易形成举主与被举者、主官与属吏的隶属关系，严重的就产生宗派集团。年羹尧的周围就聚集了一伙人，如原西安按察使王景灏被年推荐为四川巡抚，王对年百依百顺，被人称为年的干儿子[108]。原西安布政使胡期恒受年之荐，被擢为甘肃巡抚[109]。经年推荐的南赣总兵黄起宪，原来是魏之耀的姻亲[110]。

（丙）妄自尊大，违法乱纪，不守臣道

年羹尧为大将军，就其后来得的公爵讲，其权威顶不上清初统兵的诸王，更不能望允禵项背。但他因继允禵之职，在权势上要同这位大将军王相比拟。过去大学士图海出任大将军时，与督抚往来文书，俱用咨文，表示平等相待。年羹尧本应同图海一样，但是年给将军、督抚函件竟用令谕，把同官视为下属[111]。在军中蒙古诸王跪谒，连额附、郡王阿宝也不例外。年进京，都统范时捷、直隶总督李维钧跪迎。雍正发往陕西的侍卫，因系皇帝身边的人，理应优礼相待，然而年用他们作仪仗队，前引后随，充下人厮役[112]。年羹尧凡出衙署，先令百姓填道，临时戒严，兵丁把守街口，店铺关门停业[113]。即如二年十一月年羹尧由京返陕，路过保定，“戴翎子数人轿前摆队，行馆前后左右断绝人行”[114]，好不威风。凡送礼给年的称为“恭进”，年给人东西叫做“赐”。属员禀谢称作“谢恩”，接见新属员叫“引见”[115]。年吃饭称“用膳”，请客叫“排宴”[116]。这一切像是皇帝对臣工的样子。年身边的人也以老大自居，傲视百官。年路过河南，本非其属吏的怀庆府同知穿着官服向年的巡捕官跪着回话，巡捕官安然受之[117]。魏之耀进京，州县道旁打躬，游击、守备跪道，魏乘轿而过，全不答理[118]。据记载，年家塾教师沈某回原籍江苏省亲，沿途“将吏迎候如贵宦，至江苏，巡抚以下皆郊迎”[119]。如此情景，说者未免夸大其词，然亦见年之权势慑人。

年羹尧接受了许多中央和外省官僚的子侄在幕中，名义上是军前效力，或学习理事。这些人有的是自愿来的，如李维钧的亲侄李宗渭。有的是被迫的，如年勒令前川北镇总兵王允吉退职，又要其送一子“来我军前效力，受我未了之恩”[120]。这就在一定程度上具有人质的意思，表示依附于年。

对于臣道，年羹尧则恃宠而不力行遵守。他在西宁军前，两次恩诏颁到，不按照规定在公所设香案跪听开读，宣示于众[121]。年羹尧编选了《陆宣公奏议》，进呈后，雍正说要给它写一篇序言，尚未写出，年竟草出一篇，要雍正认可。当时君臣二人关系融洽无间，雍正表示赞赏他这样做，以见双方真诚相待[122]，但这已越出君臣关系的正常限度。年羹尧陛见，在雍正面前“箕坐无人臣礼”[123]。他的大胆妄为，是走的取祸之道。

（丁）在雍正亲信间闹不团结

年羹尧权力的炙手可热，难免要同其他权臣发生冲突。隆科多名望不及年羹尧，基本上甘心与其结好，倒能相安无事。马齐等人无法与年比肩，便不在话下了。唯独怡亲王允祥是雍正的至厚弟兄，任总理事务王大臣，兼办宫中事务和雍亲王藩邸事项。他可以代表皇帝联络封疆大臣，一些没有资格直接上奏折的地方官，亦可经雍正允许，通过允祥转奏。他的地位是任何人所不能取代的。当年羹尧在青海用兵时，隆科多忘图阻挠，而允祥向雍正进言专阃之道，使其顺利建功[124]。可是对这样的人，年羹尧还妒意十足，于二年十一月对李维钧说："怡亲王第宅外观宏厂，而内草率不堪，矫情伪意，其志可见。"[125]蔡珽原本经由年氏父子拉入雍正集团，其川抚任内，年羹尧奏请在四川铸钱，蔡以不产铅把它否定。蔡逼死重庆知府蒋兴仁，受夔东道程如丝的贿赂，年以此弹劾蔡，蔡被革职拿问。同蔡至好的李绂于元年任吏部右侍郎，时值议叙捐造营房一事，第一名就是年羹尧之子年富，趋炎附势的人要比照军前效力从优议叙，李绂以违例不同意，年乃"痛诋九卿，切责吏部"，怨恨李绂[126]。是以年与蔡、李不和。年与傅鼐同是雍邸旧人中杰出者，雍正说年有才情，而傅忠厚，二年冬欲起用傅，年不高兴，说这将使皇上"耳目杂矣"[127]，这是他二人素来不和的发展。年还中伤河南巡抚田文镜、山西巡抚诺岷，造成双方关系的紧张。年在雍正班底内部与许多人不和好，只能把自己置于孤立地位。

雍正对年羹尧态度的转变是在他第二次进京的时候。年于十月至京，雍正对他非常热情，要九卿给他优叙加恩，说他“公忠体国，不矜不伐”，“内外臣工当以为法，朕实嘉重之至”[128]。不久，雍正赏军，都中传言这是接受了年羹尧的请求。又说整治阿灵阿等人，也是听了年的话。这些话，似乎是说恩威不自上出，雍正被年羹尧玩弄于股掌之中了。这就大大刺伤了雍正的自尊心，他受不了了，十一月十五日，对诸王大臣说：“朕岂冲幼之君，必待年羹尧为之指点，又岂年羹尧强为陈奏而有是举乎？”“朕自揣生平诸事不让于人，向在藩邸时诸王大臣不能为之事，朕之才力能办之，诸王大臣见不到之处，朕之智虑能及之，今居天子之位，尽其心思才力以转移风俗，岂肯安于不能？”年羹尧有大将军、总督之才，而不具天子聪明才智。他还说，讲那些话的人，是设计陷害年羹尧。他又把话锋移向隆科多，说有人议论他，也无非是出于忌妒[129]。这些话明着是责难造言者，实际含有告诫年、隆不要盈满骄恣，而要防微杜渐。这时有人密向雍正建议，不要放年羹尧回陕西，以便留京控制[130]。能够作这种建言的，不会有几个人。究竟是谁，资料没有交代，估计是密参帷幄的禅僧文觉。据肖奭记载：“传闻隆、年之狱，阿[131]、塞之死，皆文觉赞成。”[132]很可能，在年离京之前，雍正与文觉密商了拘留他的问题，只是认为时机未到，把他放走，但年并不知晓，仍然耀武扬威地回任了。看来，雍正已经作出决定，有计划、有步骤地打击年羹尧。

如果说这种决定是第一步的话，第二步是给有关人员打招呼，揭发或警惕年羹尧的活动。向疆吏透露对年羹尧态度的对象最早的可能是李维钧，雍正在李的二年十一月十三日奏折上批道：“近日年羹尧陈奏数事，朕甚疑其居心不纯，大有舞智弄巧潜蓄揽权之意”，你同他的密切关系是奉旨形成的，不必恐惧，但要与他逐渐疏远[133]。接着，雍正在湖广总督杨宗仁的同月十五日奏折上批道：“年羹尧何如人也？就尔所知，据实奏闻。‘纯’之一字可许之乎？否耶！密之！”[134]说白了，就是讲年不是纯臣。川抚王景灏的同月初二日的奏折，得到的朱批是：“年羹尧今来陛见，甚觉乖张，朕有许多不取处，不知其精神颓败所致，抑或功高志满而然。”你虽为年所荐，但不要依附于他，须知“朕非年羹尧能如何如何之主也”[135]。河道总督齐苏勒二年十二月十三日奏折上的密谕是：“近日隆科多、年羹尧大露作威福揽权势光景，若不防微杜渐，此二臣将来必至不能保全，尔等皆当疏远之”；又说怡亲王“公廉忠诚，为当代诸王大臣中第一人，尔其知之”[136]。云贵总督高其倬在三年（1725年）二月十二日奏折上说：读到皇上的密谕，“内有朕命尔事事问年羹尧之前谕，大错矣”[137]。在此以前，雍正已向他交了底。安徽巡抚李成龙与年羹尧有通家之谊，雍正在他的三年正月十一日奏折上知会他：“近日年羹尧擅作威福，逞奸纳贿，朕甚恶之。”[138]雍正在署凉州镇总兵宋可进三年三月初一日的奏折中告诉他：“年羹尧颇不喜尔，尔须加意防范，勿露破绽，被伊指摘。”[139]其他得到雍正知照的官员还有不少，仅此数例可知，雍正打招呼的人有三种类型：一是王景灏、李维钧等人，系年羹尧亲信，雍正要求他们与年划清界限，加以揭发，争取自身的保全，这是分化瓦解政策，最高限度地孤立年羹尧；一是齐苏勒、高其倬等人，原为年所不喜，使他们得知要整饬年，更坚定地拥护皇帝；一是李成龙之类，与年有一般关系，雍正要他们及早警觉，在皇帝与年羹尧双方不要站错阵线。雍正在这些批示中要求官员同允祥接近，表明允祥是这场斗争的依靠对象。雍正经过二年冬至三年春的给官员打招呼，作好了向年羹尧公开进攻的准备。

第三步是直指年羹尧，将其调离陕西。雍正对年本人，在给其他官僚照会的同时，就有所暗示了。二年十二月十一日年奏报抵达西安，雍正在奏折上书写一段论功臣保全名节的话：

> 凡人臣图功易，成功难；成功易，守功难；守功易，终功难。为君者施恩易，当恩难；当恩易，保恩难；保恩易，全恩难。若倚功造过，必至返恩为仇，此从来人情常有者。尔等功臣，一赖人主防微杜渐，不令至于危地；二在尔等相时见机，不肯蹈其险辙；三须大小臣工避嫌远疑，不送尔等至于绝路。三者缺一不可，而其枢要在尔等功臣自招感也……我君臣期勉之，慎之。[140]

警告年羹尧慎重自为，不可恃功招祸。在一个朱谕中，雍正告诉年：自你走后，揆会说你“立此奇功”，你的话“皇上不好不从”，他如此妄言，因将之发到允禩处，一同监禁[141]。惩治年的吹捧者，对被奉承人也是打击。公开责备年羹尧是从三年（1725年）正月金南瑛事件开始的。年回陕后即命已升任的胡期恒奏劾陕西驿道金南瑛，雍正说这是年、胡搞朋党的做法，以金系大学士朱轼、怡亲王允祥保荐的，不准奏。同月刑部奏蔡珽罪应拟斩，雍正反而召见蔡，问其川中情形，蔡奏年羹尧贪暴，诬陷他，雍正这时不问他逼死人命事，只说蔡珽是年羹尧参劾的，若罪蔡，则人们将说皇帝听年的话杀了蔡珽，这就让年羹尧操持了威福之柄，因此不能给蔡珽治罪[142]，并把他起用为左都御史。三年二月，有所谓“日月合璧，五星联珠”的嘉瑞，内外臣工均上贺表，年羹尧的表章颂扬皇帝朝乾夕惕，励精图治，但把“朝乾夕惕”误书为“夕惕朝乾”，雍正以此为题目，于三月间发出上谕，说年羹尧“不欲以‘朝乾夕惕’四字归之于朕耳”，既然如此，“年羹尧青海之功，朕亦在许与不许之间而未定也”。又说：这件事可以看出“年羹尧自恃己功，显露其不敬之意，其谬误之处，断非无心”，责令其回奏[143]。这就把讨伐年羹尧的战幕正式揭开了。接着，雍正一面不停地责备年本人，一面调换川陕官员，将甘抚胡期恒撤职，遗缺由岳钟琪兼任，调署四川提督纳泰回京，派銮仪使赵坤前往署理，这样去掉年的亲信，使其不能在任所作乱。此处，雍正还甄别、整饬年的属吏或曾为其下属的人，他说：“稂莠不除，嘉苗不长，年羹尧之逆党私人，即一员亦不可姑容。”[144]三年三月初七日，大同总兵马觌伯折奏与年羹尧没有瓜连，朱批说他“满口支吾，一派谎词，对君父之前，岂可如此欺诳乎”[145]？河南省河北镇总兵

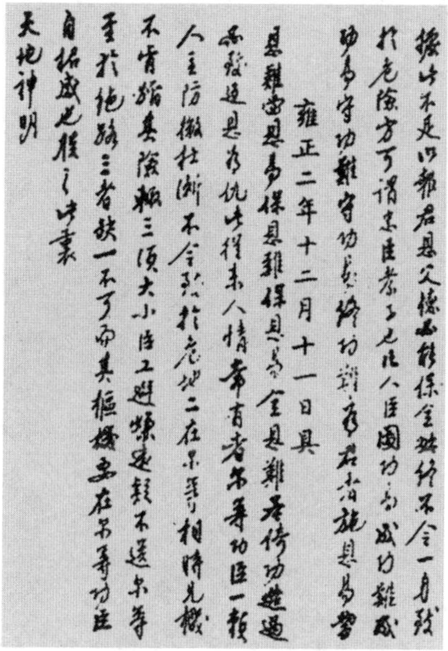

雍正开始责难年羹尧的朱批

纪成斌于三年二月初一日的奏折得到朱批，要他就年羹尧是什么样的人进行表态，五月十二日，纪奏称年“背恩负国”，雍正朱批嗔道他“颇留有余不尽地步”，下月二十八日，纪又回奏过去受年压抑情况，才获得雍正谅解，转令他报告宁夏镇总兵王嵩与年的关系[146]。雍正的这些活动，试图搞清这些官员与年羹尧关系的深度，并促使他们与年分裂。经过如此部署，可以对年本人采取组织处理了。四月份，命年交出抚远大将军印，调任杭州将军，年具折谢恩，雍正批道：

> 朕闻得早有谣言云，“帝出三江口，嘉湖作战场”之语。朕今用你此任，况你亦奏过浙省观象之论，朕想你若自称帝号，乃天定数也，朕亦难挽；若你自不肯为，有你统朕此数千兵，你断不容三江口令人称帝也。此二语不知你曾闻得否？再你明白回奏二本，朕览之实实心寒之极，看此光景，你并不知感悔。上苍在上，朕若负你，天诛地灭，你若负朕，不知上苍如何发落你也。[147]

皇帝和臣下赌咒发誓，表示他不会虐待功臣，但又怀疑臣子要夺帝位，这就说明两者间的矛盾很难调和了。雍正发出调令后，密切监视年的行动，年于五月到新任所，所经地方的大员，如豫抚田文镜都及时报告了年的行踪。年在川陕十数载，建功立业，兵将俱有，一纸文书就把他调走了，反映了中央政府强而有力，也是雍正布置得宜。当时雍正近臣中有人因皇帝屡次降旨严责年羹尧，怕年在陕西称兵作乱，劝雍正不可过严，雍正把它看作是无识之见而不顾，自信“洞观远近之情形，深悉年羹尧之伎俩，而知其无能为也”[148]。他的分析是正确的。年自赴浙，更成为雍正的釜中之肉，任其烹调了。

第四步是勒令年羹尧自裁。年调杭州，官员更看清形势，纷纷揭发他。李维钧连上三疏，说年“挟权势而作威福，招权纳贿，排异党同，冒滥军功，侵吞国帑，杀戮无辜，残害良民”[149]。署晋抚伊都立、都统范时捷、军前翰林院侍读学士怀亲、前川北镇总兵王允吉、原兵部职方司主事钱元昌、副都统董玉祥等先后揭奏年羹尧不法罪状，雍正把他们的奏疏一一发示年羹尧，令其回奏。六月，严惩年氏子弟和亲信，年羹尧的儿子大理寺少卿年富、副都统年兴、骁骑校年逾削籍夺官，南赣总兵黄起宪、四川按察使刘世奇、原长芦盐运使宋师曾、鸿胪寺少卿葛继孔等人以年党、夤缘年羹尧的罪名，或削籍，或籍没资财，或罚修河工。逮捕胡期恒、桑成鼎、魏之耀、河东运使金启勋、家人严大等人。七月，大学士九卿请将年羹尧正法，雍正命革其将军，以闲散章京安置杭州。又考虑到他的影响大，对他的处置需要进一步动员舆论，雍正乃令地方大员各抒已见。封疆大吏自然看皇帝脸色行事，争相上疏。广西巡抚李绂斥责年羹尧“阴谋叵测，狂妄多端，谬借阃外之权，以窃九重之威福”，“大逆不法，法所难宽”，要求诛戮[150]。豫抚田文镜也作了同样的请求[151]。雍正以俯从群臣所请为名，于九月下令逮捕年羹尧，十一月至京，十二月，议政大臣罗列年九十二条大罪，请求立正典刑。这九十二条为大逆之罪五，欺罔罪九，僭越罪十六，狂悖罪十三，专擅罪六，贪婪、侵蚀罪分别是十八、十五款，忌刻罪四条。第一大罪是与静一道人、邹鲁等谋为不轨。邹鲁是占相人，据供：他说年羹尧将位至王爵，年自云不止此，五六年后又是光景，并说他住宅上的白气是王气[152]。大逆之二是将朱批谕旨原折藏匿，而仿写交回。僭越罪、狂悖罪就是前面叙述过的那些凌虐同官、狂诞不谨的事。贪婪罪是勒索捐纳人员额外银24万两，题补官员受谢规银四十余万两，收受乐户窦经荣脱籍银10万两，私行茶盐，贩卖木材、马匹。侵蚀罪是冒销四川军需银160万两，加派银56万两，冒销西宁军需银47万两，等等[153]。雍正说这九十二款中应服极刑及立斩的就有三十余条，但仍表示开恩，勒令年羹尧自裁[154]，其父年遐龄、兄年希尧革职，年富斩立决，其余十五岁以上之子发遣广西、云南、贵州极边烟瘴之地充军，嫡亲子孙将来长至十五岁者，皆次第照例发遣，永不赦回，亦不许为官。年妻因系宗室之女，发还母家。年羹尧父兄族中现任、候补文武官员者，俱革职。年羹尧及其子所有家产俱抄没入官，将现银110万两送西安，补其各项侵欺案件的亏空。邹鲁立斩，案内朋党胡期恒等人分别罪情，处以不同的刑法[155]。年羹尧接到自裁令，迟延不肯下手，总在幻想雍正会下旨赦免他，监刑的蔡珽严加催促，年遂绝望自缢，叱咤一世的年大将军怎会想到如此下场！更有意思的是，雍正在给年羹尧的最后谕令上说："尔自尽后，稍有含怨之意，则佛书所谓永堕地狱者，虽万劫亦不能消汝罪孽也。"[156]这对君臣平日往来文书爱用佛家语，永诀之时，雍正犹用佛家说教，令年心悦诚服，死而不敢怨。

雍正搞年羹尧，依靠了他的对立面蔡珽。蔡被任用为都宪之后，同年四月兼正白旗汉军都统，七月任兵部尚书，八月署理直隶总督，九月调回尚书任，十月为经筵讲官，他还是议政大臣，身兼五六个要职[157]。蔡珽自与年羹尧反目成仇，就把年往死处整，故催其速死。他也得到了好处，雍正把年羹尧在京房屋1所、奴婢225口以及金银、绫绮、首饰、衣服、器皿等物赏给了他[158]。

雍正发了许多上谕，写了不少朱批谕旨，宣布年羹尧的罪状和自惭自责，这中间道出了他大兴年狱的原因。

三年（1725年）五月二十二日上谕：

> （年羹尧）招权纳贿，擅作威福，敢于欺罔，忍于背负，几致陷朕于不明。[159]

同年七月十二日上谕：

> 年羹尧自任川陕总督以来，擅作威福，罔利营私，颠倒是非，引用匪类，异己者屏斥，趋赴者荐拔，又借用兵之名，虚冒军功，援植邪党，以朝廷之名器，循一己之私情[160]。

同年十二月十一日，令年羹尧自戕的上谕：

> 尔亦系读书之人，历观史书所载，曾有悖逆不法如尔之甚者乎？自古不法之臣有之，然当未败露之先，尚皆假饰勉强，伪守臣节，如尔之公行不法，全无忌惮，古来曾有其人乎？朕待尔之恩如天高地厚，且待尔父兄及汝子并汝合家之恩俱不啻天高地厚……朕以尔实心为国，断不欺罔，故尽去嫌疑，一心任用，尔作威福，植党营私，如此辜恩负德，于心忍为乎？[161]

处决年羹尧一年以后，他在四川布政使佛喜的奏折上批道：

> 年羹尧深负朕恩，擅作威福，开贿赂之门，奔竞之

路，因种种败露，不得已执法，以为人臣负恩罔上者戒，非为其权重权大疑惧而处治也。[162]

把这些话与年羹尧的行事结合起来看，年的擅作威福已经造成了雍正的极度不满和某种疑惧，这是年羹尧致败的第一个原因。君主时代最注重名分，君臣大义不可违背，做臣子的要按照各自的官职爵位，做本分内应做的事情，行本分内应行的礼节。年羹尧本来就权重权大，又在自己权限范围以外干预朝中政务，攘夺同僚权力，滥用朝廷名器，于是招来百官侧目和皇帝的不满、疑忌。比较起来，百官侧目尤属小事，皇帝疑忌问题就大了。雍正说不因权重权大疑惧他，这话有实有虚。雍正从政大权独揽，为人自尊心极强，又好表现自己，年羹尧位尊权重而不能自谨，将使皇帝落个受人支配的名声，甚而是傀儡的恶名，这是雍正所不能忍受的。所以雍正最恨他不守臣节。另外，多少还有点怀疑年要造反，他转述“帝出三江口，嘉湖作战场”的俗谚，把年与争皇位联系起来，就是这种心理的反映。要说雍正怕年羹尧，自属不合实际。他一步一步地整治年，年只能俯首就诛，毫无防卫能力，唯有幻想看旧日的情分，手下超生。他反叛不了。所以雍正说：“朕之不防年羹尧，非不为也，实有所不必也。”[163]至于年羹尧与邹鲁、静一道人图谋不轨的事，显系锻炼成词，原是欲加之罪，既不反映年要造反，也不表示雍正真相信他图谋反叛。

雍正的疑忌不仅是嫉恨年羹尧擅作威福，还因其结成朋党，会危害政治的清明，这是大兴年狱的第二个原因。年羹尧任用私人，排斥异己，在自己身边聚集了一批人。这些人有前面提到过的胡期恒、王景灏、金启勋、王嵩、刘世奇、黄起宪，还有陕西按察使黄焜、甘肃按察使张适、神木道李世倬、凤翔知府彭耀祖、西安抚民同知杨廷柏、延安知府李继泰、凉州同知张梅、商州知州王希曾、郃阳知县周文泽、鄠县知县靳树榛、兴平知县梁奕鸿、南郑知县严世杰、三原知县刘子正、醴泉知县马灼、朝邑知县王持权、川东道金德蔚、川南道周元勋、保宁知府王国正、遵义通判崔鸿图、重庆同知杨文斌、嘉定知州金式训、资阳知县靳光祚、南江知县高世禄、巴县知县周仁举、山西平阳知府董正坤、曲沃知县魏世瑛、解州知州杨书、景州知州张基泰、兴安镇总兵武正安、襄阳镇总兵张殿臣、四川提标中军参将阮阳璟，此外还有边宏烈、彭振义、赵建、周仲举、郎廷槐、白讷、常玺、朱炯、赵成[164]等人。这些人不一定都是死党，但与年羹尧休戚相关，荣辱与共，形成了一个以年羹尧为首脑，以陕甘、四川官员为基干，包括其他地区官员在内的小集团。他们基本上控制川陕，在别处虽有声威，然不能掌握。小说《儿女英雄传》所写纪献唐实指年羹尧，说他是经略七省的大将军，"他那里雄兵十万，甲士千员，猛将如云，谋臣似雨"[165]。这是艺术夸张，与实际情况自有很大出入。年羹尧任用私人，开始雍正睁一眼闭一眼，但发展下去，搞宗派活动，则是雍正所不能容忍的了。雍正要他"解散党羽，革面洗心"，又以明珠与索额图党争的事例，说明朋党危害，不行解散，必加重责[166]。以朋党警告年羹尧，可见雍正对这个问题的重视。

年羹尧致死的第三个原因是他的贪取财富。整饬吏治，打击贪赃不法，是雍正初年的一项重要政策。青海战事甫定，清理军饷是一件大事，年羹尧也知道这个道理，但不将详情奏报，以为可以自了[167]。这本是擅权自专，又给自己冒销军需、贪赃不法做了掩护。他贪赃受贿、侵蚀钱粮，累计至数百万两之巨。若在前朝，或许尚会容隐，雍正正在整理财政和吏治，对此断不会放过。

年羹尧自裁，年狱并未结束，特别是兴了两个附案，即汪景祺案和钱名世案。年羹尧大逆罪之一是读到汪景祺的《读书堂西征随笔》不行参奏。汪景祺，浙江钱塘人，举人，户部侍郎汪霦之子，是个狂士，对世事不满，并有其见解，而仕途不得意，于二年（1724年）初由京城往西安投奔胡期恒，因得上书年羹尧求见，谀称年是"宇宙之第一伟人"，说历代名将郭子仪、裴度等的功绩，"较之阁下威名，不啻萤光之于日月，勺水之于沧溟。盖自有天地以来，制敌之奇，奏功之速，宁有盛于今日之大将军哉"[168]。他在同年五月节以前作成《读书堂西征随笔》，内中有诗句，说"皇帝挥毫不值钱"，讥讪康熙，又非议康熙的谥号和雍正的年号[169]。他在年羹尧青海建功后作《功臣不可为》一文，针对舆论中功臣不能自处而遭屠戮的观点，加以辩论，要旨是责备人主，为功臣鸣不平。文章说人主杀功臣的原因是：庸主听说兵凶而惧，功臣能戡乱，因而想能定乱的，就能作乱，那样己位就不能保，因而疑之，畏之；功臣因功得上赏，礼数崇，受正人尊敬，被小人巴结，遂以其有人望而忌之，怒之；若其再有建议，甚而谏诤，则谓之无人臣礼，谓之骄横，遂厌弃之。这疑、畏、怒、怨四心生，功臣唯有死而已了[170]。汪景祺认为功臣怎么做都要获罪，所谓"进不得尽其忠节，退不得保其身家，抚驭乖方，君臣两负。呜呼！千古之豪杰英雄所为槌心而泣血者也”。他在结语中讲：“杀道济而长城坏，害萧懿而东昏亡，洪武戮开国功臣如屠羊豕，靖难兵起而金川不守，可胜慨哉！可胜慨哉！”[171]以功臣檀道济、萧懿的被害与明太祖杀功臣为鉴戒，劝臣子不做功臣，警告君主不要杀戮功臣。这本书在查抄年羹尧家时被发现，雍正见后，亲书“悖谬狂乱，至于此极”的批语[172]。汪景祺作文时，年羹尧正在极盛之时，不存在被戮的问题，汪显然有意提醒他，但没有为年所理会。雍正在整治年羹尧时看到此书，自然把它视作为年羹尧辈鸣冤、攻击君上的东西了。还在七月十八日，不知这时他是否见到《读书堂西征随笔》，就同大学士等谈到诛功臣的问题：“朕辗转思维，自古帝王之不能保全功臣者多有鸟尽弓藏之讥，然使委曲宽宥，则废典常而亏国法，将来何以示惩？”[173]他讲不怕杀功臣的讥评，实际也不是无所顾忌。汪景祺言其所厌听之言，怕听之言，于是雍正以诽谤康熙为理由，按照大不敬律，于年羹尧死后将他处斩，妻子发遣黑龙江给穷披甲人为奴，亲兄弟、亲侄均革职，发戍宁古塔，五服内的族亲现任及候选、候补者一律革职，令其原籍地方官管束[174]。

年羹尧死前，侍讲钱名世以参加纂修《子史精华》《骈字类编》受议叙，三个月后竟以年党遭惩处。钱名世，字亮工，江南武进人，康熙三十八年（1699年）中举，与年羹尧是南北乡试同年。雍正二年（1724年）年羹尧进京，钱赋诗赠之，有“分陕旌旗周召伯，从天鼓角汉将军”之句[175]。还有“钟鼎名勒山河誓，番藏宜刊第二碑”[176]。允禵调兵进藏，康熙为立一碑，钱名世认为年羹尧平定青海叛乱，应为他再立一碑。雍正说钱名世的这种行为，是文人无耻钻营，违背圣贤遗教，不配做儒门中人，因而以文辞为刑法，亲写“名教罪人”四字责之，并将其革职，发回原籍，由地方官把“名教罪人”制成匾额，张挂在钱名世住宅，以为诛心之责。又令举人、进士出身的京官每人作一首诗讽刺他，由钱名世把它们收集起来，刊刻进呈，分发直省各学校，以为无耻人臣之炯戒[177]。科甲出身的京官应令作诗，正詹事陈万策诗句是：“名世已同名世罪，亮工不异亮工奸。”[178]意思是说这个钱名世与康熙朝作《南山集》犯案的戴名世同名，都犯了叛逆罪；这个钱亮工，与顺治朝被劾下狱的周亮工是同样的奸伪之人。这种文字游戏，雍正以为上好，加以夸奖。侍读吴孝登以诗作的谬妄，被发遣宁古塔给披甲人为奴，侍读学士陈邦彦、陈邦直亦以乖误革职[179]。对吴孝登的处分超过了钱名世，说明雍正喜怒不常，也反映在年狱问题上有不同看法，有些官僚虽不敢公开反对，但流露出不满，也受到严厉打击[180]。

三、隆科多禁死

隆科多被雍正怀疑，早于年羹尧，同时挨整，处理在后。

作为密勿重臣的隆科多，专断揽权，在吏部，司官对他“莫敢仰视”[181]，公事唯其命是从。人们对他经办的铨选，称为“佟选”[182]，可见他执掌用人大权。所以史家评论，他是“威福自恣”[183]。在这里，他忽视了触犯天子权力的问题。在其他方面，他也有不检点的地方。有一天果郡王允礼进宫，隆科多看见了，起立表示致敬，允礼没有注意到，同行的领侍卫内大臣马尔赛告诉允礼，遂欠身而过[184]。在康熙时，隆科多见到皇子都跪一足问安，而这时对雍正的亲信弟兄允礼尚只起立不跪，对其他皇子不如从前恭敬就可想而知了。马尔赛知会允礼隆科多起立了，意思是让允礼向对方回礼，这也是向隆科多讨好。这件事，反映了隆科多在两朝地位的变化和他的骄满情绪。

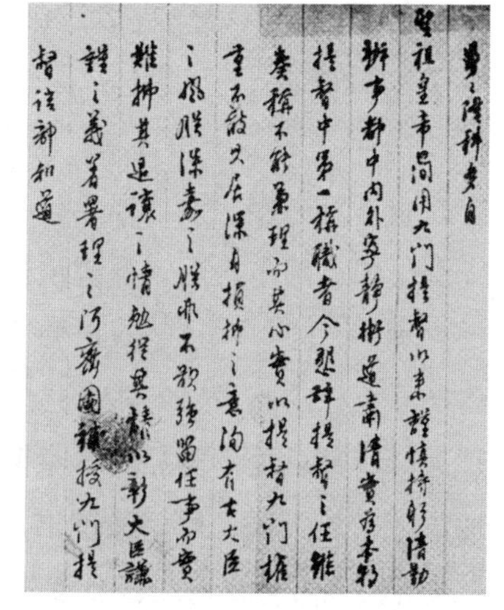

雍正准隆科多辞九门提督之朱谕

隆科多预料自己地位不稳固，在许多事情上留有后手。雍正好搞抄家，隆科多怕轮到自己，早早把财产分藏到各亲友家和西山寺庙里[185]。他不相信雍正会永远信任他，这么一搞，让皇帝知道了，更给雍正递了他不守人臣大义的罪柄。隆科多在二年（1724年）主动提出辞掉步军统领兼职，雍正就此事告诉年羹尧："朕并未露一点，连风也不曾吹，是他自己的主意。"又说："巩泰近日与舅舅亦不甚亲密"，想用他接替隆科多[186]。选择这样的人，分明是不让隆科多再对这个职务发生影响。他说不是自己要隆科多辞职，实是欺人之谈。隆所以自动提出，也是感到自己与皇帝的关系不再适合担任这个官职了，就以辞职争取主动。由此可见，隆科多亦专擅威福，然而有所克制，绝不似年羹尧那样张狂。

雍正也容不得隆科多，在前述二年十一月十五日数说年羹尧时就捎上了隆科多，此后往往把隆、年并提。三年（1725年）五月二十二日雍正将隆、年之奸晓示廷臣，主要内容是责备隆科多，说他屡参允禩，定要将之置诸死地，而包庇鄂伦岱、阿尔松阿、都统汝福，是要把允禩之人网罗为他的党羽[187]。同年六月，雍正惩治年羹尧之子年富，撤销隆科多次子玉柱的乾清门头等侍卫、总理侍卫事、銮仪卫使等职。那时，吏部议处年羹尧妄参金南瑛之罪，先后提了两个处理意见，前议过轻，后议又过重，雍正说如此错乱，他人断不敢为，必是"舅舅隆科多有意扰乱之故"，就令都察院严加议处[188]。庇护年羹尧，干扰对年案的审查，这件事被看得很重。于是削去他的太保衔及一等阿达哈哈番世职，命往阿兰善山修城垦地。雍正还特地指示署理凉州总兵宋可进："隆科多亦如年羹尧一般贪诈负恩，揽权树党，擅作威福"，他到你处，尽管你曾经是他的属员，但"似此诳君背主小人，相见时不须丝毫致敬尽礼"[189]。这时雍正把隆科多与年羹尧一样看作是植党揽权的奸臣，只是在处理上分别轻重缓急，先年后隆，因此隆得以拖延时日。

四年（1726年）正月，雍正令隆科多往阿尔泰岭，与策妄阿拉布坦议定准噶尔和喀尔喀游牧地界，事毕再同预计前来的俄国使臣会议两国疆界。雍正说隆科多"若实心任事，思盖前愆，朕必宽宥其罪"[190]。话是这么说，就在这个月，刑部审问隆科多家仆王五、牛伦，他们供出隆科多受年羹尧、总督高世显、觉罗满保、巡抚甘国璧、苏克济、奉天府丞程光珠、道员张其仁及知府姚让等礼物[191]。八月，隆科多同散秩大臣、伯四格在恰克图与俄国代表萨瓦·务拉的思拉维赤会面，萨瓦寻由四格伴送进京祝贺雍正登基，隆科多留边境等候萨瓦回来谈判，萨瓦要求允许俄国商队和库尔齐茨基主教随使团同往北京，隆科多以未奉御旨予以拒绝。次年五月，萨瓦回到边界，隆科多与郡王策凌、四格、兵部侍郎图理琛代表清朝同他谈判，隆科多坚决要求俄国归还侵占中国的大片蒙古地区[192]。还在闰三月，揭露出隆科多私藏“玉牒”底本的事情，诸大臣奏请等他议界完毕再行审处，六月，雍正以议界不必非要隆科多，将他逮捕回京[193]。隆科多走后，其他代表不能坚持维护国家利益的原则，对俄国做了许多让步。七月，中俄签订《布连斯奇条约》，萨瓦认为俄国取得了成功，所以能如此，“隆科多的被召回”是原因之一[194]。隆科多在谈判中维护国家利益，忠诚于清朝和皇帝，但没有赢得雍正的谅解，这是雍正的一个过失。私藏玉牒之事，是隆科多从辅国公阿布兰处要去玉牒底本，收藏在家。玉牒是皇家宗谱，非常神圣，“除宗人府衙门，外人不得私看，虽有公事应看者，应具奏前往，敬捧阅看”[195]。隆科多私藏在家，犯了大不敬的罪，雍正抓住了大做文章，下决心惩治。十月，诸王大臣议上隆科多四十一大罪，其中大不敬罪五，即私藏玉牒，将康熙所赐御书贴在厢房，自比诸葛亮等；欺罔罪四，紊乱朝政罪三，奸党罪六，不法罪七，贪婪罪十六。雍正命将隆科多永远圈禁，禁所设在畅春园附近，大约是说他对康熙有罪，守在园外以思过。其赃银数十万两，于家产中追补。夺其长子岳兴阿一等阿达哈哈番世爵，玉柱发遣黑龙江当差[196]。六年（1728年）六月，隆科多死于禁所，雍正赐金治丧。

因隆科多而遭殃的，除了他的亲属，最惨的是查嗣庭。查系浙江海宁人，康熙四十七年（1708年）进士，因隆科多荐举，任内阁学士，后经蔡珽保奏，遂兼礼部侍郎。雍正四年（1726年）各省乡试，查为江西正考官，被人告发试题荒谬，九月被捕入狱，抄家，病死狴犴。这时隆科多待罪边疆，蔡珽案[197]正在进行，雍正就在召回隆科多的前夕，于五年（1727年）五月将查嗣庭戮尸枭示，子查沄应斩监候，家属流三千里，家产充浙江海塘工程费用。受牵连的江西巡抚汪漋降四级调用，布政使丁士一革职发往福建工程上效力，副主考俞鸿图革职[198]。查嗣庭罪状，照雍正宣布的是两大条：其一是恣意攻击康熙，所谓“今观查嗣庭日记，于雍正年间之事无甚诋毁，且有感恩戴德之语，而极意谤讪者，皆圣祖仁皇帝已行之事也”[199]。据说康熙命关差盐差邦贴庶常，查嗣庭视作衙门清苦，无所不为；翰林官员以科道部属分用，查说衙门拥挤，不得开坊；裁汰京中冗员，查说词林独当其危；戴名世获罪，查视为文字之祸；引见百官，拂意者即行罢斥，查谓失去用贤之道；九卿会议，查以为不过是应名；钦赐进士，查认为是例行故事，不能识拔奇才；殿试不完卷者革退，查意为杀一儆百，无罪而罚[200]。其二是试题讥刺时事。后人以为这是查嗣庭出考题“维民所止”，被人告发，心怀悖逆，欲去雍正之首[201]。但雍正及乾隆前期的记载不是这个意思。《雍正朝起居注册》《清世宗实录》《上谕内阁》《永宪录》等书记查嗣庭所出试题是：《易经》第二题“正大而天地之情可见矣”，《易经》第三题“其旨远其辞文”，《诗经》第四题“百室盈止妇子宁止”。雍正说《易经》第二题与《诗经》第四题，“前用正字，后用止字，而《易经》第三题则用‘其旨远其辞文’，是其寓意欲将前后联络”。很明显，他是把两个题里的“正”“止”二字联系起来了。不仅如此，他还联系到前不久处斩的汪景祺的《历代年号论》一文。汪说正字有“一止之象”，如前代年号中带正字的，金海陵王的正隆，金哀宗的正大，元顺帝的至正，明武宗的正德，明英宗的正统，都不是吉兆。雍正说查嗣庭与汪景祺一样，用“正”“止”两字，就是把正字去掉一横成止字，就是攻击雍正年号，也是一止之象，不是好的兆头[202]。这里雍正抓的是查嗣庭“攻击”雍正年号，诅咒现政权，后人说该题之意是被雍正误解为要去他的脑袋，是错会雍正之意了。话说回来，雍正降罪查嗣庭的两个原因是自相矛盾的，因为后一条是被认为反对当今皇帝，而前一条说对当今还有歌颂，这怎么能协调呢？其实，他坐罪查嗣庭，第一条不是真正原因，不过以保卫父皇名声为借口，博孝顺之名，并为掩盖惩治查的真实动机。第二条他看得很重要，但是太没有说服力，那样把试题剪贴拼凑，任何以文为生的人的文字都可以被弄成各种罪名，何必只是查嗣庭！雍正也知自己牵强穿凿，不服人，就说查嗣庭这样命题，不是“出于无心，偶因文字获罪”，对他试题那样分析不是深文周纳，不可以“加朕以深刻之名”[203]。这是强行辩解了。问题不仅在试题，还在于他“向来趋附隆科多”[204]和蔡珽。雍正拿他试刀，以推动隆、蔡两个案子的进行。后来隆科多定成四十一大罪，“保奏大逆之查嗣庭”，作为他结成奸党罪状之一[205]。蔡珽亦以“交结大逆不道之查嗣庭”为罪名之一获谴[206]。

四、年、隆案简论

康熙曾说谋立允禩的官僚，岂不是要结恩于他，“为日后恣肆专行之计矣”[207]。深知皇子结党相争会有利于朝臣扩张权力。果然如此，雍正继位，重用隆科多、年羹尧等人，给予了他们正常情况下臣子所不应有的权力，像“年选”“佟选”，可与吴三桂的“西选”相比，年羹尧的权力直追大将军王允禵，他还能在职权范围以外干涉朝廷政务和官员的职务任免。他们权力的膨胀，是在皇帝允许的前提下恃功骄恣的结果，他们的越权，雍正是无以辞其咎的，他自己在上谕和朱批谕旨中也不断自责。三年（1725年）五月二十二日上谕：年羹尧、隆科多“之妄谬，皆由朕之信任太过”，“朕今深恨辨之不早，宠之太过，愧悔交集，竟无辞以谢天下，惟有自咎而已”[208]。在给纪成斌的朱批谕旨中，说年羹尧之负恩，“殊令朕愧见天下臣工”[209]。从年、隆本身来看，特别是年羹尧，因功高而头脑发热，忘乎所以，做出超越臣子本分的事情，反叛称王之心可以说没有，但逾越礼法的罪愆也是君主专制法规所不容的。所以年、隆的擅权，是储位斗争之后，他们因功自恣和雍正赏功放纵的结果。在一定意义上说，是储位斗争的必然结果，臣下因拥立大功，新君不得不予以殊宠。还是康熙有先见之明，雍正再精明，也不能不出错。

雍正杀年、隆的性质，是君主按照君臣关系的准则，收回重臣所不应有的那部分权力。这是君主与大臣的权力分配问题，在古代传统社会是不断发生的。雍正给予年、隆过分权力，是自作孽；年、隆不善自处，接受并扩大分外权力，是自酿祸。雍正惩治年、隆，是保卫和加强君主权力；年、隆之案的所谓欺罔、僭越、狂悖、专擅、奸党之罪，是指控他们擅权，明确他们的一些特权是非法的。与此同时，强化皇帝的权力。山西按察使蒋泂就年羹尧的专擅，提出“欲杜其流，必防其渐，法制一定，大权不分”的建议。雍正回答说：“似汝如是条奏者颇多，朕因践祚不久，耳目未广，知人尚少，诸凡且循旧典，徐徐自有制度。”[210]一方面建议大权独揽，另一方面表示非欲假手于人，奈因登极之初特殊情况所决定，只要条件成熟就改正过来。在治罪年、隆过程中，雍正说了“生杀之权，操之自朕”[211]的一些话，警告官僚不要投靠权臣，务以忠于君上为旨归。通过年、隆之狱，清除了专擅的权臣，雍正真正大权独揽了。

在这场君臣权力分配斗争中，双方各有是非。雍正作孽于前，后又专尚残酷打击，表现了君主权力的绝对性和他本人的残忍性。年、隆结党图利，身败名裂，也是咎由自取。或谓雍正是杀功臣灭口，怕自己“篡位”事通过年、隆传扬出去，于己不利，一杀了却这桩心事[212]。此说很难令人信服，纵或雍正是改诏篡位，也不存在怕亲信揭露的问题。年、隆若要自行称帝，以此要挟雍正，披露真相，也就无异于自我暴露，自找倒霉，他们绝不能干这种蠢事。设或要投奔新主人，拿这绝密事件作进见礼，但又没有另寻新主的迹象，他们当时所处的地位也不可能再发生这样的事情。雍正无须做杀人灭口的事。

汪景祺、钱名世、查嗣庭之狱，牵连到年羹尧、隆科多、蔡珽诸大案中，是雍正把他们当作朋党予以打击，从而使他们成为政治斗争的牺牲品，他们的案子也就成为那几个大案的组成部分。但是他们本身并不是政治人物，又不是年、隆、蔡的死党，他们的获罪还是由被解释为攻击朝政的文字所引起，因此基本上是文字狱性质。过往人们把他们的遭祸简单地视作文字狱，是没有看到与年、隆等案的联系；也有指出他们同年、隆案件关系的，但又没有注意到它以文字狱形式表现出来的基本性质，也没有把问题说清[213]。

总之，雍正利用年、隆巩固政权，推行新政，起过积极作用；造成他们擅权后，又残酷打击，虽为政治统一所要求，但它的出现是雍正初年的一个败政。

第三节　整治阿塞，囚禁允禟

本章第一节讲到二年（1724年）七月，雍正宣布亲书的《御制朋党论》，要求臣下对这篇文告“洗心涤虑，详玩熟体”，并为此特谕诸王贝勒满汉文武大臣，他说：

朕即位后，于初御门听政日，即面谕诸王文武大臣，谆谆以朋党为戒，今一年以来，此风犹未尽除。圣祖仁皇帝亦时以朋党训诫廷臣，俱不能仰体圣心，每分别门户，彼此倾陷，分为两三党，各有私人，一时无知之流，不入于此，即入于彼。朕在藩邸时，黾勉独立，深以朋党为戒，不入其内，从不示恩，亦无结怨。设若朕当年在朋党之内，今日何颜对诸臣降此谕旨乎……

夫朋友亦五伦之一，往来交际，原所不废，但投分相好，止可施于平日。至于朝廷公事，则宜秉公持正，不可稍涉党援之私。朕今《御制朋党论》一篇颁示，尔等须洗心涤虑，详玩熟体。如自信素不预朋党者，则当益加勉励，如或不能自保，则当痛改前非，务期君臣一德一心，同好恶，公是非，断不可存门户之见……

朕之用人加恩，容有未当之处，或不能保其将来，至于治人以罪，无不详慎……夫朕用一人，而非其党者嫉之，罚一人，是其党者庇之，使荣辱不关于赏罚，则国法安在乎！嗣后朋党之习，务期尽除。尔等须扪心自问，不可阳奉阴违，以致欺君罔上，悖理违天。毋谓朕恩宽大，罪不加众，倘自干国法，万不能宽。[214]

雍正毫不隐讳地指出，康熙朝以来就有人结党，而且有两三个党派[215]，使人不入此党，即入彼党，因此党人应该“洗心涤虑”，痛改前非，没有卷进朋党的人要看清大局，不要干扰，说三道四，诽谤朝廷。

《御制朋党论》讲：

朕惟天尊地卑，而君臣之分定。为人臣者，义当惟知有君，惟知有君则其情固结不可解，而能与君同好恶，夫是之谓一德一心而上下交。乃有心怀二三，不能与君同好恶，以至于上下之情睽，而尊卑之分逆，则皆朋党之习为之害也。

夫人君之好恶，惟求其至公而已矣……人臣乃敢溺私心，树朋党，各徇其好恶以为是非，至使人君惩偏听之生奸，谓反不如独见之公也。朋党之罪，可胜诛乎……

宋欧阳修《朋党论》创为邪说，曰君子以同道为朋。

夫罔上行私，安得谓道？修之所谓道，亦小人之道耳。自有此论，而小人之为朋者，皆得假同道之名，以济其同利之实。朕以为君子无朋，惟小人则有之。且如修之论，将使终其党者，则为君子，解散而不终于党者，反为小人乎？朋党之风至于流极而不可挽，实修阶之厉也。设修在今日而为此论，朕必诛之以正其惑世之罪。

朕愿满汉文武大小诸臣，合为一心，共竭忠悃，与君同其好恶之公，恪遵《大易》《论语》之明训，而尽去其朋比党援之积习，庶肃然有以凛尊卑之分，欢然有以洽上下之情。虞廷赓歌扬拜，明良喜起之休风，岂不再见于今日哉！[216]

雍正讲这些话，表达的意思是：(1) 康熙年间流行的朋党习气，虽经他即位以来的纠正，但仍积习未改，现在应当彻底清除了。(2) 朋党违背君臣大义和臣子事君之道，是严重罪过。臣下只能以君主之是非为是非，君主之好恶为好恶，绝对忠于君上，而不能扰乱人主权力的施行。(3) 批评欧阳修的君子因道同可以结党的观点，从理论上说明解散朋党的道理。(4) 指责允禩等人结党，而为自身洗刷。他以君主身份讲这些问题，有的切中时弊，有的则是强词夺理，不过把他反朋党的道理充分表现出来。

雍正发布《御制朋党论》，原意是向允禩集团发动猛烈进攻。八月，他召见诸王宗室，谴责允禵、允禩、允禟、允䄉“俱不知本量，结为朋党，欲成大事”[217]，问题提得很严重。不久，因整治年羹尧，雍正放慢了对允禩党人的进攻速度，唯不时指斥他们，间或处理其中的个别人。十一月，雍正说允禩自受命总理事务以来，“所办之事，皆要结人心，欲以恶名加之朕躬”。如管工部，凡应严追的钱粮亏空，竟行宽免，以图邀誉[218]。同月发出上谕：“自亲王以下闲散人以上，若有归附允禩结为朋党者，即为叛国之人，必加以重罪，决不姑贷，亦断不姑容也！”[219]宣布以叛国罪治允禩党人，极其严厉。十二月，以揆叙为允禩党人，虽其已死去七年，仍命于其墓前树立刻有“不忠不孝柔奸阴险揆叙之墓”的碑石，以示谴责[220]。三年（1725年）二月，雍正召见诸王大臣，责备允禩党人，说允禟不按规矩迎接圣旨，竟宣称“我已欲出家离世之人”，不遵守君臣大义；说允䄉在祈祷疏文中，把“雍正新君”字样写入，大为不敬；说鄂伦岱在乾清门，当着众人，将降给阿尔松阿的御旨扔于地上[221]。七月，山西巡抚伊都立参奏前任诺岷包庇允禟。允禟护卫乌雅图等路过山西平定州，殴打当地生员，诺岷没有报告，被雍正访知，责令审理，诺岷只究责打人凶手，未及允禟心腹太监李大成，雍正说诺岷是贝勒满都护属下人员，而满都护与允禟是邻居，是一党，因此诺岷有意替允禟掩饰，遂将其革职；允禟不知收敛，犹以九王爷自居，革其贝子[222]。大体上说，在二三年间（1724—1725年），雍正对允禩党人指责多，处理少，待到收拾了年羹尧，调出隆科多，就开始大力整饬允禩党人了。

四年（1726年）正月初五日，雍正发出上谕，历数允禩的罪状：

> 廉亲王允禩狂逆已极，朕若再为隐忍，有实不可以仰对圣祖仁皇帝在天之灵者……
>
> 当时允禩，希冀非望，欲沽忠孝之名，欺人耳目，而

其奸险不法，事事伤圣祖仁皇帝慈怀，以致忿怒郁结，无时舒畅。康熙四十七年冬圣祖仁皇帝圣体违和，令朕同允祉、允禩检点医药。凡立方合剂，朕与允祉每日细心商酌。允禩惟同允禟、允䄉促坐密语，医药之事不曾一问，不过以箧笥收拾方帖而已。天佑圣躬旋即痊愈，朕心喜慰，向允禩云：皇父圣体大安矣。允禩云：目前圣体虽愈，将来之事奈何？朕闻之不胜惊怪。

又，是年二阿哥有事时，圣祖仁皇帝命朕同允禩在京办理事务，凡有启奏，皆蒙御批，奏折交与允禩收贮。后向允禩问及，允禩云：前在遥亭时，皇考怒我，恐有不测，比时寄信回家，将一应笔札烧毁，此御批奏折藏在佛柜内，遂一并焚之矣。

……朕缵承大统……允禩总以未遂大志，时怀怨恨，诡诈百出，欲以蛊惑众心，扰乱国政……三年以来，朕百凡容忍宽免，谆谆训诫，犹冀其悛改前愆。宗人府及诸大臣交劾，议罪之章，什百累积，朕俱一一宽贷，乃允禩诡谲阴邪，日益加甚。

……允禩心中已无祖宗君上矣。允禩既自绝于天，自绝于祖宗，自绝于朕，宗姓内岂容有此不忠不孝大奸大恶之人乎？[223]

雍正讲的是允禩对不起祖宗和父皇，而实质是在谋取储位和给他这个新君制造难题。解决这种严重对立的办法，就是惩治允禩，褫夺他的黄带子，削除宗籍，逐出宗室。他的同伙允禟、苏努等人也遭到了同样的处分。允禩妻乌雅氏被革去福晋，休回母家，严行看守，不得往来[224]。允禟编造类似西洋字的十九字头与家人通信，被发觉，雍正令抄检他的住宅[225]。二月，将允禩降为民王，交所属旗内稽查，不得依宗室诸王例保留所属佐领人员，随即被圈禁高墙[226]。贝子鲁宾当允禵在西北军前时，代允禩与之联系，后又不揭发，亦被圈禁[227]。镇国公永谦也因在允禩案中不据实陈奏，革去世爵[228]。三月，允禩奉命自己改名“阿其那”，其子弘旺改名“菩萨保”。“阿其那”，系满语，确切含义不详，有谓其意为狗，说雍正故意侮辱他的这个弟弟，视之为畜类；或云为相当于汉语的“某某”；有说其引申意思是骂允禩为“畜生”；有说其引申意思是把某人像狗一样赶走，以示讨厌[229]；或谓是冻死的冰鱼，有俎上鱼的意思。而“菩萨保”之名，允禩的意思是祈求雍正对他大慈大悲，保全其性命。“菩萨保”亦为满语，不知何意，但不会是恶意，满人中不止一人用这个名字，如努尔哈赤弟弟穆尔哈齐有一个曾孙就以此命名[230]。

这个时候，同情允禩的人们加紧了活动。自雍正登极以来，社会上就有人对允禩等人处境表示同情，雍正对此一再

雍正四年五月十七日召入文武大臣等
上諭歷年以來朕之數弟皆昧無知不安本分
其奸僞逆亂之行爾衆大臣從前雖畧聽一
二何能盡知爾等且不能盡知外間小人又
何由知之伊等爲人存心行事朕因三四十
年共在一處知之甚悉伊等僭妄之心悖逆
之行及其黨羽於國家大有關係阿其那等
歷年傷
皇考之心不孝不忠結爲黨援擾亂國家其罪倍
甚於二阿哥從前阿其那塞思黑允禵允䄉
等共爲黨羽包藏禍心將不守本分詭隨之
人百計千方引誘交結又將生事克亂喇嘛
僧道醫卜昵徒優人之屬種種貪利小人留
心收攬重利賄買各致死命以爲伊等在各
處稱揚伊等美名串通內外奸僞之人希圖
大位有不入其黨者即妄加危言以恐嚇之
故不爲其所籠絡不爲其所欺蒙者甚少國
家被其擾亂人心受其蠱惑外則與阿靈阿
鄂倫岱蘇努七十嵩壽等亂臣結黨往來內
則與
皇考御前侍衛拜唐阿太監等鑽營交結探聽一
切喜怒信息若非我
皇考神明卓智心如金石未有不爲伊等詭秘之
計所動搖者伊等奸僞之計皆爲我
皇考之所洞悉故窮困憤羞兇心益逞反將
皇考年高之人種種激怒無所不至
聖躬憔悴成疾皆阿其那等不忠不孝奸僞結黨
種種可誅之所致也知臣子者莫如君父我
皇考因阿其那不孝不忠惡貫滿盈深用震怒曾

雍正处理允禩等的上谕

加以谴责。二年十一月，他说："在廷诸臣为廉亲王所愚，反以朕为过于苛刻，为伊抱屈，即朕屡降谕旨之时，审察众人神色，未尝尽以廉亲王为非。"[231]三年（1725年）四月，又说："朕于诸王大臣前降旨训诲允禩，视诸王大臣之意，颇有以允禩为屈抑者。"[232]这时有自称为正黄旗的滦州人蔡怀玺，前往景陵，求见被禁闭于该处的允禵，允禵害怕招事，拒不接见，蔡就写"二七便为主，贵人守宗山""以九王之母为太后"的字条扔于允禵院内，他还认为"十四爷的命大，将来要坐皇帝"[233]。按照他的意思，赶雍正下台，让允禵作皇帝，允禟母亲宜妃作太后。他的活动被监视允禵的马兰峪总兵范时绎发现，将之投入监狱。大约也在这个时候，天津州民人郭允进自称遇洪觉禅师，得授韬略，书写"十月作乱，八佛被囚，军民怨新主"的传单，浙江人欧秀臣把它刊刻，广为散布[234]。允禩被人"目之为佛者"[235]，"八佛被囚"，是责难雍正圈禁允禩。"十月作乱"，雍正生于十月，"作乱"不知是否指雍正的登极，是夺的皇位，故而被称为"作乱"；又不知是否号召于本年十月起兵反抗，因传单内还说灾祸将要降临，不信者即被瘟疫吐血而死。又说雍正以来，旱潦灾荒不停[236]，像是要把恨新主的怨气爆发出来。这些人的活动，表明社会上有人反对雍正，争取实现允禩、允禵的政权。

在这种情况下，雍正加紧了对允禩党人的处理。五月，向内外臣工、八旗军民人等颁布允禩、允禟、允禵、允祴等的罪状[237]。

允禩罪状四十款，主要有：

（1）图谋杀害允礽，夺权储位；

（2）与允禵豢养刺客，谋为不轨；

（3）利用允禟之财力收买人心；

（4）擅自销毁圣祖朱批折子，悖逆不敬；

（5）晋封亲王，出言怨诽；

（6）蒙恩委任，挟私怀诈，遇事播弄；

（7）庇护私人，谋集党羽，逆理昏乱，肆意刑赏；

（8）拘禁宗人府，全无恐惧，反有不愿全尸之语。

允禟罪状二十八款，主要有：

（1）行止恶乱，谋望非常，暗以资财买结人心；

（2）收西洋人穆景远为腹心，夸称其善，希图储位；

（3）平日结交内侍，令其子认宦官魏珠等为伯叔，密行窥探宫禁消息；

（4）圣祖稍加教训，即生怨恨，每云不过革此微末贝子耳；

（5）令秦道然各处称其宽宏大量，图买人心；

（6）允禵往军前时，遣太监随从，复差人往来寄信；

（7）别造字样，阴谋诡计，俨同敌国。

允禵罪行十四款，主要有：

（1）圣祖谴责允禩谋杀东宫，允禵称允禩无此心，致使圣祖震怒；

（2）被圣祖遣往西宁，与允禩、允禟密信往来，无有间断；

（3）在军前纵酒淫乱，贪占银钱；

（4）听任张瞎子算命，谓为有九五之尊而大喜；

(5) 回京后叩谒梓宫，并不哀痛，于皇上前大肆咆哮；

(6) 晋封郡王，并不感恩；

(7) 蔡怀玺造言，不即奏闻。

允禟的改名，由诚亲王允祉、恒亲王允祺等拟议，经雍正批准，定名"塞思黑"，亦系满语，其意今不清楚，或云为猪、肥如猪意；或谓是"迂俗可厌之人"；或云是讨厌之意；或谓引申意思是像刺伤人的野猪一样可恨[238]。允禟被都统楚宗从西大通押至保定，直隶总督李绂奉命将之"圈住"。李绂把在衙门附近的小房三间，四面加砌墙垣，投放允禟入内，把前门封闭，设转桶传进饮食，在外派官兵看守。房小墙高，时值酷暑，带着铁锁、手铐的允禟时常晕死。到八月，李绂奏报允禟病死，雍正说他服冥诛，罪有应得。允禟大约是被雍正君臣害死的。楚宗曾奏称，他押允禟到保定，李绂向他传达"便宜行事"的谕旨，雍正、李绂虽加否定[239]，不过是赖账罢了。当时有人认为李绂秉承君命谋害了允禟，雍正却指责李绂没有把允禟病死情况明白告诉众人，才引起怀疑[240]。李绂是有口难言，只得承受这种罪责。五月，雍正怕允禵在外不便控制，把他移到京城景山寿皇殿囚禁。这里曾经是康熙的停灵地，并有康熙画像，雍正命他追思乃父教养之恩，以便改悔[241]。蔡怀玺被迫自杀。雍正治鄂伦岱、阿尔松阿固结朋党、怙恶不悛罪，处斩，妻子没入内务府[242]。两江总督查弼纳因与苏努是姻亲而被审问，供出"苏努、七十、阿灵阿、揆叙、鄂伦岱、阿尔松阿结为朋党，协力欲将阿其那致之大位"，以及允禟、允禩交结情状[243]，推动了这些案件的审理。七月，将郭允进枭首示众[244]。九月，允禩死于禁所，雍正也说他是服了冥诛。随着允禩、允禟的死，这个经营二十多年的政治集团，彻底垮台了。

与这个集团有某种关联的人也受到了惩治。山西猗氏县人令狐士义在京受过允禟资助，后赴西大通找允禟，表示"愿附有道之主，不附无道之君"，要联合山、陕兵民，以救允禟[245]。五年（1727年）七月，雍正以他"叛逆昭著，罪大恶极"，枭首示众[246]。同年，山西布政使高成龄承审允禟太监李大成，没有以拟斩立决具题，雍正说从前诺岷因此事而得罪，高成龄也知道，如今还包庇李大成，一定是同阿其那、塞思黑情热，故枉法宽纵，转令审讯高成龄[247]。七年（1729年）正月，曾同隆科多一齐对沙俄代表谈判的四格，因与苏努结交而被审处[248]。唯有允禵，因系雍正同母弟，不便处治太严，未要其命，使他活到乾隆二十年（1755年）病故。

雍正致死允禩、允禟等人，理由是他们在先朝结党谋夺储位，今朝仍固结不散，企图制造新君的误失而获掌玉玺。诚然，雍正和允禩的斗争，可以划分为两个阶段，康熙朝为第一个阶段，互相争夺储位；雍正朝是第二个阶段，允禩、允禵及其社会力量不甘心失败，进行隐隐约约的斗争，企图推翻雍正的统治，建立他们的政权，这就使得这个时期的斗争具有保卫皇权和夺取皇权的性质，它是前一阶段斗争的延续和发展。那么从全部过程讲，就是争夺储位——皇位的政治斗争。

雍正对允禩集团有旧怨，有新仇。他修宿怨，必致死对手而后快；报新仇，则是要树立他的君主应有权威。有一次，他向诸王满汉大臣说：

尔诸大臣内，但有一人，或明奏，或密奏，谓允禩贤于朕躬，为人足重，能有益于社稷国家，朕即让以此位，不少迟疑。[249]

当皇帝，说这样的话，像是大度量，实在是被迫无奈，以此威胁众人，反映了他的权威不高。他当然力图改变这种可悲的状况。他的一个法宝，就是充分使用君主的法定权力，打击对方，并以君臣大义要求和制驭臣下。二年（1724年）八月，针对诸王大臣就颁布的《朋党论》进行回奏，雍正说了这样耐人寻味的话：

朕受圣祖皇帝付托之重，继登宝位，朕之身上秉祖宗之大统，为天下臣民主，尔等应以大统视朕，不应以昔日在藩之身视朕躬也。[250]

雍正要求臣下不要以旧日眼光看他，以为他还是雍亲王，应该把他当作皇帝来对待。这就是说储贰斗争的结果，使新君权威不立，无论哪位皇子上台，都会遇到这样问题，同样会遭到昔日政敌的反抗。所以康熙死后，清朝政府因统治上层内部的斗争面临着削弱的危险。雍正不敢离京城一步，兢兢业业，勤理政事，致力于打击允禩党人，来建立他的权威，强化皇权，巩固清朝政权，克服可能出现的政治变乱。

康熙、雍正两朝持续四十年的储位——皇位斗争，雍正把它结束了，使皇帝、宗室和一些官僚从党争中摆脱出来，能以更多的精力从事有益于清朝政府和社会的政务。

储位——皇位斗争中，满洲贵族遭到一定的打击，主要是雍正处理了许多宗室王公，从而削弱了他们的势力，强迫他们围绕着皇帝的意志从事政治活动。

关于雍正的打击朋党，是否可以做这样的结论：就他个人讲含有报旧恨雪新仇的成分，但更重要的是以此强化君权，使统治阶级中更多的人去进行正常的政治活动，加强清朝的统治，从而保持清朝前期政治的稳定，有利于康、雍、乾三朝较长时期的社会经济发展和边疆的进一步巩固。

雍正清除允禩党人时，舆论就责备他刻薄，凌虐弟辈，后人也多作如是之谴责。他总是哓哓置辩，人们对此颇为反感，他又进行辩解，对诸王大臣说："朕之是非，有关皇考之得失，所以不得不谆谆辨白也。"[251]拉上他的父亲，来说明他的言行的合理性，这是他万不得已了。事实上，他在处理政敌时，确实表现了他残暴的一面，但从当时激烈斗争的实际情况分析，他的做法基本上适应了清朝政治发展的需要，具有合理性。应该允许他争辩，不可以他的"好胜"，全盘否定他的这种行动和言论。

---

1 《清世宗实录》卷1，康熙六十一年十一月乙未条。萧奭《永宪录》记为：十四日，命领侍卫内大臣马尔赛及隆科多、马齐辅政，雍正正式即位后，始命允禩、允祥、隆科多、马齐总理事务（第49、58页）。

2 弘旺纂:《皇清通志纲要》卷4上。

3 中国第一历史档案馆译编:《雍正朝满文朱批奏折全译》上册，第32、198页；雍正《上谕内阁》，三年九月三十日谕。

4 雍正《上谕内阁》，四年十月初五日谕。

5 中国第一历史档案馆编:《雍正朝起居注册》，四年正月二十八日条。

6 《大义觉迷录》卷3,《清史资料》第4辑。

7 《清世宗实录》卷1，康熙六十一年十一月乙未条。

8 萧奭:《永宪录》卷1，第66页。

9 雍正《上谕内阁》，三年二月二十九日谕。

10 雍正《上谕内阁》，元年五月二十三日谕。

11 朝鲜《同文汇考》补编《使臣别单》卷4，转引自金承艺:《从"胤祯"问题看清世宗夺位》。这里允禵的名字，仍是康熙末年"胤祯"一名。在雍正即位后，宗人府以亲王阿哥等名上一字"胤"字与御讳相同，请求更定。雍正说名讳是先帝钦定，不应变动，命礼部奏请皇太后裁夺，到十二月二十日，雍正说皇太后同意，诸兄弟名字上一字改为“允”字（《清世宗实录》卷2，康熙六十一年十二月辛未条）。自此之后，雍正的兄弟们，为敬避御讳，名字的上一字改用“允”字。后日的文献记载，涉及这些人时，多书作“允”字，即使原作于康熙朝的文献，后来出版的，也往往将原作的“胤”字易为“允”字。笔者为尊重实际，康熙诸子的名字，在第一章康熙时代，均写作“胤某”，到雍正登极，俱书“允某”，以见名讳的变化，实亦反映诸人地位的变异。

12　雍正《上谕内阁》，三年二月二十九日谕。

13　雍正《上谕内阁》，元年五月二十四日谕。

14　萧奭：《永宪录》卷2上，第102页。

15 《清世宗实录》卷7，元年五月庚子、辛丑两条。

16　指允禟，详解见后。

17 《大义觉迷录》卷3，《清史资料》第4辑。

18　中国第一历史档案馆译编：《雍正朝满文朱批奏折全译》上册，第214页。

19　中国第一历史档案馆编：《雍正朝起居注册》，二年十月二十日条，三年二月二十九日条；清世宗“朱谕”，第6函。

20　萧奭：《永宪录》卷1，第63页。

21　萧奭：《永宪录》卷1，第64—65页；中国第一历史档案馆编：《雍正朝起居注册》，元年十月十一日条。

22　雍正《上谕内阁》，三年七月二十九日谕；中国第一历史档案馆编：《雍正朝起居注册》，三年七月二十六日条。

23 《宫中档·朱批奏折·民族事务类》，年羹尧奏折及朱批，中国第一历史档案馆藏，编号：4—123。

24 《掌故丛编》第10辑《年羹尧奏折》。

25 《清世宗实录》卷18，二年四月癸亥条。

26　雍正《上谕内阁》，二年四月初八日、二十六日谕；中国第一历史档案馆编：《雍正朝起居注册》，二年十月十七日条。

27　雍正《上谕内阁》，二年四月初八日谕。

28　中国第一历史档案馆编：《雍正朝起居注册》，二年五月二十日条。

29　雍正《上谕内阁》，二年四月初九日谕。

30　清世宗“朱谕”，第12函。

31　雍正《上谕内阁》，元年二月初十日谕。

32　袁枚：《小仓山房文集》卷3《协办大学士吏部尚书孙文定公神道碑》。

33　雍正《上谕内阁》，元年二月初十日谕。

34　雍正《上谕内阁》，二年四月初七日谕。

35　中国第一历史档案馆编：《雍正朝起居注册》，五年十月初五日条。

36　中国第一历史档案馆编：《雍正朝起居注册》，四年十月初二日条。

37　清世宗“朱谕”，第12函。

38 《文献丛编》第5辑《年羹尧奏折》。

39　雍正《上谕内阁》，康熙六十一年十二月十二日谕。

40　雍正《上谕内阁》，元年二月初十日谕。

41　朝鲜《李朝实录·景宗实录》第42册卷11，三年（雍正元年）二月己卯条，第162页。

42　中国第一历史档案馆编：《雍正朝起居注册》，元年七月、九月条。

43　雍正《上谕内阁》，元年十一月二十九日谕。

44　雍正《上谕内阁》，二年四月初七日谕。
45　雍正《上谕内阁》，二年五月十四日谕。
46　清世宗“朱谕”，第12函。
47　雍正《上谕内阁》，康熙六十一年十一月二十一日谕。
48 《清世宗实录》卷1，康熙六十一年十一月丙午条。
49 《掌故丛编》第10辑《年羹尧奏折》。
50　中国第一历史档案馆编选:《雍正元年御笔赏赐簿》,《历史档案》2001年第3期。
51　中国第一历史档案馆编:《雍正朝起居注册》，二年三月初六日条。
52　中国第一历史档案馆编:《雍正朝起居注册》，二年十一月十三日条。
53 《清世宗实录》卷7，元年五月庚子条。
54　雍正《朱批谕旨·高其倬奏折》，元年四月初五日折朱批。
55 《宫中档·朱批奏折·民族事务类》，岳钟琪元年五月初九日折朱批。
56　中国第一历史档案馆译编:《雍正朝满文朱批奏折全译》上册，第203页。
57　清世宗“朱谕”，第12函。
58　清世宗“朱谕”，第12函。
59　清世宗“朱谕”，第12函。
60　清世宗“朱谕”，第12函。
61　清世宗“朱谕”，第7函。
62　清世宗“朱谕”，第12函。
63　中国第一历史档案馆编:《雍正朝起居注册》，二年十一月初九日条。
64　清世宗“朱谕”，第12函。
65 《掌故丛编》第9辑《年羹尧奏折》朱批。
66　中国第一历史档案馆编:《雍正朝起居注册》，二年十一月十五日条。
67 《清世宗实录》卷39，三年十二月甲戌条。
68　清世宗“朱谕”，第12函。
69　清世宗“朱谕”，第12函。
70 《清世宗实录》卷33，三年六月癸未条。
71　雍正《朱批谕旨·莽鹄立奏折》，三年五月初六日折朱批。
72　雍正《朱批谕旨·李成龙奏折》，三年元月十一日折朱批。
73　雍正《朱批谕旨·李维钧奏折》，二年十一月十三日折朱批。
74　中国第一历史档案馆编:《雍正朝起居注册》，四年十二月初七日条。
75　雍正《上谕内阁》，四年十二月十二日谕。
76　萧奭:《永宪录》卷3，第184页。
77　雍正《上谕内阁》，元年四月十八日谕。
78　中国第一历史档案馆编:《雍正朝起居注册》，二年十一月二十二日条。
79　袁枚:《小仓山房文集》卷3《文渊阁大学士史文靖公神道碑》。
80　昭梿:《啸亭杂录》卷9《年羹尧之骄》。
81　中国第一历史档案馆编:《雍正朝起居注册》，二年十一月十三日、十五日条。
82 《掌故丛编》第10辑《年羹尧奏折》。
83 《文献丛编》第5辑《年羹尧奏折》。
84　清世宗“朱谕”，第12函。
85 《文献丛编》第5辑《年羹尧奏折》。
86　清世宗“朱谕”，第12函。
87 《清世宗实录》卷36，三年九月己酉条。
88　中国第一历史档案馆编译:《新发现的查抄李煦家产折单》,《历史档案》1981年第2期。
89　清世宗“朱谕”，第10函。

90 清世宗"朱谕"，第12函。

91《掌故丛编》第10辑《年羹尧奏折》朱批。

92《文献丛编》第6辑《年羹尧奏折》。

93 中国第一历史档案馆编:《雍正朝起居注册》，二年四月十五日条。

94《清世宗实录》卷18，二年四月戊午条。

95 雍正《上谕内阁》，三年五月十六日谕。

96 雍正《上谕内阁》，二年正月初八日谕。

97 清世宗"朱谕"，第12函。

98《文献丛编》第4辑《戴铎口供》。

99 雍正《上谕内阁》，二年五月十二日谕。

100 雍正《朱批谕旨·蒋泂奏折》。

101 朱克敬:《瞑庵杂识》卷1，光绪七年刊本。

102 王锺翰点校:《清史列传》卷13《年羹尧传》。

103《清世宗实录》卷37，三年十月己巳条。

104 雍正《朱批谕旨·蒋泂奏折》。

105 萧奭:《永宪录》卷3，第186页。

106《清世宗实录》卷33，三年六月癸未条。

107《清世宗实录》卷34，三年七月辛亥条。

108 雍正《朱批谕旨·王景灏奏折》，二年十一月二十一日折朱批。

109 王锺翰点校:《清史列传》卷13《年羹尧传》。

110 萧奭:《永宪录》卷3，第187页。

111 萧奭:《永宪录》卷3，第186页。

112 雍正《上谕内阁》，三年四月二十二日谕;《清世宗实录》卷31，三年四月己丑条。

113 萧奭:《永宪录》卷3，第199页。

114 萧奭:《永宪录》卷3，第197页。

115 萧奭:《永宪录》卷3，第199页。

116 萧奭:《永宪录》卷3，第203页。

117 萧奭:《永宪录》卷3，第199页。

118 萧奭:《永宪录》卷3，第199页。

119 朱克敬:《瞑庵杂识》卷1。

120 萧奭:《永宪录》卷3，第194页。

121 萧奭:《永宪录》卷3，第193页。

122《掌故丛编》第8辑《雍正朱批年羹尧奏折》(照片)；中国第一历史档案馆编:《雍正朝起居注册》，二年三月二十日条。

123 昭梿:《啸亭杂录》卷9《年羹尧之骄》。

124 乾隆官修《八旗通志初集》第7册，卷134《允祥传》，第3603页。

125 萧奭:《永宪录》卷3，第196页。

126 雍正《朱批谕旨·李绂奏折》，三年六月初九日折。

127 清世宗"朱谕"，第13函。

128 清世宗"朱谕"，第6函。

129 中国第一历史档案馆编:《雍正朝起居注册》，二年十一月十五日条。

130 中国第一历史档案馆编:《雍正朝起居注册》，五年四月十八日条。

131 阿，为阿其那之简称，即允禩，塞，指允禟，详见后。

132 萧奭:《永宪录续编》，第358页。

133 雍正《朱批谕旨·李维钧奏折》，二年十一月十三日折朱批。

134《朱批谕指·杨宗仁奏折》，二年十一月十五日折朱批。

135 雍正《朱批谕旨·王景灏奏折》，二年十一月初二日折朱批。

136 雍正《朱批谕旨·齐苏勒奏折》，二年十一月十三日折朱批。

137 雍正《朱批谕旨·高其倬奏折》，

三年二月十二日折。

138　雍正《朱批谕旨·李成龙奏折》，三年正月十一日折朱批。

139　雍正《朱批谕旨·宋可进奏折》，三年三月初一日折朱批。

140《文献丛编》第6辑《年羹尧奏折·奏报抵署日期并谢蒙陛见折朱批》。

141　清世宗"朱谕"，第12函。

142《上内阁谕》，三年正月二十二日谕。

143　中国第一历史档案馆编:《雍正朝起居注册》，三年三月二十三日条。赵尔巽等撰:《清史稿》卷9《世宗本纪》、卷295《年羹尧传》均谓年把"朝乾夕惕"误书为"夕惕朝乾"。

144　雍正《朱批谕旨·石文焯奏折》，三年六月二十八日折朱批。

145　雍正《朱批谕旨·马觌伯奏折》，三年三月初七日折朱批。

146　雍正《朱批谕旨·纪成斌奏折》，三年二月初一日、五月十二日、六月二十八日等折朱批。

147《文献丛编》第8辑《年羹尧奏折·奏谢调补杭州将军折朱批》。

148　中国第一历史档案馆编:《雍正朝起居注册》，五年四月十八日条。

149　萧奭:《永宪录》卷3，第183页。

150　李绂:《穆堂初稿》卷3《议诛逆臣年羹尧疏》，乾隆五年刊本。

151　田文镜:《抚豫宣化录》卷1，雍正五年刻本。

152　萧奭:《永宪录》卷3，第245—247页。

153　萧奭:《永宪录》卷3，第248—253页。

154　中国第一历史档案馆编:《雍正朝起居注册》，三年十二月十一日条;《清世宗实录》卷39，三年十二月甲戌条。

155　中国第一历史档案馆编:《雍正朝起居注册》，三年十二月十一日条;《清世宗实录》卷39，三年十二月甲戌条。

156　中国第一历史档案馆编:《雍正朝起居注册》，三年十二月十一日条。

157　王锺翰点校:《清史列传》卷13《蔡珽传》; 萧奭:《永宪录》卷4，第279—280页。

158　萧奭:《永宪录》卷3，第208页。

159　萧奭:《永宪录》卷3，第208页。

160　中国第一历史档案馆编:《雍正朝起居注册》。

161　中国第一历史档案馆编:《雍正朝起居注册》。

162　雍正《朱批谕旨·佛喜奏折》，五年正月十二日折朱批。

163　中国第一历史档案馆编:《雍正朝起居注册》，五年四月十八日条。

164　萧奭:《永宪录》卷3，第254页。

165　见第十八回《假西宾高谈纪府案，真孝女快慰两亲灵》。

166　中国第一历史档案馆编:《雍正朝起居注册》，三年五月二十二日条。

167《宫中档·朱批奏折·民族事务类》，年羹尧奏折，编号：4—109—12。

168　汪景祺:《读书堂西征随笔·上年羹尧书》，北平故宫博物院文献馆1928年版。

169　萧奭:《永宪录》卷3，第256页。

170　汪景祺:《读书堂西征随笔·功臣不可为》。

171　汪景祺:《读书堂西征随笔·功臣不可为》。

172《掌故丛编》第3辑照片。

173　中国第一历史档案馆编:《雍正朝起居注册》，三年七月十八日条。

174　雍正《上谕内阁》，三年十二月十八日谕。

175　刘禺生:《世载堂杂忆·乾隆朝之两名人》，中华书局1960年版。

176 萧奭:《永宪录》卷4，第274页。

177 《清世宗实录》卷42，四年三月壬戌条。

178 萧奭:《永宪录》卷4，第273—274页。

179 萧奭:《永宪录》卷4，第273—274页。

180 今有学者将“名教罪人”案，谓为“雍正大批判”，颇富联想力。

181 沈曰富:《沈端恪公年谱》，见沈近思:《沈端恪公遗书》，同治十二年浙江书局校刊本。

182 中国第一历史档案馆编:《雍正朝起居注册》，五年十月初五日条。隆科多，先人为汉军旗人，佟姓，康熙将其家族抬旗，为满洲旗人，姓改称佟佳氏。因佟姓，故称“佟选”。

183 乾隆官修《八旗通志初集》第7册，卷134《允祥传》，第3603页。

184 中国第一历史档案馆编:《雍正朝起居注册》，三年五月二十八日条。

185 清世宗“朱谕”，第12函；雍正《上谕内阁》，三年七月十六日谕。

186 清世宗“朱谕”，第12函。

187 中国第一历史档案馆编:《雍正朝起居注册》，三年五月二十二日条。

188 中国第一历史档案馆编:《雍正朝起居注册》，三年六月初七日条。

189 雍正《朱批谕旨·宋可进奏折》，三年七月十五日折朱批。

190 中国第一历史档案馆编:《雍正朝起居注册》，四年正月二十一日条。

191 《清世宗实录》卷40，四年正月辛酉条。

192 参见中国社会科学院近代史研究所:《沙俄侵华史》第1卷第4章第2节，人民出版社1976年版。

193 中国第一历史档案馆编:《雍正朝起居注册》，五年六月初八日条。

194 ［法］葛斯顿·加恩著、江载华译:《早期中俄关系史》，商务印书馆1961年版，第118页。

195 中国第一历史档案馆编:《雍正朝起居注册》，五年六月初八日条。

196 中国第一历史档案馆编:《雍正朝起居注册》，五年十月初五日条;《清世宗实录》卷62，五年十月丁亥条。

197 蔡珽陷入李绂参劾田文镜的事件中，详见后文。

198 中国第一历史档案馆编:《雍正朝起居注册》，五年五月初七日条；雍正《上谕内阁》，五年二月初四日谕。

199 雍正《上谕内阁》，四年十一月二十七日谕。

200 中国第一历史档案馆编:《雍正朝起居注册》，四年九月二十六日条；萧奭:《永宪录续编》，第410—411页。

201 徐珂:《清稗类钞》第8册,《狱讼类·查嗣庭以文字被诛》，上海商务印书馆1917年版，第90页。

202 中国第一历史档案馆编:《雍正朝起居注册》，四年九月二十六日条；萧奭:《永宪录》卷4，第304—306页、续编第410—412页。

203 中国第一历史档案馆编:《雍正朝起居注册》，四年九月二十六日条。萧奭:《永宪录》卷4，第304—306页；续编，第410—412页。

204 中国第一历史档案馆编:《雍正朝起居注册》，四年九月二十六日条；萧奭:《永宪录》卷4，第304—306页、续编，第410—412页。

205 中国第一历史档案馆编:《雍正朝起居注册》，五年十月初五日条。

206 《清世宗实录》卷61，五年九月戊寅条。

207 李桓辑:《国朝耆献类征初编》卷9《马齐传》。

208　中国第一历史档案馆编:《雍正朝起居注册》，三年五月二十二日条。

209　雍正《朱批谕旨·纪成斌奏折》，三年二月初一日折朱批。

210　雍正《朱批谕旨·蒋泂奏折》。

211　雍正《上谕内阁》，三年五月十六日谕。

212　孟森:《明清史论著集刊·清世宗入承大统考实》。

213　参见拙作:《查嗣庭案缘由与性质》,《故宫博物院院刊》1984年第1期。

214　中国第一历史档案馆编:《雍正朝起居注册》，二年七月丁巳条；雍正《上谕内阁》，二年七月十六日谕;《清世宗实录》卷2，二年七月丁巳条。

215　雍正在《大义觉迷录》中说:"从前储位未定时，朕之兄弟六七人，各怀觊觎之心，彼此残害，各树私党，以图侥幸。"这时所言二三党，主要指允禩党和废太子党。

216　中国第一历史档案馆编:《雍正朝起居注册》，二年七月丁巳条;《清世宗实录》卷22，二年七月丁巳条。

217　中国第一历史档案馆编:《雍正朝起居注册》，二年八月二十二日条。

218　雍正《上谕内阁》，二年十一月十三日谕。

219　雍正《上谕内阁》，二年十一月二十二日谕。

220　王锺翰点校:《清史列传》卷12《揆叙传》。

221　雍正《上谕内阁》，三年二月二十九日谕。

222　雍正《上谕内阁》，三年七月二十九日谕;《满汉名臣传》卷44《诺岷传》，南开大学图书馆藏同治抄本。

223　雍正《上谕内阁》。

224　中国第一历史档案馆编:《雍正朝起居注册》，四年正月二十八日条。

225　中国第一历史档案馆编:《雍正朝起居注册》，四年正月初四日条。

226　《清世宗实录》卷41，四年二月己巳、癸酉条。按：圈禁高墙，是圈禁刑法的一种，据萧奭《永宪录》卷3所载："闻国法圈禁有数等：有以地圈者，高墙固之；有以屋圈者，一室之外，不能移步；有坐圈者，接膝而坐，莫能举足；有立圈者，四围并肩而立，更番迭换，罪人居中，不数日委顿不支矣。"（第241页。）

227　雍正《上谕内阁》，四年二月初十日谕。

228　《清世宗实录》卷41，四年二月乙酉条。

229　参见故宫博物院明清档案部编:《关于江宁织造曹家档案史料》，第213页注；富丽:《"阿其那"、"塞思黑"新解》,《文史》1980年第10辑；玉麟:《"阿其那"、"塞思黑"二词释义》,《红楼梦学刊》1981年第1期。陈捷先在《雍正写真》（台北远流出版公司2001年版）中转述沈原的研究成果。陈氏并指出阿其那、塞思黑都是恶名（第47—51页）。

230　康熙四十五年修纂《宗室玉牒》（直格本），中国第一历史档案馆藏。

231　雍正《上谕内阁》，二年十一月十三日谕。

232　雍正《上谕内阁》，三年四月十六日谕。

233　《文献丛编》第1辑《蔡怀玺投书允禵案》;《清世宗实录》卷44，四年五月乙巳条。

234　中国国家博物馆藏"雍正皇帝诏谕群臣对其弟阿其那等奸伪迷乱之行应有所认识，勿得被其萦泯而受其害"的文件;《清世宗实录》卷44，四年五月戊申条；萧奭:《永宪录》卷4，第290页；雍正《朱批谕旨·李绂奏折》，四年八月初一日折。参见拙作:《中国国家博物馆藏〈雍正四年五月十七日上谕〉解读》，《中国历史文物》2007年第1期。

235 《清世宗实录》卷44，四年五月戊申条。

236 萧奭:《永宪录》卷4，第284页。

237 萧奭:《永宪录》卷4，第281—285页。

238 参见富丽:《“阿其那”、“塞思黑”新解》,《文史》1980年第10辑；玉麟:《“阿其那”、“塞思黑”二词释义》,《红楼梦学刊》1981年第1期。

239 《文献丛编》第1辑《允禩允禟案》。

240 雍正《上谕内阁》，七年十月初六日谕。

241 萧奭:《永宪录》卷4，第285页。

242 雍正又在阿尔松阿父亲阿灵阿墓前，竖立“不臣不弟暴悍贪庸阿灵阿之墓”的石碑以羞辱他。

243 雍正《上谕内阁》，四年五月初九日谕。

244 雍正《上谕内阁》，四年七月二十九日谕。

245 中国第一历史档案馆编:《雍正朝起居注册》，四年八月二十八日条。

246 中国第一历史档案馆编:《雍正朝起居注册》，五年七月十三日条。

247 雍正《上谕内阁》，六年十月初五日谕。

248 雍正《上谕内阁》，七年正月二十七日谕。

249 中国第一历史档案馆编:《雍正朝起居注册》，二年四月初七日条。

250 中国第一历史档案馆编:《雍正朝起居注册》，二年八月初三日条。

251 雍正《上谕内阁》，三年四月十六日谕。

第四章　改革赋役，整顿吏治

康熙末年国帑空虚，在低俸禄制下官吏横征暴敛。雍正即位，立即清查经济，中央设立会考府，地方严行追查亏空，形成抄家风；施行耗羡归公和养廉银制度，承担加赋恶名，实际却减少了民间负担；推行士民一体当差政策，施行损富益贫利国的摊丁入亩制度，人口税名目消失；强行“汇追”和“首隐”，不许有田者偷漏钱粮，否则对官员、田主一并深究，于是国库充盈。

第一节　清查亏空，设会考府

康熙后期，官吏贪污、钱粮短缺、国库空虚的情况，雍正即位前就知道了。他说：“历年户部库帑亏空数百万两，朕在藩邸，知之甚悉。”[1]这是讲的中央财政状况，地方呢？他在即位之初就说：“近日道、府、州、县亏空钱粮者正复不少。”[2]“藩库钱粮亏空，近来或多至数十万。”[3]雍正要想他的国家强盛，就不能不把整理财政、清查赋税放在特别重要的地位。

雍正正式即位前，内阁官员草拟登极恩诏，并按照惯例，开列了豁免官员亏空一条。雍正认为这样做是助长贪官污吏的侥幸心理，允许他们继续侵占钱粮，当即不准开载，表明他对官员贪婪不法的深恶痛绝态度。不多日，即他掌权的第一个月——十二月十三日，给户部下达了全面清查钱粮的命令。他说各地亏空钱粮，不是受上司勒索，就是自身侵渔，都是非法的。在先，大行皇帝宽仁，未对赃官明正法典；所谓勒限追补，也不过虚应故事，亏欠依然如故。但库藏因此空虚，一旦地方有事，急需开支，则关系匪浅，因此决定清查：

> 各省督抚将所属钱粮严行稽查，凡有亏空，无论已经参出及未经参出者，三年之内务期如数补足，毋得苛派民间，毋得借端遮饰。如限满不完，定行从重治罪。三年补完之后，若再有亏空者，决不宽贷。
>
> 其亏空之项，除被上司勒索及因公挪移者，分别处分外，其实在侵欺入己者，确审具奏，即行正法。倘仍徇私容隐，或经朕访闻得实，或被科道纠参，将督抚一并从重治罪。即如山东藩库亏空至数十万，虽以俸工补足为名，实不能不取之民间额外加派。山东如此，他省可知。以小民之膏血，为官府之补苴，地方安得不重困乎？既亏国帑，复累民生，大负皇考爱养元元之至意，此朕所断断不能姑容者。[4]

雍正明确规定了在地方上清理钱粮的方针、政策和注意事项。一个月后，即元年（1723年）正月十四日，雍正发出在中央设立会考府的上谕。他说钱粮奏销中弊病很大，主要是看有无“部费”，若没有，就是正当开支，计算也清楚，户部也不准奏销，而一有“部费”，即靡费百万，亦准奏销。当日大行皇帝也知道这种弊端，不过不欲深究，从宽处理，然而“朕今不能如皇考宽容”，此后一应钱粮奏销事务，无论哪一部门，都由新设立的会考府清厘“出入之数”，都要由怡亲王允祥、舅舅隆科多、大学士白潢、尚书朱轼会同办理[5]。雍正要求允祥严格推行他的清查政策，对允祥说：“尔若不能清查，朕必另遣大臣；若大臣再不能清查，朕必亲自查出。”[6]雍正一再表示他不宽容，决心从上到下、从内到外，把惩办贪官、清理亏空的斗争迅速地、大规模地开展起来。

原来各部院动用钱粮，都是自行奏销，会考府设立后，由它来稽核，各部院就不能营私舞弊了。会考府成立不到三年，办理部院钱粮奏销事件550件，其中驳回改正的有96件，占所办事件的17%[7]。户部库银，经允祥查出亏空250万两，雍正责命户部历任堂官、司官及部吏赔偿150万两，另100万两由户部逐年弥补[8]。清查中涉及贵族和高级官僚，也不宽贷。康熙第十二子履郡王允祹曾管过内务府事务，追索其亏空，他将家用器皿摆在大街上出卖，以便赔偿。第十子敦郡王允䄉也有应赔银两，赔了数万金，尚未全完，后查抄他的家产[9]。内务府官员李英贵伙同张鼎鼐等人冒支正项钱粮百余万两[10]，雍正就抄了他的家。因为厉行清补，人们责怪主持其事的允祥“过于苛刻”[11]“过于搜求”[12]，雍正说这不是允祥的事，是他为“清弊窦”，饬令着追[13]，自己承担了责任。

地方上清查亏空，在雍正元年普遍开展起来。雍正在盛京将军唐保德等奏请拿审亏空钱粮官员奏折中朱批："诸多年来各官仰仗皇考仁慈，窃取国家钱粮，贪赃枉法，勒索百姓，已成常事，朕决意革此流弊。"[14]清理地方亏空的态度异常鲜明和坚决。当年被革职查封家产的有湖广布政使张圣弼、粮储道许大完、湖南按察使张安世、广西按察使李继谟、原直隶巡道宋师曾、江苏巡抚吴存礼、布政使李世仁、江安粮道王舜、前江南粮道李玉堂[15]。山西巡抚苏克济，自康熙四十八年（1709年）起任职，至六十年（1721年）丁忧去职，雍正元年六月潞州知府加璋告发他勒索各府、州、县银450万两，于是籍没家财，以偿亏空，并责令其家人赵七赔偿20万两[16]。原河道总督赵世显克扣治河工料，侵蚀钱粮，下刑部狱，家财充公[17]。苏州织造李煦亏空银38万两，抄家赔补[18]。雍正指斥李煦"不安分"，与光棍为伍，"谎用、亏空织造衙门银亦不少，理应将李煦立即拿获"[19]。

赃官一被揭发，雍正为使他们退出赃银，保证归还国库，主要是采取抄家籍没的手段。元年（1723年）八月，通政司右通政钱以垲提出追补办法："凡亏空官员题参时，一面严搜衙署，一面行文原籍官员，封其家产追变，庶不致隐匿寄顿。"[20]官衙与原籍同时抄检，避免隐藏，一切家产估价变卖，就可以较多地完纳应偿亏空。这项建议被雍正采纳了，大多数犯官的清偿都照此进行。于是社会上流传雍正"好抄人之家产"的说法，甚至人们打牌，把成牌称作"抄家湖"[21]，这固然表现了一部分人对雍正抄家的不满，反之也表明用它作为对付赃官的手段是行之有效的。对人们的攻击，雍正也作了辩解，说明抄家的必要："若又听其以贪婪横取之资财，肥身家以长子孙，则国法何在，而人心何以示儆。况犯法之人，原有籍没家产之例，是以朕将奇贪极酷之吏，抄没其家资，以备公事赏赉之用。”[22]

与抄家同样重要的手段是罢官，凡是贪官，一经被人告发，就革职离任，不许再像以往那样留任以弥补亏空。元年二月，雍正谕吏部：“亏空钱粮各官，若革职留任催追，必致贻累百姓”，不可复留原任；若已清还完毕，尚可为官的，由大吏奏请[23]。雍正看到，若允许留任清补，必然要以新的贪污补偿旧项，所谓“不取于民，将从何出”[24]？他严厉打击贪官方针的实行，使很多人被罢官。三年（1725年），湖南巡抚魏廷珍奏称，该省官员“参劾已大半”，表示再查出舞弊，继续纠参[25]。十年（1732年），直隶总督李卫说，通省府、厅、州、县官，在任三年以上的寥寥无几，官员的频繁更换，原因之一是被撤职的人多[26]。

既要保证亏欠归还国库，又不许赃官得好处，雍正还采取了许多措施：

命亲戚帮助赔偿。雍正说有的犯官把赃银寄藏在宗族亲友家，这些人也有平时分用赃物的，这时要帮他清偿，所以往往抄没这些人的家产。这样触动的人太多，株连太广，不得人心，措施实行四年之后，便被停止了[27]。

禁止代赔。过往追赃时，有以地方官和百姓代为清偿的，雍正概不准行。元年五月，新任直隶巡抚李维钧奏请由该省官员帮助前任总督[28]赵弘燮清补亏欠，雍正说纵使州县官有富裕，只可为地方兴利，不可令为他人补漏[29]。二年（1724年）四月，雍正说令州县代赔之事，弊病很多，可能是不肖绅衿与贪官勾结，利用题留复任，也可能是棍蠹借端科敛，因此不准通行[30]。

挪移之罚，先于侵欺。挪移多是因公挪用，常常有不得已的情况；侵欺是贪污。两种情况，都是亏空，但性质有所不同，在处分上也大不一样。一般的惩治，先抓贪污，后及挪移。官僚遂因之取巧，将侵欺报作挪移，避重就轻，希图免罪。雍正对这种情弊了如指掌，他说贪婪的官员，“借挪移之名，以掩其侵欺之实，至于万难掩饰，则以多者为挪移，少者为侵欺，为之脱其重罪，似此相习成风，以致劣员无所畏惧，平时任意侵欺，预料将来被参，亦不过以挪移结案，不致伤及性命，皆视国法为具文，而亏空因之日多矣”[31]。为对付贪官钻空子，雍正改变成例，在挪移和侵欺两项追赔中，不管哪个案子发在先头，一律“将挪移轻罪之项令其先完，侵欺重罪之项令其后完，使捏饰挪移希避重罪之人无所施其伎俩”[32]。他这种办法，显然把轻重倒置了，具有不合理的成分，但却又含有合理因素，即对惩治贪官确有好处。他是不拘成规，想得出，做得到的人。这种办法只能在特殊情况下行于一时，随着打击贪污取得成效，情况有了变化，就恢复旧日先完侵欺后完挪移的成法了。

对畏罪自杀官员加重处理。四年（1726年），广东巡抚杨文乾奏参肇高罗道李滨亏空钱粮，李即自杀。闽浙总督高其倬、福建巡抚毛文铨参革兴泉道陶范，还未审理，陶已自尽。雍正说：这是犯官“料必以官职家财既不能保，不若以一死抵赖，留资财为子孙之计”。为使他们的狡计落空，令督抚将犯官“嫡亲子弟并家人等”严加审讯，“所有赃款着落追赔”[33]。

使用这些办法，清查了三年，取得一定效果。各省清偿了一部分亏空，有的省做得比较彻底。如直隶总督李维钧在二年八月报告，该省亏欠银41万两，到本年六月已完20万两，下余21万两明年可以偿清[34]。河南等省也清查较好，下面即将讲到。雍正并不满足，他深知一些封疆大吏没有很好地执行他的政策，即他们开始纠参属员时很严厉，审结时从宽开脱，以使属员怀恩感畏[35]，所以到了三年清查期满，事情未能完结。雍正下令展限三年，要求务必达到预期目的，他说：

> 凡各省亏空未经补完者，再限三年，宽至雍正七年，务须一一清楚，如届期再不全完，定将该督抚从重治罪。如有实在不能依限之处，着该督抚奏闻请旨。[36]

他的决心很大，搞不彻底，绝不罢休。

在整个清查过程中，有的督抚积极开展，有的由雍正派员前往审理，都反映了地方清查的进行情况。

二年（1724年），田文镜就任河南布政使，旋升巡抚。他一到任，就着力清查亏空，当年四月初六日奏折表示：“臣不遗余力檄委各府州互相觉察，设法严查，总期彻底澄清，不容纤毫短少。”[37]他对犯有贪污罪的官员，毫不徇情，坚决题参革职审查。三年（1725年），参劾信阳州知州黄振国“狂悖贪劣，实出异常”[38]。克山县知县傅之诚吞没雍正元、二、三年耗羡银一千四百多两，田文镜将他革职题参[39]。到四年夏天，他共参奏属员22人[40]。经过田文镜及其前任石文焯的努力，雍正二年就把欠在藩库的亏空补清，欠在州县的三四十万两也严催急补[41]。到十年（1732年），河南布政司库存耗羡银七十多万两[42]，表明河南绝对没有亏空现象。雍正对田文镜的雷厉风行很赞赏，说"田文镜参官最多，鄂尔泰从不轻弹，然二人皆各有道"[43]，对他的清查及各项政事非常满意。田文镜因此与推行改土归流的鄂尔泰成为"模范督抚"。

四年（1726年），大规模清查江西钱粮。江西各府州县仓谷亏空很多，巡抚裴倖度明知而容隐，如此历任相传，不能改变亏空局面。雍正命把已调任的裴倖度留于任所，将前任布政使张楷、陈安策发往江西审讯。又以现任巡抚伊都立"为人软弱，好沽虚名"，不能完成清查剧务，特派吏部侍郎迈柱通察全省钱粮积弊，又派拣选州县数十人赴赣，以备顶换亏空仓谷的官员[44]。迈柱认真清查，遭到江西按察使积善的反对，雍正支持迈柱，赞扬他"到任以来，不避嫌怨，为地方生民计，实心效力"[45]。清理的结果，即让裴倖度及历任藩司补偿仓谷的亏缺[46]。

五年（1727年），福建布政司沈廷正奏报该省仓谷亏空，雍正认为巡抚毛文铨欺隐，派广东巡抚杨文乾和许容为钦差大臣前往清查，特发上谕告诫福建民人：因清查即将进行，可能有赃官闻风先借富民的粮食暂充库存，以图隐瞒，如若有人出借，该物即成官物，发觉后不再归还；已拣选候补府、州、县官多员随同钦差赴闽，"现任府、州、县内之钱粮稍有不清者，即令更换"[47]，表示彻底清查的决心。后来果然取得一定成效。

雍正有计划地清查亏空的同时，遇有新的贪赃，严惩不贷。五年，原礼科给事中、山西学政陈沂震，退职后回原籍江南吴江县，被人告发放考时收钱，雍正说陈沂震家乡正修吴淞江，命巡抚陈时夏、副都统李淑德强迫他出资一二十万两助修水利[48]。同年，浙江巡抚李卫奏参原淮徐道潘尚智，雍正命将潘的家产查出，充作浙江海塘工程费用[49]。同年，丁忧江南籍华亭人、原翰林院侍讲廖赓谟，曾任江西乡试主考官、山西学政，被人告发贪赃受贿，雍正命他出银8万两疏浚苏淞河道，另出银2万两送直隶正定府助修城墙[50]。十年(1732年)，河南学政俞鸿图被告"纳贿营私"，资财累万，被处斩刑[51]。

第二节　耗羡归公，推行养廉

清理钱粮亏空，着落于赃官及其亲友，它的另一个途径，则是用耗羡银来弥补。火耗之重本已是突出的社会问题，还要用作清欠，雍正就更为重视，越发要解决它的弊端了。

一、火耗提解的讨论和雍正的乾断推行

火耗以及与它相联系的差役和滥征滥派，雍正早看在眼里。元年（1723年）元旦谕地方官文告说："今钱粮火耗，日渐加增，重者每两加至四五钱，民脂民膏，朘削何堪。至州县差徭，巧立名色，恣其苛派，竭小民衣食之资，供官司奴隶之用。"[52]又说在康熙时，有人请加火耗以补亏空，先帝未允，如今耗羡断不能加[53]。雍正在考虑既要削减耗羡又要用火耗银清偿亏空的办法。

耗羡部分归公，康熙中就有人提出，没有得到皇帝的允准，未能实行。雍正元年五月，湖广总督杨宗仁再次提请。他奏称：地方上的公事开销，都是地方官勒派百姓供应，不如令州县官在原有耗羡银内节省出二成，交到布政司库房，“以充一切公事之费，此外丝毫不许派捐”。耗羡本来是地方官私征私用，如康熙所说是地方官的私事，杨宗仁要他们拿出一小部分归省里，作为公用，实际上是提出了具有耗羡归公意义的建议。雍正见到他的奏折，立即加以支持，说他“所言全是，一无瑕疵，勉之”[54]，鼓励他好好实行。同年，山西巡抚诺岷因该省耗羡问题比较严重，要求将山西各州县全年所得的耗羡银，通通上交布政司库，一部分用作抵补无着落的亏空，一部分给各官作养廉银[55]。这是全面实行火耗归公的办法，雍正高兴地批准他在山西实行。二年（1724年）初，河南巡抚石文焯折奏：该省共有耗羡银40万两，给全省各官养廉银若干，各项杂用公费若干，下余十五六万两解存藩库，弥补亏空，因此办公费用都出在耗羡内了，不再议捐朘民。这也是耗羡提解的办法。雍正原本看不上石文焯，见到这个奏折，在朱批中表示赞赏：“此奏才见着实，非从前泛泛浮词可比，封疆大吏，原当如此通盘合算，如何抵项，如何补苴，若干作为养廉，若干作为公用，说得通，行得去，人心既服，事亦不误，朕自然批个是字。”[56]在雍正支持下，山西、河南首先实行耗羡改革。

雍正想推广诺岷的办法，命九卿会议具奏。官员多不赞成，内阁作出请禁提解火耗的条奏。他们的理由是：（甲）耗羡是州县应得之物，上司不得提解。（乙）“提解火耗，定限每两若干，不得寓‘抚’字于催科”。意思是把不是正税的火耗当作正税征收，使人感到增加赋税。(丙)“公取分拨，非大臣鼓励属员之道”，即督抚公开允许州县官征收耗羡，使火耗之私征合法，这是允许属员贪婪[57]。这个奏议发出之后，山西布政使高成龄表示不能同意，缮写奏折，一一与辩。他说州县官私征火耗，以补官俸不足，但其上司没有火耗，又不能枵腹办事，就接受州县官的节礼，这还是出在火耗项上，不如全省征收，给各官养廉银。这样上司也不能再勒索属员，免得州县官借口苛征里甲。他又说耗羡归公，不是增加火耗，而是要比原来征收的成数还要少征，况且火耗归公，多征也不归州县，谁还滥加成数。他还说大臣收节礼，甚至受贿赂，才不是教育属员的办法，不如公开的分给养廉银，共受皇上的恩赐。他的结论是：“耗羡非州县之己资，应听分拨于大吏；提解乃万全之善策，实非为厉于属员。”[58]他针对当时耗羡滥征的实际情况，讲解了耗羡归公的好处。九卿所说看似有理，光明正大，既不增加百姓负担，又让州县官满意，其实是沽名钓誉，说得好听，而听任州县官狂收滥派，不讲官吏法规，不管百姓死活，如果遵照他们的意见，只能维持旧日弊端。高成龄反驳得很有力，但他只是站在疆吏的位置，更多地着眼于这个问题上大吏与属员的关系，对实行耗羡提解的全部意义还没有透彻的认识。

雍正很重视高成龄的意见，把它交给总理事务王大臣及九卿翰詹科道各官讨论，并要求他们“平心静气，虚公执正，确议具奏。若有怀挟私意以及任性尚气，淆乱是非者，则于此一事，必有一二获罪之人也”[59]，把支持高成龄的态度表示出来了。但这件事涉及内外官员的切身利益，也涉及人们的政治观点，所以反对的人仍然很多。吏部右侍郎沈近思认为耗羡归公使火耗与额征无异，不是善法，他说“今日则正项之外更添正项，他日必至耗羡之外更添耗羡”。雍正问他：你作过县令，是否也收火耗？沈答道：是的，这是为养活妻儿。雍正说你还是为一己之私，沈回说妻儿是不能不养的，否则就绝了人伦[60]。他的观点不外是私征有理，归公无理。左都御史、吏部尚书朱轼也以不便于民，表示反对[61]。山西太原知府金鉷时值入京引见，不同意他的上司诺岷、高成龄的主张，雍正问他是否以地方官的私心反对耗羡提解，他回奏：“臣非为地方官游说也，从来财在上不如财在下，州县为亲民之官，宁使留其有余”，让他们知道廉耻才好[62]。他的意思是多给州县官一些养廉银。山西人御史刘灿上疏也反对诺岷的办法[63]。在这种情况下，诺岷感到孤立，压力很大，雍正就把刘灿调为刑部郎中，将其弟刘煜、刘燏的举人革掉[64]，免得他们在山西扰乱耗羡归公的实行。

讨论不能取得统一意见，雍正就在二年（1724年）七月初六日作了实行耗羡提解政策的乾断，发出上谕，首先批评官员见识短浅，不懂得火耗归公的必要，他说：

> 高成龄提解火耗一事，前朕曾降谕旨，令尔等平心静气秉公会议，今观尔等所议，亦属平心静气，但所见浅小，与朕意未合。州县火耗，原非应有之项，因通省公费及各官养廉，有不得不取给于此者，然非可以公言也。朕非不愿天下州县丝毫不取于民，而其势有所不能，且历来火耗，皆在州县，而加派横征，侵蚀国帑，亏空之数，不

下数百余万，原其所由，州县征收火耗，分送上司，各上司日用之资取给于州县，以致耗羡之外，种种馈送，名色繁多，故州县有所借口而肆其贪婪，上司有所瞻徇而不肯查参，此从来之积弊所当剔除者也。与其州县存火耗以养上司，何如上司提火耗以养州县乎！

“与其州县存火耗以养上司，何如上司提火耗以养州县乎！”雍正看得高就在这里。州县用火耗养上司，上司就不得不对他们瞻徇容隐，于是乎吏治不清，实行耗羡归公，就有利于吏治澄清了。

其次，针对有人要在山西先试行，看效果再推广的建议，雍正说：

此言甚非，天下事，惟有可行与不可行两端耳，如以为可行，则可通之于天下，如以为不可行，则亦不当试之于山西。

这样讲，表明他推行耗羡归公的不可动摇的决心。

复次，耗羡归公事属草创，办法还不完善，有的州县官在起解钱粮时，擅自多留地方公用的火耗银，因此雍正要求州县官把耗羡银尽数提交藩库，他说：

（九卿）奏称提解火耗，将州县应得之项，听其如数扣存，不必解而复拨等语。现今州县征收钱粮，皆百姓自封投柜，其拆封起解时，同城官公同验看，分毫不能入己，州县皆知重耗无益于己，孰肯额外多征乎……若将州县应得之数扣存于下，势必额外加增，私收巧取，浮于应得之数，累及小民。况属之督抚，显然有据，属之州县，难保贪廉，此州县羡余之不可扣存者也。[65]

把州县合理用银交上去，再由省里发下来，这样做是麻烦，但可以免得州县官多扣留，而且尽数起解，州县官知道多征与本身没有好处，也就不会滥征了。

这次讨论，使疆吏看清雍正态度，遂继晋、豫二省后，迅速仿行起来，并在实践中解决耗羡重和养廉银等问题。

二、耗羡率的降低

雍正对于耗羡及耗羡率，只许减少，不许增加："倘地方官员，于应取之外，稍有加重者，朕必访闻，重治其罪。"[66]自从耗羡提解，各省火耗率均有所变动，有的一变再变。各省内的州县火耗率也不相同，但各省有一个平均数字。现将所知者列表于下。

耗羡归公后各省火耗率简表

省区	时间	火耗率（%）	原率（%）	说明	资料出处
山西	元年（1723）	20	30—40		《朱批谕旨·高成龄奏折》，三年二月初八日折
山西	四年（1726）	13			《朱批谕旨·伊都立奏折》，四年九月二十三日折
直隶	二年（1724）	15		钱粮219万两，火耗23万两	《朱批谕旨·李维钧奏折》，二年八月初六日折
湖广	元年（1723）	10			《朱批谕旨·赵城奏折》，六年十月十一日折

续表

省区	时间	火耗率（%）	原率（%）	说明	资料出处
湖广	九年（1731）	14—15		加坐平等项	《朱批谕旨·王士俊奏折》
湖南		10			《朱批谕旨·王国栋奏折》
江苏	六年以后（1728）	10	5—10		王先谦：《东华录》，雍正十三年十一月癸未条
江苏	七年（?）（1729）	9		钱粮372万两，火耗34万两	《朱批谕旨·王玑奏折》
浙江	二年（1724）	5—6	不及10		《朱批谕旨·石文焯奏折》，二年十月十五日折
浙江	五年（1727）	6		钱粮205万两，火耗14万两	《上谕内阁》，五年七月二十七日谕
河南	二年（1724）	13	80		《朱批谕旨·石文焯奏折》，二年正月二十二日折；《朱批谕旨·田文镜奏折》，七年八月初三日折
山东	六年以前（1728）	18	80		《朱批谕旨·田文镜奏折》，七年八月初三日折
山东	六年以后（1728）	16			《朱批谕旨·田文镜奏折》，七年八月初三日折

续表

省区	时间	火耗率（%）	原率（%）	说明	资料出处
四川	五年(1727)	30			《上谕内阁》，五年十月二十七日谕
广东	元年(1723)	10	20以上		《上谕内阁》，七年十二月初三日谕

表中所示，在多数地区，耗羡率有不同程度的下降，而且在一些地区随着时间的推移在递减，如山西、山东，有的降低幅度较大，如河南、山东。按汪景祺的《读书堂西征随笔》说法，鲁、豫两省原来火耗高达正赋的八成，但田文镜说山东是按一成二至二成以上征收的，这两个数字相差太大，田是据官方报告而言，他也知道："州县每有征多报少之弊"[67]，即实际苛敛的要多，汪说的可能是把地方官所有的私派都算上了，也可能系来自传闻，有所夸张，然而鲁、豫耗羡太重当是事实，因此那里的耗羡率实际下降得很多。个别地区耗羡率略有上升，如江苏，这里钱粮多，原来耗羡率低，耗羡银绝对量还是大的。这时该地官员大约看到别的地区耗羡率总在一成以上，于是也悄悄增上去。总的状况是耗羡率降低了，扭转了康熙后期地方官狂征滥派的严重情况。

三、耗羡银用途及养廉银制度

耗羡归公后，它的用途，雍正规定是三大项，一是给官员的养廉银，二是弥补地方亏空，三是留作地方公用。用以清补亏欠，主要是雍正初年的事。如元年，山西实收耗羡银43万两，用作补偿亏空20万两，占总数的47%，各官养廉11万两，占26%，给州县作杂费用的2.1万两，通省公费7.1万两，计9.2万两，占21%，尚余2.1万两[68]。各省弥补完毕或基本清楚，补偿的这笔费用就转用到官员的养廉上。

所谓“养廉银”，是给官员的生活、办公补助费，以此不许他们贪污，保持廉洁奉公。耗羡在州县官私征时，是没有法律规定的，但又是几乎合法的征收。耗羡归公后，耗羡完全合法了，但收入不归州县官，而属省政府。这样，州县官失去一条生财之道，势必在已成正项赋税的耗羡之外再去横征暴敛。为了防止新的贪赃不法的出现，雍正决定给州县官一部分生活、办公补助费。过去州县官的上司靠州县官送礼，州县官失去了自行支配的耗羡银，无从馈赠，绝了督、抚、司、道的财源也不行，于是也给督、抚、司、道补助费。这就形成了地方上各级官员的养廉银。要把它必不可少的原因搞清，就必须了解官僚制度和俸禄制度。

明清两代，官俸都很少，明代正一品官月俸米87石，正四品24石，正七品7石5斗，从九品5石[69]。所以清代史学家赵翼说明朝“官俸最薄”[70]。他不好意思说本朝，清朝又何尝不是这样。在京文武官员每年俸银，一品180两，二品150两，三品130两，四品105两，五品80两，六品60两，七品45两，八品40两，正九品33两1钱，从九品31两5钱。另按俸银每两给俸米1斛。在外文官俸银同于在京官员，但没有禄米，武官俸银只及在京武官的一半[71]。这样封疆大吏总督年俸180两，巡抚、布政使150两，按察使、盐运使130两，道员、知府105两，同知、知州80两，通判、州同60两，县令、府学教授45两，县丞、教谕、训导40两，主簿33两1钱，典史、巡检31两5钱，吏役钱粮更加微薄，斋夫12两，铺兵8两，门子、皂隶、马夫、库事、斗级、轿伞扇夫、禁卒约6两[72]。靠这一点薪俸，知县、吏役自身的家口也养活不了，州县官更不能花以百计数的礼金聘请必须具备的幕客了，打点上司、送往迎来的费用即使拿出全部俸银也不够作零头的用场。而出仕的官员，或来自科举，或来自捐纳，或来自恩荫，赚钱是他们出仕的重要目的之一，他们当然不能满足于微乎其微的俸禄，更不会贴钱做官。这种低俸禄制度和官僚制度的性质相结合，必然产生官吏的贪赃营私。他们贪污的途径很多，诉讼中收受贿赂，历来是官吏的主要财源之一，但这在任何情况下，名义上都是非法的；耗羡私征是官吏的另一项重要的额外财源，是半合法的。

实行耗羡提解，等于绝了地方官的一个财路，皇帝又不增加薪俸，若不给他们另辟财源，他们是不可能廉洁奉公的。雍正也不要官员枵腹办公，而是要他们具有合乎官员身份的经济收入，他说做督抚的，应该“取所当取而不伤乎廉，用所当用而不涉乎滥，固不可朘削以困民，亦不必矫激以沽誉，若一切公用犒赏之需，至于拮据窘乏，殊失封疆之体，非朕意也”[73]。因此耗羡提解同时，“恐各官无以养廉，以致苛索于百姓，故于耗羡中酌定数目，以为日用之资”[74]。即从耗羡银中提取一部分，发给从总督、巡抚到知县、巡检各级官员，以一定的银两作养廉费用。它的数目，主要视官职高低来确定。由于政务繁简及赋税多少的不同，各省养廉银数目也有若干区别。随着各地钱粮亏空弥补清楚，养廉银不断增加，到十二年（1734年）各省官员的养廉银数有如下表：

地方官员养廉银一览表（单位：两）

地区	总督	巡抚	布政使	按察使	学政	道员	首府	府	直隶州	同知	通判	散州	县
直隶	15000		9000	8000	4000	2000	2600	2000		700—1000	600—700		600—1200
两江	30000												
江苏		12000		8000	4000	1500—6000	3000	2500	2000	500	400	1200—1500	1000—1800
苏州			9000										
江宁			8000										
安徽		10000	8000	6000	4000	2000—3000	2000	2000	1000	500	400	800	600—1000
江西		10000	8000	6000	2400	2600—3800		1600	1400	600—900	600		800—1900
浙江		10000	7000	4000	2500	2000—6000		1200—2400		400—1500	400	800	500—1800
福建	18000	13000	8000	6000	4000	1600—2400		1600—2800		500—1200	500	1200	600—1600
湖北	15000	10000	8000	6000	3000	2500—5000		1500—2600		600—750	500—625	800—1000	600—1000
湖南		10000	8000	6500	3600	2000—4000		1500—2400	1300	600—1000	500—800	900	600—1200

续表

地区	总督	巡抚	布政使	按察使	学政	道员	首府	府	直隶州	同知	通判	散州	县
山东		15000	8000	6059	4000	4000	4000	3000		800—1000	600		1000—2000
山西		15000	8000	7000	4000	4000		3000—4000	1500	800—1200	800—1200	800—1000	800—1000
河南		15000	8000	8444	6666	3857—4229	4000	3000	1800	800—1000	600		1000—2000
四川	13000		8000	4000	3000	2000—3500	2400	2000		400—1000	400—1000	600—1200	600—1000
陕西	20000	12000	8000	5000	2400	2000—2400		2000	1000	800	600	600	600
甘肃		12000	7000	4000	1600	3000		2000	800	800	600	600	600
广东	15000	13000	8000	6000	4500	3000—3800		1500—2400		500—800	500—800	600—1200	600—1200
广西		10000	6000	4920	2000	2360—2400		1000—2000	1756	600—900	500—700		705—2265
云南	2000	10000	8000	5000	4000	3500—5900		1200—2000		400—1000	400—900	700—2000	700—2000
贵州		10000	5000	3000	2700	2000—2500		800—6500		500—1000	400—800	500—800	400—800

资料来源：《清朝文献通考》卷42《国用》。

上表示知，地方上各级官员养廉银的数量，从数百两到3万两不等，相差悬殊。各官养廉银同他们的俸禄相比，高出十几倍、几十倍以至上百倍，养廉比俸饷优厚得多。

地方官的问题解决了，京官的俸禄之低就更突出，不予解决，地方官仍要向他们送礼。雍正顾虑及此，六年（1728年）下令，给吏、户、兵、刑、工五部尚书、侍郎发双俸，新增的这一份叫“恩俸”。兼管部务的大学士也得双份俸银和俸米。汉人小京官，原先每年支领俸米12石，大多不够家属口食，三年（1725年），雍正令按照汉官俸银数目给米，免得花大价钱到市场购买，后又命给他们加俸银、俸米。

耗羡银也用作地方上的办公费，在山西初行时就有所明确了。高成龄说提解的耗羡银除用于养廉外，“通省遇有不得已之费，即可支应”[75]。杨宗仁提解火耗，也以用它“充一切公事之费”为目的之一[76]。雍正批准耗羡归公，对于耗羡银的用途，概括为：“将经年费用之款项，衙门事务之繁简，议定公费，派给养廉，俾公事私用，咸足取资。”[77]即把地方政府的办公费列为重要开支。雍正政府也是这样实践的。杨宗仁在湖广，开始是提取耗羡银的20%作衙门办公经费[78]，后来增加，改提30%[79]。山东巡抚以正税1%的数额作为地方经费，把这笔钱从耗羡银中提出，“以为公费之用”。田文镜在河南也实行这样的办法。河南每年实征钱粮银三百一十四万余两，按1%计算，为银三万一千多两，从耗羡银中提出这个数目的银子，按官职分给各官作办公费，如直隶州知州300两，大州县240两，中州县200两，小州县180两，巡检80两[80]。河南信阳州衙门，除知州有公费银240两外，还有地丁、黄腊、河银、漕粮等项解费银[81]。《清朝文献通考》关于实行提解火耗写道:"有司之养廉于此酌拨,地方之公用于此动支"[82],总结性地指出了耗羡银用作地方公费的事实。

耗羡银按地丁税的一定比例征收,地丁银基本上是固定的,耗羡银因而也是固定的。官员的养廉银和衙门的办公用银,是根据该地方事务的繁简状况确定的,即依照需要确定,一般也不再变化[83]。这就是说,地方政府除去上交国库的钱粮,自行的收入和使用都是固定化了的,基本上保持收支平衡,这就含有近代政府财政预算、决算的味道。这一点孟森先生已经注意到了,他说:"养廉自督抚至杂职,皆有定额,因公办有差务,作正开销,火耗不敷,别支国库,自前代以来,漫无稽考之赡官吏,办差徭,作一结束。虽未能入预算决算财政公开轨道,而较之前代,则清之雍乾可谓尽心吏治矣。"[84]日本学者佐伯富认为耗羡归公,使地方经费明确化、预算化,对地方行政的实施是一大进步[85]。他对耗羡归公与预算财政的关系提得更明确了。

四、取缔陋规、加派的斗争

养廉银制度实行之前,地方官中的下属对上司,按规定馈送礼金,若上司身兼数任,就要奉送几份礼物[86],所以陋规流行,情节极其严重。雍正元年(1723年),山东巡抚黄炳报告他所主管的衙门,以前每年收规礼银11万两,其中节礼、寿礼银6万两,丁、地规礼银一万余两,两司羡余银3万两,驿道、粮道规礼银各2000两,盐道及盐商规礼银各3000

两。黄炳曾任按察使6年，收盐商规礼银3万两[87]。巡抚一年的规礼，要比后来实行的养廉银多好几倍，按察使所受盐商规礼一项，就占到养廉银的二分之一以上。雍正即位后，注意革除这一弊病。元年发出上谕，禁止钦差接受地方官馈赠，督抚也不得以此向州县摊派[88]。在实行耗羡提解的同时，雍正就大力取缔陋规了。这方面，河南巡抚做得比较突出。石文焯在计议耗羡归公时，考虑到若规礼不除，州县官还会在耗羡外再行加派，以奉献上司。为防止这种情况的出现，石文焯就将巡抚衙门“所有司道规例，府、州、县节礼，及通省上下各衙门一切节寿规礼，尽行革除”[89]。田文镜继任，更能以身作则，不收规礼：“家人吏役约束颇严，门包小费一概谢绝。”[90]河南有一些特产，如开封府的绫、绵、绸、手帕、西瓜，归德府的木瓜、牡丹、永枣、岗榴，怀庆的地黄、山药、竹器，汝南府的光鸭、固鹅、西绢，平原州县的麦豆，水田州县的大米，附山州县的木炭、兽皮、野鸡、鹿、兔等类，上司强令该地方官交纳，成为土例。田文镜一概不收，严行禁止地方官交送[91]。

有些官员对规礼贪恋不忍放弃，一经发觉，雍正就严加处理。五年（1727年），巡察御史博济到江南，勒索驿站规礼，江南总督范时绎即行参奏，雍正将博济革职，交当地大员严审具奏[92]。山东蒲台知县朱成元在任多年，一直给巡抚，布、按两司各官送礼，并有册簿进行登记。六年（1728年）事情被人揭发，雍正命河东总督田文镜、署山东巡抚岳濬对朱成元及受礼的前巡抚黄炳及博尔多、余甸等人进行审讯[93]。当时山东的规礼仍很严重，州县官进谒上司一次，巡抚衙门索门包16两，布、按8两，粮道12两，驿道和巡道各5两，本府州16两，同知、通判3、4两。解地丁钱粮，则有鞘费、部费、敲平、饭食、验色、红薄、挂牌、草薄、寄鞘、劈鞘、大门、二门、内栅、外栅、巡风、付子、实收、投批、投文、茶房等名色。这样每解银1000两，共约需30两的杂费银。田文镜深知“欲禁州县之加耗加派，必先禁上司，欲禁上司，必先革陋规”，于是严行整饬。雍正对此很满意，命他好好实行[94]。雍正又通令全国，严禁授受规礼：“倘有再私受规礼者，将该员置之重典，其该管之督抚，亦从重治罪。”[95]

剔地方陋规的同时，雍正还加强对中央官员的约束。原来地方官向户部交纳钱粮，每1000两税银，加送余平银25两，饭银7两[96]。雍正于即位之初，下令减去余平的十分之一[97]。耗羡提解实行后，总理户部三库事务的允祥建议取消收纳钱粮时的加平银和加色银，不许地方解送官员短交或以潮银抵充足色纹银，不许库官通同作弊，侵蚀私分，得到雍正的批准[98]。八年（1730年），雍正明确规定，平余银、饭银均减半收纳[99]。其他衙门也有部费，如题奏事件，不给部费，就不能了结，甚至新设立的会考府，本是清理钱粮的，也有地方大吏用比部费加倍的银钱进行打点，雍正于二年（1724年）十月二十三日谕告各省总督、巡抚、提督、总兵，严加禁止[100]。

实行耗羡归公和养廉银制度，本来就意味着取消陋规，但是官僚总不想放弃这项财源，力图维持它，所以反对陋规是一场斗争。

五、简评耗羡归公和养廉银制度

雍正实行耗羡提解，使原先被侵蚀的国赋，用本来为地方官私有的耗羡加以补偿；确定养廉银制度，希图防止以后再发生侵吞，保证国课不致短缺；控制火耗率，禁止地方官恣意加派，也保障百姓完纳正税。所以这项制度的精神是为保证清朝政府的赋税收入，做到国库充盈。

耗羡归公、清查亏空、养廉银三事同时进行，使恣意加派、授受规礼、贪婪勒索的恶劣风习和败坏的吏治有所改变。

耗羡归公和养廉银制度使地方政府的正税和附加税都制度化，支出按预计进行，是政府在财政管理上的进步。

大多数地区耗羡提解后的耗羡量，比州县私征时减少了，这对民间自然有好处。乾隆初年内阁学士钱陈群说："初定耗羡，视从前听州县自征之数有减无增。奉行以来，吏治肃清，民亦安业。"[101]这样说不免有溢美之辞，然亦反映耗羡归公确实有益于民生。

上述种种说明，耗羡归公和养廉银制度，表面上肯定了君主政府的加派，实质上有益于整顿吏治，相对减轻人民的负担，从而有利于社会生产力的发展。

火耗私征，沿自明朝，到雍正时已有几百年历史，它的弊病已充分暴露出来，雍正把它加以改变，并使它与养廉银制度相辅相成，从而使得它具有在不发生社会制度变革以前的不可变异性。乾隆初年，当政者中一部分人对耗羡归公持有异议，经过讨论，终不能改变它。当时兵部主事彭端淑说它是"万世不易法也"[102]。"万世"，太绝对化了，清朝一代循而未改则是事实。由此可知，耗羡归公的实现，有其历史的必然性和合理性。雍正能看清形势，毅然实行这项改革，乾隆时纂修《清朝文献通考》的官员就此说他“通权达变”[103]，不为过誉。

清朝实行低俸禄制度，对官员的薪俸很吝啬。雍正时地丁银约为3000万两，盐课、茶课约400万两，还有粮食四五百万石[104]，王公百官的俸禄不及100万两[105]，朝廷却不肯掏腰包，又不能阻止官僚贪污，只好拿耗羡银送给官僚，最终还是要人民来负担。耗羡归公和养廉银制度的确立，对非法的盘剥加以承认，把附加税变成实质上的正税，对官员的额外搜求给予有限度的认可，它的出现，使得加赋、贪污的丑行部分地公开化了，正常化了，合法化了。所以说，对雍正勇于承受加派罪名，整饬横征暴敛的弊政，给以肯定的同时，也要看到他改革的极不彻底性和弱点。不过，我们还应注意到前述沈近思说实行耗羡归公后可能会产生新的“耗羡”，实有先见之明，这是君主专制政体下难于避免的。

第三节 士民一体，纳粮当差

耗羡归公，包含解决绅衿与平民耗羡负担不合理的问题，钱陈群说：“康熙年间之耗羡，州县私征，往往乡愚多输，而缙绅士大夫以及胥吏豪强听其自便，输纳之数较少于齐民。”[106]田文镜指责某些地方官：“征收钱粮，滥加火耗，绅衿上役不令与民一体完纳，任其减轻，而取偿于百姓小户。”[107]

地方官不按田粮向绅富征收火耗，把他们的耗羡银转摊到贫民身上，这种不合理，是官吏在施政过程中给予绅衿的一种不成文的特权。他们还享有法定的和其他不成文的特殊权利。清朝入关之初，依照官员品级优免该户一定量的丁役，免除士人本身的差役和一切杂办。地方官在收税时，就把官员和士人称为“官户”“儒户”[108]“宦户”[109]，各地叫法不一，而且不断变化，所谓“绅监衿吏户名，朝改暮迁”[110]，大概讲来，秀才称为“儒户”，监生称作“宦户”[111]。这些绅衿户都享受法定的免役权。

绅衿还自行抢夺权利。雍正说“荡检逾闲不顾名节”的士人，“或出入官署，包揽词讼；或武断乡曲，欺压平民；或抗违钱粮，藐视国法；或代民纳课，私润身家。种种卑污下贱之事，难以悉数”[112]。绅衿的不法是：(甲）和地方上官吏勾结，包揽词讼，分享政府的司法权。(乙）横行闾里，欺压小民，致使平民惧怕他们有时比官吏还厉害。(丙）包揽钱粮，即替政府向本宗族、本乡小民征收钱粮，与胥吏勾结，加以侵吞。(丁）本身抗欠应该交纳的税赋。(戊）将宗族、姻亲田产挂在名下，使他们也免除杂役负担，而自身从中渔利。绅衿的不法行为，同政府的职能和权力发生了冲突，他们抢夺一部分行政权力，腐蚀官僚队伍，是造成吏治败坏的一个重要因素。君主要保持它的国家机器正常运转，就必须与不法绅衿作斗争。这是一种社会矛盾。

绅衿应有的徭役负担落在小民身上，在赋役问题上造成平民与绅衿的对立、平民与维护绅衿特权的君主政府的对立。这又是一种社会矛盾。

雍正认为政府、绅衿、平民三者的矛盾，肇端在不法绅衿，就把矛头指向他们，希图剥夺和限制他们的非法特权，使他们同平民一体当差。二年（1724年）二月，下令革除儒户、宦户名目，不许生监包揽同姓钱粮，不准他们本身拖欠钱粮，如敢抗顽，即行重处。雍正深知地方官易同绅衿勾结，特地告诫他们认真落实这项政策："倘有瞻顾，不力革此弊者，或科道官参劾，或被旁人告发，查出必治以重罪。"[113]过了两年，雍正再次严禁绅衿规避丁粮差役，重申绅衿只免本身一丁差徭，"其子孙族户滥冒及私立儒户、宦户，包揽诡寄者，查出治罪"[114]。为适应这项方针，雍正政府施行了一些具体政策。

士民一体当差的政策。元年（1723年），河南巩县知县张可标发出告示，令"生员与百姓一体当差"，引起生监的不满，恰好他同县学教官杨倬生不和，本人又曾经向属民借过银两，杨倬生以此为由，煽动生员控告张可标，实际上是反对张的执行士民一体当差政策。这时内阁学士班第到巩县祭宋陵，获知此事，作了报告，雍正令豫抚石文焯调查张可标是否有贪婪不法情事，同时将闹事的衿监重绳以法[115]。惩治他们主要是从维护社会秩序出发，坚持士民一体当差政策也是重要原因。二年（1724年），河南封丘令唐绥祖因黄河堤防须用民工，定出"每田百亩出夫一，计工受值"的办法[116]，使有田人出夫，绅衿也不例外，这正是"绅衿里民一例当差"精神在河工上的体现[117]。唐绥祖的上司田文镜肯定他的做法，进一步规定：在大堤一二百里内有田土的地主，照佃户多少，认夫几名，俟防汛工程需要，随传随到。四年（1726年），他把这项办法正式报告雍正[118]。

严禁绅衿包揽钱粮和抗粮的政策。四年，贡生张鹏生将民人郑廷桂等应纳钱粮包揽入已的案子发生了，刑部议将张鹏生枷号三个月，责四十板，雍正拿他作典型，加重处理，除枷责之外，还发遣黑龙江，同时命令大臣重议生监包揽钱粮的治罪法[119]。次年，批准朝臣的建议：凡贡监生员包揽钱粮而有拖欠的，不论多少，一律革去功名；包揽拖欠至80两的，以赃、以枉法论处，并照所纳之数，追罚一半入官；百姓听人揽纳，照不应重律治罪；失查的官员，罚俸一年[120]。这一年，保定举人苏庭奏请缓征钱粮，雍正说直隶绅衿包揽严重，苏庭必定是这里头的人，命令革去他的功名，调查他日常行为[121]。还是这一年，直隶东光知县郑三才奏称该县"地棍绅衿把持包揽，挟制官府，拖累平民，弊端种种"。雍正命严行查处[122]。

对绅衿本身的纳粮，雍正也加强管理。六年（1728年）规定，凡系绅衿钱粮，在税收印簿和串票内注明绅衿姓名，按限催比，奏销时将所欠分数逐户开列，另册详报，照绅衿抗粮例治罪，若州县隐匿不报，照徇庇例议处。八年（1730年）进一步规定，州县官要把文武生员应纳的钱粮造册，送学官钤印颁发，每完若干，照数注明，按季申送查核[123]。雍正还规定，每年年底，生监要五人互保没有抗粮、包讼的事情，完纳赋粮以后，方准应试[124]，多方面促使绅衿交纳税课。

对拖欠粮赋的绅衿，雍正严惩不贷。五年（1727年），甘肃阶州绅衿抗粮，护理巡抚印务的钟保，以署知州陈舜裔激变士民的罪名，题请将其革职。雍正不答应，说陈舜裔“催办国课，并非私派苦累民间，若因此将伊革职，则实心办事之人必退缩不前，而无赖生事之人皆以挟制官长为得计矣”。指示将抗粮不法人犯严加审讯，同时责备钟保“沽名邀誉”，不要他办理这件事情[125]。湖广地区不断发生士民抗粮事件，安陆县武生董建勋连年不交钱粮，当地官员将他革去功名，予以拘禁。九年（1731年），该县士民约会抗粮，总督迈柱和地方官捉拿首犯，雍正指示：“此等刁恶风习，自当一一执法惩究，尤贵平日不时访察化导于早也。”[126]山东绅衿拖欠钱粮成风，有“不欠钱粮，不成好汉”的俗语[127]。九年，进士、举人、秀才、监生因欠粮应褫革的有1497人，本应加罪，大学士张廷玉以当地荒歉，奏准宽限三年完清[128]。官员催征绅衿逋赋不力的，雍正以因徇庇护严加治罪，十二年（1734年），为此把甘肃顺庆知府潘祥等人革职[129]。

严禁官绅勾结包揽词讼的政策。二年（1724年），雍正在山东巡抚陈世倌的奏折上批示：“凡地方上顽劣绅衿贡监之流，宜严加约束，毋邀虚誉而事姑息，以滋长刁风。”[130]同年，浙江发生了官员袒护缙绅事件。陈世倌的兄弟陈世侃的家人，在原籍浙江海宁县赊欠肉铺银两，与商人斗殴，浙抚黄淑琳审问，让陈世侃坐在后堂观看，杖毙肉铺商人，引起商人罢市。雍正将黄淑琳罢职，命杭州将军安泰和布政使佟吉图审理，安泰等奏称打死人命是实，罢市是虚，雍正认为他们仍有徇隐，命再审查[131]。当时陈世倌折奏，声称吓得“精神恍惚”，方寸已乱，其母八十高龄，也是“寝食俱废”，“风烛难保”，请求皇帝怜悯，放宽审讯。雍正毫不为动，责备陈世倌“因私而废公，器量何其褊小”[132]。足见雍正不容官官相护和官绅勾结的态度。约在四五年间，詹事府詹事陈万策回福建省亲，见当地饥荒，便命地方官将仓储平粜给县民。雍正知道后，以陈万策欲市恩乡里，令督抚查其家产，换谷散给贫民，并把他降为翰林院检讨[133]。五年（1727年），河南乡绅和景惠“捏造匿名揭帖”，田文镜奏其诬告，雍正就把和景惠处了绞刑[134]。河南监生郑当时诬告佃农高琰，“明火执杖，烧抢其家”，田文镜革其监生，张贴告示，“使通省之绅衿皆以郑当时为戒，不敢依恃护符，违禁诬告”[135]。对于劣绅武断乡曲，田文镜在雍正支持下，绝不留情。项城人进士王辙强夺人牲口，指令伊伯武生王允彝侵占王天寿地亩，伊族武生王甸极骗占生员于嗣哲地亩。他们因有功名，田文镜不能骤行审理，便移咨河南学政，把王允彝、王甸极武生革退，同时特疏参奏王辙。雍正革去王辙进士功名，对他进行严格审查[136]。浙江富阳县绅士杨六先，私收公粮，占人妻女，与历任知县交好，每年馈送数千两银子，署县令张坦熊到任，拘捕杨六先，提审那天，县民雇船来县城观看的千余人[137]。

雍正为防止劣绅干政，不许士民保留地方官。士民保留的去任地方官员，应该是有政绩的，或被冤抑的，百姓怀念他，或为他鸣不平而要求他留任。但雍正看到这中间有官员买嘱保留的，有劣绅为讨好去任官而保留的，是一种刁风恶习，严行禁止[138]。

制定主佃关系法令。绅衿不法，虐待佃户尤甚，雍正在处理主佃关系问题上，也注意打击不法绅衿。二年（1724

年），广西生员陈为翰踢死佃农何壮深，雍正说佃户必不敢先动手殴打生员，陈为翰一定是劣衿，因令巡抚李绂严审清楚。他认为读书人打死人，与其身份不合，不应该照常人案例论处，命刑部与九卿重议生员“欺凌百姓，殴人致死”如何加倍治罪的法令[139]。五年（1727年），田文镜上疏，请将凌虐佃户的乡绅按照违制例议处，衿监吏员则革去职衔，雍正说他只考虑了绅衿欺压佃农一面，没有顾及佃户拖欠地租及欺慢田主的问题，命再详议，于是定出田主苛虐佃户及佃户欺慢田主之例[140]。到十二年（1734年）又行改定，律文是：

> 凡不法绅衿，私置板棍，擅责佃户，勘实，乡绅照违制律议处，监衿吏员革去衣顶职衔，照律治罪。地方官容隐不行查究，经上司题参，照徇庇例议处；失于觉察，照不行查出例罚俸一年。如将佃户妇女占为婢妾，皆革去衣顶职衔，按律治罪。地方官徇纵肆虐者，照溺职例革职；不能详查者，照不行查出例罚俸一年。该管上司徇纵不行揭参，照不揭报劣员例议处。至有奸顽佃户，拖欠租课，欺慢田主者，照例责罪，所欠之租，照数追给田主。[141]

又具体规定，秀才、监生擅责佃户，除革去功名，还处以杖八十的刑法[142]。清朝法律，凡人之间拷打监禁，罪止杖八十，雍正定律例，将衿监擅责佃户以满刑论处，表示了严厉禁止绅衿欺压佃户的态度，它还表明佃农的法律地位和地主是平等的，起码在这里是如此。清代法律专家薛允升论到此事，有所不解，也有所不满，他说“佃户究与平民不同，擅责即拟满杖，似嫌太重”[143]。从这里可以看出，这个关于主佃关系法令的制定，具有不可忽视的意义。

镇压生监罢考的政策。雍正压抑不法绅衿方针的执行，引起他们的不满，巩县生员反对张可标实行士民一体当差的政策，是他们的最初反应，而封丘生员罢考则是一起较大的事件。二年（1724年）五月，封丘生员王逊、武生范瑚等人拦截知县唐绥祖，不许他实行按田出夫的办法，声称“征收钱粮应分别儒户、宦户，如何将我等与民一例完粮，一例当差”，强烈要求维护他们的特权。不久，河南学政张廷璐按考到开封府，封丘生童罢考，武生范瑚把少数应试者的试卷抢去，以示对士民一体当差政策的抗议。事情发生后，田文镜、石文焯迅速报告，雍正认为地方上出了这样的事情，应该“整饬一番，申明国宪”[144]，把为首的拿禁开封，惩办一二人，以儆其余[145]，为此特派吏部侍郎沈近思、刑部侍郎阿尔松阿赴豫审理，最后把为首的王逊、范瑚等斩决，王前等绞监候。在审理过程中，科甲出身的学政张廷璐、开归道陈时夏、钦差沈近思沽名钓誉，有意徇瞻。田文镜不讲情面，所以生童说“宗师甚宽”，“陈守道是好人”，田文镜则是无人不怨，无人不恨[146]。尤其是陈时夏承审时不坐堂，与诸生座谈，称他们为“年兄”，央求他们赴考。雍正对此非常不满，说这是大笑话，“儒生辈惯作如是愚呆举动，将此以博虚誉，足见襟怀狭隘”[147]。他支持田文镜，把张廷璐革职，陈时夏革职留任[148]。在处理封丘罢考事件中，清朝政府内部有不同意见，雍正和田文镜采取坚决打击不法生监的方针。以后坚持了这一政策。十二年（1734年），雍正说各省常有生童与地方官龃龉，因而罢考，以挟制长官。他命令，以后凡有邀约罢考的，就永远停止他们的考试资格，如果全县罢试，也照样办理，决不姑容[149]。

雍正还采取加强对监生管理的措施。捐纳贡监不法的比较多，而清朝政府原定监生革退由礼部批准的规则，不利于地方官和学政强化对他们的约束。田文镜想改变旧规，二年(1724年)、三年（1725年）的年终，径将应革的监生咨照学政执行，而后报礼部备案，但礼部驳回，仍令遵行旧例，田文镜因而上疏，请求把捐纳贡监交由学政，与生员一并约束，雍正批准了他的建议[150]，于是形成这样的规定：衿监凡涉及诉讼，即革去功名，听候审理。雍正还规定，生监被斥后，不许出境，以免他们滋事[151]。

雍正用这些办法调节绅衿、平民、清朝政府三者关系。他对绅衿有所节制，对不法绅衿有所打击，然而不是与他们为敌，他说有的地方官为得百姓称誉，故意摧折乡绅，但是乡绅或者是父祖，或者是本人为国效劳，这样的簪缨之族，怎么能故意压抑他们呢！[152]他说对绅士应分别情况，区别对待：品行端方的，应当加意敬礼，以为四民之表率；有一般过愆的，则劝诫之，令他改正；对那些不肯改过的，就应当以法惩处[153]。针对田文镜处罚田主擅责佃户建议所作的指示，就是他作为地主阶级的最高代表维护绅衿利益的表现。他所反对的是绅衿的不法行为，超越于清朝政府所给予的法定权利，侵犯政府权力，过分危害平民，不利于社会秩序稳定。雍正用剥夺绅衿的非法特权、平均赋役的办法，使平民、绅衿、政府三者间的矛盾得到一定程度的缓和，保护了政府和平民的正当权利，维护了清朝的有效统治。

第四节　摊丁入亩，损富利国

差徭和田赋两项是臣民对君主政府的义务，历来分别征收。徭役很重，往往为无田者力所不能负荷，加之上节所述，绅衿规避丁役，造成差徭不均，迫使劳动者隐匿人口，逃避差役，君主政府的征徭也没有保障。这种徭役制度的不合理已成为必须解决的社会问题。

早在明清之际，有的官员鉴于徭役制的弊病，在自己主管地区进行改革。明末，陕西户县实行并丁于粮的办法[154]，即把丁银归入田粮征收，不再按人丁完纳。崇祯八年（1635年），汉中府城固县亦实行“丁随粮行”新法，顺治十三年（1656年），南郑县也推行这一方法[155]。

康熙中，农民以抗争的方式表达了反对以丁派役的愿望。浙江宁波府农民提出“随地派丁”的主张，富豪反对，相持不下[156]。杭州府民人王之臣报告产少丁多，赔累不起。钱塘、仁和两县，把有产业的人家称为“乡丁”，无产业的称为“市丁”，或曰“门面光丁”，外来流寓之人称为“赤脚光丁”，各自承担丁役，光丁无产应役，承受不起，要求“从田起丁，人不纳丁”。布政使赵申乔不允许，贫民愿望不得实现，斗争不辍[157]。

这种情况下，一些官僚比较深刻地认识到丁役问题的严重性，主张改变役法。曾王孙提出丁随粮行可以去三弊、收三利的见解，他说实行丁差，必须不停地编审，但是仍得不到人丁的实情，还是会出现耄耋为丁，强壮为黄小的弊病；人丁本应死绝除名，但官吏舞弊，使素封之家不任丁役，贫苦人无丁而有丁徭；穷人承担不起，或逃亡，或拖欠，官府得不到实惠，还害得里甲赔累，官员被惩责。他认为实行丁随粮办有三个好处：买田的人增加田赋，丁役也随着增添，卖田的粮去丁亦去，没有包赔的痛苦；以粮派丁，官吏不能放富差贫，可以澄清吏治；无税粮的人口不再受丁银的拖累而逃亡，可以安心在乡从业[158]。学官盛枫明确提出丁课均入田税的主张，他说：把一县的丁银平均分摊到全县田亩中，每一亩所增加的有限，不是大毛病，而贫民则免除供输，会使国课有保障，官员考成无问题，这是“穷变通久之道”[159]。反对丁随粮办的官僚也很多。邱家穗讲出两条理由：一是丁并于粮，将使游手之人无所管羁；二是穷人、富人都是人，都应有役，并丁入粮，使贫者游堕，让富人代赔他们的丁银，也是不公平[160]。他站在富人的立场，坚持丁、粮分担。

康熙实行滋生人丁永不加赋的政策以后，丁役的问题更突出了。康熙宣布以五十年（1711年）的人丁数为基准征收丁银，以后不论增添多少人丁，也只收原来那些丁银，不再增税。这项政策在中国赋役史上具有重要意义，它把人口税固定下来，对于后世不断增加的人丁讲，减少了丁银负担量，有利于劳动力的增殖。但是原来丁、粮分征，丁役不均的积弊依然如故，而且出现征收方法的新问题。人口总在不断变化，有的户有死亡，有的户有增添，这项政策实行后，如何在具体的民户中开除旧的丁银额、增添新的丁银额就不像以前那样简单了。死亡和新增人丁数目绝不会相等，往往新增的多，这就不能用某一个新丁接替已死人丁的差徭。不仅如此，由于人丁的增多，原有人丁的负担也要相对减少，这就需要重新计算每一个人的丁银量，还需要随着人丁的变化不断地计算，而这不是一件容易办到的事情。因此随同滋生人丁永不加赋政策的实行，必须寻求落实人丁丁银的具体办法。御史董之燧在五十二年（1713年）就敏锐地觉察到这个问题，建议把丁银总数统计清楚，平均摊入到田亩中，按亩征收。户部讨论了他的建议，认为那样改变丁、粮分别征收的老办法，变化太大，不能实行，但是他提出的问题又不能不解决，就让广东和四川两省试行[161]。于是四川实行“以粮载丁”的办法，于征粮赋中带收丁银[162]；广东丁银按地亩分摊[163]。大约在同时，河南的太康、汝阳等十一州县也实行“丁随地派”[164]，浙江常山知县张德纯编审时“均丁于地”，收到“民困以苏”的效果[165]。

即使到这时，持反对意见的仍很多，福州人李光坡可算代表了。该地官员议论实行按田派丁，李极不赞成，他除具有邱家穗的观点外，又认为滋生人丁永不加派政策使丁银固定，官吏不能放富差贫了，若按田亩派丁，各地亩积大小不同，做不到平均，若依田粮派丁，则税粮有轻重不同，又不能不出现偏枯。他还认为丁并于粮，实行久了，或者会以为有粮赋而没有丁银，会添设丁课，形成加赋的大害[166]。撇开不能应变的态度不讲，他提出了实行丁并于粮可能碰到的实际问题。

终康熙之世，改变役法与维持旧法的两种主张争执不下，把事情拖了下来，雍正即位就面临着这个棘手而又必须解决的问题。

首先触及这个问题的是山东巡抚黄炳。他在雍正元年

(1723年)六月奏请按地摊丁，以苏民困。与曾王孙、盛枫等人有所不同，黄炳身任封疆大吏，更感到丁、粮分征下贫民逃亡问题的严重。他认为有地则纳丁银，无地则去丁银，使贫富负担均平才是善政，因而主张丁银摊入地亩征收。雍正认为“摊丁之议，关系甚重”，不是可以轻率决定的，不但没有接受他的建设，反而责备他“冒昧渎陈”，告诉他把一省的刑名钱谷办理好是正事，这时谈改革是事外越例搜求[167]。真是臣下兴致勃勃，主子冷冷相待。一个月后，直隶巡抚李维钧以有益于贫民为理由，奏请摊丁入粮。他深知有力之家不乐意这样办，可能会出来阻挠，而户部只知按陈规办事，也不会同意，因此要求雍正乾纲独断，批准实行。雍正不再像对待黄炳那样，而是把他的奏章交户部讨论，同时指示：“此事尚可稍缓，更张成例，似宜于丰年暇豫民安物阜之时，以便熟筹利弊，期尽善尽美之效。”[168]他把丁归田粮视为要事，主张慎重处理，筹谋善策，倒不是反对改革。九月，户部议复，同意李维钧的意见。雍正还不放心，命九卿詹事科道共议，诸臣提出几个问题，一是与李光坡所见相同，亩有大小，按亩分摊，并不平均；二是有人卖田，必先卖去好田，剩下次田，再完丁银就有困难；三是有人卖田而代买主纳钱粮，这就还要代纳丁银。雍正命李维钧就这些问题详细规划，一定做到对国课无损、对穷黎有益，让人挑不出毛病来。李维钧回称准备把地亩分为上中下三等，丁银按地亩等级摊入，不至于好坏地负担不均。雍正称赞“筹度极当”，批准他于二年(1724年)开始实行[169]。但是李维钧害怕雍正反悔，于十一月又奏称他遭到“权势嫌怨”，感到孤立。雍正知是为己而发，告诉他："蓦直做去，坦然勿虑，若信不得自己，即信不得朕矣。朕之耳目岂易为人荧惑耶！"[170]丁归田粮的问题，从黄炳六月提出，到十一月雍正决心实行，为时半年。这一场讨论，是康熙年间争论的继续，只是前朝悬而未决，新皇帝很快作了抉择。就雍正的态度看，他从消极转变到积极，变化迅速。之所以能这样，是由于他本着为政务实的精神，吸取臣僚的正确意见，作出果断的裁决。以此而论，丁归田粮制度的建立和实行，决策人物雍正起了积极的作用。

直隶的事情决定之后，雍正指示黄炳向李维钧了解实施情况，黄炳表示第二年春天就题请实行[171]，次年果真实现了他的愿望。二年十二月，云南巡抚杨名时奏报他的辖区"子孙丁"的严重情况：有的人户早已没有寸椽尺土，人丁也不兴旺，但丁役册上有多人的丁役，累代相仍，编审时也不予减除，使孤贫之丁承继先人的徭役。杨名时表示要改变这种不合理状况，向直隶学习，使丁从粮办。雍正批准了他的要求[172]。同年，浙江官员在原来部分州县摊丁入粮的基础上，准备全面推行，田多的富人不同意，到巡抚衙门喊叫阻拦，巡抚法海惊恐地表示暂不实行，无田的穷人很不满意，聚众到抚院请愿，实行和反实行的两种势力激烈地斗争着。四年（1726年）七月，当乡试之时，绅衿聚集千余人到钱塘县衙，不许推行摊丁入粮，并勒令商人罢市。巡抚李卫采取强硬手段，制伏了闹事者，使十几年来争执不定的摊丁入粮制度在全省推行[173]。同年四月，田文镜在河南进行编审，部分贯彻摊丁入粮精神，把没有土地的少壮农民的应纳丁银，着落到地多粮多的人户[174]。八月题请推行并丁入粮，雍正批准他于次年实行[175]。在此后的两年内，福建、陕西、甘肃、江西、湖北、江苏、安徽等省陆续实行丁归粮办的政策。只有山西没有跟上来，迟至九年（1731年）才开始试行，到乾隆中逐步实现。此外，奉天府民人入籍增减变化较大，仍旧丁、粮分征[176]。

摊丁入粮，从康熙间辩论要不要实行，到雍正决策施行及制定法规，再到乾隆中在全国彻底实现，中间经历半个世纪。这个过程表明，它的实现是贫富斗争及政府官员反复研讨的结果。

并丁于粮的方法，前已有所涉及。它大体上以州县为单位，把康熙五十年（1711年）该州县的丁银数作为应征额，平均摊入到田亩中随土地税征收。在具体作法上也有两种情形：一种是将一州县的丁银平均摊入地粮，即原纳田赋银若干，再加纳平均摊入的丁银若干，由土地所有人统一完纳。如河南确山县，按每地粮银1两，摊派丁银1分8厘多[177]。再如直隶州县，每地税1两，摊入丁银2钱7厘[178]。这种办法，着眼于田赋，田粮多的，摊入的丁银就多。另一种是把一州县的丁银平均摊入到田亩之中。如安徽祁门县每亩土地摊入丁银1分6厘多[179]，霍邱县每亩则摊入9厘多[180]。这种办法着眼在田亩，土地多的，摊入的就多。侧重田粮和田亩有所不同，田亩有肥瘠的区别，田粮是根据土地等级确定的，所以摊入田粮较为合理，大多数地区也是采用了这种方法。各州县因丁银数量不同，田粮应负担的丁银也就不一样，大致上说，每地粮1两，摊入丁银2钱左右[181]。政府征收时，不再地、丁分征，而是统一收纳，若原交田粮银1两，至此就交1两2钱。

政府只找田粮承担者要丁税，而不找人丁要丁银。

摊丁入粮，使有土地的人增加了赋税，而“贫者免役”[182]，“贫民无厘毫之费”[183]。这是利贫损富的办法。对这一点，雍正很清楚，他说“丁银摊入地亩一事，于穷民有益，而于绅衿富户不便”[184]。他的臣僚也明白，所以李维钧讲权势厌恶他，福建布政使沈廷正也说“丁银归并地亩，于穷黎有益”[185]。可见，雍正君臣实行摊丁入粮，是有意识地压抑富户，扶植贫民，改变过去丁役不均，放富差贫的情况。

但是，更重要的是丁、粮合并征收，清朝政府的丁银收入有了保证，因为纳粮人完成丁银的能力，远远超过无地的农民。保障丁银的征收，这才是雍正的真正目的。

不管怎么说，丁归粮办，是损富益贫利国的政策。

并丁入粮后，清代有人说从此“无丁赋矣”[186]，还有人说“生斯世者，几不识丁徭之名”[187]。现代有人讲是取消人口税了。丁银并入田赋，从清朝政府讲仍然收人头税，只是变换了收税途径，不能说没有丁徭了，取消人口税了。但是还应看到，摊丁入地，使得钱粮完全以户为单位征税，不再以人头为单位，所以就具体人来讲，并不因个人的存在要交纳人头税，从这个意义上说没有了人口税。这是具有进步意义的事情，从此清朝政府减弱了对人民的宗法性人身控制。

摊丁入粮制度的确定，是中国赋役制度史上的一次重大改革，是值得重视的历史事件。有研究者指出，这一制度，取消征税的财产、人口双重标准，使得赋税负担更趋于合理化，同时保证税收来源的稳定，在财政上获得了稳定的效果，有利于社会经济的发展[188]。

第五节 清理积歉，汇追首隐

清理积欠，是雍正的一项政策。这主要是指向民间的，重点在江南地区。

江苏每年的赋银约350万两，在18个直省中名列前茅，而赋额多的又是苏州、松江、常州三府。因为赋重，逋欠也多。五年（1727年）江苏巡抚张楷奏称，自康熙五十一年（1712年）起至雍正元年（1723年）的12年中，积欠赋银881万两[189]，苏、松、常三府和太仓州各欠140万至180万两之间[190]。他请求将积欠分10年带征，雍正予以首肯，但实行不通，雍正因而认为“江苏吏治民风颓蔽已极”[191]，必须整饬，遂于六年（1728年）底决定，派户部侍郎王玑、刑部侍郎彭维新率领候选、候补州县官40余员前往，分赴各州县清查。这些官员到地方上，一面清查，一面追索逋欠。因系多年积欠，要在短期内一并征收，所以叫做“汇追”。凡是交纳清楚的民户，官吏于门首用红笔写明“清查”二字[192]。不能补清的就投入监狱追比，一时之间，“狴犴累累，无容囚处”，一个苏州府就关押了一千多人[193]。钱粮多的绅衿，欠赋更多，他们也饱尝了铁窗的滋味[194]。这造成了人心惶恐和社会的不安定。雍正获知这种情形，下令暂时停征逋赋，要求先查明积欠中哪些是官员侵占的，哪些是吏胥及包揽人侵蚀的，哪些是民间拖欠的，然后分别处理[195]。到九年（1731年）清查完毕，自康熙五十年（1711年）至雍正四年（1726年），积欠1011万两，其中官吏侵蚀、豪民包揽为472万两，民欠539万两。雍正命将侵蚀的分作10年带征，民欠分作20年带征，又表示开恩，若民户将本年带征之数完纳若干，即照所完之数捐免下年应纳钱粮。他还吸收清查亏空的经验，规定官吏侵蚀的，只在本人名下追赔，不得株连，民户所欠，也只由该户完纳，不得波及兄弟亲戚[196]。

对浙江钱粮的清查，雍正派性桂为钦差大臣前往，会同督抚李卫协力办理，查核清楚，将逋欠分年带征。五年(1727年)、六年（1728年）两年，每年带征15万两，到七年(1729年）已将三至五年未完的赋银77万两带征了四十余万两，其余的也可在规定期间内完成。雍正表示满意，特命将七年赋银蠲免十分之二，即60万两[197]。这个数字约与清欠所得相当。

在福建，积欠和亏空两事一并清理。经过钦差大臣杨文乾、许容等查核，从康熙五十五年（1716年）到雍正四年(1726年)，积欠四十四万余两，其中属于民欠的三十三万多两。六年（1728年)，雍正因福建歉收，命蠲除，不再带征[198]。

山东逋赋较多，七年（1729年)，河东总督田文镜奏报欠银300万两[199]，到乾隆元年（1736年)，还有康熙五十八年(1719年）至雍正十二年（1734年）带征未完积欠三百余万两[200]。这就是一面带征，一面拖欠，总有巨额欠粮。

安徽凤阳府有10万两旧欠，知府朱鸿绪分清哪些是胥吏地棍的包揽侵蚀，哪些是民间欠粮，分别立出清偿办法，二年内补交完毕，雍正对他大加表扬，以之谕令各省督抚抓紧清理积欠[201]。

湖北积欠20万两，七年（1729年）以前输纳了9万两，但沔阳一州，从康熙五十五年（1716年）至雍正五年（1727年）

竟欠八万余两，其中40%是绅衿包揽的，40%为衙役侵蚀的，余下20%由民户拖欠[202]。

从各地清理积欠的实际情形看，它的对象，包括侵占钱粮的官员、包揽钱粮的胥吏和绅衿、拖欠赋税的有田民户。这欠粮的田户，成员复杂，有绅衿，有中小地主，有自耕农民，还有只有极少量土地的半自耕的农民。所以清欠的对象归纳起来，是官吏、绅衿（包括大地主）、中小地主和一般农民四种人。如果用当时的概念，没有特权的中小地主也是平民，清欠对象则是官吏、绅衿、平民三方面的人。雍正指示清欠要分清侵欺、包揽、民欠三种类型，是区分这三种人犯法的情况，以便区别对待。他说清理积欠，是因“地方贪官污吏及不法衿棍借民欠之名，恣意侵蚀，蠹国累民，为害甚巨，不得不清厘惩治”[203]。这是说把打击重点放在贪官劣衿上，好像不涉及平民，这是他有意地隐讳。各地逋欠，一半以上，或大部分属于民欠，雍正把清欠抓得那么紧，就是为追索民间欠粮。可以这样认为：清欠是雍正向官吏、绅衿、平民三方面四种人全面出击，而以平民、绅衿为重点对象。

雍正在实行分年带征积欠政策时，搞了一些蠲免，用带征来的税银蠲去当年应征的一部分款项，表示他清欠不是为了增加财政收入，而是要扫除官吏、绅衿、平民的不法行为，移风易俗，希望形成优良的吏治和士风、民俗。其实，要钱和移风易俗两方面的目的他是兼有的，并取得了同样的效果。他强调经济要清，在实践上有重要意义。各方面先清补，使违法者知道警诫，避免以后再犯。补交了欠赋，然后又得到免交一部分赋税的好处，可以过得去，这样就便于历年带征的顺利进行。实际上，雍正的汇追在要钱粮之外，含有教化成分，即鼓励按期纳税的良民，惩治拖欠的顽劣之民和衿监。

清理逋赋，使一部分绅士和富人受到政治上和经济上的打击，有人出卖田产清偿积欠，此后要按时交纳新的钱粮，还要承担摊入田亩的丁银，感到田地负担重，买田出租并不那么划算，因而对土地兼并的热情有所衰减。在清欠搞得激烈的江南地区，这种现象表现得最明显。人们抛售土地，价格显著下降。据钱泳的《履园丛话》记载：顺治初良田二三两银子1亩，康熙间涨到四五两，雍正中恢复顺治初的价值，到乾隆初年田价渐涨，乾隆中期就增至七八两甚至10两以上了[204]。清代田价没有直线上升，也就是放慢了土地兼并的速度，这同雍正的赋税政策有很大关系。

绅民还有一种逃避赋税的办法，就是隐瞒田产。它自然也逃不过雍正的眼睛，如同眼内有沙子一样为他所不能容忍。二年（1724年），他批准田文镜提出的自首隐田政策，在河南推行。田文镜的办法是允许民间自首，隐田当年交纳钱粮，已往所隐，不论年头久近，不再追征；对官吏失于查考，亦不究参，以便他们安心承办首隐事务。这个政策的执行，当年就见成效，清出隐地二千五百多顷，应征钱粮六千四百余两，实收了四千四百多两[205]。田文镜对执行不力的官员严加惩处，如唐县有官隐地五百七十余顷，知县关𪨊不行造报，田文镜遂将其揭参[206]。作为“模范督抚”的田文镜认真实行，而其他地区则开展不力。雍正为推进这一事业，在五年（1727年）下令，一年之内，许民人自首隐田，免治隐匿之罪。届期以进展不理想，又展限半年[207]。雍正执行得很认真，如江西监生周作孚控告族人欺隐田地600亩，结果反倒查出他有隐田227亩，雍正把他的隐田没收，同时按年追征钱粮[208]。

雍正令民人自觉呈报的同时，在一些地区采行清丈的方法，企图查出隐匿的垦田。他重点抓的是四川省。清朝初年，四川地广人稀，赋税较少。五年（1727年），巡抚马会伯、宪德先后奏称该省垦田随着人口增多，隐匿太甚，而且民间诉讼因田土纠纷引起的也太多，要求清丈，以解决这两个问题。六年（1728年），雍正采纳他们的建议，派遣给事中高维新等前往办理。清丈结果，据雍正讲，对于“民生风俗大有裨益”[209]。但是有的清丈官员大肆勒索，受贿放卖。豪强本不乐意清丈，于是借机反对。据说垫江、万县一千多人拉起旗帜，不许丈量[210]。又据记载，垫江、忠州等地杨成勋、王可久等人聚众，被地方官发觉，杨成勋自缢身死，同伙陈文魁、杨成禄等供称“祸冤起于戊申年（即六年，1728年）奉旨钦命丈民田”[211]，表明这起事件的矛头直指雍正。九年（1731年），雍正命四川减少额粮较重州县的田赋[212]，这大约是考虑到清丈中的问题，而采取的补救措施。

五年（1727年），福建官员预备在台湾清丈，许多人弃产逃亡。台湾道沈起元怕于首隐不利，建议只查新垦土地，对新查出的按下则起科，而不宜于清丈，于是雍正同意按他的主意办理[213]。

清丈的事情涉及所有与土地所有权有关系的人，触犯的人太多，历来难于实行，一般统治者也不敢这样做，只有在大规模变革时期，如王安石变法、张居正改革，才比较有成效地进行了清丈。雍正对此并无确定主意，四川清丈以前，他说："清丈乃系必不可行之事，视乎其人，因乎其地，斟酌万妥，然后举行一二处。"[214]贵州布政使鄂弥达请求清丈，雍正说"清丈之说万不可轻举"，指责他的提出要求本身就"甚属猛浪"，随后又以四川开始实行的尚好，在他的奏折中批道："丈量之说，朕言其不可轻举，未言其必不可行也"，"况如四川通省现俱清丈行之得宜，何妨乎？"[215]他并没有在全国普遍实行清丈，大约是看到后来四川清丈中出现的社会动荡不安的问题，缩手了。雍正既不想进行具有更深刻意义的社会变革，像清丈的事情，原无定见，浅尝即止，所以只在个别地区实行了。

雍正搞汇追和清丈，主要目标是保证政府税收；对象主要是有田地的纳税人——绅衿、中小地主和农民，不法胥吏尚在其次；收到了一定的成效。

第六节 铸造制钱，厉行铜禁

雍正费了很大精力，实行禁用铜器的政策，这是保护钱法的需要。

清代商品经济发展，需要货币较多，而制造铜钱的主要原料黄铜产量不足，铸钱就少，"各省未得流布，民用不敷"[216]，于是出现钱贵银贱的现象。按照清朝政府规定，每两银子换制钱1000文，但在大多数地区换不到这么多，经过雍正整顿，也没能改变这一状况，如九年（1731年），户部因京城钱价昂贵，建议国家拿钱作本，以950文换1两银子，到条件成熟，再以1000文兑换[217]。这就是说政府争取做到1两银子值950文，实际上达不到。十年（1732年），陕西按察使杨馝报告，该省黄铜不敷鼓铸，钱贵于银，1两银子只能兑换八百一二十文[218]。这都表明钱价高于银价。

铸造铜钱，铜和铅要有适合的比例，以保证质量，还要有一定的重量。如康熙制钱为铜六铅四，质量高，雍正制钱为铜、铅各半，质量差，铸字模糊[219]。钱不够用，有些人就私铸小钱，量轻质次，冒充好钱，从中渔利。如有一种“沙板钱”，铅多铜少，比制钱小而薄，多有小砂眼，故而得名。还有一种叫做“锤扁钱”，钱小而轻，两个才能当制钱一个，但作伪者将之锤薄，使与制钱大小略等。这些劣质钱，在每一千制钱中，掺上三四十文，可以合法通行[220]。作伪者有厚利可图，大量制造，私铸案不断出现。二年（1724年），沧州人刘七等合伙私铸，被步军统领衙门破获[221]。三年（1725年），雍正说：“湖广、河南等省私铸之风尤甚。”[222]

私铸破坏制钱的信誉，同时，因铜为清朝政府控制的物资，私铸者没有来源，就销毁制钱，用作原料，这样一来，制钱更加减少，更使私铸钱畅行无阻。所以私铸破坏清朝钱法，侵犯政府利益，也不利于民间。雍正为制止私铸，采取了几项措施：

禁止使用铜器，搜集铸钱原料。三年（1725年），御史觉罗勒洪特疏奏，欲杜私毁制钱之弊，必先加强铜禁，雍正命户部等衙门议行。四年正月户部建议：除乐部等必须用黄铜铸造的器皿外，一律不许再用黄铜制造；已成者，当做废铜交官，估价给值；倘有再造者，照违例造禁物律治罪；失察官员、买用之人，亦照例议处。雍正批准实行[223]。同年九月，他再下禁令，唯准三品以上官员用黄铜器具，其他一概禁止；现有铜器，一律要在三年内交清[224]。十二月，雍正特谕京城文武百官满汉军民人等交售铜器[225]。他亲自带头，宫中不用黄铜造物[226]。

雍正的禁用铜器命令在京城有所实现，地方上反响很小，为此，他于五年（1727年）命各省城派出专门官员，设立收买铜器公所，动用藩库钱粮银子为基金，大力开展收购[227]。他又考虑到住在边远州县的百姓离交铜器处所太远，数量也不会多，往城里交纳不便，就命户部讨论可否以交纳铜器顶替钱粮[228]。“模范督抚”田文镜别出心裁，提出允许私藏铜器的绅富之家的奴仆告发主人，准许脱籍，并治主人之罪，迫使可能拥有铜器的人家不敢私藏[229]。

民间所有黄铜器皿本不算多，且已成之物，人们爱惜，也不肯当作废铜交售。绅富爱讲排场，有的人明知故犯，违禁私造黄铜器具[230]。所以雍正铜禁虽也收到一些成效，但不是很大。如四年（1726年），山西祁县等五十九州县收废铜3400斤，小钱9400斤[231]，五年（1727年）河南城乡收铜62000多斤[232]。这点数量，比起铸钱的需要，就太微小了。雍正说铜禁造成“钱价渐平，民用颇利”[233]，不过是信口之言，算不得准。

严禁私铸。三年（1725年），雍正命各省督抚申饬地方官：对私铸犯“密访查拿，严行禁止，毋使奸徒漏网”；官员若不实力办理，定行从重治罪。他又命三法司制定严禁私铸的条例[234]。随后他亲自定出因私铸而销毁制钱的惩治条例：

定例毁化制钱本犯与该管地方官并邻佑房主俱照私铸例治罪，除销毁新铸制钱者仍照私铸例治罪外，如有毁化小制钱者，其该管地方官，若知情者与本犯同罪，不知情者亦照私铸例降三级调用，房主邻佑不分知情与不知情，亦照私铸例枷号一个月，杖一百，徒一年。[235]

对于私铸的案子，雍正总是抓住不放。前述沧州私铸案由步军统领衙门发现，雍正令直隶总督李维钧查办，李回称查无此事，雍正拿出证据，并就此令各省大吏严查，否则照溺职例处分[236]。七年（1729年），将私铸犯刘四海、王四海、郭二判处斩刑，李文荣判处绞刑[237]。十年（1732年）秋天，有人密报安徽亳州、寿州两地出现私铸，雍正令步军统领差人前往，拿获案犯，交本地官员审办。安徽巡抚程元章奏称事情发生于夏秋之交，私铸不久即停。雍正以他秋天得知此事，其进行必在夏秋之交以前，认为程元章希图草率结案，因命再加确讯[238]。

雍正令出必行，唯有铜禁与禁私铸行不通。早在嘉道间，包世臣就说："铜禁之严，莫如宪庙，其时政事，无不令行禁止者，而铜禁竟不能行。"[239]这个失败也是必然的。一件事情的顺利解决，要抓主要矛盾及其主要方面，私铸问题的产生，根源在铜的原料不足，因而制钱有限。关键要抓铜的生产，这个问题不解决，私铸就不可能减少。雍正注意到铜的生产[240]，然而产量没有达到铸钱的需要，所以尽管他大力开展铜禁活动和严行私铸处分，仍不能达到预期效果。毁坏民间铜器，是本末倒置，令人认为他政令繁苛。本来目的是为钱法得以流通便民，未达愿望，实属乖张猛浪行为。

雍正间，有人批评时政，说“朝廷惩盗臣而重聚敛之臣”[241]。评论公允与否且不管，它讲的两个问题，即注意吏治和赋税，倒基本上概括了本章所叙述的雍正朝赋税政策及其实践，以及与之紧密关联的整饬吏治问题。当然，对那种议论，雍正另有看法，也作了一番辩论：

地方之害，莫大于贪官蠹役之朘削，强绅劣衿之欺凌，地棍土豪之暴横，巨盗积贼之劫夺。此等之人，不能化导惩戒，则百姓不获安生。假若为大吏有司者图宽大之名，沽安静之誉，于贪官蠹役则庇护之，于强绅劣衿则宽假之，于地棍土豪则姑容之，于巨盗积贼则疏纵之，虽在己无残害百姓之实迹，而留此害民之人，令百姓暗中受其荼毒，无可控诉……天以牧民之任授之君臣，而百姓又复敬谨尊奉，胼手胝足，竭力输将，以事其上，为君臣者当共思之，受天之恩，奉天之命，食民之食，衣民之衣，而乃怠忽优游，不能锄奸禁暴，置民间疾苦于度外，上负穹苍，下负百姓，诚天地间之大罪人矣。[242]

他反对沽名钓誉，因循守旧，为自己的革新政治辩护。应当怎样看待双方的观点，实质上是如何评价雍正的财政政策和吏治政策。正确的方法还是把它放在当时的社会矛盾中来考察，分析雍正处理得是否得当。以此而论，不难发现：

第一，雍正政策调整了政府与民间、绅衿与平民的相对紧张关系。

绅民一体当差、摊丁入粮、清查积欠以及火耗归公，对于绅衿地主的经济利益和政治待遇均有所触动，但却平均了赋役，或多或少地减轻贫穷农民的负担，因此缓和了农民与国家的矛盾。这些政策的实行，自然不利于清朝政府与地主阶级中一部分人关系的融洽，但是雍正政府所打击的是豪绅劣衿，剥夺他们的非法特权，加重地主的经济负担，这是要地主阶级从经济上支持它自身的政权，以便强化政权，使政权更有力地代表地主阶级。换句话说，雍正政府作为强有力的政权，可以很好地代表地主阶级的整体利益和长远利益。

国赋，从地主手中所征收的，实质上是地租的再分配，归根结底是出自农民，雍正政府当然是地主阶级政权。国家不是被统治阶级与统治阶级的调和机关，它是统治阶级利益的体现，但是对于阶级矛盾的状况，它的适当政策，可以起到一定的调节作用。雍正的政策，就是这样。

第二,一定程度上整顿了吏治。

压抑豪绅，不容他们结交官府、把持政权，这是整肃吏治的一条途径；清查亏空、耗羡归公和养廉银制度，都是整治不法官吏比较有效的办法，所以雍正年间官吏贪赃枉法的情况，比康熙末年有明显的好转。乾隆六年（1741年），清高宗说:“近见居官者家计多觉艰难，而旗员为甚。”“思其所以致此之由，细推其故，盖由于查办亏空时，其囊橐不足抵补，则将房产入官，以致资生无策，栖身无所。且不独本身为然，旁及兄弟亲戚平日沾其余润者，亦皆牵带于中，以补公项，而仕宦之家，遂多致贫乏矣。”[243]雍正时被打击的赃官到乾隆时还没有缓过气来，亦见打击的严厉和吏治的有所澄清了。“吏治乃一篇真文章也”[244]，雍正的这篇文章，可以说是做得比较好的。

第三，清朝政府财政状况根本好转。

雍正的各项理财措施，在基本上不增加贫穷人民负担的条件下，堵住官吏侵蚀、绅衿包揽等漏洞，收足赋额，使国帑充实起来。康熙死的那一年（1722年），国库存银只有800万两[245]，第二年，即雍正即位的头一年就有了好转，增为1200万两，到五年（1727年），就高达5000万两[246]。雍正因帑藏充盈，才敢于在西北两路用兵，花费很多，到他末年，库存犹有三千余万两[247]，或云乾隆初尚存2400万两[248]。

雍正实行这些政策，得了"爱银癖"的恶谥[249]，还遭到"严刻"之诮。他确实像他自己所说，抱着严厉的态度，对待经济上的不法事情："严治贪婪，清厘帑项，概不得免，而追呼牵扰，亦有所不恤。"[250]他厉行追赃，禁铸私钱，认真实行耗羡归公、养廉银、摊丁入亩、士民一体当差政策，即实行那个时代比较好的税收政策，一定程度清厘了积弊，刷新了吏治。摊丁入亩、耗羡归公是中国赋役制度史上的重大改革，是雍正革新思想的产物和体现。应当对雍正的这些政策和政治思想予以肯定，那些因这些政策而受损害的人的评论，或持有不同政治主张的人的评论，失去客观合理性，原不足据论。

1 雍正《上谕内阁》，二年十一月十三日谕。

2 雍正《上谕内阁》，康熙六十一年十二月十三日谕。

3 《清世宗诗文集》卷1《谕巡抚》。

4 雍正《上谕内阁》，康熙六十一年十二月十三日谕。

5 《文献丛编》第43辑《会考府题奏档》；雍正《上谕内阁》，元年正月十四日谕；吴振棫:《养吉斋丛录》卷1，光绪二十二年刊本。

6 雍正《上谕内阁》，二年十一月十三日谕。

7 雍正《上谕内阁》，三年八月十三日谕。

8 中国第一历史档案馆编:《雍正朝起居注册》，二年十一月十三日条；雍正

《上谕内阁》，八年五月初十日谕。

9　中国第一历史档案馆编:《雍正朝起居注册》，二年十月十七日条。

10　中国第一历史档案馆编:《雍正朝起居注册》，五年六月十九日条。

11　中国第一历史档案馆编:《雍正朝起居注册》，二年十一月十三日条。

12　雍正《上谕内阁》，八年五月初十日谕。

13　雍正《上谕内阁》，八年五月初十日谕。

14　中国第一历史档案馆译编:《雍正朝满文朱批奏折全译》上册，第242页。

15　萧奭:《永宪录》卷2下，第137页。

16　萧奭:《永宪录》卷2上，第124页。

17　萧奭:《永宪录》卷2下，第150页。

18　中国第一历史档案馆编译:《新发现的查抄李煦家产折单》，《历史档案》1981年第2期；故宫博物院明清档案部编:《关于江宁织造曹家档案史料》，第205页。

19　中国第一历史档案馆译编:《雍正朝满文朱批奏折全译》上册，第4页。

20　萧奭:《永宪录》卷2下，第137页。

21　萧奭:《永宪录》卷4，第289页。

22　雍正《上谕内阁》，四年七月十七日谕。

23　雍正《上谕内阁》，元年二月二十九日谕。

24　雍正《朱批谕旨·杨宗仁奏折》，元年三月初九日折朱批。

25　中国第一历史档案馆编:《雍正朝起居注册》，三年四月二十一日条。

26　雍正《上谕内阁》，十年十月初八日谕。

27　中国第一历史档案馆编:《雍正朝起居注册》，三年二月二十七日条；雍正《上谕内阁》，五年正月十九日谕。

28　直隶主官原为巡抚，康熙五十四年特授赵弘燮总督衔，下不为例。李维钧于雍正元年就任时仍为巡抚，不久授总督，遂成定制。

29　雍正《朱批谕旨·李维钧奏折》，元年五月初六日折朱批。

30　雍正《上谕内阁》，二年闰四月十二日谕。

31　雍正《上谕内阁》，五年三月十二日谕。

32　雍正《上谕内阁》，三年三月十九日谕。

33　雍正《上谕内阁》，五年二月初三日谕。

34　雍正《朱批谕旨·李维钧奏折》，二年八月初六日折。

35　雍正《上谕内阁》，六年三月十四日谕。

36　雍正《上谕内阁》，四年八月初四日谕。

37　雍正《朱批谕旨·田文镜奏折》，二年四月初六日折。

38　雍正《朱批谕旨·田文镜奏折》，四年六月十一日折。

39　《文献丛编》第9辑《雍正朱批谕旨不录奏折》。

40　雍正《朱批谕旨·田文镜奏折》，四年六月十一日折。

41　沈曰富:《沈端恪公年谱》。

42　雍正《河南通志》卷1《圣制》。

43　雍正《朱批谕旨·马会伯奏折》，六年四月二十二日折朱批。

44　雍正《上谕内阁》，五年正月十七日谕。

45　雍正《上谕内阁》，五年八月二十日谕。

46　雍正《上谕内阁》，五年闰三月十一日谕。

47　雍正《上谕内阁》，五年六月初八日、六年五月二十日谕。

48　雍正《上谕内阁》，五年闰三月十七日谕。

49　雍正《上谕内阁》，五年四月十五日谕。

50　雍正《上谕内阁》，五年十月十七日谕。

51 《清世宗实录》卷135，十一年九月庚辰条；卷141，十二年三月丙申条。

52 《清世宗诗文集》卷1《谕布政司》。

53 《清世宗诗文集》卷1《谕知州知县》。

54　雍正《朱批谕旨·杨宗仁奏折》，元年五月十五日折朱批。

55 《满汉名臣传》卷44《诺岷传》。

56　雍正《朱批谕旨·石文焯奏折》，二年正月二十二日折及朱批。

57　雍正《朱批谕旨·高成龄奏折》，二年六月初八日折。

58　雍正《朱批谕旨·高成龄奏折》，二年六月初八日折。

59　雍正《朱批谕旨·高成龄奏折》，二年六月初八日折朱批。

60　全祖望:《鲒埼亭集》外编卷30《题沈端恪公神道碑后》，商务印书馆《国学基本丛书》本。

61　张廷玉:《澄怀园文存》卷12《文端朱公墓志铭》，光绪十七年刊本。

62　袁枚:《小仓山房文集》卷3《广西巡抚金公神道碑》。

63　中国第一历史档案馆编:《雍正朝起居注册》，二年七月二十九日、八月十日条。

64　中国第一历史档案馆编:《雍正朝起居注册》，二年七月二十九日、八月十日条。

65　中国第一历史档案馆编:《雍正朝起居注册》，二年七月丁未条；雍正《上谕内阁》，二年七月初六日谕；《清世宗实录》卷22，二年七月丁未条。

66　中国第一历史档案馆编:《雍正朝起居注册》，四年十月十四日条。

67　雍正《朱批谕旨·田文镜奏折》，七年八月初三日折。

68　雍正《朱批谕旨·高成龄奏折》，三年二月初八日折。

69　张廷玉等撰:《明史》卷82《食货志》。

70　赵翼:《二十二史札记》卷32《明官俸最薄》，中华书局1963年版。

71 《清朝文献通考》卷42《国用》，商务印书馆《万有文库》本。

72　各地吏役工食银略有不同，这里是根据乾隆《震泽县志》卷12《官制》、同治《兴国县志》卷10《田赋》、光绪《常熟昭文合志稿》卷12《钱粮》写成。

73　雍正《朱批谕旨·杨名时奏折》，元年七月初六日折朱批。

74　中国第一历史档案馆编:《雍正朝起居注册》，四年十月十四日条。

75 《清世宗实录》卷21，二年六月乙酉条。

76　雍正《朱批谕旨·杨宗仁奏折》，元年五月十五日折。

77 《清世宗实录》卷157，十三年六月乙亥条。

78　雍正《朱批谕旨·杨宗仁奏折》，元年五月十五日折。

79　雍正《朱批谕旨·赵城奏折》，六年十月十一日折。

80　雍正《朱批谕旨·田文镜奏折》，七年六月十五日折。

81　乾隆《信阳州志》卷3《食货》。

82 《清朝文献通考》卷3《田赋》。

83　若需调整，也不是为个别人进行，

而是全省统一实行。

84 孟森:《明清史讲义》下册，中华书局1981年版，第486页。

85 ［日］佐伯富:《清代雍正朝にすける养廉银的研究》,《东洋史研究》1970年第29卷第1、2、3号，1971 年第30卷第4号。

86 雍正《上谕内阁》，十三年六月二十三日谕。

87 雍正《朱批谕旨·黄炳奏折》，元年十一月二十三日折。

88 中国第一历史档案馆编:《雍正朝起居注册》，元年七月十五日条。

89 雍正《朱批谕旨·石文焯奏折》，二年正月二十二日折。

90 雍正《朱批谕旨·王国栋奏折》。

91 田文镜:《抚豫宣化录》卷4《再行严禁勒取土产以苏民困事》。

92 雍正《上谕内阁》，五年八月二十六日谕。

93 雍正《上谕内阁》，六年七月二十六日、八月十九日谕。

94 雍正《朱批谕旨·田文镜奏折》，六年九月初八日折及朱批。

95 雍正《朱批谕旨·王士俊奏折》，九年十二月初六日折引六年七月上谕。

96 朱云锦:《户部平余案略》，见贺长龄、魏源等编:《清经世文编》上册卷27，中华书局1992年版。

97 雍正《朱批谕旨·杨宗仁奏折》，元年五月十五日折引上谕。

98 《清世宗实录》卷16，二年二月戊申条。

99 朱云锦:《户部平余案略》，见贺长龄、魏源等编:《清经世文编》上册卷27。

100 雍正《上谕内阁》，二年十月二十三日谕。

101 钱陈群:《香树斋文集》卷4《条陈耗羡奏疏》，光绪二十年刻本。

102 《耗羡私议》，见贺长龄、魏源等编:《清经世文编》上册卷27。

103 《清朝文献通考》卷3《田赋》。

104 见《清世宗实录》每年岁计。

105 赵尔巽等撰:《清史稿》卷125《食货》。

106 钱陈群:《香树斋文集》卷4《条陈耗羡奏疏》。

107 田文镜:《抚豫宣化录》卷3下《为再行条约事》。

108 柯耸:《编审厘弊疏》，见贺长龄、魏源等编:《清经世文编》上册卷30。

109 雍正《上谕内阁》，二年二月十四日谕。

110 曹一士:《四焉斋文集》卷8《先考行状》，宣统二年刻本。

111 雍正《上谕内阁》，二年二月十四日谕。

112 雍正《上谕内阁》，四年九月二十七日谕。

113 雍正《上谕内阁》，二年二月十四日谕。

114 《清世宗实录》卷43，四年四月戊子条。

115 雍正《朱批谕旨·石文焯奏折》附班第奏折及朱批。

116 钱陈群:《方伯唐公暨夫人吴氏合葬志铭》，见钱仪吉编:《碑传集》卷70。

117 雍正《朱批谕旨·田文镜奏折》，二年五月十七日折。

118 田文镜:《抚豫宣化录》卷1《题为钦奉上谕事》。

119 中国第一历史档案馆编:《雍正朝起居注册》，四年十一月十六日条。

120 李鸿章等纂：光绪《大清会典事例》卷172《户部·田赋·催科禁令》。

121 雍正《上谕内阁》，五年闰三月十八日谕。
122 雍正《上谕内阁》，五年四月初九日谕。
123 李鸿章等纂：光绪《大清会典事例》卷172《户部・田赋・催科禁令》。
124 《大清高宗纯皇帝实录》(《清高宗实录》) 卷21，乾隆元年六月庚寅条，1936年影印本。
125 中国第一历史档案馆编:《雍正朝起居注册》，五年九月初三日条。
126 雍正《朱批谕旨・迈柱奏折》，九年四月初一日折朱批。
127 《清高宗实录》卷17，乾隆元年四月庚辰条。
128 张廷玉:《澄怀园语》卷2，光绪三十一年铅印本。
129 雍正《上谕内阁》，十二年六月十七日谕。
130 雍正《朱批谕旨・陈世倌奏折》，二年九月十七日折朱批。
131 中国第一历史档案馆编:《雍正朝起居注册》，二年十月十七日条；雍正《上谕内阁》，二年十月二十三日谕。
132 雍正《朱批谕旨・陈世倌奏折》，二年九月十七日折及朱批。
133 吴振棫:《养吉斋余录》卷4。
134 田文镜:《抚豫宣化录》卷3《为通饬出示晓谕事》。
135 田文镜:《抚豫宣化录》卷3《为通饬出示晓谕事》。
136 田文镜:《抚豫宣化录》卷1《题为特参豪绅劣衿倚势嚼民以安良懦事》。
137 袁枚:《小仓山房文集》续集卷35《书张郎湖臬使逸事》。
138 中国第一历史档案馆编:《雍正朝起居注册》，三年七月十五日条；雍正《上谕内阁》，五年三月十七日谕。
139 中国第一历史档案馆编:《雍正朝起居注册》，二年六月十二日条。
140 《清朝文献通考》卷197《刑考三》;《清世宗实录》卷61，五年九月戊寅条。
141 李鸿章等纂：光绪《大清会典事例》卷100《吏部・擅责佃户》。
142 李鸿章等纂：光绪《大清会典事例》卷809《刑部・刑律斗殴》。
143 薛允升:《读例存疑》卷35《刑律斗殴・威力制缚人》，光绪三十年刻本。
144 雍正《朱批谕旨・石文焯奏折》，二年六月二十三日折朱批。
145 雍正《朱批谕旨・田文镜奏折》，二年六月二十二日折朱批。
146 雍正《朱批谕旨・田文镜奏折》，二年八月初八日折及朱批。
147 雍正《朱批谕旨・田文镜奏折》，二年八月初八日折及朱批。
148 中国第一历史档案馆编:《雍正朝起居注册》，二年九月初三日条。
149 《清世宗实录》卷147，十二年九月戊子条。
150 田文镜:《抚豫宣化录》卷2《题教职督课之例》；雍正《上谕内阁》，五年闰三月初十日谕。
151 《清高宗实录》卷21，乾隆元年六月庚寅条。
152 《清世宗实录》卷67，六年三月己未条。
153 中国第一历史档案馆编:《雍正朝起居注册》，五年闰三月初九日条。
154 邱家穗:《丁役议》，见贺长龄、魏源等编:《清经世文编》上册卷30。
155 曾王孙:《勘明沔县丁银宜随粮行议》，见贺长龄、魏源等编:《清经世文编》上册卷30。
156 蒋金式撰:《赵申乔传》，见李桓

辑:《国朝耆献类征初编》卷54。

157 赵申乔:《赵恭毅公剩稿》卷5《丁粮不宜从田起赋详》《清查仁钱二县光丁详》,乾隆二年刻本。

158 曾王孙:《勘明沔县丁银宜随粮行议》,见贺长龄、魏源等编:《清经世文编》上册卷30。

159 盛枫:《江北均丁说》,见贺长龄、魏源等编:《清经世文编》上册卷30。

160 邱家穗:《丁役议》,见贺长龄、魏源等编:《清经世文编》上册卷30。

161 吴振棫:《养吉斋余录》卷1。

162 中国第一历史档案馆编:《雍正朝起居注册》,四年四月二十六日条。

163 《清朝通志》卷83《食货》,商务印书馆《万有文库》本。

164 雍正《河南通志》卷21《田赋》。

165 嘉庆《松江府志》卷58《张德纯传》。

166 李光坡:《答曾邑候问丁米均派书》,见贺长龄、魏源等编:《清经世文编》上册卷30。

167 雍正《朱批谕旨·黄炳奏折》,元年六月初八日折及朱批。

168 雍正《朱批谕旨·李维钧奏折》,元年七月十二日折及朱批。

169 雍正《朱批谕旨·李维钧奏折》,元年十月十六日折及朱批。

170 雍正《朱批谕旨·李维钧奏折》,元年十一月初一日折及朱批。

171 雍正《朱批谕旨·黄炳奏折》,元年十一月十二日折及朱批。

172 王锺翰点校:《清史列传》卷14《杨名时传》。

173 雍正《朱批谕旨·李卫奏折》,四年八月初二日折;袁枚:《小仓山房文集》续集卷35《书张郎湖臬使逸事》。

174 田文镜:《抚豫宣化录》卷4《严禁编审积弊以除民累事》。

175 田文镜:《抚豫宣化录》卷3《题豫省丁随地派》。

176 《清朝通志》卷83《食货》。

177 乾隆《确山县志》卷2《户口》。

178 《清朝通典》卷17《食货》,商务印书馆《万有文库》本。

179 同治《祁门县志》卷13《户口》。

180 同治九年《霍邱县志》卷3《食货》。

181 李元英:《请拨粮均丁疏》,见贺长龄、魏源等编:《清经世文编》上册卷30。

182 同治《建昌府志》卷3《赋役》。

183 乾隆《苏州府志》卷8《田赋》。

184 雍正《上谕内阁》,四年七月初二日谕。

185 雍正《上谕内阁》,四年七月十三日谕。

186 道光《阜阳县志》卷4《田赋》。

187 朱云锦:《户口》,见贺长龄、魏源等编:《清经世文编》上册卷30。

188 庄吉发:《雍正事典》,台北远流出版公司2005年版,第32页。

189 《清朝文献通考》卷3《田赋》。

190 雍正《上谕内阁》,六年十一月三十日谕。

191 雍正《朱批谕旨·尹继善奏折》,六年九月二十六日折朱批。

192 黄卬:《锡金识小录》卷1《汇追》,光绪二十二年刊本。

193 袁枚:《小仓山房文集》卷7《苏州府知府童公传》。

194 黄卬:《锡金识小录》卷1《汇追》。

195 雍正《上谕内阁》,七年十月二十三日谕。

196 雍正《上谕内阁》,十年二月初二日喻;《清朝通志》卷83《食货》。

197 雍正《上谕内阁》,七年二月二十六日谕;袁枚:《小仓山房文集》

卷9《李敏达公遗事》。

198 雍正《上谕内阁》，五年六月初八日，六年五月二十日、十一月初六日谕。

199 雍正《朱批谕旨·田文镜奏折》，七年八月初三日折。

200 《清高宗实录》卷17，乾隆元年四月庚辰条。

201 雍正《上谕内阁》，六年二月十五日谕。

202 雍正《上谕内阁》，七年十一月初十日谕。

203 雍正《上谕内阁》，八年八月十七日谕。

204 钱泳:《履园丛话》卷1《田价》，中华书局1979年版。

205 雍正《朱批谕旨·田文镜奏折》，三年九月十一日折。

206 雍正《朱批谕旨·田文镜奏折》，二年十一月二十日折。

207 雍正《上谕内阁》，六年七月十五日谕。

208 雍正《上谕内阁》，六年十月二十一日谕。

209 雍正《上谕内阁》，八年四月初六日、七年三月初十日谕。

210 雍正《朱批谕旨·赵弘恩奏折》，七年十一月初七日折。

211 雍正《上谕内阁》，八年四月初六日、七年三月初十日谕。

212 雍正《上谕内阁》，九年十月十九日谕。

213 袁枚:《小仓山房文集》卷8《光禄寺卿沈公行状》。

214 雍正《上谕内阁》，六年十月初七日谕。

215 雍正《朱批谕旨·鄂弥达奏折》，七年四月十五日折及朱批。

216 中国第一历史档案馆编:《雍正朝起居注册》，三年五月十六日条。

217 《清世宗实录》卷108，七年九月戊辰条。

218 雍正《上谕内阁》，十年闰五月二十九日谕。

219 《大义觉迷录》卷2，《清史资料》第4辑。

220 雍正《朱批谕旨·田文镜奏折》，六年二月初三日折。

221 雍正《上谕内阁》，六年正月二十三日谕。

222 中国第一历史档案馆编:《雍正朝起居注册》，三年五月十六日条。

223 《清世宗实录》卷40，四年正月己未条。

224 雍正《上谕内阁》，四年九月初七日谕。

225 雍正《上谕内阁》，四年十二月十九日谕。

226 雍正《上谕内阁》，四年七月十五日谕。

227 雍正《上谕内阁》，五年十月二十一日谕。

228 雍正《上谕内阁》，五年十一月初三日谕。

229 袁枚:《小仓山房文集》卷7《直隶总督兵部尚书李敏达公传》。

230 雍正《上谕内阁》，五年十一月十五日谕。

231 雍正《朱批谕旨·德明奏折》，五年二月二十三日折。

232 雍正《朱批谕旨·田文镜奏折》，六年三月初四日折。

233 雍正《上谕内阁》，七年六月十五日谕。

234 中国第一历史档案馆编:《雍正朝起居注册》，三年五月十六日条。

235 雍正《吏部则例》卷20《户部·钱

法·钦定例》，雍正十二年版。

236 雍正《上谕内阁》，六年正月二十二日谕。

237 雍正《上谕内阁》，七年六月初三日谕。

238 《清世宗实录》卷117，十年四月己酉条。

239 包世臣:《安吴四种》卷26《齐民四术·再答王亮生书》，同治十一年注经堂重刊本。

240 第六章将要讲到，这里不赘。

241 中国第一历史档案馆编:《雍正朝起居注册》，三年四月二十一日条。

242 雍正《上谕内阁》，六年六月十七日谕。

243 王先谦:《东华录》，乾隆六年二月乙巳条，光绪十七年上海广百宋斋校印本。

244 雍正《朱批谕旨·杨名时奏折》，四年十二月十八日折朱批。

245 阿桂:《论增兵筹饷疏》，见贺长龄、魏源等编:《清经世文编》上册卷26。

246 《掌故丛编》第4辑《鄂尔泰奏折》，五年十一月十一日折朱批。

247 昭梿:《啸亭杂录》卷1《理足国帑》。

248 阿桂:《论增兵筹饷疏》，见贺长龄、魏源等编:《清经世文编》上册卷26。

249 朝鲜《李朝实录·英宗实录》第43册卷24，五年（雍正七年）九月己亥条，第167页。

250 雍正《上谕内阁》，十年闰五月初十日谕。

第五章　查抄曹家，清理财政

在雍正朝抄家风中，江宁织造曹家未能幸免，家庭成员曹雪芹创作国宝《红楼梦》。在“为尊者讳”的传统观念中，一些红学家为曹家鸣冤，谓为曹家蒙受允禩党人之冤而遭祸。其实曹家四次接待康熙南巡，以及其他原因，亏空公帑上百万两银子，因康熙保护而未受弹劾；即位新君清查经济，曹頫骚扰驿站受山东官员参劾，雍正又风闻曹頫转移家产，遂对他抄家治罪。

五年十二月二十四日（1728年2月3日），雍正以亏空官帑并转移财产的罪名，下令查抄江宁织造曹頫的家产。雍正前期，抄了很多人的家，曹頫不过是罹罪者之一，他的官职又小，被抄家对于当时的政局几乎没有影响，原无足深论，似乎更没有在雍正传记中开辟专章来叙述的道理，但是抄家影响了曹家成员曹雪芹的生活、思想及其《红楼梦》的创作。《红楼梦》是罕世奇珍，人们为了理解它，很自然地要了解它的作者，了解作者的家世，从而产生了“红学”和“曹学”。曹家的政治经济地位及其被查抄，成为引人注目的问题，因而笔者认为需要对雍正查抄曹家作些说明。

历史学上较早出现的雍正篡位说及残暴说，给“红学”以很大的影响，反过来，由于《红楼梦》研究的开展，又把历史学的这些说法深化了，普及了，几乎成了不可动摇的观点。一部分红学家形成这样一种观念：雍正是篡位者；他因得位不正，迫害康熙想要传位的允禵和深孚众望的允禩；江宁织造曹頫和苏州织造李煦因系前朝皇帝亲信而受到打击，又陷入允禩、允禟案件而遭殃。他们断言，曹家被抄，不是雍正所宣布的经济亏空的原因，而是政治斗争的牺牲品，是无辜受迫害。有些《红楼梦》研究者与爱好者，更将《红楼梦》与雍正紧密联系起来，加深对他的挞伐，诸如把小说中的荣国府比作皇宫，大观园比作圆明园；认为曹雪芹的母亲马氏是康熙第十六公主，他是康熙外孙；秦可卿的原型是废太子允礽的女儿；林黛玉的原型是年妃；贾探春的原型是康熙第三女固伦荣宪公主；北静王水溶的原型是允祥；把炼丹的贾敬之死比作雍正之死。更其甚者，创造曹雪芹（书中之名曹天祐）的十五岁恋人竺香玉（是林黛玉化身），被抄进宫，最后成为皇后，生子弘瞻，与曹雪芹（曹天祐）合谋毒死雍正。这近百年《红楼梦》研究史，更令笔者认为有说明雍正查抄曹家过程及其原因的必要。

要弄清曹家被查抄这个问题，必须考察曹家的全部兴衰史，这样做就有点离开了雍正史，然而由于这个问题十分重要，不得不多少破坏本书的体例，对它加以说明。这或许是值得的吧！

第一节　巨额亏空，宠眷渐衰

曹氏是皇帝的家奴，曹雪芹的曾祖父、曹頫的祖父曹玺是康熙的奶公，他于康熙二年（1663年）出任江宁织造监督，历22年，死于任所。数年后，他的长子曹寅继任其缺，至康熙五十一年（1712年），也病逝于任上。曹寅除任江宁织造外，受康熙差委，职事很多。他和他的内兄李煦轮流担任两淮巡盐御史，与官商王纲明等人收购浒墅等十四关铜斤，为皇室采办各种物件，代内务府出卖人参，校刊《全唐诗》《佩文韵府》等书，奉命联络江南汉族士大夫，和江苏巡抚宋荦共同成为文坛领袖。曹寅任内，遇上康熙六次南巡中的四次，迎奉康熙驻跸江宁织造署，还督率商人捐银修建行宫和寺院，供康熙休憩和游览。曹寅勤劳王事，深得康熙的赞赏和宠爱。康熙在织造署接见奶母，即曹寅之母孙氏，高兴地对人说“此吾老家人也”，时值庭院萱草花盛开，乃书“萱瑞堂”匾额赐给她[1]。古代母亲的称谓之一是“萱堂”，康熙以此题堂名，表明他对孙氏及曹家有浓厚感情。就曹氏家势讲，曹寅时代是继曹玺时的发展，达到最势盛、最兴旺的阶段。

“物极必反”，事物的发展就是这样，当它最兴盛的时候，也是败落的开始。曹寅在得意之际，已有许多不可消除的隐忧。其子曹颙、嗣子曹頫相继承担他的职务以后，为他遗留的问题而奔波，并且不断出现新的情况、新的事端，使得这个家庭不用到新君雍正时代，即在老主子康熙在世时，已经潜伏着衰败的危机，走在下坡的路上了。

一、经济上的亏空

曹寅父子差事多，花钱的地方也多。曹頫在康熙五十四年（1715年）报告说："奴才父亲在日费用很多，不能顾家。"[2]他的挑费大部分用在报效皇室上。接驾是盛事，但康熙南巡没有正项经费，多仗官、商报效和加派钱粮。曹家四次接驾，开支浩繁，正像曹雪芹在《红楼梦》中写赵嬷嬷讲甄家接驾的情景时所说的："把银子花的像淌海水似的"，"别讲银子成了粪土，凭是世上有的，没有不是堆山积海的，'罪过可惜'四个字竟顾不得了"[3]。其具体开销虽不得而知，一星半点的资料亦有所透露。康熙四十四年（1705年）的南巡，两淮盐商捐银在扬州修建宝塔湾行宫，曹寅亦捐银2万两[4]；随行的皇太子允礽到处索取财物，曹寅送给他银子2万两。四十六年（1707年）他随侍南巡时，又馈送3万两。东宫的戏班、工匠所需银子，也由曹寅负担，自四十四年三月起至四十七年九月太子出事止，支付二千九百多两[5]。四十四年宫中要用朱沿元青车60辆，康熙命曹寅、李煦打造进御[6]。四十七年（1708年），江南灾荒，曹寅、李煦等三人共同捐银2万两到江西、湖广采买稻米，运到江南平粜[7]。五十四年，对准噶尔部策妄阿拉布坦的战争爆发，清朝政府商议添置骆驼运送军粮，曹頫为此捐银3000两[8]。应酬也是曹家的一项不小的开支。联络士人，处处用钱，如曹寅出钱为施闰章刊刻《施愚山先生学余诗文集》。又如原任大学士熊赐履病死金陵，康熙指示曹寅"送些礼去"，曹寅即馈赠奠仪2400两[9]，以后曹頫还接济熊家。曹家给香林寺布施香火田，多达420亩。曹寅还为江宁府捐银修缮学宫。

曹家花钱如流水，可是正式收入很少。曹寅每年俸银105两，禄米6石[10]，对于他这样的家庭，简直微不足道。收支远不相抵。康熙先后让曹颙、曹頫报家产，曹頫在五十四年报告，他家有住房4所，典地600亩，田地三百多亩，本银7000两的当铺一所[11]。他对家产会有所隐瞒，但与实际距离不会太大。以他家的地位而言，在南京经营数十年，就这点产业，实在少得可怜。这样的家产，负担不起庞大的开支。怎么办呢？不免求贷于人，如曹寅于五十年（1711年）报告康熙，他身有债务[12]。借贷总归有限，最有效的法子是赵嬷嬷说的："拿着皇上家的银子往皇上身上使。"[13]曹寅身任的织造、巡盐御史经手巨量银钱，尽可挪用侵占，但是不可避免地会形成钱粮的亏空。

曹寅亏欠两淮盐课和江宁织造钱粮。数量很多，康熙后期的十几年，由他本人、嗣子及李煦清偿，总是一笔补清了，又冒出新的一笔亏空。五十年（1711年）三月，曹寅自报，在两淮巡盐御史任上，历年亏欠共190万两[14]，到六月，偿还了53万两，尚欠137万两[15]。五十一年（1712年）七月，曹寅临终，说他拖欠江宁织造衙门钱粮银9万两，两淮盐课23万两[16]。这23万两可能是137万两项内未完之数，而9万两则是新承认的。他对这些亏空，毫无办法——"无资可赔，无产可变"[17]。下一年该轮到他管理两淮盐课，他已死，李煦要求代他管理，用盐课余银为他弥补亏空。向例两淮盐课每年额银二百多万两，另有余银五六十万两，可作盐官的机动用费，李煦就是要用余银为曹寅补苴，康熙批准了他的要求。

五十二年（1713年）十一月，李煦奏报，用余银还清了曹寅的亏空，还剩余3.6万两[18]。曹頫表示要把余额上交，康熙说："当日曹寅在日，惟恐亏空银两不能完，近身没之后，得以清了"，但"家中私债想是还有"，何况织造费用不少，应当留心度日，于是只要了6000两，把3万两整数赏给了曹頫[19]。似乎曹寅的亏空是偿清楚了，然而不到一年，康熙又说曹寅、李煦亏欠钱粮一百八十余万两[20]。这时康熙原许曹寅、李煦轮管两淮盐课十年的期限已到，李煦请求再管数年，以补偿欠银[21]。康熙不答应，说若再管三四年，益发亏空大了，因命新任巡盐御史李陈常用余银代替曹、李弥补亏空[22]。据李煦奏报，李陈常为他们巡盐内亏空83万两清偿了54.2万两[23]，织造任内亏空81.9万两偿补了16万两[24]，这83万两和81.9万两，合为164.9万两，不知是否就是康熙所说的180万两的那笔账。五十六年（1717年），康熙又用李煦为两淮巡盐御史，当年，李煦报告所欠28.8万两已交纳完毕，至此还清全部亏欠，而且声明从明年起，担任两淮巡盐御史的"无欠可补，其差内余银应行解部"。康熙也如释重担，高兴地称"好"[25]，就令给曹寅、李煦按照全完钱粮之例议叙[26]。曹寅已死不叙，遂给李煦加户部右侍郎衔。曹、李果真没有亏空了吗？其实不然。六十一年（1722年）三月，李煦乞求浒墅关兼差，自报亏空：自五十三年（1714年）起，每年挪用苏州织造银4万银，至五十九年（1720年）已达32万两[27]。这就是说在他奏报一切亏空全完的五十六年，已连续四年动用苏州织造钱粮16万两，所以他不仅五十六年以后有亏空，以前也没有真正还清。李煦若不请求兼差，不会暴露此事，曹寅已故，当然不能自我泄露了，不过这一对患难与共的郎舅，亏空有李煦的份，也就短不了曹寅的。雍正朝，就出现了“曹寅亏空案”，即他还有未清的钱粮。

曹寅亏空总没有查清，主要原因是康熙对他的姑容、保护。曹寅的巨额亏空，同官自然知道，约在四十九年（1710年），两江总督噶礼密奏曹寅、李煦亏欠两淮盐课300万两，表示要弹劾他们，康熙不答应，才没有把事情公开化[28]。事关钱粮和吏治，康熙对此当然很重视，私下给曹、李打招呼。他在李煦四十九年八月二十二日的奏折上批道：

> 风闻库帑亏空者甚多，却不知尔等作何法补完？留心，留心，留心，留心，留心！[29]

又在曹寅同年九月初二日的折子上写道：

> 两淮情弊多端，亏空甚多，必要设法补完，任内无事方好，不可疏忽。千万小心，小心，小心，小心！[30]

随后在五十年（1711年）二月初三日的奏折上批问：

> 两淮亏空近日可曾补完？[31]

在同年三月初九日的奏折上又作批示：

> 亏空太多，甚有关系，十分留心，还未知后来如何，不要看轻了！[32]

这些批语的总精神，就是企图唤起曹、李对亏空问题的重视，设法弥补。连用四个“小心”、五个“留心”，警告他们不要以为自己与皇帝有特殊关系，就对亏空不以为意，要知道问题严重，才能设法清偿。在九月的折子上批示要人注意弥补亏空，到见次年二月的折子就追问巨额欠负是否偿完，分明不可能，而故作此问，是催促他们从速补偿。此亦可见康熙对这个问题的关注和想要解决的迫切心情。康熙设法帮助曹、李清欠，破例允许李煦代替曹寅巡视两淮盐课，指令新盐政李陈常代他们赔偿欠银，真是用皇上家的银子花在皇上身上。正是因为康熙过问此事，官员已明了皇帝的态度，才不敢参奏他们，新盐政也才被迫承担清偿前任的一部分亏空。

康熙如此包容，大有原因。他在谈到曹、李的亏空时，向大臣们说："曹寅、李煦用银之处甚多，朕知其中情由。"[33]情由是什么，他没有宣布，大家也明白：他们为南巡接驾，为联络士大夫，耗去的巨额金钱，全为皇帝而花销，他们如何报效得起，挪用和侵占钱粮，实是情理之中的事情。康熙不承认南巡有开支，对于曹、李的效力暗中领情，自是不能责之以亏空官帑了，然又碍于舆情，不便不令他们赔补。曹、李开始不以欠帑为意，也是因与皇帝心心相印，有恃无恐，待后才明白过来，光是皇帝袒护还不够，设若反应太大，皇帝舍弃他们，也就吃罪不起了。康熙于五十六年（1717年）再命李煦为巡盐御史时，警告他这一任与过往不同，"务须另一番作去才是，若有疏忽，罪不容诛矣"[34]。也就是允许他用余银补欠，但不许马虎从事，掉以轻心。所以康熙保护曹、李，乃因他们辛勤奔走，促成他的南巡大业，执行了他的联络汉族上层人士的政策。还有一点也应考虑到，康熙主张实行宽仁政治，对于官员的贪赃，采取睁一眼闭一眼的态度，一般情况下过问不严，只对少数人实行惩罚。有此方针，康熙对曹、李两家自然更不会为难了。

曹寅为康熙的政治及其个人效力，开支浩繁，动辄造成一二百万两的巨额亏空，虽说设法弥补，但未能清完。亏空之造成系为公事，它的后果则要当事者承担。亏空是犯罪行为，康熙在位时可以得到谅解和庇护，一旦国君易人，失去保护伞，就是治罪的根由。所以曹家的亏欠钱粮，潜藏着问罪的危机，不爆发则已，一出事就非同小可。

二、眷宠渐衰

康熙对于曹家始终眷注，这是事实，细察起来，亦有程度的差别与变化。曹玺因系奶公，加衔至一品尚书。曹寅早年伴读，中晚年勤慎供职，但与皇帝关系终逊乃父一筹，只博得三品通政使加衔。曹颙是康熙看着长大的，惜乎享年不永，效力不多，只做到六品主事，乃父所兼任的盐政等大差使已经不能问津。康熙还看重他，乃因“他的祖、父，先前也很勤劳”[35]。他已经靠着祖上恩荫，吃老本，这就是没落的征兆。曹颙死，康熙让曹頫继任织造，奉养曹寅之妻，这是可怜曹家两世遗孀，反映他对已故的曹玺、曹寅父子有感情，对生者则是怜悯，感情上已淡薄一层。曹頫青年袭职，人事不熟，办事也不历练，对老主子不敢乱献殷勤，又以资历浅，政治上小心谨慎，不敢有所作为。五十四年（1715年），康熙责问他：“家中大小事为何不奏闻？”虽是表示关怀，然亦含责备曹頫不亲近之意。曹頫立即报告家产，说明不自行启奏的原因：“因事属猥屑，不敢轻率。”又郑重声明所奏完全属实，如有欺隐，“一经查出，奴才虽粉身碎骨，不足以蔽辜矣”[36]。如此保证，就是怕皇帝信不过。类似的文字，在曹寅的奏折里找不到，这就表明两代人同皇帝疏密关系大不相同。五十七年（1718年），康熙指示曹𫖯："尔虽无知小孩，但所关非细，念尔父出力年久，故特恩至此，虽不管地方之事，亦可以所闻大小事，照尔父秘密奏闻，是与非朕自有洞鉴，就是笑话也罢，叫老主子笑笑也好。"[37]密报地方情形，在曹寅视为当然，在曹𫖯就不便自专，他以与皇帝交往不深，不敢造次以亲信自居，这就是君臣间的隔阂。五十九年（1720年），康熙对曹𫖯作了一个措辞严厉的指斥：

> 近来你家差事甚多，如磁器珐琅之类，先还有旨意：件数到京之后，送至御前览完，才烧珐琅。今不知骗了多少磁器，朕总不知。以后非上传旨意，尔即当密折内声明奏闻，倘瞒着不奏，后来事发，恐尔当不起。一体得罪，悔之莫及矣。即有别样差使，亦是如此。[38]

康熙指责曹家贪污皇家的东西，已不允许曹𫖯有便宜从事的权力。这样，过去君臣间没有芥蒂的情况已不复存在。曹家是赚了皇家不少东西，曹𫖯时这样，曹寅时也会如此，只是那时康熙不作这种指斥罢了。事情很清楚，曹𫖯在康熙心目中的地位，无法与曹寅比拟。到他手里，曹家同皇帝关系比曹颙时又形疏散，从这个意义上说，他的家势又有衰微了。像曹寅和康熙那样的密切状况，在君主时代的主奴兼君臣关系中是不多见的，颙、𫖯兄弟辈自然望尘莫及，因而无法恢复父辈的盛况。如果没有别的变化，越往后与皇帝越疏远，家运就别想好转。曹家即使没有受到后来抄家那样致命的打击，也会每况愈下。曹寅父子三人与康熙的关系一个比一个疏远，这是自然形成的，而人事上又不能去改变，这也可以说是曹家的一种政治危机。

总的说来，曹家在曹寅的极盛时期，已潜伏着经济危机，加之曹颙、曹頫时代圣眷渐衰，曹家已走在衰落的道路上。但是只要康熙在，它不会发生骤然的变化；同时，出事的因素存在着，一旦政情改变，就有着发生剧变的可能。

第二节　难成干才，雍正失望

雍正在皇子时代与曹家老奴应当有过交往。康熙四十二年（1703年）他侍从南巡，同行的兄弟只有皇太子允礽、皇十三子允祥和他三人，人数不多，曹家一定会在住于织造署中的皇四子、贝勒胤禛面前尽过心。这一年，曹頫也会在家中，不过年龄太小，不可能与胤禛交游。

雍正继位后，对曹家的态度，由于史料不充分，仅能从曹頫的奏折和雍正的朱批中窥见一二。

雍正二年（1724年）春天，年羹尧青海大捷，朝野欢庆，曹頫恭上贺折，文字不长，抄录于下：

> 窃奴才接阅邸报，伏知大将军年羹尧钦遵万岁圣训，指授方略，乘机进剿，半月之间，遂将罗卜藏丹津逆众党羽歼灭殆尽，生擒其母女子弟及从逆之贝勒、台吉人等，招降男妇人口，收获牛马辎重，不可胜计。凯奏肤功，献俘阙下，从古武功未有如此之神速丕盛者也。钦惟万岁仁孝性成，智勇兼备，自御极以来，布德施恩，上合天心，知人任使，下符舆论，所以制胜万全，即时底定，善继圣

祖未竟之志，广布荒服来王之威。圣烈鸿庥，普天胥庆。江南绅衿士民闻知，无不欢欣鼓舞。奴才奉职在外，未获随在廷诸臣舞蹈丹陛，谨率领物林达、笔帖式等望北叩头，恭贺奏闻。奴才曷胜欣忭踊跃之至。[39]

曹頫歌颂了青海胜利，而主要是颂扬了皇帝。他一赞雍正“智勇兼备”，至圣至明，知人善任，从而取得不世之功，雍正自尊心特强，把青海之功归于皇帝的将将，说到了雍正的心坎上。二赞雍正的仁孝，完成了康熙的未竟事业。雍正变革他父亲的政治，但不许人说。青海功成，他发上谕，写朱批，处处说是乃父养兵育将，深仁厚泽的结果，又为文告祭康熙的景陵。曹頫说他仁孝性成，善继圣祖未竞之志，正合他的宣传。三赞皇帝善政爱民，布德施恩，深合天心，因之获胜。雍正爱讲天人感应，自谓修人事，爱百姓，得天帝垂鉴，获此奇功。这样君臣思想恰相吻合。雍正见到这个贺表，从内心感到高兴，就在表上朱批：“此篇奏表，文拟甚有趣，简而备，诚而切，是个大通家作的。”[40]他肯定贺表写得好，简明扼要，更好在“诚而切”，即表现了奏折人对皇帝发自内心的忠诚态度，因而所表达的意思非常准确。雍正欣赏曹頫贺折的文字，进而反映他对具折人有一定好感，通过赞扬其文章而表彰其人。曹頫的贺折是官样文章，但他的思想也不能不于其中有所流露。他是好古嗜学的人，为人正派，权变应酬非其所长，他的这个处处符合雍正心意的文章，看来不会全靠的是揣摩之功，而是他具有那样的一些认识，在贺表上表现了爱君之心。所以说这时雍正和曹頫之间关系融洽，至少说不会有大的嫌隙，不会是早已预定的打击对象。

同年，曹𫖯上一个请安折，雍正作了如下指示：

你是奉旨交与怡亲王传奏你的事的，诸事听王子教导而行。你若自己不为非，诸事王子照看得你来；你若作不法，凭谁不能与你作福。不要乱跑门路，瞎费心思力量买祸受；除怡亲王之外，竟可不用再求一人拖累自己。为什么不拣省事有益的做，做费事有害的事？因为你们向来混账风俗惯了，恐人指称朕意撞你，若不懂不解，错会朕意，故特谕你。若有人恐吓诈你，不妨你就求问怡亲王，况王子甚疼怜你，所以朕将你交与王子。主意要拿定，少乱一点。坏朕声名，朕就要重重处分，王子也救你不下了。特谕。[41]

雍正命令曹𫖯有事要同怡亲王允祥商量，并经由后者向皇帝奏明请示，于是在君臣之间有了个中间人。这样做，据雍正讲是让允祥照看曹𫖯，而这位王爷又疼怜他，也会照应得好。这是真关怀曹𫖯，还是如同一些人认为的是对曹𫖯不信任而加强管制？这就需要了解允祥在雍正朝的地位及当时的传奏制度。前面说过允祥是雍正第一个信任的亲王，又是皇帝的总管家。他代表雍正与一些封疆大吏，道府官员进行单线联系，代转他们的奏折或不便题奏而又需要报告皇帝的事情。如元年，雍正指示直隶巡抚李维钧："凡有为难不便奏闻小事，密使人同（怡亲）王商酌。"[42]所以李维钧首倡摊丁入粮，先同允祥商讨。雍正这一指令，显然是对李维钧的关怀。二年（1724年），署理河南巡抚田文镜主动派人向允祥致敬，雍正就此向田文镜说："此际命王代汝转奏事件，断然不可。"因为田文镜在河南积极推行雍正新政策，与创行耗羡归公的山西巡抚诺岷为“举朝所怨”之人，若允许他同允祥结交，必然会被人攻击为结党营私，将使他们处境不佳，所以雍正又说：“俟汝根基立定，官声表著之时，然后降旨，命王照应于汝，则嫌疑无自而生矣。”[43]被指定与允祥联系有条件，要看其人官声如何，宠臣田文镜想让允祥为其传奏尚不可得，亦见由允祥传奏不是坏事。胡凤翚，其妻与年贵妃为姊妹，应该是雍正的亲信了，元年（1723年）受命为苏州织造，代替李煦，雍正也命允祥照看他，有的旨意就通过允祥下达给他[44]。对于这样传奏，雍正给了胡凤翚与曹頫同样内容的指示：

> 毋谓朕将尔交与怡亲王为己得泰山之靠，遂放胆肆志，任意招摇也。倘少有辜负朕恩处，第一参劾尔者即系怡亲王，切莫错会。若希冀王施袒护私恩于尔，别自误尔之身家体面矣。小心，慎之！[45]

警告胡凤翚不要以为有了怡亲王的靠山而胡作非为。事情很清楚，传奏人是被传奏人的保护人。雍正命允祥为曹頫传奏，其性质和作用应与李维钧、胡凤翚一样，是为他找了个保护人。再说允祥与曹家关系之深，比李、胡等人又不同。曹寅接驾的那四次康熙南巡，允祥是皇子中唯一的次次都去的人，想来他同曹家感情较深，雍正说他“甚疼怜”曹頫，必是实情。由他作传奏人，对曹家当更有利。这种作法，便于皇帝与臣下联系，含有爱护、笼络被联系人之意，而不是作为管制的手段。当然，具体到曹頫、胡凤翚之类的家奴，宠信之外，含有教导、管教的意思，不过这种管教不是非正常的强制，是主奴联系的正常内容。

雍正在这个朱批中警告曹頫，若在允祥之外乱找门路，就是买祸受；对于别人的欺诈要警惕，只要自己主意拿定，就不会受人愚弄；要注意不做有损皇帝名声的事，若那样，允祥也救不了。雍正要求臣工，尤其是家奴，应绝对忠诚，这个朱批体现了这种要求，但也不是只为曹頫而写。上述给胡凤翚的朱批是同样性质。还有一些朱批表达得更明显。胡凤翚因同年羹尧是郎舅关系，其子胡式瑗被年保举为知县，年案发生，胡凤翚自首，雍正警告他："当极小心谨饬，闻尔颇不安静，慎之，慎之！"[46]又说："朕原有旨，除怡亲王外，不许结交一人，孰意尔尚恐怡亲王照顾不周，又复各处钻营。"[47]最后，胡以年党被抄家，自杀。雍正给曹、胡的朱批有共同的内容，只是没有说曹頫各处钻营。雍正的意思，家奴只能依靠主人，或主人指定的管家，绝不可以自找管家，更不可以另寻主人。他的这个朱批就是要求曹頫只同允祥联系，不要再找靠山。这是家主对仆人的教训，没有对奴才的分外苛求。

雍正的这个朱批，用词尖刻，态度严厉，规劝之中充满威胁。这样的态度，在曹頫二年（1724年）五月初六日奏折的朱批上又表现出来。曹頫在该折报告江南发生蝗虫，但未成灾，且雨水充足，百姓已及时播种。雍正见后大发脾气，朱批："蝗蝻闻得还有，地方官为什么不下力扑灭？二麦虽收，秋禾更要紧。据实奏，凡事有一点欺隐作用，是你自己寻罪，不与朕相干。"[48]曹頫不是地方官，地方上没能全部消灭蝗虫，关他甚事，责问于他，岂非找错了对象？然而雍正不是这样昏暴的人。他是责怪曹頫没有报告地方官不下力消除蝗灾的原因。他要求臣下的报告一定要准确，以便掌握实际情况。如不确实，他便会被人蒙蔽，影响他的名誉和威信，当然会转过来怪罪报告人欺蔽。

雍正这样的凶恶态度，也是看对象而发。胡凤翚密奏按察使徐琳居官情景，雍正朱批竟说："少不慎密，须防尔之首领。"[49]五年（1727年）四月初一日，杭州织造孙文成折奏浙江大吏的施政办法，雍正亦作告诫之朱批："凡百闻奏，若稍有不实，恐尔领罪不起。须知朕非生长深宫之主，系四十年阅历世情之雍亲王也。"[50]六年（1728年）三月初三日，苏州织造李秉忠奏报当地风调雨顺，雍正亦说："凡如此等之奏，务须一一据实入告，毋得丝毫隐饰。即地方一切事务及大小官员之优劣，若果灼见无疑，亦当据情直陈。倘不慎密，招摇炫露，藉称朕之耳目，擅作威福，吓诈地方，则自贻伊戚也。"[51]这些人都是织造，雍正的口气都很硬。他是把他们当作家奴看待，故不假以辞色。他对这些织造，不管是前朝留下的，还是自己任用的，严厉态度是一致的，只要对皇帝忠诚就行。这确乎说明雍正对曹頫没有特殊的刁难。

上述几个朱批可以表明，雍正在继位的前二年，对曹頫是信任的，并严加管教，希望他成为忠实干练的家奴。

此后，直至抄家以前，雍正对曹頫的使用是正常的。曹頫按照规定，行使织造的职权。三年（1725年），他因江宁织造署库存缎匹已多，请问户部可否上交内府，经户部请示雍正，准允交纳[52]。清朝惯例，江南三织造轮流回京，每年一人，进送织造物件。四年（1726年），曹頫按规定进京，于次年二月返回任所，雍正命他路过江苏仪征时向两淮盐政噶尔泰转传圣谕，事后，领旨者向皇帝奏报经过："雍正五年二月二十七日，江宁织造曹頫自京回南，至仪征盐所臣衙门，臣跪请圣安，曹頫口传圣谕，以臣等呈进龙袍及丰灯、香袋等物，皆用绣地，靡费无益，且恐引诱小民不务生产，有关风俗，特命传谕。"[53]本书作者在《朱批谕旨》中看到此类转传谕旨，往往转传有误，雍正知后再加笔削。噶尔泰此折没有朱笔改动，可见曹頫准确地转述了雍正旨意。五年（1727年）轮到苏州织造高斌进京，五月，高斌就此请旨，雍正不让他行走，仍命刚刚返任的曹頫"将其应进缎匹送来"[54]。这时，曹家可能还有一些小的差事。康熙末年曹家差事不少，而这些差事与织造地位有关，雍正初年，织造职务没有变，那些小差事不会非正常地取消，即或改变，也非对曹頫另有看待而作出。如雍正二年底武备院奏称，从前曹頫等造送的马鞍、撒袋、刀等物的饰件，所存不多，需要再造，考虑到若再命曹頫等打造，"地方遥远，且往来收送，难免生弊"，建议在京就便打制，雍正认为所议很好，把它批准了[55]。这是就事而发，不是针对曹頫来的。

除以经济为内容的差事之外，曹頫也有从事政治耳目活动的业务。前述雍正要他据实奏明地方官动向的严谕，就是曹頫赋有这种使命的体现。三年（1725年）夏天，曹頫奉命与苏州织造胡凤翚一道调查山东巡抚陈世倌拘捕扬州居民洛兴华的事件，他们通过洛本人，了解了陈世倌误拿洛兴华的经过，报告内务府总管，转呈给雍正[56]。

四年（1726年）在北京发生了曹頫家人吴老汉被捕事件。事情的原委是：吴老汉在康熙六十年（1721年）代主人赊卖给桑额三千一百多两银子的人参，到雍正四年秋天还有一千三百多两未收，屡次催讨，桑额为赖账，串通番役蔡二格等人，反诬吴老汉欠债，将他拘捕，事情经由内务府管辖番役处审理，真相大白，遂将桑额枷号两个月，鞭一百，发往打牲乌拉充打牲夫，欠银如数交还吴老汉。雍正同意这样结案，并大大称赞了管辖番役处的官员，他说："查出这一案件，很好，应予纪录奖赏。"[57]他表彰的是番役处官员，但他们所办之事则是为曹家昭雪，由此亦可见雍正对曹頫没有另眼看待。

正常使用，按一般人对待，这是事实。但从谕旨看，雍正自始就对曹頫严厉，后来曹頫不善为官的表现，造成了雍正对他的不满。四年（1726年），雍正发现新近收进的缎子质量不好，要内务府查出是何处织造所进，结果查明，由苏州、江宁所织的一部分上用缎、官缎"甚粗糙轻薄，而比早年织进者已大为不如"。内务府就此奏劾说："查此项绸缎，皆系内廷用品，理应依照旧式，敬谨细织进呈，今粗糙轻薄者，深为不合。"于是把不合格的绸缎挑出，要曹頫等另行织造，又将他们罚俸一年[58]。织造上用物品，本应加意制作，不能偷工减料，又碰上精明严厉的雍正，更不能马虎了。然而曹頫识不及此，进呈不合格产品，岂非自讨罪戾。当年补上挑出的绸缎，曹頫等还引咎自责："奴才等系特命办理织造之人，所织绸缎轻薄粗糙，实属罪过。"又保证"此后定要倍加谨慎，细密纺织"[59]。五年（1727年）闰三月，雍正穿的石青缎褂面落色，追查是何处织造，结果又是江宁生产的，于是又以不敬谨织染，将曹頫罚俸一年[60]。与此同时，两淮盐政噶尔泰密奏："访得曹頫年少无才，遇事畏缩，织造事务交与管家丁汉臣料理，臣在京见过数次，人亦平常。"[61]这是说曹頫缺乏才能，办事又不主动热情，所使用的管家也是平庸的人。噶尔泰的访察比较准确，曹頫属于好学而无行政才能的人，所用又非人，只能给曹頫添事，以致织造上用物品屡出差错，遭到谴责。雍正惯于通过各种渠道考察臣下，大约对曹頫居官已先有所了解，及至见到噶尔泰奏折，就朱批说曹頫"原不成器"，说丁汉臣"岂止平常而已"[62]。雍正的意思，本想把曹頫培养成干练贤员，经过几年，认为不长进，表示失望，不再望其成大器了。不管曹頫本身有无变化，反正雍正对他的看法有了改变：从抱希望到失望。

曹家地位在康熙末年已在走下坡路，君主易人，双方私人关系更浅，衰落的危机比先前更显严重。由于雍正采取维持态度，才没有急转直下。

第三节　亏空获咎，曹家被抄

五年（1727年）冬天，曹頫运送织造缎匹至京。恰在这时，山东巡抚塞楞额折奏江南三织造"运送龙衣，经过长清县等处，于勘合外，多索夫马、程仪、骡价等项银两"，请求降旨禁革。十二月初四日，雍正就该折发出上谕，首先说他早就禁止骚扰驿站——"朕屡降谕旨，不许钦差官员、人役骚扰驿递。"接着说三织造违令扰累可恨——"今三处织造差人进京，俱于勘合之外，多加夫马，苛索繁费，苦累驿站，甚属可恶！”最后指示立案审理：“织造差员现在京师，着内务府、吏部，将塞楞额所参各项，严审定拟具奏。”[63]他要亲自过问这个案子。

雍正对骚扰驿站的事很重视，如他所说原下过禁令。即如四年（1726年）派内阁学士何国宗往山东、河南查看河道，按规定官给驿站马匹廪粮，可是山东巡抚陈世倌等额外以近万两银子应酬他，后来山东巡抚塞楞额对他的支用盘费进行查核，报告雍正。何国宗到河南，田文镜没有馈送，何国宗回京复命，欲加田文镜不敬钦差的罪名，雍正批评了他，表扬了田文镜和塞楞额[64]。到十年（1732年）步军统领阿齐图获罪，过错之一是出差在外，“向地方官勒索馈送，骚扰驿站”[65]。这虽是曹頫出事以后的事，但看得出雍正一贯禁止官员骚扰驿递的态度。这说明扰累驿站是可以治罪的事情，不可等闲视之。塞楞额是坚决执行雍正政策的疆吏，在山东力行整顿，类似查检何国宗的事办了好几起。山东官员分用羡余银两，前巡抚黄炳议从蒋陈锡一人名下追补，这就难于补清，塞楞额奏请多头补偿。济南府将仓粮减价卖给平民，经历石为壎滥卖给射利之人，塞楞额将他参劾究问。盐政马立善向盐商索贿，塞楞额即行奏报。允禩党人苏努之子乌尔金被圈禁在济南，有家人在禁所出入，塞楞额察知即行禁止。塞楞额的行事引起一些人的不满，讽刺他“精明严刻”，雍正为他撑腰：“塞楞额莅任以来，实心办理数事，而宵小之人不得自便其私，故造作此语，远近传播，欲使塞楞额闻之，怠其整顿积习之心，且使众人闻知，阻其急公效力之念也。”[66]塞楞额参劾江南三织造扰累驿站，理所当然地得到雍正的支持而降罪三织造，恰巧这次是由曹頫解运，罪责最大的就是他了，所以当即对他审查。骚扰驿站，成为曹頫获罪的导火线。

江南三织造的案子进展很快。十五日，雍正以杭州织造孙文成“年已老迈”，罢其职务，谓曹頫“审案未结”，用内务府郎中绥赫德接替他的差事[67]。二十四日，雍正命江南总督范时绎查封曹頫家产：

> 将曹頫家中财物，固封看守，并将重要家人，立即严拿，家人之财产，亦着固封看守，俟新任织造官员绥赫德到彼之后办理。伊闻知织造官员易人时，说不定要暗派家人到江南送信，转移家财。倘有差遣之人到彼处，着范时绎严拿，审问该人前去的缘故，不得怠忽！[68]

范时绎得到指令后，监禁曹頫管家数人，进行审讯，并将曹家房产杂物一一查清，造册封存[69]。绥赫德于六年（1728年）二月初二日到任，细查曹家财产，与范时绎登记的相同，即房屋及家人住房13处，共计483间；地8处，共19067亩；家人114口；他人欠曹頫债务，连本带利共计二万二千余两；此外还有家具、旧衣及当票百余张。雍正把曹頫“所有田产房屋人口等项”赏给了接任者，并令绥赫德在北京给曹頫酌量留些住房，以便其家属回京居住[70]。

查抄曹家的原因，雍正说是惩治曹頫的亏空之罪。给范时绎的上谕中说：

> 曹頫行为不端，织造款项亏空甚多，朕屡次施恩宽限，令其赔补。伊倘感激朕成全之恩，理应尽心效力，然伊不但不感恩图报，反而将家中财产暗移他处，企图隐

蔽，有违朕恩，甚属可恶！[71]

雍正的意思，曹頫有亏空，这是本罪；他不积极清偿，反而转移家产，希图免脱，罪上加罪，才获此重咎。

曹頫亏空，确是事实。元年（1723年）自报织造项内有亏空，请求在三年之内分批偿还。雍正同意了，曹頫于二年（1724年）正月上折谢恩，说“奴才自负重罪，碎首无辞，今蒙天恩如此保全，实出望外”。保证不顾一切地按期还完欠帑——“只知补清钱粮为重，其余家口妻孥，虽至饥寒迫切，奴才一切置之度外，在所不顾。凡有可以省得一分，即补一分亏欠，务期于三年之内，清补完全，以无负万岁开恩矜全之至意”。雍正对他能否如期清偿将信将疑，批云：“只要口心相应，若果能如此，大造化人了。”[72]

曹頫的亏空能不能赔补，这要看他的亏欠数量和家产。他的亏欠，如果只是他自身的，不会像曹寅那样，动辄几十万，上百万，但他须偿还的应包括曹寅的亏空。雍正时期，曹寅的欠帑问题再次被提了出来。关于它的具体情况不清楚，不过有件档案提供了线索。这是内务府于雍正十三年（1735年）十一月十六日上奏的折子。它讲雍正死后，乾隆下即位恩诏，免追八旗和内务府人员侵贪挪移款项，凡属分赔、代赔、着赔的，内务府查明报请宽免。该折开列的分赔项目，共有十一案，其中涉及曹寅的有三案，兹录原文如下：

> 一件，雍正八年三月内，正黄旗汉军都统咨送，原任散秩大臣佛保收受原任总督八十馈送银五千两，笔帖式杨文锦馈送银四千四百两，原任织造曹寅家人吴老汉开出馈送银一千七百五十六两。（下略）

一件，雍正十三年七月内，镶黄旗满洲都统咨送，原任织造郎中曹寅家人吴老汉供出银两案内，原任大学士兼二等伯马齐，欠银七千六百二十六两六钱。（下略）

一件，雍正十三年十一月内，正黄旗满洲都统咨送，原任织造郎中曹寅亏空案内，开出喀尔吉善佐领下原任尚书凯音布收受馈送银五千六十两。（下略）[73]

这里明确地说有个曹寅亏空案，这个案子是何时揭露的，何时定案的，亏空有多少，偿还如何，不得而知，总之有这么一个案子。它说明李煦所宣布的，他和曹寅于康熙五十六年（1717年）清偿了全部欠帑是不真实的，那时康熙为马虎了事，可以认可，但是既有亏欠，到雍正时一查，就被发现立案了。为了追赔，自然就落到亏空者的后人曹𫖯和受过曹寅好处的人身上，因此凯音布等承担了分赔的责任。所谓曹𫖯的亏空，大约包括曹𫖯本人的和曹寅的两项内容。有了曹寅的欠帑在内，其数量一定很大。

巨额亏欠是曹𫖯力不能完的，绥赫德的抄家清单表明，曹家仅有大约六七万两银子的产业，破他的家也不够清偿。他的偿还能力实在太有限了，康熙六十年（1721年）曹𫖯代售人参，到次年八月只差银9000两参价，不能交清，要被内务府议处，才蹭到雍正元年（1723年）七月纳完[74]。而由吴老汉被捕事获知，曹𫖯卖参的银子还没有完全收上来，他是用的别项银子补的这个窟窿。这样拆东墙补西墙，捉襟见肘，巨额亏空怎么还完！所以曹𫖯保证三年还清，但至雍正四年到期，都没能偿还。即使雍正再展限，曹𫖯也是力不从心，继续欠帑。这样，雍正终于采取抄家的办法，强制曹𫖯弥补欠银了。

亏欠是不是导致抄家的真正原因？有人相信，萧奭在《永宪录》中写到此事，说曹頫“因亏空罢任，封其家资，止银数两，钱数千，质票值千金而已。上（指雍正）闻之恻然”[75]。

亏空确是导致抄家的原因。道理并不复杂，雍正正在清理财政和整肃吏治，按照他严猛施政的原则，雷厉风行，对贪官严惩不贷，且贯彻务令退出赃物的精神，所以形成抄家风。不仅如此，雍正对织造府和盐院的清查颇为注意。元年（1723年）十二月，两淮盐政谢赐履请停止两淮余银滋补江宁、苏州两织造，并将当年六月以前给的追回。其中需要曹頫交回的两笔共八万五千多两，谢赐履行文，派人去催还，曹頫概不理睬，谢因此请皇帝下令，让曹頫把欠银送交户部，雍正准令户部催收[76]。不久，雍正调两浙盐政噶尔泰为两淮盐政，“清查浮费”[77]。清理两淮盐课，难免要涉及曹寅。雍正特别命令织造厉行节俭，改变过去贪婪及靡费习气。他在曹頫奏进物单上批写：“用不着的东西，再不必进。”[78]谕孙文成：“尔试看一省之中督抚将军地方文武官员，假若仍踵故习，尔亦循照旧日织造行为举动可也，否则必当择善而行方好。”[79]在苏州织造李秉忠奏折中写道：“尔等包衣下贱习气，率多以欺隐为务，每见小利而不顾品行。”[80]他警惕织造的贪占，不会放松对曹頫的察核。

清理财政、整顿官方政策在中央和地方的全面实行，表明曹頫的遭遇是这一措施的产物。他是被触及的众多亏空官员中的一个，也是其中的一例，既不奇怪，也不特殊。

雍正说曹頫转移家产，十分可恶。他对此事看得很重，也很恼火。当时隐藏财产的大有人在，雍正对此极为关注，他曾因还在总理事务大臣任上的隆科多做出这样的事，气愤地向抚远大将军年羹尧说：

> 舅舅隆科多行为岂有此理，昏愦之极，各处藏埋运转银子东西。朕如此推诚教导，当感激乐从，今如此居心，可愧可笑！况朕岂有抄没隆科多家产之理，朕实愧见天下臣工也。你不要做如此丑态，以为天下人笑也。[81]

他哪里知道年羹尧比隆科多做得还厉害，隆只藏于京城亲友家和西山寺庙中，而年则分藏于京城和各省[82]。他认为臣下暗移家财是对他的不信任，令他难堪；而臣下敢于隐匿，又是对皇帝的不忠诚；当清理之时的暗藏，是企图侥幸，抗拒弥补亏空。单凭这样的事，他一怒之下，就可能决定查抄曹頫家产。

促使雍正抄没曹家的因素，是否有来自政治方面的呢？据说收藏在台北“故宫博物院”的雍正朝档案第19210号，是曹頫奏折，将他于雍正二年（1724年）正月十七日至五月初六日写的4个折子合在一起，然而该院出版《宫中档雍正朝奏折》没有把它刊出。见过奏折原件的学者杨启樵说，其中第三折盛赞年大将军凯旋。曹頫的奏折在雍正敕编的《朱批谕旨》中没有辑入，究其原因，杨启樵联系其他人未刊的奏折，认为是涉及年、隆案件的关系。他说：“……其他尚有多折，皆为年羹尧、隆科多事而发，俱未刊出，如奉天府丞革职留任程光珠折、四川按察使程如丝折、浙江巡抚法海折、江宁织造曹頫折等，不列举。”[83]程光珠株连于隆案，程如丝系年羹尧参奏之人，法海获罪与允禵、年羹尧均有关，这是其他资料清楚表明了的，至于曹𫖯与隆、年有何瓜葛，除杨启樵所述资料外，别无线索。雍正警告曹𫖯“不要乱跑门路”，“除怡亲王之外，竟可不用再求一人拖累自己”。不知曹𫖯是否在允祥之外，又向权势煊赫的年大将军和舅舅隆科多表示亲近？这只能是个疑问。

是不是牵连到允禩集团中去了？不少学者作如是之观。曹家作为老奴，与康熙的儿子会有某种联系，与允禩集团的成员有过往来，如康熙五十五年（1716年）允禵在江宁打造镀金狮子一对，因铸得不好，交给曹𫖯，寄存在织造署附近的万寿庵中[84]。曹𫖯是皇帝家奴，而且是在南京的总管，为皇子办这件事，也是分内之责。如果没有更深一层的关系，这事不能作为曹𫖯是允禩党人的证明。而雍正得知此事，是在绥赫德查抄曹家之后，因而不可能是导致曹𫖯被抄家的缘由。

雍正说明查抄曹家原因，没有提及曹𫖯是允禩或年、隆党人，倒可证明他确实不是。雍正大讲反对朋党，以此治了许多人的罪。如曾摄抚远大将军印务的贝勒延信，于五年（1728年）十二月被禁，他有所谓党援七罪，一结允禩、阿灵阿，二结允禵，三徇隐年羹尧不臣之心[85]。又如四年，十二月责备兵部尚书法海，“与允禵私相交结”，“谄附年羹尧”[86]，将他发往宁夏水利处效力。隆科多案中，亦有交结阿灵阿、揆叙的一条罪状[87]。雍正甚至把自己藩邸旧人戴铎、巴海、沈竹等人都说成允禩党人[88]。曹𫖯案与延信、隆科多等案同时，雍正若治其朋党之罪，完全没有必要忌讳，反而会就此大加谴责，以说明他打击允禩、年、隆党人的正确。

还有一个事例可以反证曹𫖯不是允禩党人。有的研究者已正确指出，曹𫖯犯案，他的亲族没有受到株连，堂伯曹宜、堂兄曹颀仍在当差，曹宜从护军校升为护军参领，曹颀屡蒙赏赐，若曹𫖯是政治案件，他们就不能不被连累了。此外更有一事值得注意，十三年（1735年）七月，曹宜负责"巡察圈禁允禵地方"，发现允禵太监跳出高墙逃跑，即行报告，雍正为此责备管理内务府事的庄亲王允禄[89]。如果曹𫖯由允禩案件牵连，曹宜绝不可能被用作监视允禩党人允禵。

或谓否定政治原因，强调经济亏空，为何又把曹𫖯家产赏给绥赫德，而不作弥补亏欠之用？抄家物资即为国家所有，将之归入国库或赏赐私人，这是皇帝的权力了。把抄家物资赐予私人，是常有的事，雍正朝也不例外，如把李煦在京房屋、家奴赏给年羹尧即是一例。

上述种种，如果不误的话，查抄曹家，是雍正在执行整理财政、清查亏欠政策中，追索曹寅、曹𫖯的钱粮亏空而采取的强制手段；传闻中的曹𫖯转移家产，被雍正视为奸诈不忠，促成了抄没；骚扰驿站则成了抄家的导火线。曹家同雍正已不复有与康熙那样密切的私人关系，一旦出事，不会有皇帝的曲意庇护，这是曹家在康雍两朝地位的重大变化，是对它的不利因素，它丧失了不被抄家的保障。至于说曹𫖯系允禩党人而遭殃，没有根据，与曹𫖯被命受允祥照看的事实不合，与他在雍正前五年安稳不动的事实也不合。但曹𫖯的被惩治，也不是不具有政治因素。雍正实行革新政治，整理财政是其一项内容，且在清理经济同时整肃官方，从这个意义上说，曹家被抄是雍正新政的必然结果，也是一种政治因素在起作用。然而这同雍正打击朋党的政治活动不是一回事，不宜混淆。

关于雍正查抄江宁织造府的问题，不必有成见，一不要因雍正抄家就有恶感，二不必因是曹家就表同情。曹雪芹贡献出国宝《红楼梦》，后人感谢他，敬爱他，是理所当然的，他是受之无愧的。爱屋及乌，其先人已予人好印象，何况他们执行明君康熙的政策，本身又有可敬之处，他们后人惨遭厄运，自然会引人同情。大约为尊者讳的思想也在起作用，对曹雪芹的先人也就不便置一贬词。如此这般，雍正便处处占不到“是”字，只有挨骂的份。然而这并没能反映历史的客观真实，对理解曹家地位的变化，曹雪芹政治观和世界观的形成不见得有好处。正确分析雍正及其时代，对于弄清这些问题，对于了解《红楼梦》创作的时代背景才是有意义的。

1　陈康祺:《郎潜纪闻初笔二笔三笔》，中华书局1984年版，第670页。

2　故宫博物院明清档案部编:《关于江宁织造曹家档案史料》，第132页。

3 《红楼梦》第16回。

4　故宫博物院明清档案部编:《关于江宁织造曹家档案史料》，第30—31页。

5　故宫博物院明清档案部编:《关于江宁织造曹家档案史料》，第60页。

6　故宫博物院明清档案部编:《关于江宁织造曹家档案史料》，第38页。

7　故宫博物院明清档案部编:《关于江宁织造曹家档案史料》，第51页。

8　故宫博物院明清档案部编:《关于江宁织造曹家档案史料》，第134页。

9　故宫博物院明清档案部编:《关于江宁织造曹家档案史料》，第75页。

10　故宫博物院明清档案部编:《关于江宁织造曹家档案史料》，第138页。

11　故宫博物院明清档案部编:《关于江宁织造曹家档案史料》，第132页。

12　故宫博物院明清档案部编:《关于江宁织造曹家档案史料》，第82页。

13 《红楼梦》第16回。

14　故宫博物院明清档案部编:《关于江宁织造曹家档案史料》，第81页。

15　故宫博物院明清档案部编:《关于江宁织造曹家档案史料》，第85页。

16　故宫博物院明清档案部编:《关于江宁织造曹家档案史料》，第99—100页。

17　故宫博物院明清档案部编:《关于江宁织造曹家档案史料》，第99—100页。

18　故宫博物院明清档案部编:《关于江宁织造曹家档案史料》，第118页。

19　故宫博物院明清档案部编:《关于江宁织造曹家档案史料》，第122—123页。

20　故宫博物院明清档案部编:《关于江

宁织造曹家档案史料》，第124页。

21 故宫博物院明清档案部编:《关于江宁织造曹家档案史料》，第122—123页。

22 故宫博物院明清档案部编:《关于江宁织造曹家档案史料》，第124页。

23 故宫博物院明清档案部编:《关于江宁织造曹家档案史料》，第145页。

24 故宫博物院明清档案部编:《关于江宁织造曹家档案史料》，第136页。

25 故宫博物院明清档案部编:《关于江宁织造曹家档案史料》，第146页。

26 故宫博物院明清档案部编:《关于江宁织造曹家档案史料》，第147页。

27 《李煦奏折》，第287页。

28 故宫博物院明清档案部编:《关于江宁织造曹家档案史料》，第124页。

29 《李煦奏折》，第89页。

30 故宫博物院明清档案部编:《关于江宁织造曹家档案史料》，第78页。

31 故宫博物院明清档案部编:《关于江宁织造曹家档案史料》，第81页。

32 故宫博物院明清档案部编:《关于江宁织造曹家档案史料》，第82页。

33 故宫博物院明清档案部编:《关于江宁织造曹家档案史料》，第136页。

34 故宫博物院明清档案部编:《关于江宁织造曹家档案史料》，第144页。

35 故宫博物院明清档案部编:《关于江宁织造曹家档案史料》，第125页。

36 故宫博物院明清档案部编:《关于江宁织造曹家档案史料》，第131—132页。

37 故宫博物院明清档案部编:《关于江宁织造曹家档案史料》，第149—150页。

38 故宫博物院明清档案部编:《关于江宁织造曹家档案史料》，第153页。

39 故宫博物院明清档案部编:《关于江宁织造曹家档案史料》，第185页。

40 故宫博物院明清档案部编:《关于江宁织造曹家档案史料》，第158页。

41 故宫博物院明清档案部编:《关于江宁织造曹家档案史料》，第165页。

42 雍正《朱批谕旨·李维钧奏折》，元年十一月初九日折。

43 雍正《朱批谕旨·田文镜奏折》，二年十一月二十日折朱批。

44 雍正《朱批谕旨·胡凤翚奏折》，三年八月十七日折。

45 雍正《朱批谕旨·胡凤翚奏折》，二年十二月十八日折朱批。

46 雍正《朱批谕旨·胡凤翚奏折》，二年九月二十六日折朱批。

47 雍正《朱批谕旨·胡凤翚奏折》，三年十月初三日折朱批。

48 故宫博物院明清档案部编:《关于江宁织造曹家档案史料》，第163页。

49 雍正《朱批谕旨·胡凤翚奏折》，二年十二月十八日折朱批。据杨启樵《雍正帝及其密折制度研究》所述，台北"故宫博物院"所藏朱批奏折原件，这句话是:"少不机密一点，仔细头。"（香港三联书店1981年版，第13页。）

50 雍正《朱批谕旨·孙文成奏折》，五年四月初一日折朱批。

51 雍正《朱批谕旨·李秉忠奏折》，六年三月初三日折朱批。

52 故宫博物院明清档案部编:《关于江宁织造曹家档案史料》，第166—167页。

53 雍正《朱批谕旨·噶尔泰奏折》，五年三月初十日折。

54 故宫博物院明清档案部编:《关于江宁织造曹家档案史料》，第180页。

55 故宫博物院明清档案部编:《关于江宁织造曹家档案史料》，第171—172页。

56 故宫博物院明清档案部编:《关于江宁织造曹家档案史料》，第168—171页。

57 故宫博物院明清档案部编:《关于江

宁织造曹家档案史料》，第178—180页。

58　故宫博物院明清档案部编:《关于江宁织造曹家档案史料》，第174—175页。

59　故宫博物院明清档案部编:《关于江宁织造曹家档案史料》，第177页。

60　故宫博物院明清档案部编:《关于江宁织造曹家档案史料》，第181—182页。

61　雍正《朱批谕旨·噶尔泰奏折》，五年一月十八日折。

62　雍正《朱批谕旨·噶尔泰奏折》，五年一月十八日折朱批。

63　故宫博物院明清档案部编:《关于江宁织造曹家档案史料》，第182—183页。

64　雍正《上谕内阁》，五年四月初八日、四年十二月十七日谕。

65　《清世宗实录》卷117，十年四月丙午条。

66　雍正《上谕内阁》，五年四月初八日、四年十二月十七日谕。

67　故宫博物院明清档案部编:《关于江宁织造曹家档案史料》，第184页。

68　故宫博物院明清档案部编:《关于江宁织造曹家档案史料》，第185页。

69　参见故宫博物院明清档案部编:《关于江宁织造曹家档案史料》，第186页。

70　故宫博物院明清档案部编:《关于江宁织造曹家档案史料》，第187—188页。据档案学专家论证研究，所留住房在今北京市崇文区磁器口。若是，这里应是曹雪芹故居了。至于一度盛传的香山南边正白旗村某号（原39号）住宅为曹雪芹故居，则不可能是真的。

71　故宫博物院明清档案部编:《关于江宁织造曹家档案史料》，第185页。

72　故宫博物院明清档案部编:《关于江宁织造曹家档案史料》，第157页。

73　故宫博物院明清档案部编:《关于江宁织造曹家档案史料》，第202—204页；参见该书第198—201页内务府十月二十一日的折子。

74　故宫博物院明清档案部编:《关于江宁织造曹家档案史料》，第155—156、160页。

75　萧奭:《永宪录》，第390页。萧奭所说曹頫家产极少，大出雍正所料，系不实之词，曹家有质票银三万多两，而不是仅千两。

76　雍正《朱批谕旨·谢赐履奏折》，元年十二月初一日折。

77　雍正《朱批谕旨·噶尔泰奏折》，三年九月十一日折。

78　故宫博物院明清档案部编:《关于江宁织造曹家档案史料》，第184页。

79　雍正《朱批谕旨·孙文成奏折》，五年正月初一日折朱批。

80　雍正《朱批谕旨·李秉忠奏折》，六年二月二十七日折朱批。

81　清世宗“朱谕”，第12函。

82　雍正《上谕内阁》，三年七月十六日谕。

83　杨启樵:《雍正帝及其密折制度研究》，第198、199页。

84　故宫博物院明清档案部编:《关于江宁织造曹家档案史料》，第188页。

85　王锺翰点校:《清史列传》卷3《延信传》。

86　王锺翰点校:《清史列传》卷13《法海传》。

87　中国第一历史档案馆编:《雍正朝起居注册》，五年十月初五日条。

88　中国第一历史档案馆编:《雍正朝起居注册》，四年八月三十日条。

89　故宫博物院明清档案部编:《关于江宁织造曹家档案史料》，第197—198页。

第六章　重农抑商，施行矿禁

五年（1727年），雍正发布禁止奢侈的上谕，谈到各业人等在社会中的地位，他说："朕观四民之业，士之外，农为最贵，凡士、农、工、贾，皆赖食于农，以故农为天下之本务，而工、贾皆其末也。"他重视农业，是因为它能给人们提供食粮。他为维持农业，就不愿意多出现工商业者，认为"市肆之中多一工作之人，则田亩之中少一耕稼之人"[1]。他处在农业是最主要的生产部门的传统社会，深深体会到农业的重要性，所以如同以往的君主一样具有重农业贱工商的观点，并且实行重本抑末政策。

第一节　奖励农耕，推广社仓

雍正即位不久，就说："我国家休养生息，数十年来，户口日繁，而土地止有此数，非率天下农民竭力耕耘，兼牧倍获，欲家室宁止，必不可得。"[2]雍正较清楚地看到人口繁多、垦田有限而食粮不足的问题，并为推动农业生产，采取了许多措施，其中有沿袭前人的，也有他自己的创造。他的举措有：

授予老农顶戴。二年（1724年），雍正说农民辛劳作苦以供租赋，不仅工商不及，连不肖士人也不如他们。因此下令各州县官，每年在每乡中选择一两个勤劳俭朴、没有过失的老年农民，给予八品顶戴，以示奖励[3]，这就是所谓“老农总吏”之例。雍正认为只有农民竭力耕耘，大幅度增产，才能解决食粮问题。而他又以为农民努力生产不够，他说：“朕闻江南、江西、湖广、粤东数省有一岁再熟之稻，风土如此，而仍至于乏食者，是土地之力有余，而播植之功不足。”[4]他予老农顶戴，就是希图在农民当中树立“楷模”，以便众人仿效，努力生产，同时赋予老农督课生产的责任。清朝地方政府只管收税，没有课农的专职官员，雍正特设老农，想让它起到农官的作用。但在实践中，州县官选择老农，听凭绅衿保荐，有的豪民就向绅衿馈送财物，邀得中选，这样，勤劳朴实的农民很难入选，一些无赖豪横之辈倒混个顶戴荣身，

雍正帝祭先农坛图（局部）

借以大耍威风，作恶乡里。有的老农击鼓升堂，传见农民，俨然以父母官自居；有的自称“某县左堂”，建旗帜，设军牢捕役，以八品官自命，意欲凌驾正式官员九品的巡检、未入流的典史之上。七年（1729年），雍正发现这些问题，下令把冒滥生事的老农革退，另选题补；准许不法老农及保送官员自首，免予追究，否则查出重治不贷[5]。雍正又下令把一年一举改为三年一次，以昭郑重。但是选期拖长之后，老农顶戴难于得到，贿赂更加严重。雍正的办法避免不了似农非农的豪民的钻营。乾隆即位，就把它废弃[6]。

推广耤田法。“农事惟邦本，先民履亩东。翠华临广陌，彩轭驾春风。礼备明神格，年期率土丰。劝耕时廑虑，何敢惜劳躬”[7]，这是雍正亲耕耤田有感而作。他自二年二月首行亲耕礼，以后经常举行。康熙于十一年（1672年）行耕耤礼，到雍正再举行，是实现“五十余年之旷典”[8]。行耕耤礼，始于周天子，是以农为邦本的观念和政策的表现形式，如汉文帝所说：“农，天下之本，其开籍田，朕躬耕以给宗庙粢盛。”[9]雍正在春耕伊始，亲自开犁，表现他对农本的重视。耤田和先农坛原来设于首都，雍正于四年（1726年）下令，命各府州县设立先农坛，备置耤田，每年仲春亥日地方官举行耕耤礼，意思是让他们知道皇帝“敬天勤民”，学习皇帝注重农功的精神，劝率百姓力田务本[10]，使官员“存重农课稼之心”，农民“无苟安怠惰之习”[11]。他的命令立刻得到落实，五年（1727年）春天各地开始举行耕耤礼。个别地方实行不力，他就严肃处理。五年九月，广西巡抚韩良辅奏参临桂县知县杨询朋将耤田荒芜，颗粒无收，雍正命将杨革职，留于该县管理耤田十年，并以此为例，惩治犯同类错误的官员[12]。六年（1728年）六月，浙江总督李卫题参永康县试用知县陈桂于耤田大典草率不合规制，雍正也将他革职[13]。雍正这样做是任意为法，不过表现了他严格要求地方官重视农业生产的决心。州县的耤田只有4亩9分，但种好这点田，必须了解天时气节，土地肥瘠，农民生产情绪，还可以以此指导全州县的生产，所以仍然有一定意义。在耕耤礼实行得好的地方，得到了农业生产促进。江南松江府民谣："雨过番湾[14]滑大堤，先农坛下看扶犁。争传野老荣冠戴，到处撑献早罱泥。"[15]反映推行耕耤礼和老农顶戴政策，起了提高农民生产热情的作用。

限制经济作物的发展。在耕地有限的情况下，如何解决粮食作物和经济作物争田地争劳力的矛盾呢？雍正碰到了这个问题。五年（1727年），广西巡抚韩良辅报告：广东人多种龙眼、甘蔗、烟草、青靛，收入多，富有，但产米少，不够食，多转向广西采买，而广西产量有限，不能满足广东人的需要，还引起当地粮荒[16]。雍正采用两种方法处理这类矛盾：一是凡适合种粮食的地方，劝令农民生产食粮，不要种植经济作物，尤其不要栽种烟草[17]。二是在不适宜生产粮食作物的土地上，鼓励种植各种物产。二年，他要求在舍旁、田畔、荒山旷野，度量土宜，栽培桑柘、枣栗、柏桐以及树木荆棘，以便饲蚕、佐食，做材木和薪炭[18]。五年，他讲："不可以种植五谷之处，则不妨种他物以取利。"[19]同年，令州县官劝谕农民在村坊种植枣栗，河堤植柳，陂塘淀种菱藕养鱼凫，其他适宜于种桑麻的处所，更要栽植。他要求地方官每年按村坊报告种植情况[20]。雍正尽先照顾食粮生产，是出于形势的需要，此外他也不可能有更好的办法。但是他的政策影响了经济作物的生产，有些地方官在奉行时，把已生长的经济作物毁掉，改种粮食，使作物失去农时而不能生长[21]，更是一种破坏。减少经济作物的生产，使手工业原料不够丰富，不利于商品经济的发展。

垦荒。二年（1724年），雍正说开垦能够解决民食问题，"于百姓最有裨益"。这是尽人皆知的道理，问题是他试图克服垦荒中的一些难题。过去民间报垦，官员勒索费用，以致垦荒之费比买田价格还高，故而农民不愿报垦。雍正下令，允许民人相度地宜，自垦自报，官吏不得勒索和阻挠。从前报垦，水田六年、旱田九年起科，雍正命水田照旧，旱田推迟为十年，并着为定例[22]。山西、河南、山东闲旷土地，民人无力开垦的，官给牛具，起科后官给执照，永为世业[23]。垦荒令下达后，各地陆续推行，而以田文镜在河南实行最有力。据记载，他严饬垦荒，在雍正元年至八年的八年中，垦荒和自首的隐田共5.41万顷，而康熙九年至六十一年的五十三年中，报垦和首隐的为12.69万顷[24]。这就是说康熙间河南每年平均增加垦、首田近2400顷，雍正间为近6800顷，后者比前者增长速度高出1.83倍。记载又说，雍正十年（1732年）河南税田为六十二万九千多顷[25]，以八年的垦、首田论，它占到垦田总数的8.6%，可见河南垦首田增加的速度快，幅度大。在这报垦荒田中也有弄虚作假的，有的地方官为显示政绩，谎报垦田数字，"以虚粮累民"[26]。有的按现耕田加赋，以多征之税，虚报垦田[27]。当王士俊接任河东总督后，这个问题更突出了。雍正在晚年也意识到事情的乖张，他说地方上报垦荒，有的以多报少，有的以少报多，或将已垦之地重报，荒熟地亩不分，混行造报，要给予不同的处分[28]。他死后，反对报垦荒的人很多，乾隆带头指责王士俊的垦荒是“并未开垦，不过将升科钱粮飞洒于见在地亩之中，名为开荒，实则加赋”[29]。大学士朱轼“首陈除开垦、省刑罚两疏”[30]。监察御史金溶要求“开垦之地，缓其升科”[31]。给事中曹一士请禁州县捏报垦荒，勿使“仁民之政，反启累民之阶”[32]。他说得很好，雍正号召垦荒，原想增加生产，也起了一些好作用，但副作用很大。

在垦荒中，雍正有组织地做了两件事：一项是建设直隶营田。三年（1725年）春天，直隶总督李维钧奏报在保定挖沟渠、兴水利的事，雍正责怪他猛浪，说“此事必通盘将地之高下，水之去来，明白绘画审视，斟酌而后可定”[33]。雍正赞成修水利，但主张审慎，先作考察，了解河水来龙去脉，地形高低，以便设计优佳的施工方案，取得预期效果。李维钧想干就干，因而不合他的心意。这一年直隶大水灾，促使雍正下决心早日经营畿辅地区的水利。他当即派怡亲王允祥、大学士朱轼率员考察，他们经过一冬和次年春天的勘探，制成水域图进呈。雍正见到，大为欣赏，赞扬他们“于直隶地方东西南三面数千里之广，俱身履其地，不惮烦劳，凡巨川细流，莫不穷究竟委，相度周详，且因地制宜，准今酌古，曲尽筹画，以期有益于民生”[34]。于是设立营田水利府，下辖四个营田局，委派允祥、朱轼董理其事，兴办直隶水利田。为加速工程的进度，朱轼提出四项建议：一是民人自行营田，照面积多寡，给予九品以上、五品以下的顶戴，鼓励私人垦辟；一是到水利府工程处效力的民人，视其包干完成的工程量的大小，录用为不同职务的官员；一是降级、革职的官员赴工程处效力者，工程完毕准予开复；一是流徙以上的罪犯效力者，准予减等[35]。这是开捐纳，借民人和官员的力量兴造水利，但朱轼说是为收"谙练之员效力营田"，"集众力厚民生"，不是国家舍不得出工本[36]。雍正批准了朱轼的建议，营田工程在五年（1727年）就大力开展起来。营田工程有两项内容，一是修治河道，疏浚建闸，二是造田，主要是水田。据担任营田观察使的陈仪讲，工程中注意"留湖心毋垦"，即建设水库，宣泄洪水。当时要增加垦田，留湖心就与它矛盾，从长远利益看还以留湖心为宜，所以陈仪说这是措施中的妙着，"舍尺寸之利，而远无穷之害"[37]。北方农民不懂得种水田，雍正命招募江南、浙江的老农来进行教耕，所需水田农具和水利工具，延请江浙工匠制造，并命直隶工匠跟从学习，以便把技术传接下来[38]。营田很快收到一些效果，五年（1727年），官私垦田八千多顷，每亩可收稻谷5—7石[39]。北方人不习惯吃稻米，雍正命发官帑平价收购，不使谷贱伤农。有的地方官强迫农民出卖，雍正对这种劣员非常痛恨，说他们"较之一切贪劣之员，尤为可恶"，命直隶总督严参治罪[40]。雍正对与事官员严格实行奖惩制度，以期用命蒇事。知县李正茂在洪水暴发时，奋力防护堤工，擢为知府。知县吴檠实心办事，亦升为知府。知县魏德茂专务虚名，防守工程废弛，革职。徐谷瑞见堤工危险，推诿规避，交吏部议处[41]。雍正坚持直隶营田，直至末年。乾隆对此不热心，认为营田是地方上的事，决定撤销水利局，将它的业务交所在州县官管理[42]，事实上取消了营田。促成乾隆作出这个决定的原因，可能是捐赎事例。清制，捐纳监生，需要用银300两，而直隶营田捐赎例规定，营田1亩，相当于交银1两，开渠建闸用银1两作营田1亩计，只需用100两银子建设营田，就可成为监生，比定例交银，减少了三分之二的费用。其他营田捐纳职员、州同的费用，也比单纯交银子的少。雍正原意是以此招徕，加速垦辟，但实行一久，就同捐纳成例产生较大矛盾，因有“名器滥觞”之讥[43]。当然，营田要能坚持下去，必须根治直隶河道，这是雍正、乾隆父子做不到的，所以只能行于一时，而不能持久。直隶水利田问题，早为一些帝王和地方官留意，北魏幽州刺史裴延儁、唐朝瀛州刺史卢晖、宋代制置河北屯田使何承矩、明代汪应蛟都进行过引水灌溉，元代郭守敬、明朝徐贞明之论畿辅水利更为著名，但以帝王身份而倾注巨大心血的，要数雍正了。仅此一事，不能不说他关心农业生产。

另一项是雍正组织了宁夏垦荒。二年（1724年），雍正命川陕总督年羹尧到宁夏察看河渠[44]。三年（1725年），改宁夏左、右卫为宁夏府，下辖四县。五年（1727年），增置新渠县。七年（1729年），又设宝丰县。设府添县，反映宁夏地区的发展。雍正听说该地若得水利，可垦地二万余顷，若每户授田百亩，可安置2万户，特派大臣单畴书到宁夏插汉拖灰，与陕西总督、甘肃巡抚共同治理渠道，募民垦种，官给牛具、籽种、银两，所辟土地，永为世业，还号召宁夏籍的文武官员在原籍尽力开垦[45]。七年，单畴书死在宁夏工程任上，雍正就派右通政使史在甲前往接任，不久又派兵部侍郎通智主持其事。宁夏原有大清、汉、唐三条水渠，但年久失修，水道淤浅，雍正命集中力量疏浚，又命开浚惠农、昌润二渠，工程取得一些进展。十年（1732年），因西北用兵，使用民力较多，顾不上宁夏河工，撤回通智、史在甲，将其事交宁夏水利同知专管，即按常规进行。乾隆三年（1738年），撤销新渠、宝丰两个县的建制，说明宁夏水利工程未达预期效果。

在垦田方面，雍正还注意到四川的开发。当时四川仍处地广人稀的状态，农民生产技术较低，雍正命地方官劝谕开垦，招聘在四川的湖广、江西老农教授土著居民垦荒方法，给予老农衣粮，等到开垦有成效了，再给以老农顶戴[46]。六年（1728年），湖广、江西、广东、广西四省民人数十万进入四川，雍正命根据各地区流来人口的多寡，分给三四十亩、五六十亩不等的荒地，并给牛种口粮，以事安置[47]。

雍正还修筑了浙江、江南海塘。元年（1723年），他指出康熙间建筑浙江海塘，官员没有实心办事，仍使海潮妨害杭、嘉、湖三府民田水利，二年（1724年）就派吏部尚书朱轼往江浙会同巡抚何天培、法海商议修治办法。朱轼提出动用帑银15万两筑浙江海塘，19万两筑松江海塘，雍正予以批准[48]。松江海塘开始修筑的是土塘，雍正说不牢固，东南是财赋重地，应保证安全，改筑石塘。后来在石塘之外，增修贴石土塘一道[49]。在施工中，浙江总督请将骤决不可缓待的工程，先行抢修，随后奏闻，雍正同意照办。浙江、江南修了海塘，而江北盐场出了大事。一次海潮冲决范公堤，沿海29个盐场被淹，溺死灶丁男妇四万九千余人[50]。

提倡社仓。这是救荒的办法，早在宋代，朱熹著文大力鼓吹，然难于实行。康熙中有官员建议推行，康熙一概不准。户部侍郎张伯行强烈要求实行，康熙就惩罚他在山西举办，张在实践中处处碰壁，主动请求作罢，才算了事。雍正同乃父态度大不一样，即位之初就谕令湖广督抚杨宗仁等设立社仓；官员迎合他，强令百姓输纳仓粮，规定凡交正赋银1两的，外纳社仓谷1石，并以存储多少，作为州县官的考成[51]。这等于是新的加派，而且很重。二年（1724年），雍正发现问题，对办理社仓提出明确方针：由民间承办，不用官办；官员只宜劝导举行，不可强迫命令；仓中存粮数目，出入办法，官府都不再经管[52]。同时确定管理奖惩办法：仓粮由百姓捐输，捐至10石给花红，30石以上挂匾，三四百石以上的给八品顶戴；每社设正副社长，选择人品端方家道殷实者充任，干得好，10年以上亦给八品顶戴；侵蚀仓粮的法办；借谷收息，1石加息2斗，若遇荒歉年头，小歉减半，大歉全免，只收本谷[53]。这个方针下达以后，并未收到预想的效果。五年（1727年），署湖广总督傅敏盘查社仓，发现仓谷储藏不多，据他分析，可能是被官员侵蚀或挪用了，也可能是杨宗仁初办时，州县官为迎合上宪之意，虚报存仓之数[54]。但是雍正相信有治人无治法，认为只要适合的人来办，还是可以把事情搞好，所以同年在任命田文镜为河南总督的敕书中，要求他于“地方备储之计，如常平、社仓等事，责令有司，力行修举”[55]。陕西总督岳钟琪奉命设立社仓，发司库耗羡银于各州县，采买谷麦近40万石。但州县官始而勒买，继而勒借，百姓不满，称之为“皇粮”。雍正获知后，把社仓条约刻立碑石，禁止官吏作弊[56]。浙督李卫针对出现的问题，预筹对策：仓谷出粜，要在青黄不接之时，减价出售，以平准商人的高价；买补仓粮，要在秋收的时候，避免哄抬粮价[57]。

社仓的办法难于实行，雍正并非没有意识到。他知道富饶之家自有储蓄，即使遇上荒年，也不依赖仓谷，是以不愿输纳；贫乏人家，希望社仓办好，然而无力纳粟；官吏对有关考成的常平仓尚有侵蚀挪用之弊，对不计考成的社仓更难望其用心办好了[58]。即使这样雍正还要实践，说明他办事不免主观而不尊重实际，也说明他救荒心切，不管办法可行与否，总想一试。

第二节　严禁开矿，广采滇铜

社会经济的发展，要求矿冶业的相应扩大生产，如商品经济发展，货币流通量大，铸造制钱的原料铜、铅的需要量就增加；耕地有限，人口增殖，人们就要在农业之外广谋生路，开拓手工业。发展矿冶业、手工业的要求摆在雍正面前，也不时通过一些官员的建议反映出来，有待于雍正的裁决。

雍正初执政时，对矿冶业比较陌生，没有定见。元年，他在广东巡抚年希尧报告驱逐盗矿矿徒的奏折中批道：

> 民利未必能全禁，只要地方官不贪取容忍，聚多不令至于数百，又不官采，又不明开，权巧相机而行方可。若尽行禁止，行得来时，妙不可言，恐此图利小民不能忍受

也。此不过朕数千里之外遥夺之言，总要你们地方官公正，实行筹划，认真任事，那里有行不来的事？[59]

他认为不开矿最好，在已开的情况下，为民生起见，不便全行禁止；因可允许少数人在半公开的状态下开采，如何掌握得好，就要看地方官的行政艺术了。这时他禁采的倾向性已有了，但没有决定，他还考虑矿徒开采的既成事实。次年，新任广西巡抚李绂陛辞，雍正要他对开矿的事"时刻留心"[60]，反映雍正关心此事，希望多听各方面意见，以便决策。约在五月，雍正将通政司右通政梁文科请求允许广东开矿的条陈发给两广总督孔毓珣评议。梁的奏疏说："查广东各处山内出产铅锡，原系天地自然之利，可以赡养穷民。近年奉禁不许刨挖，则民间无此生业矣。嗣后似应任民刨挖，以为糊口之计。"[61]梁所说的近年奉禁，系指康熙后期封闭矿峒。他讲开矿有利于穷民生计，是要解决社会就业问题。雍正说有人极力反对开采，而梁文科"乃一老成人，且在广年久，未必肯猛浪多事"，因此才要孔毓珣发表意见[62]。六月，孔毓珣回奏：

查广东田少人多，穷民无以资生，铅、锡等矿原系天地自然之利，所以资养穷民。臣愚以为弃之可惜，不如择无碍民间田地庐墓、出产铅锡之山场，招商开采，俾附近穷民可借工作养生，并堪抽收课饷，实系有益无损。[63]

孔毓珣主张开采，原因是一养穷民，二增国课。但有个前提，即所开的矿场，不妨碍民间的田地庐墓。开矿，可能损坏山林，使水土流失，堵塞河道，影响水利，破坏已开垦的农田；还可能毁掉居民的祖坟，而这是长期受宗法性观念统治的人所不能接受的。这两点是禁矿论者所持的主要理由，孔毓珣预先声明，要注意这些问题，以便能实现他的主张。雍正把他的奏疏交户部讨论，遭到了反对。到九月，雍正经过一年多的考虑之后，决策禁止开矿。他在给孔毓珣的上谕中明确表示："招商开厂，设官征税"，"断不可行"。针对开采论的理由，说明他的看法：第一，解决穷民的生活问题，应当加强农业，而不在逐末开矿。他说："养民之道，惟在劝农务本，若皆舍本逐末，争趋目前之利，不肯尽力畎亩，殊非经常之道。"他害怕开矿了，人民弃本逐末。他还是从农业与工商业的基本关系出发，把双方绝对对立起来，为固本而抑末。第二，开矿将使民人聚集，会出乱子。他说康熙年间，广东有一二十万矿夫，"遂致盗贼渐起，邻郡戒严"，所以才禁止开采。他还认为开矿不像种庄稼，弄不好就断了矿脉，生产不成，而矿徒中奸良不一，当有利可图时人们聚拢了，矿闭时，矿徒没处去，就要闹乱子。可见维护专制社会的治安，是他不许开矿的重要原因，而对矿冶业前途的不能把握，则是当时生产力水平所决定。第三，不言开矿征税之利。他表示"富有四海，何藉于此"[64]。广东田少人多，人民生活困苦，而山多正可供开采，解决民间困难，是以开矿者多，政府禁而不散。广东的官员面临地方上急需解决的严重问题，才从实际出发，提请开矿。雍正对他们的态度很不满意，说孔毓珣、布政使王士俊、署按察使楼俨等人受到"格外成全委任"，可是"王士俊反有开矿之请，是何意见耶！"要他们扪心自问，以知愧耻，实心办事，不要以请开矿作为地方事务治理不善的托词[65]。他们只好自认愚昧，不敢坚持。

但仍另有官员不时提请开采，雍正遂在九年（1731年）断言："粤东矿厂，除严禁之外，无二议也。"[66]毫无通融之意。

十二年（1734年），广东总督鄂弥达疏请允许商人在广东惠州、潮州、肇庆、韶州等府开矿。他认为解决小民资生之策，应开发天然矿藏，说这样做是"应时通变，以疏众货之源"。他把开矿看作民生经济的一个新部门，开辟新的经济领域，不拘泥于农业，确是审时度变的有识之论。他针对矿徒易聚难散、恐为"匪类"的观点，讲述了广东从事铁冶的有几万人而相安无事的事实，说明不要怕人多聚众，只要搞好生产，就不会出乱子，以打消禁采派的疑惧。他还指出开矿可以供应铸造制钱的原料铜、铅，有利于钱币流通[67]。制钱原料不足，是雍正苦心谋图解决的问题，鄂弥达希图以此拨动皇帝的心弦。果然有点效果，雍正准允实行。鄂弥达刚开始办理，就有几名官员条陈反对，道理不过是广东"盗案"多和矿夫增而民食不足两条，这本是老生常谈，然却为雍正所接受。十三年（1735年）四月，他说："广东近年以来，年谷顺成，米价平减，盗贼渐少，地方宁谧，与从前风景迥异，今若举行开采之事，聚集多人，其中良顽不一，难于稽察管束，恐为闾阎之扰累"，因命鄂弥达停止办理[68]。又两次告诫他："地方一切事务，自当以久远宁帖，永无后患，始为尽善。""为大吏者当以镇静处之，不当引之于动。"[69]

雍正在许多事情上，主张因时制宜，从务实出发，兴利除弊。在开矿问题上，他也多方面征询臣工意见，反复考虑，认为开矿有利有弊，而"权其利与害之轻重大小"，是害多利少[70]。他所谓的"害"，关键又在"易聚难散"上。归结起来，害怕新的生产部门的发展，冲击崇本抑末的方针，破坏社会秩序，因而顽固地坚持禁止开矿的政策。

雍正矿禁，唯对采铜开一面之网。六年（1728年），广西巡抚金鉷疏请于桂林府涝江等矿，招募本地殷实商人开采，所得矿砂，三分归公，七分归商。又谓“粤西贫瘠，铜器稀少，如开采得铜，并请价买，以资鼓铸”[71]。涝江等矿是铜矿，雍正就批准在那里招商生产。云南的采铜，得到雍正的特许，因而有较大的发展。雍正初年，云南产铜每年约八九十万斤[72]，一百余万斤[73]，四年（1726年），骤增至215万斤[74]，五年（1727年），又将近翻了一番，达400万斤[75]。云南采铜业的发展，同其他采矿业严遭禁止、踯躅不前的状况，形成了强烈的对比，也是尖锐的矛盾。雍正厚此薄彼，原因在于急需黄铜铸造货币。他允许云南开发铜矿，心情一定复杂，一则喜其提供铸币原料，一则忧其可能扰乱社会秩序。他的思想、政策也是充满了矛盾。

清朝前期，社会生产和商品经济的发展，要求正确处理手工业、商业与农业之间的关系，要求正确处理农业内部粮食作物与经济作物生产之间的关系，雍正在这两个重大问题上的决策，墨守历朝政府的重农抑末的政策，违背经济发展的规律，阻碍手工业、商业的发展，从而不利于新的生产方式的萌芽和生长，不利于清代社会的前进。这一决策，表明他对社会提出的新问题不能理解和处理，表明他有传统社会顽固守旧思想，同他在别的问题上通权达变比较起来，这是他思想中的糟粕，行政上的败政。

制约农业生产迅速发展的根本问题是古代地主土地所有

制，雍正没有接触它，这也是那个时代任何人解决不了的事情。雍正企图提高农业生产，所采取的那些措施，涉及的只是少数地区、少数农民，谈不上是发展农业生产的多么有效的办法。

雍正在垦荒、水利事业上，大量开捐，五年（1727年）行直隶营田事例，已如前述，六年（1728年）开云贵垦荒事例，八年（1730年）广西开垦事例，十一年（1733年）海塘事例。清政府的收入主要来自田赋，雍正却舍不得从中多少拿出点来搞农业，库存很多，还要大开捐纳，好得钱财，如广西在八年十一月十五日至九年十二月开捐一年，收官生捐垦银二十五万九千多两[76]。雍正说不是为得钱，是要用捐纳人做官，可以破坏科举出身官员的朋党[77]，然而主要目的还是为增加收入。捐纳卖官，从捐纳制度看，它是政治败坏的表现，不是好事。

农工商业的矛盾得不到较合理的解决，雍正的崇本抑末，实质上也是不利于农业发展的。但是我们不能不注意到，雍正是关心生产，特别是关心农业生产，也就是说总在思考民以食为天的大事，也想出一些政策措施，并付诸实行，效果也有一点，只是不显著，甚而也有点副作用，不过从总的情形看，他关注民间生活及生产，立意是值得充分肯定的。他是君父，关怀子民，是他为君的本分，从这个角度看他是尽职的皇帝，是尸位素餐者远不能比拟的。

1　中国第一历史档案馆编：《雍正朝起居注册》，五年五月初四日条。

2　雍正《上谕内阁》，二年二月初九日谕。

3　雍正《上谕内阁》，二年二月初九日、

二十日谕。

4 雍正《上谕内阁》，二年二月初九日、二十日谕。

5 雍正《上谕内阁》，七年正月二十七日谕。

6 《清高宗实录》卷22，元年七月庚卯条。

7 《清世宗文集》卷28《四宜堂集·耕耤》。

8 李绂:《穆堂初稿》卷1《耦田赋》。

9 《文献通考》卷87《郊社·耦田祭先农》。

10 雍正《上谕内阁》，七年四月二十二日谕。

11 《清朝通典》卷44《吉礼·耤田》。

12 中国第一历史档案馆编:《雍正朝起居注册》，五年九月二十二日条。

13 雍正《上谕内阁》，六年六月初四日谕。

14 番湾，松江府先农坛所在地。

15 陈金浩:《松江衢歌》，《艺海珠尘》丛书本。

16 雍正《上谕内阁》，五年二月二十八日谕。

17 中国第一历史档案馆编:《雍正朝起居注册》，五年三月初三日条。

18 雍正《上谕内阁》，二年二月初九日谕。

19 雍正《上谕内阁》，五年四月十三日谕。

20 《清朝文献通考》卷3《田赋》。

21 中国第一历史档案馆编:《雍正朝起居注册》，五年七月初八日条。

22 中国第一历史档案馆编:《雍正朝起居注册》，元年四月二十六日条。

23 《清朝文献通考》卷3《田赋》。

24 雍正《河南通志》卷21《田赋》。该书将垦荒田与自首隐田统计在一起，今无法分清各是多少，只能拢在一起叙述。

25 雍正《河南通志》卷21《田赋》。

26 乾隆《光州志》卷49《顾心楷传》。

27 谢济世:《谢梅庄先生遗集》卷1《遵旨陈言疏》，光绪三十四年刻本。

28 《清朝文献通考》卷3《田赋》。

29 《清高宗实录》卷4，雍正十三年十月乙亥条。

30 袁枚:《小仓山房文集》卷2《文华殿大学士太傅朱文端公神道碑》。

31 袁枚:《小仓山房文集》续集卷33《浙江督粮道金公传》。

32 曹一士:《四焉斋文集》卷2《请核实开垦地亩》。

33 雍正《朱批谕旨·李维钧奏折》，三年二月二十五日折朱批。

34 雍正《上谕内阁》，四年四月十四日谕。

35 王锺翰点校:《清史列传》卷14《朱轼传》。

36 萧奭:《永宪录续编》，第332页。

37 陈仪:《后湖宫地议》，见贺长龄、魏源等编:《清经世文编》下册卷109。

38 《清朝文献通考》卷6《水利田》。

39 《清世宗实录》卷60，五年八月己酉条。

40 雍正《上谕内阁》，五年十一月初八日谕。

41 雍正《上谕内阁》，五年五月初九日谕。

42 《清高宗实录》卷7，雍正十三年十一月壬戌条。

43 萧奭:《永宪录续编》，第333页。

44 蒋良骐:《东华录》卷26，第423页。

45 雍正《上谕内阁》，六年十二月十一谕。

46 《清朝通典》卷1《民田》。

47 《清朝通典》卷9《户口丁中》。
48 王锺翰点校:《清史列传》卷14《朱轼传》。
49 《清朝文献通考》卷6《田赋》。
50 清世宗"朱谕",第6函。
51 《清朝文献通考》卷35《市籴》。
52 《清朝文献通考》卷35《市籴》。
53 清世宗"朱谕",第9函。
54 雍正《上谕内阁》,五年六月初一日谕。
55 雍正《河南通志》卷1《圣制》。
56 雍正《上谕内阁》,七年六月二十六日谕。
57 李卫:《钦遵圣谕条列事宜》,见《钦颁州县事宜》,《宦海指南》丛书光绪十二年刻本。
58 雍正《上谕内阁》,五年六月初一日谕。
59 《朱批奏折》,转引自中国人民大学清史研究所等编:《清代的矿业》,中华书局1983年版,第22页。
60 雍正《朱批谕旨·李绂奏折》,二年八月初四日折。
61 雍正《朱批谕旨·孔毓珣奏折》附录。
62 雍正《朱批谕旨·孔毓珣奏折》附录梁文科条陈朱批。
63 雍正《朱批谕旨·孔毓珣奏折》,二年六月二十四日折。
64 雍正《朱批谕旨·孔毓珣奏折》,二年九月初八日折朱批;《清世宗实录》卷24,二年九月戊申条。
65 雍正《朱批谕旨·楼俨奏折》,七年四月二十六日折朱批。
66 雍正《朱批谕旨·焦祈年奏折》,九年六月二十九日折朱批。
67 《请开矿采铸疏》,见贺长龄、魏源等编:《清经世文编》中册卷52。
68 雍正《上谕内阁》,十三年四月十七日谕。
69 雍正《朱批谕旨·鄂弥达奏折》,十二年三月十五日折及朱批。
70 《清世宗实录》卷55,五年闰五月戊午条。
71 《清世宗实录》卷76,六年十二月丙申条。
72 赵尔巽等撰:《清史稿》卷124《食货·矿政》。
73 雍正《朱批谕旨·杨名时奏折》,五年六月十七日折。
74 雍正《朱批谕旨·杨名时奏折》,五年六月十七日折。
75 雍正《朱批谕旨·鄂尔泰奏折》,六年四月二十六日折。
76 雍正《朱批谕旨·金鉷奏折》,十年正月十二日折。
77 萧奭:《永宪录续编》,第417页。

第七章　士人朋党，大兴文狱

雍正在四年（1726年）完成了两个大规模的反对朋党斗争，彻底打垮了允禩集团、年羹尧集团。这种斗争甫告完结，又出现了直隶总督李绂弹劾河南巡抚田文镜的案子，引出第三次打击朋党事件，即反对科甲官员朋党的斗争。一波未平一波又起，接着是六年（1728年）曾静投书案，雍正利用该案来说明继位的正当性和满族主政中国的合法性，进而大兴文字狱。

第一节　李田互参，科甲遭殃

第三章说过雍正在四年（1726年）完成了两个大规模的反对朋党斗争，彻底打垮了允禩集团、年羹尧集团。这种斗争甫告完结，又出现了直隶总督李绂弹劾河南巡抚田文镜的案子，引出第三次打击朋党事件，即反对科甲官员朋党的斗争。

一、李绂奏参田文镜

当康熙废太子时，满朝官员倾心于允禩，其中的汉人官僚绝大多数是科举出身，允禩的宽仁，也深得士人之心，这就必然造成雍正对科甲人的隐恨，因而在他的政策中表现出来。

三年（1725年）六月，长芦巡盐御史莽鹄立折请禁止官员投拜门生，他写道：

> 臣见钻营附势之徒，广通声气，投拜门生，未中者遇科场则求关节，已仕者遇计典则图荐举，且有素不相睦，一拜师生，遂成胶漆，求分说情，每至以直为曲，偏徇庇护，罔顾法纪。

科举制下的师生特殊关系，自这个制度于隋唐形成以来就出现了，至此相沿千年，积习之深之重，自不待莽鹄立说明而尽人皆知，只是并无师生关系的官员，下级要拜朝中权贵为老师，是清朝的严重陋习，莽鹄立所说原有嫌隙之人一拜师生而契合，即为指斥时弊。他又说道：

> 有无厌之辈，一遇门生升授外职，老师、世兄以及同年故旧，或亲行探望，或差人索取，名曰："抽丰。"在门生情不能却，送往迎来，周旋应接，非剥削民脂，即挪移正项，穷员亏空，从此渐多，倘稍为拒却，人皆鄙笑，指为刻薄寡情。

他指出官员挪移亏空的一个原因是为应付打秋风（抽丰），这就同雍正的整理财政联系起来了。雍正看到很高兴，朱批："师生党比之风，朕所深恶，此奏甚属得理，与朕意合。”[1]因命九卿会议，采纳莽鹄立的建议，禁止内外官员投拜门生与打抽丰。

在这之前，田文镜就在河南约束师生，不得朋比。二年十二月田文镜发出“严禁夤缘钻刺以正官方以肃法纪”的告示，说他对于“师生一道，平日痛恶于心”，自诩为官四十年，“从未曳裾于显要之门”[2]。雍正和田文镜式官员的这些举措，产生“天下方轻读书人，不齿举人进士”[3]的对士人不利的情况。

李绂画像

田文镜是监生出身，年轻时出仕为县丞，历四十年始升为地方大员，不入朋党，没有也不可能有师生同年的援引，唯知感激雍正的拔识，竭力以图报效。他视师生朋比为弊端，因对科甲出身的属员并不特别礼遇，而严格以所任官职的责任要求他们。三年（1725年）十一月，题参信阳州知县黄振国“狂悖贪劣，实出异常”[4]；次年正月密参汝宁府知府张玢“浮而不实，渐加放纵”，息县知县邵言纶“任柜书银匠朦官作弊，重等收粮”，固始县知县汪诚“向盐商借贷，至用十四两小秤发卖食盐”，陈州知州蔡维翰“怠惰偷安，并不清查保甲，盗案垒垒，亦不比缉”[5]。黄振国、张玢、邵言纶和汪诚都是康熙四十八年（1709年）的进士，有些人联系田文镜不许师生夤缘等主张，又以他是非科甲出身，认为他无端排斥士人，“不容读书之人在豫省做官”[6]。事有凑巧，也是康熙四十八年的进士、广西巡抚李绂奉调为直隶总督，于四年（1726年）三月间路过河南，面责田文镜“有心蹂践读书人”[7]。李绂到京入觐，面陈田文镜负国殃民，雍正认真听取，至午夜方罢[8]。李绂随又上疏参劾田文镜“信用佥邪，贤否倒置”；信任“本属市井无赖”的署理知州张球；张球向邵言纶勒借未满所欲，勒索汪諴馈送不遂，转向田文镜诬告，致使田文镜误参他们，因恳乞雍正干预，以使“公道彰而人心劝”[9]。又说田文镜把黄振国害死在狱中，以杀人灭口。雍正对田文镜的为人深信不疑，但据李绂所参，怕他上了属员的当，因将李折发给他，要他审查张球[10]。田文镜于四月二十七日仍以张球为贤能之员回奏。他明知这个弹章为李绂所发，佯作不知，说观疏内斥张球为“市井无赖”，可知此人必为进士[11]。六月，他更以黄、张、邵、汪都是同年为理由，进一步说他们同年弟兄“不无徇私袒护”，对他们的被参“群起妄议”，这样下去，“科甲之员如有贪污苟且，督抚诸臣断不敢为题参矣”。又说皇上屡次颁旨解散朋党，似此是违背圣意，性质严重。田文镜不愧为老吏，找出反对朋党的大题目，而且以科甲人为对象，把矛头隐隐指向李绂，欲陷对手于非命。雍正果然重视他的话，引起对新的朋党问题的注意，说田文镜奏得很对，“浮言啧啧，朕亦闻之，此风何可滋长”。但他还不相信田文镜一面之词，决心把事情弄个水落石出，于六月派遣刑部侍郎海寿、工部侍郎史贻直为钦差大臣，到河南审理黄振国等案[12]。海寿等查明张球贪婪不法，证明田文镜确实袒护张球，但对全案作出有利于田的审断。钦差承审过程中，河南管河道佟镇向钦差揭发田文镜信用的道员陈世倕。佟镇是隆科多亲属，而隆又说过汪诚是好官，被参受冤抑[13]。雍正早知道年羹尧、隆科多对田文镜不满[14]，又见佟镇以揭发陈世倕为名反对田文镜，遂联系到隆科多，怀疑弹劾田文镜是朋党活动。钦差到河南，证实黄振国并没有被田文镜害死，李绂题奏不实，而黄振国原是兵部尚书蔡珽在四川巡抚任内的属员，大计被参革，由于蔡珽的推荐才得任知州[15]，李绂听传闻为他叫屈，这又使雍正想到李绂与蔡珽的密切关系，怀疑他们搞朋党，害怕再出现年、隆专擅的局面。因此在田文镜承认受张球欺骗的错误后，雍正决心支持他，特地赐给风羊、荔枝，使河南“通省臣民惊为异数”[16]。田文镜也就在羞愧中振作起来，继续贯彻雍正的方针政策。与此同时，李绂还在攻讦田文镜，就袒护同年的说法为自己辩护，认为这种言论“立说甚巧，而实未合”，因自己也题参过同年张玢、陈世倕及广西官员孙来贺。雍正讨厌李绂的疏辩，谓为“喋喋之辞，而见轻于朕”[17]，加以申饬，并将他调离直隶总督要缺，改任工部侍郎，又以蔡珽在直隶总督任内徇庇昌平营参将杨云栋为名，把他降为奉天府尹[18]。以上是四年十二月以前发生的事情。

二、谢济世题参田文镜，李绂的失败

翰林院检讨陈学海跟随海寿、史贻直赴河南审查，不同意钦差的意见，回京后向浙江道监察御史谢济世说明了自己的看法，想上奏，又胆怯。谢济世遂以“济世”为己任，于四年十二月上疏劾奏田文镜营私负国、贪虐不法十罪。雍正把他的奏章掷还，即不让他参劾，他却坚持，雍正大怒，说他所奏内容，与李绂的完全相同，显然是受人指使，“公然结为大党，扰乱国政，颠倒是非”。为了严惩这种结党排陷倾害的恶习，雍正将谢济世革职，发往阿尔泰军前效力赎罪[19]。

雍正认为谢济世是受了李绂的指使，就把李、田互控案推向深入。他要查清李绂与谢济世的关系，命令广西提督、署巡抚事韩良辅调查谢济世在其家乡的行止，了解李绂在巡抚任内同谢的关系[20]。韩没有查出把柄，雍正仍不作罢，就以李绂在广西、直隶任内事把他革职。七年（1729年），谢济世在阿尔泰军营承认参劾田文镜是受李绂、蔡珽的指使，雍正就把李绂投入监狱。据文学家袁枚记载，两次决囚，雍正命李绂陪绑，刀置其颈，问现在知道田文镜的公忠了吗？李回称我愚笨，虽死也不知道田文镜的好处[21]。这个情节很难说是准确的，李因参田而获罪入狱，则是事实。蔡珽降调之后，其在川抚任上受知府程如丝之贿案发，又审出他袒护黄振国在川监毙二命、枷毙二命及杖毙一命的情罪，连及谢济世事，雍正命把他判斩刑，监候处决，黄振国斩立决，张球绞监候。以后，乾隆即位，李绂恢复官籍，蔡珽获释。李、蔡一方受到了沉重打击。雍正对田文镜迭加升赏，五年（1727年），特授他为河南总督，加兵部尚书衔。田文镜原籍正蓝旗，抬入上三旗。六年（1728年）升任河南山东总督，七年加太子太保，八年（1730年）兼北河总督。田文镜取得了完全的胜利。

李绂与田文镜都是雍正的宠臣。雍正在李绂二年十二月初四日的奏折上批道："汝与田文镜二人，实难辜负朕恩也。"[22]李绂在康熙末年待罪于永定河工地，雍正登极，立即给他侍郎衔管理户部三库，逾月补户部左侍郎，再逾月又兼兵部右侍郎，以后任督抚。当他就任直隶总督陛见时，赐宴内庭，赏四团龙褂、五爪龙袍，赐对联曰："畿辅旬宣膺重寄，扶风节钺选名臣。"[23]雍正谈他同李绂的关系，总说："尔乃不由旁人荐举，为朕所特用之人"[24]，"尔实非他人可比"[25]，"汝之出处与众不同"[26]，并特别称赞他："诚然不党者李绂也。"[27]两个亲信相争，雍正开始想加以调和，对挑起争端的李绂说：过处在你，不在田文镜，你不应当辩解了[28]。但事态的发展，尤其是谢济世的参与，使雍正肯定李绂和蔡珽搞了个科目人朋党，从而注定了他们的惨败。

李绂揭发田文镜误用张球是准确的，而为黄振国鸣冤是错误的，他不是朝臣，又非言官，河南的事本不和他相干，对田文镜的过失他又抓得不够确切，那么为什么要责备田文镜，非要上诸弹章呢？他是骨鲠在喉，非发不可。原因何在？他是有名的学者，康熙中理学名臣李光地说六百年以来，没人能超过欧阳修和曾巩，而李绂大有希望。诗坛领袖王士禛说：通观当时的文士，没有一个顶得上李绂的[29]。但是他在康熙六十年任会试副考官时，遭到落第举子的哄闹，栽了大跟斗。可以想象，他蔑视落第士人和非士人，对监生出身的田文镜之流打击科甲官员会愤恨不平。如在雍正三年春天，他的门生杨梦琰在河南做官，他就说杨"必不得田文镜之欢心"[30]，可见对田的作为早怀不满情绪。他的思想和所处地位，令他有意或无意地同不重视科甲的社会势力作斗争，为科举者争地位，鸣不平，又恃有雍正的宠信，他才敢向田文镜发难。谢济世、陈学海等科举出身者与李绂具有同样的思想感情，是以追随其后。李、谢等科目人为被参劾的同类呼号，他们攻讦田文镜，具有了科甲官员与非科甲官员斗争的性质。不过问题还要复杂，雍正打击李、蔡还有超过田、李互控范围的缘由。

三、有计划地打击科目人及其原因

雍正处置谢济世的后几天，就提出科甲人结党的事情。他说："师生同年之联络声气，徇私灭公，惑人听闻之邪说，其害于世道人心者更大。""若科目出身者徇私结党，互相排陷，必至扰乱国政，肆行无忌。"[31]五年（1727年）二月，雍正谕大学士九卿詹事科道：科甲出身的人作弊，还不如非科举出身的，因为后者易于败露，而前者巧诈隐密，互相袒护，不易识破。他表示要把官场中科甲人的"唐、宋、元、明积染之习，尽行洗涤"[32]。七年（1729年），谕科目进身官员："乃科甲出身之人，不思秉公持正，以报国恩，相率而趋于植党营私之习，夤缘请托，朋比袒护，以至颠倒是非，排陷报复，无所不为。"又说："科甲流品相夸尚，其风自唐宋以来就有之，至前明而流弊已极。"又说："科甲之习一日不革，则天下之公理一日不著，尔等当豁然醒悟，庶可使历代相沿之弊习，廓然顿除也。"[33]他看出科甲人的朋比是唐宋以来的千年积习，不清理不得了，明确了反对科甲朋比的任务。他的决心很大，即使废掉科举也在所不惜[34]。

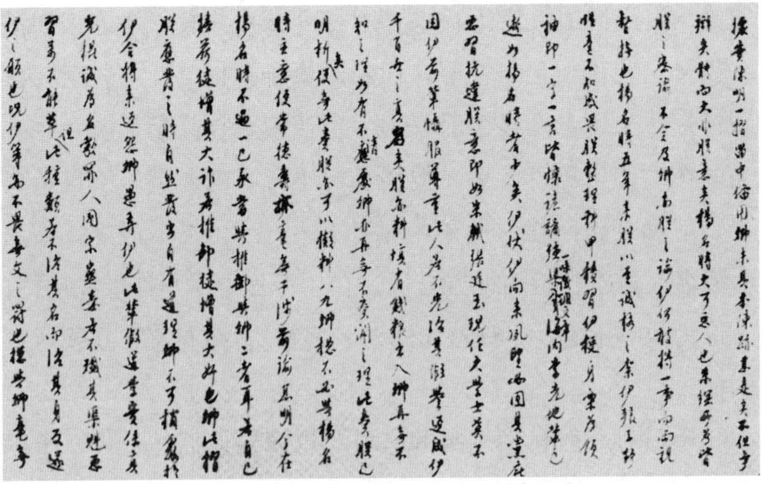

雍正给鄂尔泰朱谕论打击科甲人首领

他采取擒贼先擒王的办法，有计划地打击科目领袖，惩治李绂，即为显例，而抑迫吏部尚书、云贵总督管云南巡抚事的杨名时又是一个典型事例。雍正在给云贵总督鄂尔泰的朱谕中说："今海内李光地辈已逝，如杨名时者少矣。""朕整理科甲积习，伊挺身乐为领袖"，"仗伊向来夙望，必因其党庇恶习，抗违朕意，即如朱轼、张廷玉现任大学士，莫不因伊前辈，慑服尊重"，若不惩治他，"恶习万不能革"[35]。于是屡次降旨呵责杨名时。五年（1727年）闰三月撤销他的职务，只命他署理滇抚事务。这时杨名时奏请用盐务盈余银两修浚洱海河道，雍正就此大加责难，说他即将离任，始有是请，是给自己在地方上留好名声；他的请求不用折本先请示，而径用题本，欲令众人皆知，以博赞誉；不把好事留给后任，也是沽名，所以他"但知有己而不知有人，并不知有君，尚得觍颜自命为读书人乎？"又说他既想加惠地方，就命他以己资修治洱海河道，他死后，“着伊子孙承办，使天下之人知沽名邀誉之徒不但己身获罪，而且遗累子孙也”[36]。同年秋天，新任巡抚朱纲参奏杨名时任内亏空钱粮仓谷，雍正说亏空应当同布政使常德寿有关，但杨名时不行弹劾，是乐于自负其责，就勒令他赔偿，而不与常德寿相干[37]。次年正月，雍正命杨名时进京，特谕地方官民，在杨行程中，不许以礼接待，不许为他鸣不平，不许造作谤语、揭帖[38]。可见雍正是蓄意打击他。

雍正对一般科举进身的官员，也搜寻他们的过失，予以惩治。五年（1727年），任命浙江观风整俗使王国栋为湖南巡抚，要他到任不要犯“偏袒科目、姑息绅衿”的毛病，要他严参一二科甲出身的庸员，重惩数名败检不肖的劣生，“令众人晓然知尔心迹方好，否则年谊故旧之夤缘请托，音问书札，络绎纷纭，即不胜其酬酢矣”[39]。同年，田文镜又题参进士出身的知县周知非顽废不职，雍正认为这是科甲入仕者怨恨田文镜而废弛政治，将其革职拿问，“俾科目出身之员因结党怨望上司而废弛公事者知所儆戒”[40]。与此相联系，雍正还对科甲人间的相互包容严肃处理。五年，湖南攸县革职知县陈溥任内仓谷霉变，没有买粮补足，接任知县萧师谔报称陈已补完，接印理事。萧、陈都是科目人，雍正认为萧师谔故意袒护陈溥，朋比为奸，因罚他代替陈完纳亏项，若在一年内不能全完，即监禁严追[41]。给事中崔致远丁忧回山西原籍，雍正说他人品不好，命晋抚伊都立考察他，一年后伊都立没复奏，雍正说他因系科甲进身，保护同类，故而不能奉命，命将他交吏部严行议处[42]。

雍正还从组织措施上压抑科目人。给事中、御史和吏部司官，历来从科甲中铨选，雍正为杜绝党援的弊病，收用人的效果，变通旧例，命这些官职的补充，不一定非从科甲中选拔[43]。君主时代对官员的任用有许多回避的规则，但没有师生回避的条例。七年（1729年），御史阎鋐玺提出外任官回避各种条款，雍正因命知府、知县若为师生，自应回避，司道以下有谊关师生者申报督抚，督抚有者报吏部存案[44]。接着吏部定出师生陋习徇庇处分例，规定若师生馈送徇庇，道府失查州县、督抚两司失查道府均须议处[45]。雍正希望用这些办法，防止科甲官员结党营私。

雍正惩治科目人的原因，除打击结党以外，还有重要内容。他说谢济世参劾田文镜的目的，“不过欲使天下督抚皆因循苟且，庸碌偷安，邀众人之虚誉，保一己之身家，而不为国家实心效力，以快其党锢之私心”[46]。为难杨名时的时候，雍正已指责他好名而不顾及君父和同僚，又痛诋他“性喜沽名邀誉，而苟且因循，置国家之事于膜外”[47]。雍正厌恶科目出身的官员讲假道学，不务实政，只能因循苟且，博安静持重的虚名，不利于贯彻他革新的政治方针，是以对好犯因循废弛毛病的科目人大加整饬。

由李绂弹劾田文镜引发的雍正打击、压抑科目官员案件，就具体问题论，田、李各有是非。雍正全面支持田，重惩李，看似不公平，然而他不是有心袒护一方。反对朋党，改革积弊，这是他的既定施政方针，科举人易犯徇庇和守旧的毛病，正是他所要清理的内容，李绂、谢济世不期而然地反对执行他的方针最有力的“模范疆吏”田文镜，他才把科甲人当作结党营私对象加以打击，以推行他的政令。他曾说：

> 朕早夜孜孜，欲使万民各得其所，措天下于长治久安，何事不加整顿厘饬，务令秩然就理，岂容尔等科甲中党援积习，为世道民生之害，而不望其翕然丕变乎？[48]

他把反对科甲朋比与总的清厘政务方针的关系说得很清楚。被他严惩的科甲领袖杨名时，“以道自任，不与时合”[49]。他们君臣处于对立状态，是政见不同，这就是雍正打击科甲朋党的原因和性质。

科甲官员之间徇情瞻顾的现象，确如雍正所说是很严重的，但是把李绂、谢济世等当作特定的朋党加以打击，未免冤抑。他们只是思想相通，没有有形或无形的组织。当谢济世参劾田文镜的时候，雍正咬定他受人指使，刑部尚书励廷仪承审，问谢受何人指令？谢回答说是孔孟，因为“自幼读孔孟书，知事上以忠荩，即为孔孟所主使也”[50]。意为做臣子的应忠谏，揭发奸臣。其后在阿尔泰军营承认受蔡珽、李绂指使，是受不住压力的违心话，到乾隆时就推翻了。杨名时所受的不白之冤也多，在处理他时同情者不乏其人，乾隆登极即召用他，入京路上，“天下想望其丰采，滇黔人狂走欢告，老幼相率观公，或张酒宴罗拜，继以泣，至环马首不得前”[51]，也是反映人们的一种情绪。但是雍正在这个活动中，反对虚名邀誉、苟且因循、徇情瞻顾，是针对士风吏习的时弊而发，富有革新进取精神，应当基本肯定。李绂、谢济世、杨名时等人虽未结成有形的科甲朋党，然而为维护科目人的利益积极活动，所受惩创也含有咎由自取的成分。

四、陆生柟“通鉴论”案

当谢济世发往阿尔泰军营效力时，他的同乡陆生柟也遭到同样的厄运。陆生柟，举人出身，部选江南吴县知县，引见，雍正将他改授工部主事。外任知县，历俸多年，或大计卓异行取，才能升补此职，陆生柟初仕就得到这种任用，应该说是受到雍正赏识的。自李绂、谢济世事发，雍正因他是广西人，“平日必有与李绂、谢济世结为党援之处”，就把他革职，也发往军前，与谢济世一块效力。七年（1729年）五月，振武将军、顺承郡王锡保奏参陆生柟书写《通鉴论》17篇，“抗愤不平之语甚多，其论封建之利，言辞更属狂悖，显系诽议时政”。陆生柟对封建、建储、兵制、君臣关系、无为之治等问题，就《资治通鉴》所叙述的历史，发表了许多议论。他以为古代的分封制，是“万世无弊之良规，废之为害，不循其制亦为害，至于今，害深祸烈，不可胜言”。陆生柟就汉武帝戾太子事件议论建储，认为“储贰不宜干预外事”，而且要使他懂得干涉政事对于朝政的危机。又以钩弋宫尧母门之事，认为应早立储君。他谈到无为之治，认为国事应抓纲领，“不人人而察，但察铨选之任；不事事而理，只理付托之人”。他说人主只需要“察言动，谨几微，防谗间，虑疏虞，忧盛危明，防微杜渐而已。若笾豆之事，则有司存”等等。陆生柟讥刺康熙前不能教育太子，至有废黜之事，后不能预立储贰，致使皇子互争，骨肉成为仇人。他同情允禩等人，谴责雍正滥用君权，主张无为而治。雍正说他“借托古人之事几，诬引古人之言论，以泄一已不平之怨怒”，对他的观点逐条辩难。雍正认为实行封建制抑或郡县制，是“时势”决定的，称赞柳宗元的公天下自秦始，苏轼的封建者之争端的观点是确有所见，并从秦朝、元朝及清朝的统一，说明郡县制优于封建制，反对陆生枏主张分封制的观点。陆生枏讲到“蓄必深，发必毒”，雍正说这是他“指阿其那等而言”，意即雍正与允禩等积怨太深太重，所以处理狠毒，因此雍正指斥他“狂悖恶乱，不亦甚乎”！挑明陆生枏的观点与允禩的关系。讲到皇帝的亲理庶务，雍正说：圣明君主“未有不以勤劳为励，而以逸乐无为为治者也”。皇帝一定要励精图治，亲理庶务，革新政治[52]。

陆生枏作为一个小臣、读书人，探讨政权形式和治理方法，雍正同他的争辩，是统治阶级内部不同政治见解的交锋，本来是正常的。但是陆生枏结合时政进行评论，抨击了康熙和雍正两朝的某些政事，站在允禩一方，对雍正政治的指责并未见有多少道理。雍正“以牙还牙”，说他“罪大恶极，情无可免”，于七年（1729年）年底下令，把他在军前正法[53]。对陆生枏作一些行政处分不是不可以，处以极刑，未免太残酷了，而且是一场名副其实的文字狱。

谢济世与陆生枏可以说是难兄难弟，锡保在告发陆生枏时，也把谢济世参了一本，说他借着批注《大学》，讥刺时政，怙恶不悛[54]。这是对他的文字加以附会，乱加罪名。雍正也深明其事，免其死刑，但同他开了一个“玩笑”，命锡保假意将他和陆生枏同时正法，俟陪绑后才宣布免死的决定。雍正要弄心机，这样的恶作剧，实是刻薄的表现，难怪厚道的正人君子要骂他，使他留下那么多的罪名。

雍正反对允禩集团、年羹尧集团，打击的对象是一部分满洲贵族和一部分汉人官僚，这些官僚中，有科举出身的，也有非科目人，而第三次整治朋党，则以反对科举入仕者为目标，所以三次反党比，内容、性质各不相同，而出问题多的则在第三次，这是他在前两次胜利的情况下，不谨慎所产生的。而这三起事件的目标，归结起来则是一个，就是澄清官方，推行他的改革政治。

第二节　曾静投书，吕留良狱

六年（1728年），反对科甲朋党还没有完全结束，湖南秀才曾静上书川陕总督岳钟琪，策动他反清，雍正就此大作文章，严加审讯，广肆株连，引出后世赫赫有名的吕留良文字狱。这一事件被美国学者史景迁（Jonathan D．Sepnce）写成《皇帝与秀才——皇权游戏中的文人悲剧》的专著[55]。这个事件的发生是紧接着李绂、田文镜互讼案的，真是一波未平，一波又起。

一、曾静投书岳钟琪与雍正在舆论上的不利地位

曾静，永兴县人，出身于读书世家，乃祖、乃父均系生员，自身也是秀才，然因家境贫窘，遂弃举业，以授徒为生。永兴在康熙三十七年（1698年）发生过民变，地处湘粤边界，系偏僻地区，而他却小有名气。曾静选择岳钟琪作为上书对

岳钟琪画像

象，当然是事出有因，不妨先从岳钟琪说起。岳钟琪是汉人，据《岳襄勤公行略》说他是宋人岳飞第二十一世孙[56]，乃祖镇邦，原籍甘肃，任至山西大同镇总兵官，乃父昇龙，参加平定三藩之乱，授职四川提督，充议政大臣，获骑都尉世职，赐籍四川。是以岳钟琪出身将门，以四川成都为籍贯，在平定罗卜藏丹津叛乱中立有大功，受封三等公，年羹尧出事后，接任川陕总督。这个职位，自康熙十九年（1680年）定例，是八旗人员的专缺[57]，他破例得任这个职务，表明他深得雍正的宠信，然而也招来不少人的嫉妒，在曾静投书以前，向雍正密参他的“谤书”就有一箧之多[58]。当岳受命总督之际，议政大臣、署理直隶总督、汉军旗人蔡珽奏称岳钟琪“不可深信”，后岳进京陛见，路过保定，蔡珽告诉他：怡亲王对你非常恼怒，皇上藩邸旧人傅鼐告诉你要留心[59]。允祥是雍正最信任的兄弟，这无非是说雍正怀疑他，使他惶惧不安，不知怎样做才好。其实允祥是保举岳钟琪的，倒是蔡珽本人怀疑岳，在岳陛辞前，他密奏岳不可靠，请求将他扣留北京，不让返回西安任所。当时倒岳的言论，一个重要内容，是说他为岳飞后人，要替汉人报仇，原因是岳飞为抗金名将，并因此被奸臣陷害而死，清朝的满人是金朝女真人后裔，岳钟琪应当不辱没祖先，起兵反对清朝[60]。这是社会上层的看法，下层也是这样认为。五年（1727年）六月，民人卢宗汉在成都街道上大叫，“岳公爷带川陕兵丁造反”，并说成都四门设有黑店，杀人。同时社会上传说岳钟琪已遭到谴责，他的长子岳濬业已被捉拿问罪[61]。旋经四川提督黄廷桂等审问，卢宗汉是精神病患者，处死了事。其时岳钟琪有病，雍正为安抚他，特从京城派遣太医院太医刘裕铎到成都给他治疗，既除其疾病，也是要去其不安的心病。可是他仍然不安，疏请解退总督职务，雍正对他大加安抚，说那是“蔡珽、程如丝等鬼魅之所为”，要他继续供职，“愈加鼓励精神，协赞朕躬，利益社稷苍生，措天下于泰山之安，理大清于磐石之固，造无穷之福以遗子孙也”。当时，雍正在考虑对准噶尔部用兵事，又暗示岳钟琪，可能还要同他协商[62]。雍正对岳钟琪没有任何怀疑，依赖信任如初。但是岳钟琪与朝廷关系不协调的话却在民间广泛流传着（不知什么原因，很可能是妒忌岳钟琪的旗人高官有意传扬的），四川、湖南人中传说岳钟琪“上一谏本，说些不知忌讳的话，劝皇上修德行仁”[63]。郴州永兴人曾静听传说：岳钟琪尽忠爱民，可是皇上疑他，防他，要召他进京削夺兵权，他不奉召。因他是大学士朱轼保的，令朱轼召他才进京，后允许他回任，还让朱保他，朱不愿再保，别的大臣也不保，这时就有人奏称，朱不保他，是和他预谋造反，更不应该让岳离京。雍正于是派吴荆山追岳回京，岳不从命，吴就自杀了。岳到任所，就上章非议朝政[64]。可见岳钟琪是朝野瞩目的人物，朝中有人因他是权重的汉人而忌他防他，民间则又以为他是忠良之后，是仁义爱民、反对皇帝暴政的人，对他寄予希望。这就使得他成为政治斗争和民族矛盾的一个测量器，是他本人所不乐意，也没有充分意识到的事情。

曾静，人称“蒲潭先生”[65]，有自己的政治观。他根据社会的看法和自己的理解，相信岳钟琪能实现他的目标，就派遣门人张熙带着他的书信和《生员应诏书》赴陕策动岳造反。六年（1728年）九月，张熙公然在西安大街上拦截岳钟琪，递交了书信，闹得官员皆知。

曾静书信封面称岳钟琪为“天吏元帅”，它的内容，据岳转述，是“江南无主游民夏靓遣徒张倬上书。其中皆诋毁天朝，言极悖乱，且谓系宋武穆王岳飞后裔，今握重兵，居要地，当乘时反叛，为宋、明复仇等语”[66]。夏靓、张倬显系曾静、张熙师徒的化名，所谓“无主游民”，是不承认清朝政府。书信的意思是，岳钟琪是宋朝岳飞后代，清朝皇帝是金朝女真人的后代，岳飞抗金，他的遗胤不应该侍奉女真人的后人，希望他利用手中的兵力反对清朝，为祖宗报仇，替汉人雪耻。这个观点与别人密告岳钟琪的说法相同，与卢宗汉的呼叫类似，岳当即找陕西巡抚、满人西琳同审张熙，西琳有事未到，由按察使、满人硕色于暗室同听，岳问张的师父是谁，张不回答，拷打昏绝，坚不吐口[67]，唯说他们势力散布湖广、江西、广东、广西、云南、贵州六省，这些地方传檄可定[68]。岳钟琪见动刑无效，改设骗局，以礼相待，表示他早想造反，希望其师来辅佐，又赌咒发誓，痛哭流涕，以示诚意。张熙缺乏政治斗争经验，受骗说了实情[69]。

曾静的政治观点，在他的著作《知新录》[70]和被捕审问口供中所表述的，有三个方面。

（甲）雍正是失德的暴君。他认为雍正有十大罪状，即“谋父”“逼母”“弑兄”“屠弟”“贪财”“好杀”“酗酒”“淫色”“怀疑诛忠”“好谀任佞”[71]。他相信雍正毒死康熙的传说，认为新皇帝处处与老皇帝“为仇为敌”[72]；逼母是指仁寿皇太后之死为被迫自杀；弑兄是因被囚的允礽死于雍正二年，怀疑是被雍正杀害；屠弟当然是指允禩、允禟之死了；淫色是说雍正将废太子的“妃嫔收了”[73]；诛忠无疑是指年羹尧、隆科多的案子；酗酒，乃因社会上传说皇帝好饮酒，带着大臣在圆明园白昼饮酒作乐，不理政事；贪财，内容更多，如曾静说雍正“使人从四川贩米，至江南苏州发卖”[74]。这十条罪名，包括了雍正继位及在头五六年的重大政治事件，曾静都持否定态度，认为他是丧尽天良、道德败坏的暴君。

（乙）主张“华夷之分大于君臣之伦”，反对满人的清朝统治。清朝皇帝是满人，又是君主，按汉人的儒家伦常，臣民对君主应该绝对忠顺，依照一部分汉人的“夷夏之大防”的观念，对少数民族的皇帝又要反抗，那么应当如何看待满人的统治呢？曾静说：“先明君丧其德，臣失其守，中原陆沉，夷狄乘虚，窃据神器，乾坤反覆，地塌天荒，八十余年，天运衰歇，天震地怒，鬼哭神号。”[75]他反对清朝代明，认为它带来了巨大的灾难。他之所以这样看待，并非完全从实际出发，而是认为区分汉族与少数民族的统治比君臣大义还重要。他在《知新录》中就孔子对管仲的态度对此作了说明：“管仲忘君事仇，孔子何故恕之而反许以为仁？盖以华夷之分大于君臣之伦，华之与夷，乃人与物之分界，为域中第一义，所以圣人许管仲之功。”因此对已经号令全国的少数民族统治者，他主张逐杀，说“夷狄侵陵中国，在圣人所必诛而不宥者，只有杀而已矣，砍而已矣……”[76]反对满族为统治者的观点非常明确。

（丙）希望拯救百姓于贫穷。岳钟琪审问张熙为什么谋反，回答说：“百姓贫穷，只为救民起见。”[77]曾静著书说：“土田尽为富室所收。富者日富，贫者日贫。”[78]他看到了社会上财富占有不平均，特别是土地集中的情况，又从自身的经历中得到深刻的感受。他出身于“家事单寒”的家庭。在清朝“湖广填四川”的移民运动中，他父亲就想迁居蜀中，但没能实现。曾静时，家中景况更坏，他收张熙、廖易两个徒弟在家，住房也不够。他先有同居的兄嫂，这夫妻反目，哥哥把妻子改嫁，单这一件事就充分说明他是寒素之家了。他的岳家“贫不能自立”，在康熙末年搬到四川去了。张熙、廖易“家事亦贫寒”，张熙赴陕，靠当的家产做路费。曾静师徒及亲友是小土地所有者，生活没有保障。所以曾静读到《孟子·滕文公》篇，对讲井田制，“心中觉得快活”，认为现时应该实行[79]。他希望农民的耕地问题能得到解决，使他们并包括自身从困苦中解脱出来。

看来曾静是比较清苦的汉族读书人，具有敌视满族政权和不满意贫富不均的思想，碰上舆论中颇多异议的雍正及其政治，激化了原有的反抗意识。他的发难，当然首先是对雍正的挑战。

雍正在储位斗争中，以其继位获得了初步的胜利；接着在反对朋党斗争中，沉重打击不甘心失败的政敌允禩、允禟、允禵，巩固了帝位；当功臣年羹尧、隆科多出现尾大不掉之势，便迭兴大狱，使他们灰飞烟灭；他怀疑科举出身的官僚会结成新的朋党，借着李绂参劾田文镜的案子，重重地压抑了科目人；他即位就清查钱粮，实行耗羡归公和养廉银制度、摊丁入粮制度，从而整饬了吏治，打击了不法绅衿。在所有这些方面，他都如愿以偿，可以说他是政治上的胜利者，组织上的胜利者。但是那些政敌和被打击的人并不因失败而完全退出政治舞台，他们中的一部分人采取了各种方式进行不同程度的反抗。对雍正的继位及其政治，人们看法不一，怀疑的、不满的、反对的，都大有人在。曾静宣布的雍正“十大罪状”，并非是他的发明，不过是对社会上流传的攻讦雍正观点的归纳。舆论把雍正描绘成篡逆的伪君，不讲人伦的畜类，凶恶残忍、不行仁政的暴君，希望他立即垮台，以便有道明君治理。不用说，在思想和舆论上，雍正不但没有像在政治、组织上那样获得成功，反而是处于不利的地位。曾静的投书，就是利用他的这种弱点，反对满人统治，企图恢复汉人的江山。

二、雍正的“出奇料理”

岳钟琪得到曾静书信后，即行奏报。雍正极力抚慰他，夸奖他的忠诚，说他朝夕焚香，对天祖叩首，祝愿岳钟琪“多福多寿多男子”。并说他给岳的谕旨，都是真心话，“少有口心相异处，天祖必殛之”[80]。对臣子起誓，如同昔日对待年羹尧一样，表示对岳的绝对信任，进一步把岳稳定住。

雍正以更大的精力处理曾静案子，派遣刑部侍郎杭奕禄、正白旗副都统觉罗海兰到湖南，会同湘抚王国栋审理曾静一干人犯。曾静供出他的思想受浙江吕留良的影响，张熙见过吕留良的弟子严鸿逵及再传弟子沈在宽，因是广泛株连。后因涉及人多，地域广，为加速审理进度，将案中人统统调往北京审讯。

雍正对曾静案的方针，在一开始就定下来了。他在六年(1728年）十月十七日的岳钟琪的奏折上批道：

> 朕览逆书，惊讶堕泪。览之，梦中亦未料天下有人如此论朕也，亦未料其逆情如此之大也。此等逆物，如此自首，非天而何？朕实感天祖之恩，昊天罔极矣。此书一无可隐讳处，事情明白后，朕另有谕。[81]

雍正说自己受到莫大的冤枉，但却是好事——正好洗刷冤情。他虽说料不到有人那样议论他，其实，他通过实行奏折制度和以侍卫为名及其他名义的情报人员四出活动，能很快获得各种消息。他知道关于他的嗣位，处理允禩党人，诛戮年羹尧、隆科多，朝野颇多私议，只是自己不便挑明，公开论战，因而隐忍不发，或只一般谈谈，如元年、二年两次讲到有人说他“凌逼弟辈”[82]，“凌逼众阿哥”[83]，仅表示那是攻击，并不追究造言者。曾静出来了，固然把他骂得狗血喷头，但有人承认了这些言论，正好能顺藤摸瓜，清其源而塞其流。所以他在上述朱批谕旨中指示岳钟琪：“卿可将冤抑处，伊从何处听闻，随便再与言之，看伊如何论议。”[84]这就是说他重点追查关于他的失德言论的根源。他的宠臣、云贵广西总督鄂尔泰在关于曾静案的奏折中说：曾静“诬谤圣躬”，

“所以能如此，得如此者，臣以为其事有渐，其来有因”，“若非由内而外，由满而汉，谁能以影响全无之言据为可信，此阿其那、塞思黑等之本意，为逆贼曾静之本说也”[85]。他分析像授受之际的事情，民间的传说，必来自官场，尤其是满人，而本源必在皇室内部，具体说就是允禩、允禟。雍正称赞他的奏折“恳挚详明，深诛奸逆之心”[86]。他们君臣追究造言人的看法完全一致。

承审官员秉命追问曾静，曾供认系听安仁县生员何立忠、永兴县医生陈象侯所说，而何、陈都是闻听于茶陵州堪舆陈帝西，陈供称在往衡州路上，碰见四个说官话、穿马褂、像是旗人的人，互相说“岳老爷上了谏本，不知避讳，恐怕不便”[87]。这样辗转审问，雍正断定是发配南方边疆的犯人传说的，遂令沿途各省长吏查究。各省巡抚应命相继报告。广西巡抚金鉷奏报发往该省人犯所造的流言，雍正赞许他“逐一密查，确有证据”[88]。田文镜据解守人员供报，折奏发遣广西人犯达色、马守柱、蔡登科、耿桑格、六格、太监吴守义、霍成等言行[89]。湘抚王国栋、布政使赵诚、按察使郭朝祚审不出根由，雍正屡次降旨催责，要他们“再行详讯，务必追出传言之人，则此事方可归着”[90]。王国栋等仍没弄清，雍正就将王调进京城，赵、郭革职[91]。继任巡抚赵弘恩惩前任之失，极意追询，终于报称：允禩等人太监发往戍地，“沿途称冤，逢人讪谤，解送之兵役，住宿之店家共闻之。凡遇村店城市高声呼喊：你们都来听新皇帝的新闻，我们已受冤屈，要向你们告诉，好等你们向人传说。又云：只好问我们的罪，岂能封我们的口?”[92]据三藩之一耿精忠的孙子耿六格供招，他被充发在三姓地方（今黑龙江依兰）时，在允禩党人允䄉使用过的八宝家中，听允禩心腹太监何玉柱、于义向八宝妻子讲述皇上改诏篡位，毒死康熙，逼死太后的话。达色供认允禩太监马起云向他讲太后自杀的情况[93]。这样，雍正追查到允禩集团是他失德舆论的散播者。为此，雍正采取对策，一方面再次宣布允禩等人的罪过；另一方面，就曾静所说的罪状，逐条辨析，并发了很多上谕。他深知关键是继嗣问题，于是特加解说，在说明他的嗣统合法性基础上，进而指责曾静谋反与允禩集团的关系。他说：允禩、允禟等人的“奴隶、太监平日相助为虐者，多发遣黔粤烟瘴地方，故于经过之处，布散流言，而逆贼曾静等又素怀不臣之心，一经传闻，遂借以为蛊惑人心之具耳”[94]。利用曾静的案子，雍正自我宣布找到了诬蔑他失德的舆论根源。这是他在这个案件中着意追查的第一个内容，他还在曾静与吕留良关系问题上大做文章。

岳钟琪诱骗张熙时，张就明白表示，他们最崇敬的是吕留良。张说他去过吕家，见其诗文，且随身带有吕的诗册，让岳观看。岳说看不出吕诗有什么反清观点，张为他一一指明[95]。张熙的见解来自曾静，曾静读吕留良的评选时文，认为吕是“近世名儒”，及读他的诗，反复推敲，得其旨意，遂以“华夷之见横介于中心”[96]。也就是说曾静师徒华夷之辨的观念，受吕留良的影响很大。曾静对吕留良钦佩得五体投地，认为吕应当做皇帝。他在《知新录》中写道：“皇帝合该是吾学中儒者做，不该把世路上英雄做。周末局变，在位多不知学，尽是世路中英雄，甚者老奸巨猾，即谚所谓光棍也。”他以为合格做皇帝的，春秋时应是孔子，战国时该是孟子，秦以后应为程、朱，“明末皇帝该吕子做”[97]。

吕留良（1629—1683年），号晚村，浙江石门人，因家难之故，参加科举，于顺治十年（1653年）中秀才，以避祸，后事平，遂于康熙五年（1666年）弃青衿，操选政，名气很大，被人尊称为“东海夫子”。前述被雍正延揽的考据学创始人之一的阎若璩认为明末清初有十二圣人（文章大家），即黄宗羲、顾炎武、钱谦益等人，而其中就有吕留良[98]。他在著述中强调区分华夷的不同。他说“华夷之分，大于君臣之义”[99]。教人站稳华夏的民族立场，不能效忠于夷狄政权。他曾借讲述历史道出对清朝的看法，说“德祐以后，天地大变，亘古未经，于今复见”[100]。南宋德祐二年（1276年）二月，元军进临安，南宋实已灭亡，与此同时，蒙古族的元朝在全国建立了统治，这是第一个统一全国的少数民族政权，所以吕留良说是从古未有的不幸事变。清朝是继元之后统理全国的少数民族政权，吕留良也把它的出现看作是绝大的灾难。他怀念着明朝，在文中说南明永历帝朱由榔被缅甸送回国时，“满汉皆倾心”，向他下跪；处死他时，“天地晦霾，日月失光”，百里以内的关帝庙都被雷击[101]，意为天怨人怒，反对清

吕留良画像

朝暴政。他坚持汉族的立场，不承认清朝政府，谓之为“彼中”“燕”“北”“清”[102]，而不称“大清”“国朝”“圣朝”。他拒绝为清朝服务，康熙十八年（1679年）开博学鸿词科，官员推荐他，誓死不就，次年，地方官又以山林隐逸荐举他，仍坚辞不赴[103]。他把这些荐扬看作逼他出仕，厌恶至极，为避免再被纠缠，就削发为僧[104]。他这个立场，加上作为理学家的声望，成为具有一定影响的学者，所谓“穷乡晚近有志之士，风闻而兴起者甚众”[105]。连僻处湘南山区的曾静都闻其名而向往之，可见其名播海内。

吕留良的门人严鸿逵等继承了他的思想。严鸿逵敌视清朝，希望发生变故，一日观天象，说数年之内，“吴越有兵起于市井之中”。他总想看满人的笑话，说索伦发生地裂，热河大水淹死满洲人两万多，同情“朱三太子”。大学士朱轼推荐他纂修《明史》，他在日记中表示：“予意自定，当以死拒之耳。”[106]严的学生沈在宽作诗云：“陆沉不必由洪水，谁为神州理旧疆？”还说“更无地著避秦人”。又录吕留良私淑门人黄补庵诗：“闻说深山无甲子，可知雍正又三年。”[107]这时清朝统治已近百年，他秉承师说，拒不承认清朝，希望恢复汉人的神州。张熙到东南访求吕留良遗书，严鸿逵、沈在宽热情接待。所以吕留良虽死，而后继有人。

雍正说吕留良以批评时艺，托名讲学，造成“海内士子尊崇其著述非一日矣”[108]。他深知要清除一部分汉人的反满情绪，要批驳曾静的华夷之辨，必须结合触及他们所崇拜的吕留良，于是将吕氏师徒和曾静一并谴责。他指斥吕留良“凶顽梗化，肆为诬谤，极尽悖逆”；严鸿逵为吕留良羽翼，其言辞有较吕更恶劣处；沈在宽“堕惑逆党之邪说，习染凶徒之余风”，亦是不逞之徒[109]。更重要的是雍正驳难吕、曾等坚持的华夷之辨。他针对汉人反对少数民族做皇帝的观点，提出不以地域作为区别君主好坏标准的理论，说帝王所以成为国君，是生民选择有德之人，而不是挑选哪个地方的人。这为分析少数民族统治全国立了一个标准，即合不合生民的需要。他举例说，虞舜是东夷之人，文王是西夷之人，并不因地域而不能做君主，也不能损害他们的圣德。因此，他说清朝“之为满洲，犹中国之有籍贯”，同虞舜、文王一样可以为君主[110]，声明清朝统治的合理。雍正还说了清朝统治的好处：（甲）清朝使中国疆土开拓广远，是中国臣民的幸事。（乙）清朝创造了太平盛世，使“四方无事，百姓康乐，户口蕃庶”，田野日辟。（丙）清朝是从李自成手中得的天下，不但不是夺的明朝皇位，还为明报仇雪耻，汉人专以朱明后裔为反清旗号，是叛逆的行为[111]。（丁）清朝的衣冠是天命来主中国的形式，“孔雀翎，马蹄袖，真衣冠中禽兽”的话，是无知之人的诋毁[112]。雍正在华夷之辨中具有自豪感，认为南北朝时，君主只能统驭一方，所以南人指北人为索虏，北人诋南人为岛夷[113]。明朝朱元璋的威德不足以抚育蒙古，才兢兢于边防[114]。他以各族都在清朝统治之下的事实，说明华夷无别，维护以满族为统治民族的清朝政权。雍正主张不分地域，以德为王，在理论上，在实践上，对维护多民族国家的统一有积极意义。这一点应予充分肯定，以此调和民族对立思想和情绪，以破除种族成见。而且在清朝人的观念中，也确实有以旗人的旗籍相当于汉人的籍贯的意识。但是雍正以纯地域观念代替民族观念，是偷换概念，回避清朝的民族压迫和民族歧视问题，这是由他作为少数民族统治者的身份所决定的。

经过案情的审查和思想观点的驳诘，雍正遂作结案的处理，就此又抓了两个方面，一是文字上的，另一是组织上的。

雍正在曾案初发时表示曾书不必隐讳，将来自有处置。过了将近一年，即在七年（1729年）九月，他下令将论述这个案子的上谕编辑在一起，附上曾静的口供和忏悔的《归仁录》，集成《大义觉迷录》一书，加以刊刻，颁于全国各府、州、县学，使读书士子观览知悉。如果不知此书，一经发现，就将该省学政、该州县教官从重治罪[115]。曾静口供和《归仁录》，说清世宗至孝纯仁，受位于康熙，兼得传子、传贤二意；又说雍正朝乾夕惕，惩贪婪，减浮粮，勤政爱民。所以《大义觉迷录》一书是为雍正嗣位及初政作宣传的著述。

也不非其大夫況其君乎又曰夷狄之有君不如諸夏之亡也夫以春秋時百里之國其大夫猶不可非況我朝奉
天承運大一統太平盛世而君上尚可謗議乎且
聖人之在諸夏猶謂夷狄爲有君況爲我朝之人親被教澤食德服疇而可爲無父無君之論乎韓愈有言中國而夷狄也則夷狄之夷狄而中國也則中國之歷代以來如有元之混一區宇有國百年幅幀極廣其政治規模頗多美德而後世稱述者寥寥其時之名臣學士著作頌揚紀當時之休美者載在史冊亦復燦然具備而後人則故爲貶詞概謂無人物之可紀無事功之足錄此特懷挾私心識見卑鄙之人不欲歸美於外來之君欲貶抑淹没之耳不知文章著述之事所以信今傳後著勸戒於簡編當平心執正而論於

《大义觉迷录》书影

同年十月，雍正命将曾静、张熙免罪释放，并且宣布不但他不杀他们，“即朕之子孙将来亦不得以其诋毁朕躬而追究诛戮之”[116]。这样处理的原因据说有两条：一是岳钟琪为明了投书真相曾同张熙盟过誓，岳为股肱大臣，与皇上应视为一体，不能让他失信，故应宽免曾、张；二是因曾静投书，才获知造作谤言之人为阿其那、塞思黑的太监，追出元凶，得以晓谕百姓，这样看曾静还有功，不应斩杀[117]。其实，真正的原因是为用他们现身说法，宣传《大义觉迷录》。雍正命杭奕禄带领曾静到江南江宁、苏州、浙江杭州等地宣讲，然后秘密押送到湖南，在观风整俗使衙门听用[118]。张熙由尚书史贻直带往陕西，在各地宣讲完毕，送回原籍，在家候旨，以便随传随到[119]。他们的宣传作用，是任何人所不能起到的。

对吕留良一干人等的处理要复杂一些。八年（1731年）十二月，刑部提出结案意见，雍正命交各省学政，遍询各学生监的意见，因为要焚禁吕的著作，怕有人私藏，故以此为名，多做宣传工作。雍正还命大学士朱轼等批驳吕留良的“四书”讲义、语录并编辑成书，到九年（1732年）十二月书成，也刊刻颁发学宫[120]。又过了一年，才正式定案，将吕留良及其子、已故进士吕葆中，严鸿逵戮尸枭示，另一子吕毅中、沈在宽斩立决，吕和严的孙辈，人数众多，俱发遣宁古塔（吉林宁安）给披甲人为奴，倘有“顶替隐匿等弊，一经发觉，将浙省办理此案之官员与该犯一体治罪”。吕家财产没官，充浙江工程用费[121]。案中牵连人分别判处：黄补庵已死，妻妾子女给功臣家为奴，父母祖孙兄弟流二千里；刻书人车鼎丰、车鼎贲[122]、与吕留良交往的孙克用、收藏吕留良书籍的周敬舆均应斩，秋后处决；吕门人房明畴、金子尚革去生员，佥妻流三千里；陈祖陶、沈允怀等十一人革去教谕、举人、监生、秀才，杖一百；严鸿逵、沈在宽的学生朱霞山、张圣范等人因年幼释放[123]。被处分的还有吕留良的同乡朱振基，他景仰吕的为人，在任广东连州知州时，供奉吕留良牌位，吕案发生时，已调任广州府理瑶同知，但连州生员告发他，雍正将他革职严审，使其死于狱中[124]。

在审查曾静不久，雍正就此事在宠臣田文镜的奏折上批道："遇此种怪物，不得不有一番出奇料理，倾耳以听可也！"[125]对鄂尔泰亦作了同样内容的朱批[126]。他经过精心料理，由曾静枝蔓出吕留良，作出曾轻吕重的结案处置，确实够出奇的了！亏他想得出！

三、雍正嗣位及其初年政治斗争的总结

曾静以抨击雍正失德，作为反对清朝统治的武器，有着明确的政治目标。雍正如何处理他，原是可以多样的，可以抓他的造反问题，或反满问题，可以不扩大线索，可以秘密进行，也可以公开审理，这就要看雍正的需要了。前已说明，雍正在政治上的成功，同在思想、舆论上的不利地位形成突出的矛盾，在一定程度上影响他的政治成就，影响他的统治的进一步巩固，他需要在思想、舆论上再打一仗，以巩固和扩大他在政治上的胜利。而在五年（1727年）以前，雍正初政繁忙，还来不及做这件事，曾静出来了，提出的恰是他继位和初政问题，正是思想、舆论界对他不信任的因素，他一

下子就敏感到了，抓住了，遂借曾静出的题目，凭恃帝王的权威，在思想上向政敌开火。他在案件初起就对岳钟琪说曾静投书也是好事，随后给浙江总督李卫的朱谕进一步明确了这个观点，说：关于朕的谣言，由曾静暴露出来，是"天道昭彰，令自投首。静言思之，翻足感庆，借此表明于天下后世，不使白璧蒙污，莫非上苍笃佑乎"[127]。他把曾静的发难视作天赐良机，利用它说明得位的正当，政治举措的得当，政敌的错误，进而说明反对他的舆论根源在于对手的恶意中伤，希图改变人们对他嗣统与初政的看法。雍正的"出奇料理"，奇在敢于抓曾静的观点，公开辩论，敢于把不利于他的观点加以公布，敢于把曾静、张熙放到社会上，这个"奇"，表明他有政治气魄，善于料理重大政治事务。当他颁布关于曾静的上谕，鄂尔泰说："捧读上谕，坦然恻然，自问自慊，不为一曾静，而为千百亿万人，遍示臣民，布告中外，自非大光明，大智慧，无我无人，惟中惟正，固未有能几此者。"[128]撇开谀献成分，讲不为曾静而为众人，鄂尔泰说到了雍正心坎上，雍正是拿曾静做文章，争取舆论同情。由此可见，曾静本身的反清与雍正处理的、旨在说明他嗣位合法性、政治合理性的曾静案不完全一致。这个案子是雍正在思想上打了一仗，被他用作说明继统与初政的工具了，即用作政治斗争的工具了。它是雍正嗣位和初年政治斗争的延续和总结，它的出现是雍正朝政治斗争的必然结果。

吕留良的事和曾静不完全相同。清初，汉族士大夫中一部分人具有强烈的反满思想，吕留良就是其中的一员。他是思想家而不是政治家，宣传夷夏之防主要是认识问题；出家不仕也涉及政治，然而是次要的方面。曾静的政治事件把他株连上，他的思想被曾静接受并产生出政治行动，这应由曾静负责，已故的吕留良自不能成为这个事件的主谋，雍正把他作为元凶，处以戮尸酷刑，是按政治犯对待的，但是吕留良本身非政治活动性质并不因人为加以政治罪名而改变。所以吕留良、严鸿逵、沈在宽的获罪，在于他们具有和宣传反满思想，是文字之祸。这个案子搞得那么严重，是雍正处理曾静案的需要。他在曾静案辩嗣位问题中，是被置于被告席的，被告自然愿意把事情讲清，然而纠缠不休，总使自身处于被动地位，于已不利，雍正要改变这种状况，夺取主动权，就放大视野，扩大事态，抓住吕留良，大讲华夷问题，扭转嗣统问题上的被动状态，所以吕案是掩盖曾案的，是为解决曾案问题服务的。不难明了，吕案中人是无辜的受害者。这个冤狱，充分表现了雍正和君主文化专制主义的残暴，还反映了清朝满族统治者对汉人的民族压迫。

由此可见，曾静案和吕留良案是既有联系又有区别的两件事，不是一个案子。

第三节　文祸蔓延，钳制思想

曾静案和吕留良案发生后，雍正和官员更加注意对人们思想的控制，文字狱和准文字狱接踵发生。

七年（1730年）十二月，湘抚赵弘恩折奏，浏阳县发现《朱姓家规》一书，端首称谓条内，有“侏儋左衽，可变华夏”二语。赵就此说：“当此圣明之世，饮和食德，在在蒙休，乃敢肆其犬吠，狂悖亵慢。”以为朱姓是曾静一党，严加审讯，没有结果，遂将《朱姓家规》送呈雍正。“侏儒左衽，可变华夏”，是汉人观点，具有普遍性，《朱姓家规》所写，并没有反清的特殊意义，而且与曾静案毫无关系，雍正因此指示不必深究，但要对朱姓严加教育，以警其余[129]。

张熙往见岳钟琪时，说他听说广东有屈温山，诗文很好，亦不出仕，可惜没有见过，岳为引诱他上钩，说藏有屈温山集。八年（1730年）十月，署理广东巡抚傅泰看到《大义觉迷录》，因“屈温山”，想到广东著名学者屈大均号“翁山”，认定屈温山是屈翁山读音之误，遂查到屈翁山《文外》《诗外》《文钞》诸书，发现其中“多有悖逆之词，隐藏抑郁不平之气”，遇到明朝称呼之处俱空抬一字[130]。这时屈大均已死三十多年，其子屈明洪任惠来县教谕，自动到广州投监，交出所存乃父诗文及刊版。傅泰以其为线索，进行严审，并上报雍正。刑部议请按大逆律问罪，屈大均戮尸枭示。雍正以其子自首，减等论处，终将他的后人流放福建，诗文毁禁[131]。

徐骏，江苏昆山人，刑部尚书徐乾学的儿子，中进士，选庶吉士。作诗有“明月有情还顾我，清风无意不留人”句，被人告发“思念明代，不念本朝，出语诋毁，大逆不道”。雍正说这是讥讪悖乱的言论，将他照大不敬律斩决，文稿尽行焚毁。徐骏出身大官僚家庭，青年时骄狂暴劣，据说暗置毒药，害死其塾师，因而为情理所不容[132]。但他“明月清风”诗句，本为文人骚客所滥用的辞藻，与反清复明思想风马牛不相及。他死于文字之祸，不能说不是冤枉的。

八年（1730年），福建汀州府上杭县童生范世杰读到《大义觉迷录》，向福建观风整俗使刘师恕投递词呈，斥曾静，颂雍正，刘师恕称赞他“忠爱之心可嘉”。待到福建学政戴瀚按考到汀州，他又上呈文，说曾静的话是“逆天悖命、越礼犯分之言”，对曾静指责雍正的言论一一加以驳斥，说雍正在继位之前，以子道事父母，以臣道事君父，授受之际，“三兄有抚驭之才，钦遵父命，让弟居之，而圣君不敢自以为是，三揖三让，而后升堂践天子位焉”。说明雍正同诸兄弟和睦，得位正当，没有弑兄屠弟的事。他还说雍正世道比三代还强，为生于这样的盛世而庆幸。他满以为会得到学政的赏识，岂料遭到拘禁审问。原来戴瀚问他三兄让位的话从何而来，是什么意思？范世杰供称，在汀州城里，人人都是这样说的。戴瀚很敏感，理解为这是讲诚亲王允祉有抚驭之才，应该当皇帝，所以严厉追问，并立即将范世杰呈词上奏。雍正认为他做得很正确，说地方大员若能对这样的事情不隐讳，范世杰之类的棍徒匪类必能尽除。遂命戴瀚会同督抚密审，又准情度理，认为范世杰是一个企图侥幸进身的小人，不会有多大背景，不必铺张扩大事态。随后，戴瀚与福建总督刘世明、巡抚赵国麟密讯范世杰，重点审问三兄让位的话头。范供称，他知道雍正序居第四，他即位，必是三个哥哥让位，所谓三兄，不是指第三个哥哥，而是长、二、三三位；说三哥有抚驭之才，也不是真知道，只是想天家的龙子龙孙自然都该是贤才，他们让位，更说明皇上聪明天纵。他将三兄解释为三个兄长，是为避允祉的实指所进行的诡辩，因为他听人说过：“朝廷家有个三爷，虽然有才，乃是秉性凶暴，做不得人君。”

不过他的原意还是说允祉尽管有才，做不了皇帝，雍正不是抢皇位，谦让再三才坐的龙廷。三位疆吏审不出什么来，只能说他造言生事，建议将他押交原籍地方官，严加管束，每逢朔望，令其宣读《大义觉迷录》，若再多事，即行治罪。雍正于九年（1731年）六月同意了他们的处置办法[133]。

范世杰写呈时二十三岁，不甘于童生地位，想借指斥曾静、颂扬雍正为进身之阶，哪知这是政治斗争，岂能儿戏。颂圣要颂在点子上，讲雍正继位，要以上谕为准，添枝加叶，将民间传说写进呈文，岂非自讨苦吃！好心不得好报，这是他利令智昏，也是咎由自取。颂圣是呈文的主旨，范世杰仅因三兄让位的话便饱尝铁窗滋味，亦见雍正朝文字狱的凶残。范世杰说雍正推辞帝位的话，在其即位之初，遣使到朝鲜告康熙之丧，朝鲜接待人员就听说：雍正在康熙死后六七天才登极，是因"新皇屡次让位，以致迁就"[134]。这是官方讲雍正推让，范世杰也讲这个问题，就有了错，真是只许州官放火，不许百姓点灯。

沈伦，江南崇明县人，著有《大樵山人诗集》，于雍正十二年（1734年）九月病故。同县施天一与沈家争田产，遂挟嫌首告沈伦诗内有狂悖语句，江南总督赵弘恩查出沈伦名在沈在宽案内，诗板藏在苏州沈苍林家，就捉拿沈伦嗣孙沈自耕、沈苍林、施天一等人，彻底查究。雍正极表赞同，在赵弘恩的奏折上写道："凡似此狂妄之徒，自应彻底究惩，以靖悖逆风习。"[135]此案如何结局，未见资料。施天一以诗句狂悖告讦仇人，则是文字之祸成风的一种表现。

吴茂育，浙江淳安人，官宛平县丞，著作《求志编》，被族弟、生员吴雰告发，浙江总督程元章立即拿审，认为该书评论古今，“语言感慨，词气不平，肆口妄谈，毫无忌惮”。该书一种本子上的李沛霖序文，于纪年处只用干支，书“癸卯九月”，不写雍正元年，更干法纪。雍正夸奖程元章办理得体、用心，要求他“严加审究，毋涉疏纵”，并向他讲解这种匪人比盗贼有害的道理：盗贼有形迹外露，该管有司不想惩治也不可能，而托名斯文，借口著述的奸匪，尽可置之不问，所以除盗贼易，除思想犯人难。而地方官不尽心的原因，在于没认识到这个问题的严重性，也在于怕烦劳和招人抱怨，因此，做纯臣就“不可因远‘多事苛求’四字之嫌，而贻误于世道生民”。《求志编》的另一种本子，有吴茂育的自序，就书写了清朝年号[136]。究竟该书有无吴雰、程元章等人所说的狂悖文字，这也是人们理解的问题，当文字狱盛行之时，原是可以任意添加这个罪名的。

上述数案，发生在雍正后期，它们与前期的汪景祺、查嗣庭、钱名世等案有所不同，汪、查、钱等之获罪，虽同文字有关，但是涉及年羹尧、隆科多的政治斗争，曾静案和吕留良案发生之后，事情发生了变化，后来出现的徐骏诸狱，犯事人本身没有政治主张，也未牵涉政治集团，完全是受了文字之累。所以雍正朝的文字之祸，有着发展变化，前期是政治斗争的一个组成部分，后期则是加强思想统治的问题，有着不同的性质和内容。前期遭祸的人，以及曾案中人，是政治斗争的牺牲品，后期冤情更增，多是无辜受害者。如果说雍正搞汪、查、钱、曾还有一定道理，那整治吕、屈、徐等文人，则纯粹是出于强化思想统治的需要，适足表现君主文化专制主义的严密和反动。

1　雍正《朱批谕旨·莽鹄立奏折》，三年六月初二日折及朱批。
2　田文镜:《抚豫宣化录》卷3上。
3　汪景祺:《读书堂西征随笔·缪札科条奏》。
4　雍正《朱批谕旨·田文镜奏折》，三年十一月六日折。
5　雍正《朱批谕旨·田文镜奏折》，四年正月二十一日折。按，清制16两为1斤，此处言14两小秤，是指克扣2两。
6　雍正《朱批谕旨·田文镜奏折》，四年六月十一日折。
7　袁枚:《小仓山房文集》卷27《内阁学士原任直隶总督临川李公传》。
8　袁枚:《小仓山房文集》卷27《内阁学士原任直隶总督临川李公传》。
9　雍正《朱批谕旨·田文镜奏折》附录李绂奏折。
10　雍正《朱批谕旨·田文镜奏折》附录李绂奏折朱批。
11　雍正《朱批谕旨·田文镜奏折》，四年四月二十七日折。
12　雍正《朱批谕旨·田文镜奏折》，四年六月十一日折及朱批。
13　雍正《上谕内阁》，四年九月十二日谕。
14　雍正《朱批谕旨·田文镜奏折》，二年十二月十五日折朱批。
15　雍正《上谕内阁》，四年十二月初七日谕。
16　雍正《朱批谕旨·田文镜奏折》，四年九月二十一日折。
17　雍正《朱批谕旨·李绂奏折》，四年七月初一日折朱批。
18　王锺翰点校:《清史列传》卷13《蔡珽传》。
19　中国第一历史档案馆编:《雍正朝起居注册》，四年十二月初七日、初八日谕。
20　雍正《朱批谕旨·韩良辅奏折》，五年正月十六日折朱批。
21　袁枚:《小仓山房文集》卷27《内阁学士原任直隶总督临川李公传》。
22　雍正《朱批谕旨·李绂奏折》。
23　萧奭:《永宪录》卷4，第274页。
24　雍正《朱批谕旨·李绂奏折》，二年十月初六日折朱批。
25　雍正《朱批谕旨·李绂奏折》，二年九月二十八日折朱批。
26　雍正《朱批谕旨·李绂奏折》，四年八月初一日折朱批。
27　雍正《朱批谕旨·李绂奏折》，二年十月初六日折朱批。
28　雍正《朱批谕旨·李绂奏折》，四年七月初一日折朱批。
29　李绂:《穆堂别稿》，安常《序》。
30　雍正《朱批谕旨·田文镜奏折》，四年十月初九日折朱批。
31　雍正《上谕内阁》，四年十月十二日谕。
32　中国第一历史档案馆编:《雍正朝起居注册》，五年二月初三日条。
33　《清世宗实录》卷87，七年十月乙丑条。
34　雍正《上谕内阁》，四年十二月十二日谕。
35　清世宗“朱谕”，第6函。
36　雍正《上谕内阁》，五年六月十五日谕。
37　雍正《上谕内阁》，五年十二月二十日谕。
38　雍正《上谕内阁》，六年正月二十三日谕。
39　雍正《朱批谕旨·王国栋奏折》。
40　雍正《上谕内阁》，五年八月二十六

日谕。

41　雍正《上谕内阁》，五年七月十六日谕。

42　雍正《上谕内阁》，五年七月十七日谕。

43　雍正《上谕内阁》，五年十月初三日谕。

44　雍正《上谕内阁》，七年闰七月二十一日谕。

45　雍正《上谕内阁》，七年九月十九日谕。

46　雍正《上谕内阁》，四年十二月初八日谕。

47　王锺翰点校:《清史列传》卷14《杨名时传》。

48《清世宗实录》卷87，七年十月乙丑条。

49　袁枚:《小仓山房文集》卷2《礼部尚书太子太傅杨公神道碑》。

50　李元度:《国朝先正事略》卷15《谢梅庄观察事略》，中华书局《四部备要》本；昭梿:《啸亭杂录》卷9《谢济世》。

51　袁枚:《小仓山房文集》卷2《礼部尚书太子太傅杨公神道碑》。

52《清世宗实录》卷83，七年七月丙午条；雍正《上谕内阁》，七年六月二十六日谕。

53《清世宗实录》卷89，七年十二月壬戌条。

54《清世宗实录》卷83，七年七月戊申条。

55［美］史景迁著、邱辛晔译:《皇帝与秀才——皇帝游戏中的人文悲剧》，上海远东出版社2005年版。

56《岳襄勤公行略》，《清史资料》第4辑，中华书局1983年版，第171页。

57　福格:《听雨丛谈》卷3《八旗直省督抚大臣考》，中华书局1959年版。

58　雍正《上谕内阁》，五年七月初三日谕。

59　萧奭:《永宪录续编》，第404页。

60　雍正《上谕内阁》，五年七月初三日谕。

61《文献丛编》第3辑《卢宗汉案》，第2页下—4页下。

62《文献丛编》第3辑《卢宗汉案》，第2页下—4页下。

63《文献丛编》第1辑《张倬投书岳钟琪案》，第19页上。

64《大义觉迷录》卷3，《清史资料》第4辑。

65《大义觉迷录》卷4，《清史资料》第4辑。

66《文献丛编》第2辑《张倬投书岳钟琪案》，第25页上—26页上。

67《文献丛编》第2辑《张倬投书岳钟琪案》，第25页上—26页上。

68《文献丛编》第1辑《张倬投书岳钟琪案》，第2页上。

69《大义觉迷录》卷3，《清史资料》第4辑。

70　曾静著有《知新录》《知幾录》，均未刊行。雍正“上谕”和审讯曾静问语中常转述《知新录》一书中的话，它们散见在《大义觉迷录》一书中。

71《大义觉迷录》卷1，《清史资料》第4辑。

72《大义觉迷录》卷2，《清史资料》第4辑。

73《大义觉迷录》卷3，《清史资料》第4辑。

74《大义觉迷录》卷3，《清史资料》第4辑。

75《大义觉迷录》卷1，《清史资料》第4辑。

76《大义觉迷录》卷1，《清史资料》第4

辑。孔子赞扬管仲，在于管仲对少数民族事功上，所谓“微管仲吾其被发左衽”。

77 《大义觉迷录》卷2,《清史资料》第4辑。

78 《文献丛编》第2辑《张倬投书岳钟琪案》，第25页下。

79 《大义觉迷录》卷1,《清史资料》第4辑。

80 《文献丛编》第1辑《张倬投书岳钟琪案》，第3页下。

81 《文献丛编》第1辑《张倬投书岳钟琪案》，第4页。

82 雍正《上谕内阁》，元年二月初十日谕。

83 雍正《上谕内阁》，二年正月初八日谕。

84 《文献丛编》第1辑《张倬投书岳钟琪案》，第4页下。

85 《朱批谕旨·鄂尔泰奏折》，七年四月十五日折。

86 雍正《上谕内阁》，七年十月初十日谕。

87 《文献丛编》第2辑《张倬投书岳钟琪案》，第21页下。

88 雍正《上谕内阁》，七年九月初二日谕。

89 雍正《朱批谕旨·田文镜奏折》，七年十一月十六日折。

90 雍正《上谕内阁》，七年九月初二日、十月初七日谕。

91 《文献丛编》第1辑《张倬投书岳钟琪案》，第22页上。

92 《大义觉迷录》卷3,《清史资料》第4辑。

93 《大义觉迷录》卷3,《清史资料》第4辑。关于改诏、谋父、逼母等说法及雍正自云继位合法的内容在第一章、第三章中均有说明，这里不赘述。

94 《大义觉迷录》卷1,《清史资料》第4辑。

95 《文献丛编》第1辑《张倬投书岳钟琪案》，第2页下。

96 《大义觉迷录》卷3,《清史资料》第4辑。

97 《大义觉迷录》卷2,《清史资料》第4辑。

98 陈康祺:《郎潜征国四笔》，中华书局1990年版，第18页。

99 《大义觉迷录》卷3,《清史资料》第4辑。

100 《大义觉迷录》卷1,《清史资料》第4辑。

101 《大义觉迷录》卷4,《清史资料》第4辑。

102 《大义觉迷录》卷4,《清史资料》第4辑。

103 吕留良:《吕晚村先生文集》附录，吕葆中等撰:《行略》，同治八年刻本。

104 吕留良:《吕晚村先生文集》附录，吕葆中等撰:《行略》。

105 吕留良:《吕晚村先生文集》附录，吕葆中等撰:《行略》。

106 《大义觉迷录》卷4,《清史资料》第4辑。

107 蒋良骐:《东华录》卷30，第496页。

108 雍正《上谕内阁》，八年十二月十九日谕。

109 《清世宗实录》卷82，七年六月丙戌、戊子条。

110 《大义觉迷录》卷1,《清史资料》第4辑。雍正讲:“……在逆贼等之意，徒谓本朝以满洲之君，入为中国之主，妄生此疆彼界之私，遂故为讪谤诋讥之说耳。不知本朝之为满洲，犹中国之有籍贯。舜为东夷之人，文王为西夷之人，曾何损于圣德乎!《诗》言‘戎狄是膺，荆舒是惩'者，以其僭王猾夏，不知君臣之大义，故声其罪而惩艾之，非以其戎狄而外之也。若以戎狄而言，则孔子周游，不当至楚应昭王之聘；而秦穆之霸西戎，孔子删定之时，不应以其誓列于《周书》之后矣。"

111 《大义觉迷录》卷1，《清史资料》第4辑。

112 《大义觉迷录》卷2，《清史资料》第4辑。

113 《大义觉迷录》卷1，《清史资料》第4辑。

114 《大义觉迷录》卷2，《清史资料》第4辑。

115 《大义觉迷录》卷1，《清史资料》第4辑。

116 《大义觉迷录》卷3，《清史资料》第4辑。

117 雍正《上谕内阁》，七年十月初六日谕。

118 雍正《朱批谕旨·赵弘恩奏折》，八年二月初四日折；雍正《朱批谕旨·李卫奏折》，八年二月初八日折。

119 雍正《朱批谕旨·史贻直奏折》，十年二月初三日折。

120 雍正《上谕内阁》，九年十二月十六日谕。

121 《清世宗实录》卷126，十年十二月乙丑条。

122 车氏兄弟，江宁上元县人，亦具反满思想。据说车鼎贲与车鼎丰饮酒，酒杯为明朝磁器，底有成化年造款识，车鼎丰把酒杯翻过来，说"大明天下今重见"，车鼎贲把酒壶放在一边，说"又把壶儿搁一边"，利用"壶""胡"同音，谓把满人的清朝弃置在一旁。车鼎贲之兄车鼎晋曾奉诏在曹寅主持下校刊《全唐诗》，因这个案子的影响，忧惧而死。见陈作霖:《炳烛里谈》卷上《文字祸》，1963年《金陵琐志》本。

123 《清世宗实录》卷126，十年十二月庚午条。

124 《清世宗实录》卷89，七年十二月丙午条；雍正《朱批谕旨·王士俊奏折》，八年十月十一日折。

125 雍正《朱批谕旨·田文镜奏折》，七年五月二十一日折朱批。

126 雍正《朱批谕旨·鄂尔泰奏折》，七年四月十五日折朱批。

127 清世宗"朱谕"，第9函。

128 雍正《朱批谕旨·鄂尔泰奏折》，七年四月十五日折。

129 雍正《朱批谕旨·赵弘恩奏折》，七年十二月初九日折及朱批。

130 屈大均，广东番禺人，明诸生，具有反清复明思想和行为，著有《广东新语》《翁山文钞》《翁山诗外》《翁山诗钞》《翁山文外》，后人辑的《翁山佚文辑》。参见拙作:《清初广东人在江苏》，载罗炳绵主编:《明末清初华南地区历史人物矿业研讨会论文集》，香港中文大学历史学系1991年版。

131 《清代文字狱档·屈大均诗文及雨花台衣冠冢案》，北平故宫博物院文献馆刊本；雍正《朱批谕旨·傅泰奏折》，八年九月十九日折。

132 《清世宗实录》卷99，八年十月己亥条；刘禺生:《世载堂杂忆》，第20页。

133 《文献丛编》第7辑《雍正朝文字狱·范世杰呈词案》。

134 朝鲜《李朝实录·景宗实录》第42册卷10，二年（康熙六十一年）十二月戊辰条，第151页。

135 雍正《朱批谕旨·赵弘恩奏折》，十二年十二月初九日折及朱批。

136 《朱批谕指·程元章奏折》。

第八章　革新政制，更定律例

雍正整顿吏治的同时，对行政机构、管理制度也相应作了一些变革，最主要的是确立奏折制度和设立军机处。

第一节　“台省合一”，观风整俗

元年（1723年），雍正说六科掌印给事中责任紧要，人选交都察院公同拣选保奏。并具体规定各科掌印给事中员缺，该科知会吏部，开列各科不掌印的给事中名单，送都察院拣选二人，出具考语，转回吏科，缮本具题。题本用都察院的印信[1]。这是把六科给事中的考核交都察院掌管，使他们成为该院的属吏，都御史的属员。都察院的监察御史，向例有巡视京师五城、京仓、通仓、巡盐、巡漕等差，给事中归都察院考核后，都御史把他们与御史一体对待，委巡视城、漕、盐、仓等差[2]。于是给事中与御史没有什么区别了。

六科，原是一个衙署，职责是所谓“传达纶音，稽考庶政”[3]。它把皇帝批过的臣工题本，从内阁领出，誊抄清楚，发给有关部门执行。它不仅转发文件，还具有封驳权，已经皇帝批准的奏章，六科认为有不妥的地方，可以封还执奏，像内阁票签批本错误，原奏章韵失当之处，就应当接受它的驳正。它还稽察六部，察核奉旨事件完结情况，如有迁延迟误情事，即行参奏[4]。六科给事中所理之事，在唐朝属于门下省，是宰执机关的事情，清初虽沿元、明之旧，没有门下省，但给事中有封还奏章之权，职位不高，而地位重要。

给事中自归都察院管辖，被按照御史来分派差遣，原来分外的事多了，以至“奔走内外，朝夕不遑”，原属分内的事，没有时间和精力去管。有时大量被派遣出去，本科只留一人，忙不过来，把领到的本章，匆匆发出，来不及详细审读，封驳就无从谈起了[5]。这样就削弱了给事中的职权，使他们等同于御史了。都察院在唐代为御史台，雍正使六科实质上隶属于都察院，按当时的说法，是“台省合一”，即御史台和中书省合一的意思。

六科由都察院管辖的命令刚一下达，引起一些人的不满，给事中崔致远“哓哓陈奏”，反对这一措施[6]，雍正拒不理睬。乾隆初有人说这个做法是“轻重倒置”，是不尊重纶綍[7]。雍正恰是要重者轻之，使给事中不能抗皇帝之命，使纶音得到绝对尊崇。

雍正这样做，还是接受明末党争的历史教训。明朝六科，比较能够实现“制敕宣行，大事复奏，小事署而颁之，有失，封还执奏”[8]的权力，明后期，六科以言官的身份，较多地干预了朝政。这种情况，清初已经有所改变，但康熙后期储位斗争，也就是雍正说的朋党之弊严重，明末遗风不息，而六科官员又参与其间，给事中秦道然为允禟管理家政即是一例。雍正为打击朋党，就对六科官制进行相应的改革。

雍正贬低给事中职能，却加重了监察御史的职任，向地方派遣了各种类型的巡察御史。元年（1723年），以黑龙江船厂等处人口增殖，贸易事繁，原设将军料理不开，命派出御史、给事中二员，巡视吉林和黑龙江[9]。三年（1725年），向各省派遣巡察御史，其中山东、河南各一人，两湖一人，江宁、安徽两布政司共一人，官员由小京堂、科道及各部郎中内拣选[10]。他们到各省，处理一些政事，监察地方官吏，有钦差的味道。四年（1726年），因直隶旗下人多，不法者众，派御史和给事中数人往八府巡视，凡旗下告退官员、庄头、内监的亲戚、在籍绅衿，犯法的，即会同地方官惩处[11]。七年（1729年），又因直隶兴建了营田，特派巡农御史，巡历州县，查察农民生产情形，以定州县考成，以示重视农业[12]。在京城，于四年添设稽察内务府的御史四员[13]，五年（1727年）又增设稽察宗人府的御史二员[14]。

“台省合一”，削弱六科谏议权，加强都察院对臣工的监察，两者相辅相成，是强化皇权的两个侧面。雍正这一改制，使皇帝更加集权了。

向地方派遣观风整俗使，也是雍正的一个创造。浙江文化发达，人才较多，浙籍士人与江南士人一起垄断科闱，官员散布朝内外，幕客布满各衙门。三年（1725年）十月发案的汪景祺、四年九月判决的查嗣庭都是浙江人，这两个案子引起雍正的警觉，再联想到欧秀臣为允禩造舆论，杭州发生反对摊丁入粮的风潮，他对浙江人的印象之坏可想而知了。

四年（1726年）八月，浙抚李卫折奏，谓该省“民刁俗悍，动则钱粮诖误，命案参黜”，以致“大吏屡易其人，守令席不暇暖”[15]。这就更使雍正认为“浙江风俗浇漓，甚于他省”[16]，绅衿“好尚议论”，浙江人是“恩德所不能感化者，狼子野心聚于一方”[17]，决心大加整顿。当年十月，他决定派遣专职官员到浙江“查问风俗，稽察奸伪，应劝导者劝导之，应惩治者惩治之，应交于地方官审结者即交地方官审结，应参奏提问者即参奏提问，务使绅衿士庶有所儆戒，尽除浮薄嚣陵之习”[18]，规定了赴浙官员的任务。至于用什么官名，吏部以为唐太宗贞观年间派遣萧瑀、李靖等巡行天下，号“观风使”，可仿之取名“观风整俗使”。雍正接受这个建议，任命光禄寺卿、河南学政王国栋为右佥都御史衔浙江观风整俗使。与此同时，雍正宣布取消浙江人乡试和会试，他说浙江文风很盛，而风俗太坏，故采取这一措施，促其风俗的变化。所谓“浙江文词甲于天下，而风俗浇漓敝坏已极，如查嗣庭、汪景祺自矜其私智小慧，傲倪一世，轻薄天下之人，遂至丧心悖义，谤讪君上”，与开科取士目标不合，既然“浙江风气恶薄如此，挟其笔墨之微长，遂忘纲常之大义”，因此停止浙江人的乡会试，而生员的岁考，仍然进行[19]。同月，浙江人、吏部左侍郎沈近思奏请整顿其故乡风俗十事，说该省逆种迭生，“越水增羞，吴山蒙耻”。他的十议是：(1) 童生县府试不得求乡绅请托，违者府、县、乡绅、父、师、本童各坐罪。(2) 生员不得奔走当事投拜门生，通谒显贵，乞求关节，不许造作揭帖污蔑官民，违者以光棍例治罪。(3) 禁士子写作淫词艳曲，不得刊刻诗歌献媚权贵。(4) 遇有地方事务，严禁举贡生监哭庙抬神，以免干预官方。(5）禁止乡绅关说公事。(6）生监不许联名公呈。(7）禁无赖棍徒包揽衙门。(8）禁止衙役勾结乡绅讼棍挟制本官。(9）禁士人要纸牌、马吊及打降等事。(10）禁地棍强派赛神演戏钱，禁妇女游览寺观。雍正认为这十议切中浙江情弊，敕令浙抚和观风整俗使贯彻施行，又夸奖沈近思不为恶俗所染，足“洗越水吴山之羞耻”[20]。王国栋赴任前进京觐见，雍正给他关于浙江棚民的两份奏折，又要他清查钱粮积欠[21]。王国栋到任，遍巡浙江府县，到处召集绅衿于孔庙明伦堂训话，宣布雍正整饬浙江士俗民风的宗旨。那时查嗣庭的家乡海宁县发生“屠城”的谣传[22]，有的居民迁出县城，人心惶惶，王国栋前往宣讲，使绅士“战战栗栗叩头谢恩，切齿查（嗣庭）贼”[23]。他在一般的宣讲之外，还做了三件事：一是清查钱粮，行文各府、州、县依限催征，要求及时将征收情况报告给他，凡未按期完纳的，如系绅衿黎庶顽抗，不待州县详报，即分别轻重处分，应参究的参究，应革惩的革惩，以使钱粮清楚[24]。他为清积欠，严惩包揽绅衿，还预备在仙居县清丈土地[25]。一是清查各府、州、县命盗讼狱案件。再一项是清查保甲，编审棚民。此外，他对整理营伍、兴修水利、买粮备荒等事亦行参与。雍正对王国栋的活动很满意，在他的奏折上批写：“尔到浙与李卫协衷任事，能推诚布公，宣明朕旨，风俗人心颇觉转移，朕闻知嘉悦之至。”[26]“所奏办理数事，均属公当明白。”[27]他到任半年多，雍正就将他升为湖南巡抚，把他同鄂尔泰、田文镜相提并论，说“朕又庆得一好抚臣矣”[28]。王调任后，由浙江粮道许容接任，六年（1728年）许升甘肃巡抚，遗缺由粮道蔡仕舢补进，七年（1729年）蔡署巡抚，八年（1730年），雍正以浙江风俗已渐改移，又有总督李卫善于训导，因而不再派遣观风整俗使[29]。从雍正的历次上谕和王国栋在浙江的实际做法可知，这个官职，是针对某省的特殊情况设置的，其使命主要是惩治不法绅衿，改变当地风俗，强化对绅衿和人民的统治。观风整俗使所办理的事务，有的与巡抚职责相冲突，因此雍正要王国栋与李卫和衷共济，又命他将征收钱粮等具体业务交李卫办理[30]，避免双方矛盾的发展，并在观风整俗使任务完成之后，即行撤销。八年雍正认为浙江弊端已经改变，并接受总督李卫请求，恢复士人的乡、会试。

曾静案发之后，湖南被官方认为“风俗不端，人情刁恶”[31]，雍正即向这里派遣观风整俗使。七年（1729年），雍正以广东“盗案繁多，民俗犷悍”，设置观风整俗使加以整顿[32]。前已叙过，广东矿徒问题严重，雍正很是担忧，这是他向广东派出观风整俗使的主要原因。福建地处沿海，民穷事繁，雍正也派了观风整俗使。湘、粤、闽等省的观风整俗使，在职权上都不如王国栋。八年（1730年）六月，粤藩王士俊折奏观风整俗使焦祈年行为虚浮，大约是焦好胜越出职权，与地方官发生了冲突，雍正为支持观风整俗使，并不责备焦祈年，同时安抚王士俊说：“其责任不过为稽查耳目之寄，非有专阃重权，纵使仪制少逾，庸何伤乎？”[33]说明这个职务已不能管理多少政事了。

与观风整俗使性质相近似的，是雍正向陕甘派出的宣谕化导使。雍正后期，陕甘人民因西北用兵负担加重，不满情绪大增，雍正派尚书史贻直、侍郎杭奕禄、署理内务府总管郑禅宝率领翰林院庶吉士、进士分赴六部学习人员、国子监肄业的贡生，到陕甘宣抚，希望民人“笃尊君亲上之义，消亢戾怨怼之情”[34]。

“雍正间，或用人惟贤，或因事权授，往往不拘定制。”[35]吴振棫的这个评论比较反映实际。督抚的设置亦时有变化。直隶原设巡抚，为了奖励李维钧改作总督，后成为定制；原无布、按二司，亦行增设[36]。河南巡抚田文镜为雍正宠信，特为他授河南总督，又置河南、山东总督，辖这两个省。闽浙总督先为一人，雍正用李卫为浙江总督，兼理江南五府二州的盗案，于是福建也单独设一总督。两广总督辖下的广西割归云贵总督管理，广东仍保留总督。巡抚，历来各省只有一个，雍正在有的省派人协理。当王国栋署理山东巡抚时，雍正又用吏部左侍郎刘於义协办山东巡抚事务[37]。伊都立为晋抚，布政使高成龄协办巡抚事。马尔泰署陕抚，宣谕化导使史贻直亦为协理巡抚，待史贻直任署抚，雍正又用内阁学士德龄协办巡抚事，后又命甘肃布政使鄂昌协办。直隶总督宜兆熊任上，礼部侍郎刘师恕被任命为协办总督，后何世璂接替宜兆熊，刘师恕协办如故。齐苏勒任河道总督多年，雍正又命署理广东巡抚尹继善为总河协办。大学士也增添协办。二年（1724年），雍正命田从典为协理大学士，六年（1728年），命尹泰、陈元龙为额外大学士，十年（1732年），用福敏为协理大学士，到乾隆时，协理大学士就成了定制。

雍正对这些官制的变动，有的成为定制，反映了客观事物发展的需要；有的因特殊情况所必需，事竣即裁撤；有的是他观察客观事物不准确，故亦不能长久；有的是他为酬劳宠臣，特为立制，他说得很明确，人去事变，不为保持。

第二节　利用密折，推行政令

比“台省合一”更影响政治的是奏折制度的全面实行。雍正君臣日常使用秘密通讯的办法，交流政治与社会情报，使之成为贯彻政策的一种特殊的、重要的工具。

一、奏折制度的起源

奏折是后起的官文书。在先，地方官有事报告皇帝，凡系地方公事，用题本，若系个人私事，则用奏本。前一种盖官印，后一种不用印。两种文书都交由通政司进呈，在皇帝观览之前，已先由有关官员看过，因此这两种文体的奏章，是公开的，不是只有皇帝拆阅的秘密奏疏。这样的文体，有些事情官员不便奏闻，皇帝想知道的从中得不到，不利于下情上达。奏本、题本原本是明朝制度，清朝沿袭以来，皇帝感到不便，据记载，在顺治年间产生了补救的文书——秘密奏折。研究者认为，其时是仿效奏本而为皇室戚属所专设的一种上行文书，主要内容是向皇太后、皇上请安、谢恩和庆贺，递送方式要直送内廷，由内侍卫、太监转达[38]。至迟到康熙三十二年（1693年），它已确实存在了。今存苏州织造李煦在那年七月奏报苏州得雨、粮价和民情的折子，康熙见到后，朱笔批复说："五月间闻得淮徐以南时旸舛候，夏泽愆期，民心慌慌，两浙尤甚。朕夙夜焦思，寝食不安，但有南来者，必问详细，闻尔所奏，少解宵旰之劳。秋收之后，还写奏帖奏来。凡有奏帖，万不可与人知道。"[39]由此获知，不得让第三者知道的奏章，是秘密的，不是题本、奏本。这种文字，当时叫做"奏帖"；它的要点，是在一个"密"字。康熙在江宁织造曹寅于四十三年（1704年）七月二十九日的奏折上朱批："倘有疑难之事，可以密折请旨。凡奏折不可令人写，但有风声，关系匪浅。小心，小心，小心，小心！"[40]这里管这种奏章叫"密折"，又称为"奏折"。康熙于再立胤礽后，听到有不同的舆论，苦于不知其详，因在李煦的奏折上写道："近日闻得南方有许多闲言，无中作有，议论大小事。朕无可以托人打听，尔等受恩深重，但有所闻，可以亲手书折奏闻才好。此话断不可叫人知道，若有人知，尔即招祸矣。"[41]奏折人李煦、曹寅，都是皇帝的家奴，是特别亲信者。康熙四十年（1701年），江苏巡抚宋荦的奏折，由李煦代达[42]，这表明当时具有写、送奏折权力的人，不在官阶，而在同皇帝的关系。五十一年（1712年），康熙谕领侍卫内大臣、大学士、都统、尚书、副都统、侍郎、学士、副都御史等，说他有听不到的话，常令总督、巡抚、提督、总兵官、将军在请安折内，"附陈密奏，故各省之事不能欺隐"。因令这些官员也于请安折上，"将应奏之事，各罄所见，开列陈奏"，并表示代为保密，原折朱批后发还[43]。这说明康熙晚年能上奏折的官员增多了。至此，总体说明康熙朝奏折制度应该是：奏折作为一种官文书的体裁业已产生，并已形成专门词条；具折人为皇帝派到地方上的家奴（亲信）和朝内外的官员，是特定的少数人；它渊源于奏本，开始具有两种形式，即奏帖和请安折，似乎尚未统一；奏折的关键之处是言事的秘密性，要求具折人亲自书写，内容不得为他人所知；内容主要是报告吏治民情。总之，奏折制度已初步形成，但很不完善，功能上也较单纯。

二、奏折制度的完善

雍正朝奏折制度的完善，主要表现在具折人员类型多样化、确定奏折传递方式、内容范围的扩展和朱批谕旨制度的形成四个方面。

雍正时期，奏折人的范围固定化并明显地扩大。元年(1723年)，雍正下令各省督抚密上奏折，于是封疆大吏都有了这个权力，只是在实行中有的犯了错误，遭到处分，停止其使用权。后来雍正又给任职提督、总兵官、布政使、按察使和学政的官员书写密折的权力，只是在上交的渠道上与督抚有所不同。督、抚、提、镇、藩、臬、学政均是地方大员，此外，一些微末之员，由于雍正的特许，也可径上密章，像湖南衡永郴道王柔、广西右江道乔于瀛、福建盐驿道伊拉齐、浙江粮道蔡仕舢、杭嘉湖道徐鼎、江安粮道葛森、陕西平庆道李元英、粮盐道杜滨、宁夏道鄂昌、直隶通永道高鑛、云南驿盐道李卫、浙江杭州知府孙国玺、山东兖州知府吴关杰、湖广郧阳府同知廖坤、山东沂州营副将杨鹏等。这些道、府、同知、副将是中级官员，而用雍正的话说："道府等员，乃系小臣，品级卑微，无奏对之分。”[44]他们的能上奏折，是雍正特给的恩宠。这些人或者与雍正有特殊关系，或者为亲重大臣的子侄，或在引见时获得青睐，因得荣膺书写奏折之宠。由中央派到地方的常设官员，如江宁、苏州、杭州三织造，各处巡盐御史，税关监督，各种临时性的巡察御史、给事中，或因挂有科道衔名，或因为皇帝家臣，自然赋予密折言事之责。还有的临时派到地方办事，也可密上折子，如清理江苏积欠，负责大员户部侍郎王玑有此权利自不必说，连分查松江府钱粮的王溯维也得奏折言事。在中央，京堂以上和翰詹科道官员都能书写奏折。雍正扩大奏折人员的范围，使它达到了一定的数量，仅《朱批谕旨》一书所收的奏折的撰写人，即达223人，实际奏折人多达1000人以上。

奏折，几乎全有皇帝的朱笔批语，叫做“朱批谕旨”，批过的奏折称作“朱批奏折”，奏折和朱批谕旨是构成奏折制度的必备成分。

三、奏折制度的功用

雍正朝的奏折内容，比康熙朝大大丰富了。君臣筹商全国的或地方的政务，是最重要的内涵。二年（1724年）十一月，雍正向大学士等发出上谕：“凡督抚大吏，任封疆之寄，其所陈奏，皆有关国计民生。故于本章之外，准用奏折。以本章……所不能尽者，亦可于奏折中详悉批示，以定行止。”[45]督抚所要陈奏的政事，限于题本程式和保密要求，很难详尽，皇帝就不能彻底了解臣下隐衷和下情，而皇帝的指示也以同样的原因不能尽述，使臣下对皇帝的意图了解也受到限制。这样，上边难于决策，下面不能全力奉行。雍正就是要用奏折这种公文，使臣工和皇帝双方亮明观点，经过讨论，定策施行。雍正朝的重大改革，许多是先经君臣密商，而后决策付诸实行。前述摊丁入粮制度，就是雍正同黄炳、李维钧及九卿通过奏折，反复商酌确定下来的，这里不作赘言。

改土归流的政策，也是在多人的奏折中，君臣密筹，议而后定。雍正元年（1723年），礼部掌印给事中缪沅就处理苗民事务，疏请令土司诸子分袭以杀其势。雍正把它交湖广总督杨宗仁议奏。杨不同意，认为那样做会出现强弱兼并的后遗症。雍正朱批不以为然，他写道：

从来统驭外番，以众建诸侯以分其势为善策，一时陡然举行，彼中头目自必不愿遵依，苟可缓缓设法，谕令听从，逐渐分袭，似亦潜移默化安边之一道，其强弱欺凌之虞，何必为之远虑耶！朕谓其势既分，心即离异，日后纵欲鸱张其中，必互相掣肘，或畏惧相诫，则其邪谋自息矣。于我内地颇觉有益。朕偶然见及于此，非欲必行其事，尔等切勿勉强遵承，以求符朕旨为念，当徐徐斟酌，详议具奏可也。[46]

就这个问题详述自己意见，不作结论，然后要臣工讨论。

至于改土归流，雍正起始并不赞成，他于二年（1724年）在广西巡抚李绂的奏折上批云：

土官相袭已久，若一旦无故夺其职守，改土为流，谁不惊疑？

李绂服膺主子的见解，上奏折表态，雍正又批道：

斟酌处颇为合宜，诸凡总在尔等封疆大吏审择中道而行也。[47]

三年，贵州提督马会伯奏请对苗民用兵，以推行改土归流，雍正让他同云南巡抚管云贵总督事鄂尔泰商讨，朱批说：

黔属仲苗之凶悍及从前地方官之姑息因循，皆朕所悉知，览所奏数条，虽属有理，然万不可轻举妄动。鄂尔泰慎重明敏，实心为国人也，诸凡与之详细商酌而行。[48]

这时署理贵州巡抚石礼哈亦欲用兵，雍正内心赞同他们的意见，但怕他们少年鲁莽，把事情办坏，故而压住了。不久，何世璂出任黔抚，折奏主张招抚，雍正内心不以为然，但亦允许他实行，然而不见效验。四年四月，鄂尔泰折请贵州用兵，雍正大加赞赏，朱批写道：

前者马会伯奏到，朕恐其猛浪，后见何世璂之奏，朕又恐其怯懦因循，正在忧疑，览汝此奏，朕始宽怀，量尔料理必得事情之中也。事定之时，应具本题奏，当以军功赏叙。石礼哈已调用广州将军，因汝此奏，复命其暂停往粤，俟料理此事毕，再赴新任矣[49]。

至此雍正决定强力推行改土归流。这是几年间持有不同意见的君臣往复磋商的结果，就中，雍正从对苗民事务的不熟悉，主意不定，到把握实情，作出裁断，是他吸收臣下意见的过程，所以这种奏折，便于君臣密商事务，决定政策措施。

河工的问题，雍正亦通过河臣的奏折进行探讨，决定行止。李绂曾向雍正当面提出疏浚淮扬运河的建议，雍正觉得有些道理，命他与河道总督齐苏勒商酌。齐以工程浩大，不敢轻定，拟于实地考察之后，再提出具体意见。他的奏折上呈后，雍正朱批：

朕命李绂来传谕旨，不过令尔得知有此一论，细细再为斟酌，并不为其所奏必可行也。大率河官惟希望兴举工程，尔属员多不可信。况此事关系甚大，岂可猛浪，若徒劳无益，而反有害，不但虚耗钱粮，抑且为千古笑柄。倘果于国计民生有益，亦不可畏难而中止，总在尔详悉筹画妥确，将始终利益通盘打算定时，备细一一奏闻。并非目下急务，尤非轻举妄动之事也。[50]

李绂的建议是否可行，雍正说的全是活话，他并非为推卸己责，事成则居乾断之功，事败则推诿臣下，而是要大家商量，他则从中考虑。即如治黄专家靳辅的儿子靳治豫奏称滚水坝无益，减水坝有利，雍正说自己“实未洞彻”其利弊，而“河务关系甚大，不便自立主意”。因将靳治豫打发到齐苏勒处，命他们“悉心通盘打算，酌量为之”[51]。有一官员折陈河工备料的弊端，雍正匿去撰折人姓名，将折转发齐苏勒，命其“尽心筹画”，齐苏勒遵旨陈奏事情原委，雍正览后朱批：“所奏是当之至，朕原甚不然其说，但既有此论，其中或不无些少裨益，所以询汝者，此意耳。今览尔奏，朕洞彻矣。”[52]河工事务复杂，学问甚大，雍正早年虽曾随侍康熙南巡视察河工，参与过永定河工程，但毕竟不是身任其事，了解有限，登极后要拿主意，又不能鲁莽蛮干，自认知识有限，多方考察，臣工奏折就成为他考虑决策的一种材料。上述与齐苏勒商议的几件事，都被否定了，也是处决了政事。雍正君臣利用奏折筹商政务，虽巨细非一，行否不定，但却是奏折的重要内容。

对于奏折的其他内容，雍正在宁夏道鄂昌奏谢允其奏折言事的折子后写了一篇六七百字的长谕，讲叙极其详明，他写道：

> 今许汝等下僚亦得折奏者，不过欲广耳目之意。于汝责任外，一切地方之利弊，通省吏治之勤惰，上司孰公孰私，属员某优某劣，营伍是否整饬，雨旸果否时若，百姓之生计若何，风俗之淳浇奚似，即邻近远省，以及都门内外，凡有骇人听闻之事，不必待真知灼见，悉可以风闻入告也。只须于奏中将有无确据，抑或偶尔风闻之处，分析陈明，以便朕更加采访，得其实情，汝等既非本所管辖，欲求真知灼见而不可得，所奏纵至谬误失实，断不加责。[53]

雍正要了解的情况较多，有地方政事的好坏，地方官的勤惰优劣，大吏待属员是否公正或徇私，军队的训练和纪律，水旱和农业生产，百姓的生活和风俗以及本省和外地的重大事情，概括起来，不外两条，即地方吏治和民情，可以说它们分别是奏折的第二项、第三项内容。

雍正用奏折考察地方吏治，从他的实践看，着重点是在对地方官吏的察核。当李卫任云南盐驿道时，雍正在云南永北镇总兵马会伯奏折上批道："近闻李卫行事狂纵，操守亦不如前，果然否？一毫不可瞻顾情面及存酬恩报怨之心，据实奏闻。"[54]这是调查李卫。待其任浙江巡抚时，雍正在他的奏折上批示说：对新任黄岩镇总兵董一隆的优劣所知不多，"于伊莅任后，其细加察访，密奏以闻”[55]。雍正派大理寺卿性桂赴浙江清查仓储钱粮，要他到浙后，“凡有风闻之事，即行密奏”。性桂到任后报告杭州将军鄂弥达与李卫的隔阂[56]。田文镜也折奏，说李卫是“当世之贤员，所谓难能而可贵者也”，但“驭吏绳尺未免稍疏，振肃规模未免少检，则于大僚之体有未全，于皇上任使之意亦有所未付”[57]。以“模范督抚”李卫来讲，他密奏别人，别人也密查他。当雍正派李绂为广西巡抚时，李正得宠信，然在他赴任之际，命原广西署抚、提督韩良辅“细访其吏治，密奏朕知”[58]。雍正要重庆总兵任国荣留心文武官声名，他于七年六月折奏：四川学政宋在诗“公而且明，声名甚好”。川东道陆赐书“办事细心，人去得”。永宁道刘嵩龄“人明白，身子甚弱”。永宁协副将张英“声名平常”，漳腊营游击张朝良“操守廉洁，谙练营伍，但不识字”。雍正对这些人分别给了批语：“谨慎自守，小才器”；“为人老成，才情未能倜傥”；“观其人甚有长进，于引见时不似有病，为何如此”；“原系甚平常人，且有孟浪多事之疵”；“其人优劣，前此未知”[59]。湖南布政使朱纲深受雍正信任，亦同样受人考察。雍正在湘抚王朝恩奏折上批示：“朱纲行止，舆论不一，依朕观之，似欲速成者，然否？据实奏来。密之！”[60]而在此以前是让朱纲访查他的顶头上司王朝恩——在朱纲的二年（1724年）九月初五日奏折上批语讲其引见王朝恩的印象：“观其为人于地方吏治颇为谙练，但才具微觉狭小”，“汝其事事留意，看其居心行事，倘少有不妥处，密奏以闻”。又怕他有顾虑，指示说：“如稍隐匿，不以实告，欺蔽之咎，汝难辞也。”[61]雍正对亲信和非亲信，了解的或不甚了解的，都令臣下互相监察，文员武弁，上下级之间，中央差遣人员和地方官员都在互相监察。文武不同途，互察超出了正常范围。上级监督下级，本是应有职责，但又要密访密奏，就不全是正常的考核了。中央特差人员只解决专门问题，报告地方吏治，则是额外的事情。属员向皇帝汇报主官的事，是不正常的，而雍正很重视这类报告，他要鄂昌奏述“上司孰公孰私”即指此。

对于地方上绅民的情况，雍正甚为关切，希望从奏折中获得确实消息。六年（1728年）三月，苏州织造李秉忠奏报苏州春雨调和，油菜、小麦长势良好，物价平稳，小民乐业，雍正批道：“览雨水调和情形深慰朕怀，凡如此等之奏，务须一一据实入告，毋得丝毫隐饰。”“苏州地当孔道，为四方辐辏之所，其来往官员暨经过商贾，或遇有关系之事，亦应留心体访明白，密奏以闻。”[62]同年，雍正在广西学政卫昌绩的奏折上批示：“地方上所闻所见，何不乘便奏闻耶？”[63]卫昌绩随即应诏折奏：“粤西风俗之恶薄有宜整齐者，绅士之强横有宜约束者。”[64]使雍正获知该省百姓畏“乡绅如虎，畏士子如狼，故俗有‘举人阁老，秀才尚书’之语，其畏官长也不如畏绅士，故俗有‘官如河水流，绅衿石头在’之语”[65]。七年（1729年），署理直隶总督刘於义折奏：赵州隆平县民李思义等妄称跪拜太阳可以禳灾避难，接受信徒，骗取钱财，然并无党羽，请将李思义发遣边疆，余众枷责。雍正同意，但指出折中未言及李到发遣地后的管束问题，命作题本时添叙明白[66]。两广总督孔毓珣等奏报广东龙门营千总刘贵于巡查中捕人，遭遇抢犯，被杀身死，业已将拦截者抓获，题请正法，并请治疏忽之罪。雍正朱批："地方上凡遇此等事件，但要据实奏闻，何罪之有？若隐讳支饰，则反获罪于朕矣！"[67]就是这些奏折，使雍正及时地掌握了各地方的民风习俗、生产生活和治吏情况。

讨论用人问题和宣布对官员的任使，是奏折的第四项内容。四年（1726年）八月，鄂尔泰折奏滇黔两省大小文武各官的情况，雍正作了长篇批语：

> 治天下惟以用人为本，其余皆枝叶事耳。览汝所论之文武大吏以至于微弁，就朕所知者，甚合朕意……览卿之奏，非大公不能如是，非注意留神为国得人不能如是，非虚明觉照不能如是，朕实嘉之。但所见如是，仍必明试以功，临事经验，方可信任，即经历几事，亦只可信其已往，犹当留意观其将来，万不可信其必不改移也。[68]

他很明确，用人是为政的根本大事，而观察人，是看其实践，看他的变化。他自己要掌握这个方法，还要通过朱批让大臣运用这个法则。

雍正利用朱批启示官员如何做人和任职。田文镜刚被提拔为河南巡抚，感恩图报心切，会急躁图报而把事情办坏，雍正顾虑及此，在其奏折中朱批："豫抚之任，汝优为之。但天下事过犹不及，适中为贵，朕不虑不及，反恐报效心切，或失之少过耳。"[69]在另一个折子上，就田文镜处理一事不妥善，批示说："大凡临事，最忌犹豫，尤不宜迎合，设一味揣摩迁就，反致乖忤本意……今后勿更如是游移无定，随时变转，始于身任封疆重寄，临大节而不可夺之义相符也，切记勿忘。"[70]让他不要迎合，正确理解皇帝意图，方是大臣立足的根基。这是针对具体人、事而发，此类事例很多，如在李秉忠的一个折子上批道：“今将尔调任苏州织造矣。勉力供职，惟当以顾惜颜面为务。”[71]另一折上批云：“竭力保全颜面，莫负朕任用之恩，但尔等包衣下贱习气，率多以欺隐为务，每见小利而不顾品行，辜恩者不一其人，即尔奏中失公失慎之语，朕亦未能遽信，试勉力行与朕看。”[72]

官员之间，特别是平级的，只有和衷共济，才能理好政事，雍正常以此考查和启示臣下。在李卫的叙及鄂弥达赴京陛见、希望令其早日回任的奏折上，雍正批道：“尽心奉职之人，同城共事，焉有不彼此相惜之理，鄂弥达于驻防武臣中论，实一好将军，汝今奏伊约束驻兵之长，伊在朕前极口赞服汝之勤敏，亦出公诚。朕览之甚为欣悦，如是方好。”[73]禅济布与丁士一同为巡视台湾御史，在他们的奏折上，雍正指示说：“和衷二字最为官箴之要，倘有意见不同处，秉公据实密奏，不可匿怨而友，尤不可徇友误公。”[74]不怕有不同的政见，问题在于秉公办理，这样的批示是正确的。

雍正用奏折表彰或训饬一些官员。元年四月江南提督高其位的请安折，雍正批道：“览高其位此奏，字句之外，实有一片爱君之心，发乎至诚，非泛泛虚文可比，朕观之不觉泪落，该部传谕嘉奖之，以表其诚。”[75]雍正在朱批中要领旨人向“模范官吏”效法，他写：“《鲁论》云择善而从，何不努力效法李卫、鄂尔泰、田文镜三人耶？内外臣工不肯似其居心行事之故，朕殊不解。若不能如三人之行为，而冀朕如三人之信任，不可得也。亟宜殚心竭力黾勉尽职。”[76]雍正在朱批中训斥臣下，非常严厉。杨名时奏折论因循干誉，雍正于行间批云："人为流俗所渐染，每苦不自知，然所谓渐染者，不过沽名矫廉之习，其病本轻而可治，无如身既为流俗所染，而反泥古自信，认古之非者为是，则病入膏肓，难以救药也。""一切姑听朕之训示，反躬内省，有则改之，无则加勉，不必簧鼓唇吻，掉弄机锋也。"最后作总批："朕因欲汝洞悉朕之居心，故走笔而谕，不觉言之缅遁而繁也。"[77]指责杨名时犯了沽名钓誉的毛病。

雍正借用奏折评论人物，并决定或宣布官员的取舍任用。李卫奏折称仁和知县纪逯宜"过于拘禁"，不能胜繁剧之任；候补官朱永龄如上谕所说，人去得，确系诚实勤慎，但因系北方人，不熟习南方情况，恐怕难于承担仁和县重任。此外还论到浙江知县张坦熊、云南知州张坦骢、知州张坦让的居官情形。雍正则向他评论新发往浙江的袁皞与申成章二人[78]。

雍正时或命人转传谕旨，又谓传错了，便用朱批谕旨改过来。福建按察使刘藩长向布政使潘体丰传达谕旨，谓："潘体丰人草率，亦卤莽，因他在那里摇摇不定，朕也拿不住他。"潘听后慌惧上折，转述刘言，雍正阅后，说是被刘弄错混传了，将之改正为"潘体丰系朕物色之人，但涉于草率，办事亦卤莽，因他主见尚在摇摇未定，朕亦未之确许，命他坚定志向，以精详和平自勉"[79]。

雍正在朱批中对官员的除陟降调先打招呼，预告本人，或他的主官。如在江苏崇明总兵官李灿九年（1731年）十月初一日奏折上朱批宣布："今命尔署理浙江总督印务，须当竭力黾勉。"[80]七年（1729年）八月，广东琼州总兵官施廷专奏报香山澳洋船遭风事，雍正批云："今已调尔离琼，该镇地方一切总与尔无涉矣。”[81]

雍正对奏折的批谕，具有很强的针对性，往往因人而异，有的事相近，而批语却大不一样。他为此在关于《朱批谕旨》一书的上谕中特作说明：

> 至其中有两奏事，而朕之批示迥乎不同者，此则因人而施，量材而教，严急者导之以宽和，优柔者济之以刚毅，过者裁之，不及者引之，并非逞一时之胸臆，信笔旨画，前后矛盾，读者当体朕苦心也。[82]

有些事有特别的机密性，雍正通过朱批谕旨下达命令，这可以说是奏折的又一项内容。查嗣庭案发，雍正在李卫奏折上批示，要杭州将军鄂弥达委派副都统傅森、李卫选派可信属官一同星速驰去抄查嗣庭的家[83]。这是亟待执行的绝密命令，不走颁布正式公文的渠道，避免被查抄人获知消息，先行准备，破坏抄检，这样，通过奏折途径保证秘密不至泄露。

奏折内容包罗广泛，涉及政策的制定和执行、官员的取舍，不要说那些绝密事件的贯彻，就是这些政治事务本身，也决定了要确保它的保密性。雍正一再以此要求具折人。如他在命鄂昌书写奏折的朱批上说："密之一字，最为紧要，不可令一人知之，即汝叔鄂尔泰亦不必令知。假若借此擅作威福，挟制上司，凌人舞弊，少存私意于其间，岂但非荣事，反为取祸之捷径也。"[84]在禅济布奏折的批语中，雍正于保密问题说得极透彻："至于密折奏闻之事，在朕斟酌，偶一宣露则可，在尔既非露章，惟以审密不泄为要，否则大不利于尔，而亦无益于国事也。其凛遵毋忽。"[85]他又向李秉忠说："地方上事件，从未见尔陈奏一次，此后亦当留心访询；但须慎密，毋借此作威福于人，若不能密，不如不奏也。”[86]保密是上奏折的前提条件，不能保密，就不要上奏折。这是要求具折人不要声扬文件内容，同时要求领受朱批谕旨的人保守朱批的机密，不得转告他人，更不能交他人观看，只有雍正特别指令告诉某人时，才令其阅读，或转传谕旨精神，若私相传述，即使保密性较小的内容，也是非法的。如原甘肃提督路振声将朱批中对其弟固原提督路振扬的褒语抄告乃弟，路振扬又因此上折谢恩，雍正就此指出："朕有旨，一切密谕，非奉旨通知，不许传告一人，今路振声公然将朕批谕抄录，宣示于尔，甚属不合，朕已另谕申饬。可见尔等武夫粗率，不达事体也。”[87]雍正严格要求大小臣工保守奏折和朱批内容的机密，特别是对小臣，教导不厌其烦，并以泄密对他们不利相威胁。他考虑到小臣得此荣宠，容易擅作威福，挟制上司和同僚，造成官僚间互相猜忌，政治混乱，对国事不利。

对于不遵守奏折机密的人，雍正采取了必要的惩罚措施。雍正初年，封疆大吏多半派亲属或亲信在京，拆看奏折，为的是他们了解朝中情况，看此奏折是否合时宜，有无罣碍，决定上奏与否；对于皇帝的朱批，他们也先行阅视，以便早做料理和应对。二年（1724年），雍正发现了浙闽总督觉罗满保、山西巡抚诺岷、江苏布政使鄂尔泰、云南巡抚杨名时等人的这种情况，决定停止他们书写奏折的权利，以示惩罚[88]。这样一来，需要同皇帝商酌的事不好办了，杨名时等为此承认错误，请求恢复密奏权，雍正也从政事出发允许了。没有处分路振声，乃因他是武人，不知书。看来对这类具折人要求低一些。

雍正知道，制裁不能成为主要手段，重要是制定奏折保密制度。他采取了四项措施：一是收回朱批奏折。雍正即位的当月，命令内外官员上交康熙朱批、朱谕的上谕中，又规定："嗣后朕亲批密旨，亦着交进，不得抄写存留。"[89]此后定制，具折人在得到朱批谕旨的一定时期内，将原折及朱批一并上交，于宫中保存，本人不得抄存留底。奏折中的朱批，亦不得写入题本，作为奏事的依据。杨名时有一次把朱批叙入本章，暴露了机密，雍正指责他是有意这样办，以证明他过去泄露朱批没有罪[90]。二是打造奏折专用箱锁。雍正于内廷特制皮匣，配备锁钥，发给具奏官员，凡有奏折，均装匣内，差专人送至京城。钥匙备有两份，一给奏折人，一执于皇帝手中，这样只有具折人和皇帝二人能够开匣，别人不能也不敢私开。为具折人不断书写奏折的需要，奏匣每员发数个，一般为四个，它只作传递奏折用，凡所上奏折只能用它封装，否则内廷亦不接受。广州巡抚常赉的奏匣被贼盗去，只得借用广东将军石礼哈的奏匣，不敢仿制。三是奏折直送内廷。奏折由地方送至北京，不同于题本投递办法，不送通政司转呈，若是督抚的折子，直接送到内廷的乾清门，交内奏事处太监径呈皇帝；其他地方官的奏折不能直送宫门，交由雍正指定的王大臣转呈。雍正说若小臣径赴宫门送折，

密折用匣

不成体统，其实他是为具折的小臣保密，不使人知道除了方面大员以外还有什么人能上折子。被指定转传奏折的人，有怡亲王允祥、尚书隆科多，大学士张廷玉、蒋廷锡等人，如赵向奎、鄂昌的奏折送怡亲王府，潘体丰、王溯维的交张廷玉，吕耀曾的交蒋廷锡，朱纲的交隆科多[91]。边远地区的小臣，还有送交巡抚代呈的，如雍正命广西右江道乔于瀛将奏折交巡抚李绂或提督韩良辅转送[92]。转呈的王大臣都是雍正的亲信，他们只是代转，不得拆看，具折人也不向代呈人说明奏折内容，如朱纲一再在奏折中保证所奏内容绝对秘密，连隆科多“亦不敢令闻知一字”[93]。四是雍正亲自阅看，不假手于人。折子到了内廷，雍正一人开阅，写朱批，不要任何人员参与此事。他说：“各省文武官员之奏折，一日之间，尝至二三十件，多或至五六十件不等，皆朕亲自览阅批发，从无留滞，无一人赞襄于左右，不但宫中无档可查，亦并无专司其事之人。”[94]由于他要专断，以及奏折的保密性，不会让他人与闻，他在这里所说的是实际情况。雍正批阅以后，一般折子转回到具折人手中，以便他们遵循朱批谕旨办事，有少量折子所叙问题，雍正一时拿不定主意，就将它留中，待到有了成熟意见再批发下去。

关于奏折制度的作用，雍正作过说明。他在《朱批谕旨》卷首上谕中写道：

（朕）受皇考圣祖仁皇帝付托之重，临御寰区，惟日孜孜，勤求治理，以为敷政宁人之本，然耳目不广，见闻未周，何以宣达下情，洞悉庶务，而训导未切，诰诫未详，又何以使臣工共知朕心，相率而遵道遵路，以继治平之政绩，是以内外臣工皆令其具折奏事，以广咨取，其中确有可采者，即见诸施行，而介在两可者，则或敕交部议，或密谕督抚酌夺奏闻。其有应行指示开导及戒勉惩儆者，则因彼之敷陈，发朕之训谕，每折或手批数十言，或数百言，且有多至千言者，皆出一己之见，未敢言其必当，然而教人为善，戒人为非，示以安民察吏之方，训以正德厚生之要，晓以福善祸淫之理，勉以存诚去伪之功，往复周详，连篇累牍，其大指不过如是，亦既殚竭苦心矣。[95]

雍正把朱批奏折的作用归结为两点：一是通上下之情，以便施政；二是启示臣工，以利其从政。他说的有一定道理，但是并不透彻。他每日看几十封奏折，书写千百言批语，对其作用自然清晰，不过有的话不便明说，故未谈及。其实奏折制度的作用，可以概括为如下三点：

第一，皇帝直接处理庶务，强化其专断权力。

明朝初年，朱元璋废中书省，罢丞相，由皇帝亲领庶务，皇权最重。迨后内阁制形成，它的票拟权使大学士握有一定的宰辅权力。清初，承明之制，又有议政王大臣会议，都分散一部分皇帝权力。康熙致力于强化皇权，设南书房，用一部分职位低的文人协助议政，用少数人写告密文书的奏折，加强了对下情的了解。雍正比乃父又跨进一大步，使奏折成为正式官文书，一切比较重大的事情，官员都先通过奏折请示皇帝，而这种奏折既不通过内阁所属的通政司转呈，皇帝的批示完全出自御撰，不需要同内阁大臣商讨，这样奏折文书由皇帝亲自处理，部分剥夺了内阁票拟权，即把内阁抛在一边了。雍正时内阁中书叶凤毛说："国朝拟旨有定例，内外大臣言官奏折，则直达御前；天子亲笔批答，阁臣不得与闻。"[96]说的正是奏折制下的情况。《四库全书总目》亦云："自增用奏折以后，皆高居紫极，亲御丹毫，在廷之臣，一词莫赞，即《朱批谕旨》是也。"[97]雍正中期又设立作为纂述转达机构的军机处，代行内阁职权[98]，这就使皇权如同朱元璋时代，真正是"庶务事皆朝廷总之"了。内阁职能削弱的同时，封疆大吏的职权也有所下降，稍微大一点的地方事情，都要上奏折请示，秉承皇帝旨意办理，他们成为皇帝的膀臂，由中枢神经来支配，使中央与地方真正融成一体，在皇帝绝对统治下行施国家机构的职能。章学诚曾就读《朱批谕旨》的感受说："彼时以督抚之威严，至不能弹一执法县令、詈误之吏，但使操持可信，大吏虽欲挤之死，而皇览能烛其微。愚尝读《朱批谕旨》，而叹当时清节孤直之臣遭逢如此，虽使感激杀身，亦不足为报也。"[99]说明当时政令确系出自雍正。奏折制度不仅加强了皇权，还为皇帝行施至高无上的权力提供必要的条件。各种不同身份官员反映各种社会问题的奏折，使皇帝了解情况，洞悉下情，为制定政策、任用官员提供了较为可靠的根据。奏折文书含有互相通讯的意思，君臣间在私下讨论一些问题，君主不懂的事情可以询问臣下，从而增长见识，有利于决策，也即有利于君主集权。

第二，讨论并决定新政策，成为推行雍正政治的工具。

奏折文书的制度化，除反映强化皇权的共性外，还体现了雍正的特殊要求。雍正登极，立志改革，他的大政，也即他所说的"机密紧要之事"，通过奏折和朱批谕旨的往复讨论，迅速决定下来，他又利用这种文书，指导和监督大政的实行。这些，前述奏折的内容已经说明，这里不再复述。要之，雍正把奏折利用为推行其革新政治的一种工具。他那些重大改制的完成，原因是多方面的，他在推行耗羡归公、摊丁入粮、改土归流等重大政策的同时，实行奏折制度，促使了这些改革的实现。关于这个问题，杨启樵在《雍正帝及其密折制度研究》一书中认为，密折制是雍正推行政治的主要手段，确系有识之见，在很大程度上反映了奏折制度实行的意义。但笔者更要指出的是：凡是推行改革政策，必须雷厉风行，讲求高效率。奏折制度，使臣下奏议“无不立达御前”，这是免去中间转呈机关的必然结果。奏折迅速递到雍正手中，他又勤于政事，挑灯阅览，立刻批示，该执行的马上付诸实施，从而大大提高行政效率，促进改革政治的实现。

第三，考察整饬地方吏治，是控制官员的一种手段。

康熙间的储位斗争及其在雍正初年的延续，造成雍正了解官民动向的迫切性，增强对官僚控制力的迫切性。秘密奏折制度，在官僚的职责范围以外，使他们互相告密，迫使他们彼此监督，各存戒心，不敢放胆妄为，不敢擅权，因而对雍正更存畏惧之心，做忠顺的奴才，而雍正则可从奏折中窥见臣下的思想、心术以至隐衷，因之予以鼓励和教诲，这样多方联络，上下通情，就能在更大程度上控制臣下。

奏折制度，就其密察官员讲，也是一种告密制度。告密，是一般人所反对的，因为这是不正当的。康熙初行奏折，具折人少，保密程度也高，没有引起多大反响。雍正推广奏折制，就出现反对势力了。他在责备杨名时将奏折朱批叙入题本时，说杨犯错的根本原因，是“其心中以为不当有密奏密批之事耳”[100]。透露出不满奏折制度的力量的存在。雍正死后一个多月，谢济世代替伯爵钦拜书写《论开言路疏》，提出“欲收开言路之利，且先除开言路之弊”的呼吁，而所谓言路之弊就是奏折告密。疏中说：“告密之例，小人多以此谗害君子，首告者不知主名，被告者无由申诉，上下相忌，君臣相疑。”因此“请自今除军机处，皆用露章，不许密奏”[101]。谢济世和钦拜的发难，是乘雍正之丧，代表反对奏折制的势力要求取消这一制度。据说该疏得到乾隆的首肯，然而新君实际坚持实行奏折制，并于乾隆十二年（1747年）停止奏本的使用，进一步肯定了奏折制度。总而言之，奏折制度下官员互相告密，使他们本身具有特务性质，但这种制度把官员秘密言事变为做官的职能，变为本职工作的一部分，他们不是专业的特务，把特务的职任寓于一般官职之中了，这是奏折制下官僚政治的一个特点，因此，雍正政治不宜视为特务横行的政治。

说到告密，雍正有时不忌讳，而关于这方面的传说又很多，不妨在这里一叙。雍正自云：“朕励精图治，耳目甚广。”[102]他所说的耳目，包括科道言官，奏折撰写人，另外还有不同类型的人。被他引见的官员，必须上条奏[103]，其中有官员状况及吏治的内容，这是一种人。另一种是发往督抚处试用后补的侍卫，如派侍卫王守国等六人到直隶总督李绂身边[104]，又如把侍卫派到年羹尧处，被年用作摆队，引起他的恼火。这些侍卫有了解该地官民情况的职责，如年羹尧调离陕西时，雍正要掌握他赴浙江的沿途情况，指示田文镜调查，田即派分发豫省试用的侍卫白琦去跟踪，用皇帝的耳目去察看，雍正当然相信。田文镜确系老吏多谋，然亦表明赴各省侍卫的特务性质。还有一种是临时派员到指定地区密访。八年（1730年），雍正派御史严瑞龙和旗人安某到江南、江西办事，又命他们顺路到浙江，“密访吏治民风，沿海战船营汛”。严瑞龙去过浙江后，又托其四川同乡、原任河工通判张鹏飞代为留心暗察。李卫报告这件事，雍正避开严瑞龙、安某不谈，说早知道张鹏飞爱招摇生事，已令江苏巡抚尹继善查拿了。又说即位以来，“并无一次差人密访之事”，今后若有人称密访者，“督抚即拿之，参之”[105]。说得很凶，并没有从严、安、张开始究处，可见这是欺人之谈，由他派出是实。密访人种类也多，有的情况因资料语焉不详弄不清楚了，但他们干密察勾当则是明确的。如《啸亭杂录》记有数事：一官入都引见，购置新帽子，为熟人所见，告知其故，次日引见时，免冠谢恩，雍正笑着说：小心，不要弄脏你的新帽子。就是说置帽当天已有人报告了。鼎甲出身的官僚王云锦于新年休沐日在家与友好耍叶子戏，忽然丢掉一张，一天上朝，雍正问他元旦干什么了，王从实回奏，雍正对他的诚实很高兴，说细事不欺君，不愧为状元郎[106]。随着从袖中把叶子拿出来给他。昭梿还记一事：王士俊离京赴任，张廷玉向他推荐一名长随，此人供役也很勤谨，后来王士俊要入京陛见，他先告辞，王问为什么要走，他说：我跟你数年，看你没有大错，先进京见皇帝，报告你的情况。王士俊这才知道这个人是侍卫，是雍正通过张廷玉安置到他身边监视他的[107]。还有记载说田文镜的幕客乌思道是雍正派的暗探，故乌对田要挟高价，不许变更他草拟的奏折，田对他言听计从，参揭隆科多，因而更得到雍正信任，及至对乌尊礼不足，乌不给书写奏折，田就失宠，只好又贵待他。还有记载说雍正私访，某年除夕夜，小吏兰某在衙门值宿，突然一个伟男子进来，问何不回家过年，回说别人都走了，怕有事要办，故留下了，于是二人对饮，问兰有何欲望，答愿得广东河泊所。迨后雍正坐朝，问广东有何税务官缺，命以兰某补用。这些说法近于演义，不实成分很多，有的根本不是那么回事，如乌思道事，李绂奏参田文镜疏，说乌是张球向田推荐的，田自云与乌是旧相识[108]。更重要的是谓田因乌而宠有盛衰，与田之始终得宠的实际不相合，可见是后人编造。话说回来，雍正用了一些密探，当是事实。

雍正用耳目是为获得真实情况，又知道耳目有时蒙蔽人，反倒得不到实情，所以对他们也非绝对信任。四川巡抚宪德上任之初，苦于无耳目，不了解情况，并以此上奏折，雍正批道：

> 耳目见闻之论，朕殊不以为然。若能用耳目，即道路之人皆可为我之耳目，否则左右前后无非蔽明塞听之辈。偏用一二人，寄以心腹，非善策也。朕御极之初，实一人不识，然彼时之耳目甚公且确；近数年来股肱心膂大臣多矣，而耳目较前反似不及。访察二字，不被人所愚弄甚属难事，至于用耳目，惟宜于新。勉之，慎之！古云听言当以理察于博采广谘中，要须平情酌理，辨别真伪，方可以言用耳目也。[109]

说不用耳目是瞎话，但他深知用耳目有利有弊，要善于利用他们，要能够识别真假，获得真知灼见。是用耳目，而不是为耳目所用，这是他区别于一般平庸君主的地方。

奏折制度是一种文书制度，它的确立，不像某个官衙的设置，似乎是无形的。其实，它的影响之大，远远超出一般衙门的兴废。它涉及君臣间权力的分配，皇帝政令的施行，是官僚政治上的重大变化。雍正这方面的活动，值得研究。日本学者在20世纪50年代，举办《朱批谕旨》研读班，延续十几年，极其看重这批历史文献，并有不少研究成果问世，是可喜的事情。

第三节　设军机处，综理庶务

雍正即位一周年之际，说："国家政治，皆皇考所遗，朕年尚壮，尔等大学士所应为之事，尚可勉力代理，尔等安乐怡养，心力无耗，得以延年益寿，是亦朕之惠也。"[110]他的代行臣下之事，除朱批奏折外，就是设立军机处，直接处理庶务。

七年（1729年），雍正开始对准噶尔策妄阿拉布坦用兵。为了这场战争的顺利进行，他采取了许多措施，设立军机处，便为其中的一项。六月，雍正发出上谕："两路军机，朕筹算者久矣。其军需一应事宜，交与怡亲王、大学士张廷玉、蒋廷锡密为办理。"[111]表明至迟在这时正式建立军机房，派允祥、张廷玉等主持其事。

雍正究竟于哪一年设立这个机构，载籍所示不一，有七年、八年、十年诸说，其实是可以统一的。王昶在《军机处题名记》一文中说："雍正七年青海军事兴，始设军机房，领以亲王大臣。"[112]他于乾隆前期即为军机章京多年，所说军机房设于雍正七年（1729年）具有权威性。嘉庆末年梁章钜亦充任军机章京，他说："自雍正庚戌（八年）设立军机处，迨兹九十余年"云云[113]，认为军机处建立于雍正八年（1730年）。迨后，吴振棫不知所从，含糊地说："雍正七八年间，以西北两路用兵，设军机房。"[114]但是他在说到军机处官员军机章京准悬朝珠一事时，又说这是"自雍正七年始"[115]，这就又肯定为雍正七年了。《清史稿》的记载，在《职官志》和《军机大臣年表》两处自相矛盾，《年表》处列军机大臣自七年始，而《职官志》则说："雍正十年，用兵西北，虑儤值者泄机密，始设军机房，后改军机处。"[116]它的误失很大，然亦有原因。十年（1732年）春，雍正命大学士等议定军机处的印信，三月初三日，大学士等拟议印文用"办理军机印信"字样，雍正同意，命交礼部铸造，制得归军机处，派专员管理，并将印文通知各省及西北两路军营[117]。不久，印信改由内奏事处保管，军机处使用时请出[118]。由上述诸说可知，雍正设立军机处，经历一个过程，即七年置军机房，八年改名办理军机处（军机处），十年铸造关防，这是这一机构不断完善和成为定制的过程。雍正死，乾隆守丧期间，把它改名总理处，谅阴毕，复名军机处，后来这个机构坚持到清末，所以说雍正创立军机处，成为清朝一代的制度。

军机处设有军机大臣，雍正从大学士、尚书、侍郎等官员中指定充任，人数不限，正式称呼是"军机处大臣上行走”“军机大臣上学习行走”，统称“办理军机大臣”，“军机大臣”则是它的简称了。它是军机处的主官，下属有军机章京，雍正时也没有定员，由内阁、翰林院、六部、理藩院、议政处等衙门官员中选择充任，他们负责满、汉、蒙古诸种文字工作。

军机处要办理机密紧急事务，办公地点必然要靠近寝宫，尤近于雍正日常起居办公的养心殿，如此则联络方便，而不能像内阁在太和门外。据王昶记录，军机值房最初设在乾清门外西边，旋迁于乾清门内，与南书房相邻，后来移到隆宗门的西面[119]。无论是在乾清门内或门外，都离雍正寝宫养心殿很近，联系较便捷。雍正初设军机处时，它的房舍是用木板盖成，乾隆初年才改成瓦房[120]，建筑很不讲究。

军机处只有值房，没有正式衙门，有军机大臣和军机章京，但他们都因有别的官职，派充的军机处职务；军机大臣不是专职，本职事务仍照常办理；军机章京以此为职责，但仍属原衙门的编制，占其缺额，升转也在原衙门进行，因此王昶说军机处“无公署，大小无专官”[121]。

闻名后世的军机处，原来是这样子的机构，所以它问世后的一段时间内，没有被人们承认为正式衙门。即如最早担任军机大臣的张廷玉，乾隆中自陈履历，备言他历任各种官职和世爵，以及临时性的差使，唯独没有提到担任军机大臣的事[122]。乾隆五十年前后纂修成功的《清朝通典》《清朝通志》《清朝文献通考》等官书，也没有把军机处作为正式衙署看待。军机处成立了，人们还没有充分意识到它的重要性，这是由它没有官署和专职人员的特点所决定的。

军机处的职掌是，面奉谕旨，书成文字，并予转发。雍正每天召见军机大臣，形成一套制度，其详细情况，记载缺略，不得而知。稍后的情形是，每天寅时（3—5点），军机大臣、章京进入值房，辰时（7—9点），皇帝召见，或有紧要事务，提前召见。每天见面一次，有时几次[123]。退出后，军机大臣书写文件。雍正勤政，估计他召见军机大臣的时间不会晚，次数不会少。当雍正即位之初，办理康熙丧事，特命吏部左侍郎张廷玉协办翰林院文章之事，那时，“凡有诏旨，则命廷玉入内，口授大意，或于御前伏地以书，或隔帘授几，稿就即呈御览，每日不下十数次”[124]。由于撰写谕旨的需要，每日召见多至十几次，这当然不是张廷玉后来军机大臣任上的情况，但它却是日后雍正召见军机大臣，指授区划的预演。及至张廷玉为军机大臣时，“西北两路用兵，内直自朝至暮，间有一二鼓者”[125]。八九年间，雍正身体不好，“凡有密旨，悉以谕之”[126]。这时，张廷玉可能是在圆明园内军机处值房中工作，雍正不分昼夜地召见，以至张廷玉一二更后才返回住宅。在鄂尔泰入阁以前，张廷玉是雍正最亲近的朝臣，他的繁忙比一般官僚又不同，不过他的每日频被召见，则还是反映了军机大臣事务殷繁的情况。

雍正向军机大臣所授旨意，以西北两路用兵之事为重要内容。如十年（1732年）二月，宁远大将军岳钟琪奏劾副将军石文焯纵敌，雍正命军机大臣议奏[127]。同年，西路军大本营要移驻穆垒，雍正为它选定六月初四日巳时起行，于四月十三日命军机大臣通知岳钟琪，“将一应事宜预先留心备办，但军营切宜慎密，以防漏泄”[128]。其他方面的军政、八旗事务，也命军机大臣办理。九年（1731年），雍正认为山东登州是滨海重镇，所辖地方辽阔，只有六千兵丁，怕不够用，命军机大臣详细讨论，是否酌量增添兵额[129]。次年，打牲乌拉地方的丁壮问题，也命军机大臣提出处理意见[130]。看来，军机处设立之初，职责主要是办理战争、军政和八旗事务，而后扩大范围到所有的机要政事。

军机大臣面聆皇帝旨意，草拟文书。在清代，皇帝的诏令有数种。"旨"，批答朝内外官员关于一般事务的题本的文书；"敕"，颁给各地驻防将军、总督、巡抚、学政、提督、总兵官、榷税使的文书。这两种文书均由内阁草拟，经内阁发六科抄出，宣示有关衙门和人员。"上谕"，有两种：一是宣布巡幸、上陵、经筵、蠲赈以及侍郎、知府、总兵官以上官员的黜陟调补诸事，由内阁传抄发送，叫做"明发上谕"；另一种内容是"诰诫臣工，指授兵略，查核政事，责问刑罚之不当者"，由军机处撰拟，抄写，密封发出，叫做"寄信上谕"，它因不是由内阁，而是朝廷直接寄出，故又称"廷寄"[131]。这几种公文中，军机处承办的寄信上谕最重要，内阁所办理的倒是一般性事务。廷寄，经由张廷玉的规划，形成一套制度，凡给经略大将军、钦差大臣、参赞大臣、都统、副都统、办事领队大臣、总督、巡抚、学政的，叫"军机大臣字寄"；凡给盐政、关差、布政使、按察司的，叫"军机大臣传谕"。字寄、传谕封函的表面都注明"某处某官开拆"，封口处盖有军机处印信，所以保密程度高[132]。有关军国要务，面奉谕旨，草拟缮发，这是军机处的主要任务。

军机处还有被咨询的任务，前述雍正命军机大臣议奏增加登州驻军问题，即为征询意见，以备采择，这是皇帝主动提出问题。朝内外官员所上奏疏，雍正有时发给军机大臣审议。这样军机大臣可以和皇帝面议政事，有参议的职责和权力。

官员的奏折，皇帝览阅，朱批“该部议奏”“该部知道”的，或没有朱批的，交军机处抄成副本（即“录副奏折”），加以保存，这也是军机处的一项工作。

军机处的三项任务，最后一项系保存文件，对决定政事无关紧要。参议政事一项，要由皇帝决定参议某事，不是固定职权，是顾问性质。其与闻事务的多少，与皇帝从政能力、兴趣有关。雍正时代，军机大臣不过是承旨办事。乾隆时当过军机章京的赵翼说：雍正以来，军机大臣“只供传述缮撰，而不能稍有赞画于其间”[133]。这个结论，用在雍正时代最为确切。军机处作文字工作，王昶就此说它职司“知制诰之职”[134]。唐代知制诰，为翰林学士官，专掌诏令撰拟，它是朝廷官职，但又具有“天子私人”的性质[135]，即秘书性质，所以军机处成为皇帝的秘书处了。军机大臣对皇帝负责，他的下属军机章京系其他部门官员兼任，他们之间虽有上下级关系，但后者不是前者的绝对属吏，很难结成死党，因此军机大臣不能对皇帝形成尾大不掉之势，只能绝对秉命于君主。

军机大臣奉旨撰拟机务和用兵大事文书，而这是原来内阁票拟的内容，至此为军机处所夺，使内阁只能草写寻常事务的文件，降低了内阁的职权。军事要务由军机处承旨，内阁的兵部从事军官考核、稽查军队名额和籍簿，这是些日常琐务，用兵方略、军政区划都无由问津了。

雍正所用的满人军机章京，系从议政处调来[136]，这就给这个机构来了个釜底抽薪，也使它名存实亡。

雍正时军机处的性质，还从军机大臣和军机章京的任用显示出来。雍正任命怡亲王允祥、大学士张廷玉、蒋廷锡、鄂尔泰、马尔赛、平郡王福彭、贵州提督哈元生、领侍卫内大臣马兰泰、兵部尚书性桂、内阁学士双喜、理藩院侍郎班第、銮仪使讷亲、都统莽鹄立、丰盛额等为军机大臣，内阁侍读学士舒赫德、蒋炳、兵部主事常钧、庶吉士鄂容安、内阁中书柴潮生、翰林院编修张若霭等人为军机章京。允祥、张廷玉、鄂尔泰与雍正关系密切自不必说，蒋廷锡，康熙中以举人供奉内廷，四十二年（1703年）会试落第，康熙特准参加殿试，得中进士，累迁至内阁学士，经筵讲官，于雍正四年升任户部尚书，协助允祥办理财政，获得雍正的信任。其母死，命在任守制，六年授文渊阁大学士，仍兼理户部。马尔赛被雍正用为北路军营抚远大将军，早得眷宠。莽鹄立于雍正初年为长芦盐政，即得雍正的欢心。哈元生，在西南改土归流中立有大功，雍正接见他，解御衣赐之，宠待有加。讷亲，雍正病笃，以之为顾命大臣，可见信任之专。张若霭、鄂容安分别为张廷玉、鄂尔泰之子。雍正的军机大臣，原来的官职，由正一品至从四品，相差悬殊，所以他们被任命为军机大臣，官职是必要条件，但主要取决于同皇帝的私人关系，吴振棫就此指出："军机大臣惟用亲信，不问出身。"[137]这些亲信入选之后，必定更秉命于皇帝，所以军机大臣只能从事撰述传达工作，而不能成为与天子有一定抗衡权的宰相。雍正给军机处书写"一堂和气"的匾额[138]，希望他的亲信们和衷共济，不另立门户，共同对他负责，安心做忠顺奴才。

归军机处办的事情，不问大小，“悉以本日完结”[139]，绝不压积。这样的办事作风，效率自然较高。寄信方法也是快捷的。张廷玉提出的廷寄办法，是军机处将上谕函封后交兵部，由驿站递相传送。军机处根据函件内容，决定递送速度，写于函面，凡标“马上飞递”字样的，日行三百里，紧急事，另写日行里数，或四五百里，或六百里，甚至有八百里的[140]。这就和内阁发出的不同了。内阁的明发上谕，或由六科抄发，或由有关部门行文，多一个衙门周转，就费时日，保密也不容易，往往被地方官员探到消息，雇人先行送信，他们在正式公文到来之前，已悉内情，作了准备，加以应付。这样的事不乏其例，如四川布政使程如丝贪婪、人命重案，在成都审理，待后刑部判处死刑的意见被雍正批准，程如丝竟在公文下达前五六天获得消息，自杀于狱中[141]。雍正深知这些情弊，不止一次地讲到这类问题，并设法制止。五年（1727年）三月，他说泄密严重：“内外咨呈文书往来，该衙门尤易疏忽，以致匪类探听，多生弊端，间有缉拿之犯，闻讯远扬，遂致漏网，此皆不慎之故，贻误匪轻。”他命令，“有关涉紧要之案，与缉拿人犯之处，内外各衙门应密封投递，各该管应谨慎办理，以防漏泄。”如有疏忽，从重治罪[142]。他在军机处设立前，已着手解决重要公文的保密和驿递问题，军机处成立，经张廷玉规划，创廷寄之法，“密且速矣”[143]，于是既保证中央政令的严格贯彻，速度又较前加快，从而提高了清朝政府的行政效率。

军机处是在雍正清理财政之后设立的，当时整个吏治比较好。军机处官员处机要之地，但没有什么特权。军机大臣有每日晋谒皇帝之荣，没有分外特权。雍正允许军机章京和军机处笔帖式挂朝珠[144]，表示宠异。朝珠，文职五品、武职四品以上才许悬挂[145]。出任军机章京的大多是六七品官员，其中编修、检讨、内阁中书均是七品小官，他们破例得同四品以上官员一样挂朝珠，是雍正给的特殊荣誉。然而这种虚荣，并没有实质性的好处。其时军机处官员非常注意保密，不与不相干人员往来。嘉庆五年（1800年），仁宗曾就军机处漏密事件发布上谕，他说："军机处台阶上下，窗外廊边，拥挤多人，借回事画稿为名，探听消息。"因此规定不许任何闲人到军机处，即使亲王、贝勒、贝子、公、大臣亦不得到军机值房同军机大臣议事，违者重处不赦。又特派科道官一人，轮流在军机处纠察[146]。这是乾隆后期以后吏治败坏下的情况，雍正年间完全不是这样。张廷玉任职年久，据说"门无竿牍，馈礼有价值百金者辄却之"。讷亲"门庭峻绝，无有能干以私者"[147]。雍正年间军机处官员的廉洁，使他们有可能不违法，保守机密，得以忠实地履行职责。

雍正创设军机处，使它日益取代内阁的作用，是行政制度上的重大改革。它使议政处名存实亡，使内阁形同虚设。军机大臣虽具有一定权力，但主要是秉承皇帝意旨办事，没有议政处的议决权、内阁的票拟权，这些权力通统归于皇帝了。所以行政机构的改革，加强了皇权，削弱了满洲贵族和满汉大臣的"相权"。军机处设立与奏折制度的确立相辅相成，雍正亲自批答奏折，向军机大臣面授机宜，天下庶务皆归他一人处决。前已说过，雍正的专权与明朝的朱元璋相同，但是又有所不同，朱元璋日理万机，忙不过来，找几个学士作顾问，然而不是固定的班子在皇帝指导下处理政事，因此皇权是强化了，行政效率却不一定高；雍正建立军机处，在加强皇权的同时，还提高了行政效率，使得皇权能够真正充分地实现，所以他的权力实际上比朱元璋还要集中，以前的其他帝王对他更是不可企及的了。

第四节　修订律例，从严执法

清律，订于顺治三年（1646年），大体上沿袭明律。康熙中有所变化，颁布执行《现行则例》，但对律文未作正式变动。雍正元年（1723年），御史汤之旭以《现行则例》有拟罪轻重不一、事同而法异等弊病，建议重新修订律例。雍正采纳他的建议，命吏部尚书朱轼为总裁主持这件事。雍正因这是件大事，非常重视，朱轼所拟条文"一句一字，必亲加省览"，还同诸臣讨论，加以裁定。三年（1725年），书成，五年（1727年），正式公布。律文436条，附例824条，卷首有《六赃图》《五刑图》《狱具图》《丧服图》《纳赎诸例图》等图。律有正文和注释，其文字比旧律多有改易。它删除旧律七条，都是过时了的，如婚姻门的"蒙古、色目人婚姻"条，清朝已不像明朝存在这个问题，它已成为具文；新律将旧律的一些琐碎的条文加以合并，如将"边远充军"条归入"充军地方"条内；它对旧律的某些条文作了若干变动，又增添了新的条文。这次律文制成之后，后代虽有变化，但只是增加附例，而律文本身没有任何改动。到宣统年间，《现行刑律》制定，才对它作了较大更改。

雍正对律例所作的变动，以有关盗贼方面的为多。康熙中，对窃盗、窝主、逃人，处以割脚筋的刑法。雍正二年（1724年）二月，他认为这个刑法将受刑者变成残废，使用应当谨慎，次年又说受此刑的人甚多，没有能区分轻重，起不到警戒的作用，下令将它永远废除[148]。六年（1728年）十一月，改定奴仆盗窃家长财物例。原例，犯此罪者，照平民犯罪减等论处，免刺字，罪止佥流，改定为：若奴仆自盗，依平民处理，不减等，仍刺字；若勾引他人，按赃数，递加一等，赃在120两以上者拟绞刑，监候处决，300两以上则拟斩刑，俱不准援赦[149]。这个改动，由雍正主动提出，他比照监守自盗例论处，是将这类案情从重处理。七年（1729年）四月，刑部奏请制定盗贼家属处分例，提议：凡盗贼同居的父兄伯叔，明知其为匪，或者还分受财物，只要据实出首，均准免罪，连本犯亦得照律减免；如不出首，不分赃而知情的，照知人谋害他人不行首告律，杖一百，若知情而又分赃，照本犯罪减一等发落。雍正批准了他们的建议[150]。八年（1730年），雍正以直隶盗案多于他省，为严行惩治，将盗伙不分首从，皆行正法，是所谓“以辟止辟”，至十一年（1733年），以盗案减少，遂取消实行于该地的这个特殊条例，再有盗案，仿照其他省份，按“法无可贷”“情有可原”不同情况拟定结案[151]。

雍正从维护宗族制度出发，改定有关律例。清朝秋审，原将案件分为情实、缓决、可矜、可疑四种，判决有死刑立即执行的，有缓刑的，有留待进一步调查处理的。康熙五十年后情况复杂一些了。这一年定例：凡犯死罪而非常赦所不原的，高、曾、祖父母及父母年在七十以上又有疾病需要侍养的，家中又没有次丁、成丁，可以根据他犯罪情节，由皇帝决定是否处以死刑；若犯徒流罪的，就杖一百，余罪收赎，存留养亲[152]。雍正继位就将它制度化。二年（1724年），他指示要看被害者家中是否有成丁、次丁，否则杀人之人反得留养，死者家中却无次丁、成丁，就不合情理了[153]。同时他严格要求留养者赔偿银两，于三年（1725年）定出具体数目，若不能赔偿，仍照应得之罪法办[154]。同年又规定：凡军流徒犯及免死流犯，家中祖父母、父母老疾，没有次丁、成丁侍养，军流徒犯，照数决杖，余罪收赎；免死流犯，枷号两月，杖一百，俱准存留养亲[155]。存留养亲，本为养活尊亲，也包含有使尊亲后嗣有人，家门永存，香火不断之意，雍正十一年（1733年）的有关定例，把这个意思进一步明确了。如有关条例规定：若夫殴死妻，不是故杀，父母已故，别无承祀之人，可将该犯枷号两月，责四十板，准其存留承祀[156]。设立了这类条例后，自雍正起，秋审在四类处分外，又增加“留养承祀”一类。对于宗族内成员之间的犯罪律例，雍正亦有所改动。江西永新县民朱宁三屡次犯窃，迫使乃兄朱伦三卖子鬻产代为赔偿，后又偷牛被获，朱伦三遂和其侄朱三杰把朱宁三淹死，案发，刑部拟朱伦三流徒，朱三杰徒刑，雍正不批准，他认为赔累伯叔兄弟的恶人，犯罪可能不至于死，而族人为剪除凶恶，训诫子弟，治以家法，至于身死，亦是惩恶防患之道，情非得已，不当按律拟以抵偿，因此将朱伦

三、朱三杰二人免罪释放。同时命制定类似事例后，于是经九卿讨论，雍正批准，定出新例：合族公愤，以家法处死不肖子孙，如死者确有应死之罪，将为首者照罪人应死而擅杀律予杖，若罪不至死，将为首者照应得之罪减一等，免其抵偿[157]。又有福建建安县民人魏华音，偷割人稻禾，竟将已故之胞兄独子勒死，嫁祸于人，以图逃脱自身的偷窃罪，刑部拟罪，按尊长致死卑幼论刑，雍正不赞成，他说魏华音固然是死者的亲叔，但其凶恶惨毒已在伦常之外，凶手与死者就不能论尊卑长幼名分了。对于这样的事情，过去条例没有详加分析，并不妥当。他指示："其将卑幼致死以脱卸己罪及诬赖他人者，应另定治罪之条。"于是议定：凡属这类情形的，"应照亲伯叔夺兄弟之子房产等情故杀例拟绞监候"[158]。他针对原来律例中尊长卑幼名分关系而处刑不合理的问题，改定新例，既维护尊长的权力，又不允许他们恣意为非作歹，使刑律改得合理一些。他所定为代表宗族利益惩治恶逆的人减刑的律例，使宗族在实际上具有一定的司法权，这是维护宗族制度的法律手段。

清律沿袭唐、明历代之旧章，有赎刑，但有其特点，即捐赎的通行。顺治十八年（1661年）定官员犯流徒籍没认工赎罪例，康熙二十九年（1690年）定死罪现监人犯输米边口赎罪例，三十年（1691年）又定军流人犯赎罪例，六十年（1721年）又有河工捐赎例，等等。这些捐赎事例，都是因事需要而制定，事毕即停止实行。雍正初年，定西安驼捐例、营田事例，都包含捐赎条款。至十二年（1734年），吸收以前事例办法，定预筹运粮事例，规定：不管是旗人还是民人，凡罪应斩、绞而情有可原的，三品以上官员捐运粮银12000两，四品官捐运粮银5000两，五六品官捐银4000两，七品以下暨进士、举人捐银2500两，贡监生2000两，平人1200两，俱准减死罪；若犯罪应服充军、流放刑法的，各类人各自交足死刑捐银数的60%；若犯徒刑以下的罪，各类人各自交足死刑捐银数的40%。这些犯人就改行枷号杖责，照徒罪捐赎。这时西北正在两路用兵，军费大增，雍正用这个办法以增加财政收入。雍正以后，清朝用兵之事仍多，使得这个捐赎例基本上坚持下去。官员和富人用金银赎免死罪，不管什么原因总是坏事，雍正自知理亏，在实行中要求从严掌握。五年（1727年）十月，刑部议准王惠等数人照营田赎罪例赎罪，雍正复审，允许杨廷璋等三人赎罪，以王惠殴死人命，林必映、林鼎勋身为举人、监生，开设赌场，大干法纪，不准捐赎抵罪[159]。

雍正在司法行政方面，对决囚颇为注意。雍正朝以前，秋审人犯，在京审为"情实"者，要三复奏，以定"予勾"（死罪立即执行）、"未勾"（死罪暂缓施行），在地方的，径行勾决，即没有三复审的可能。雍正表示要"慎重民命"，于二年（1724年）四月下令，地方秋审情实人犯亦要三复奏闻[160]。次年秋天，雍正亲自决囚。这在以前，还是康熙五十八年（1719年）勾决囚犯的，至此已五年没有进行了[161]。这次雍正搞了一个多月，勾决范受德等斩犯，对一些斩犯未予勾决。斩犯郑人进原聘王北辰之女为妻，后王北辰赖婚，郑人进因将北辰女抢去，尚未成亲，王北辰率王兰桂前往强接，以致郑人进打死王兰桂。雍正说这是赖婚引起的抢亲，曲在王北辰，郑人进虽有人命，但系斗殴致死，并非有意杀害，遂定为缓决[162]。前面说过的浙江缙绅陈世倌家人致死人命，嘱托浙抚黄淑琳一案，定为死刑，雍正决囚，以陈世倌之父陈诜为康熙时礼部尚书，“居官尚属谨慎”，从宽免勾[163]。雍正自云重视刑名，“每年秋审、朝审时，朕先将招册细细披览，及至勾到之日，复面与大学士、刑部堂官等往复讲论，至再至三，然后降旨”[164]。地方决囚，亦需三复奏，这是把处决权收归中央，而最终是加强皇帝的司法权。

雍正不断研究司法中的问题，他发现人命案件中，故杀、谋杀的少，斗殴中误伤的多，起因多半是为微小物品，或口角相争，打起架来就不顾性命了，及至抵罪，追悔莫及。他认为这是愚民无知，不懂法律的原因。他也知道律令条文太多，一般人难于尽知，为此命令刑部，把殴杀人命的律例逐条摘出，详细讲解说明，由地方官刊刻，在大小村落张挂，使家喻户晓，人知守法，减少人命案件发生[165]。监狱的弊病很多，刑部衙门，凡遇八旗、各部院、步军统领及五城御史交送人犯，不论事情大小、罪犯之首从，一概收禁候审，受狱吏欺凌吓诈，等定案，重犯少而轻犯多，还有无辜者，白受监禁之苦。十一年（1733年），大学士张廷玉提出区别情况分别收禁的条陈，雍正命九卿议奏，遂不许将轻罪人犯混行送部收禁。张廷玉还发现刑部定案所引律文，往往不当，容易出现官吏舞弊，使重罪轻判，轻罪重判，建议都察院和大理寺真正起到监察作用。雍正采纳他的意见，也命九卿议定纠正的办法[166]。“八议”是古代等级制在法律上的反映，历代相沿，被统治者视为不易之法。雍正对它另有看法，他说刑法应是至公至平的，不能随意忽轻忽重，有了“八议”，对亲、故、功、贤等类人的犯罪，有意为他们曲法优容，这就使法律可以任意低昂了，这是不公平的。何况这些人，平时已得国家优崇，更应当带头守法，为士民的表率，他们犯罪，再得到曲宥，人们怎能心服，怎能达到惩恶劝善的目的？并且由于有“八议”，这些人中的不肖者反倒可以放肆作恶。他认为这样的律文不足为训。不过他承认这是成法，不能取消，也不可完全按它实行[167]。雍正对宗室、贵族、功臣中多人用刑，他是把“八议”撇在一边了。

上述雍正的司法活动，可以看出他的精神主旨：

第一，是为强化治安，如对奴仆盗家长财产罪、盗贼家属连坐罪的从严改定，以严刑峻法威吓触犯刑律的平民和贱民，维护传统社会秩序和有产者的私有财产制度，所以他的司法的地主阶级性质非常清楚。

第二，是进一步增强皇帝的司法权，如全面实行三复审制度所表现出来的。

第三，贯穿了他的为政务实精神，不拘于成例，从实际出发加以改变，如改定关于宗族成员间犯案处分的律例，既不一味维护尊长利益，又不使卑幼无故遭殃。“八议”虽不取消，又不完全执行，也是根据实际情况执法的表现。

第四，执法从严，有的地方甚为残酷。三年（1725年），雍正决囚时说：“人命重案，务使情法得中，严固不可，宽亦不可。”又说：“从来法宽则愚民易犯，非刑期无刑之意。”[168]他讲执中，司法要合情合理，其实是为严刑作解释。他的遗诏说从前宽厚的律例，经他改严的，是为整饬人心，改变风俗，原来只打算行于一时，等到弊病革除之后，就可酌情恢复旧章。以后遇到这类事情，就要细加考虑，该照旧例实行的就取消新例[169]。无论是他自认严了，还是嗣君乾隆认为他严了，反正他是严了，前述对盗案家属的处理新例即是明证。他在司法上的严，也是他主张严猛政治的体现。

第五节　提升州府，更定官缺

雍正大量增设府、直隶州和州、县等地方行政机构，对亲民官的任用也作了一些改变。

二年（1724年），山西巡抚诺岷建议撤销卫所，改归州县管辖。雍正命兵部等衙门议复，兵部不赞成，理由是军、民户役不同，不便归并；武科甲人员出路是卫所的守备、千总，裁撤卫所，是去了他们做官之路。雍正与他们的看法截然不同，责备他们“所见甚小”，指示除边远卫所外，“内地所有卫所，悉令归并州县”。为了把这件事做好，他要求各省督抚详细规划合并事项，吏、兵二部研究武科甲出路问题[170]。变卫所为州县，他的决心很大，这是地方行政区划改革的内容之一。同时进行的是增置府州，这比卫所改制涉及范围更大。各地督抚见雍正支持诺岷，纷纷效尤，提出申请[171]，雍正一一采纳，在短期内许多省的行政区划作了变动。山西原有宁武卫，改升为宁武府，另设宁武县为其附郭，将右卫等三卫改为县，设朔平府领之，升平定、忻、代、保、解、绛、吉、隰等8个散州为直隶州，各领属县。在直隶，添设热河厅、张家口厅，改冀、定、晋、赵、深五散州为直隶州，升天津卫为直隶州，旋升为府。在江苏，将太仓、邳、海、通四州升为直隶州，把苏州府长洲县、松江府华亭县、常州府武进县、扬州府江都县等县析分为2个县或3个县，使苏州府有3个首县（吴县、长洲、元和），松江府（华亭、娄县）、常州府（无锡、金匮）、扬州府（江都、甘泉）也各有2个附郭县，另改金山卫为金山县。安徽的颍、亳、泗、六安等州，山东的泰安、武定、滨、济宁、曹、沂六州，陕西的商、同、华、耀、乾、邠、鄜、绥德、葭等州，广西的郁林、宾、西隆等散州升成直隶州。甘肃的甘州、凉州、西宁、宁夏等卫改为府，肃、秦、阶三州升成直隶州，台湾增设彰化县。陆续增置的府、厅、州、县，今据《清史稿·地理志》所载，约略计算一下，增设和复置的府33个，直隶州、厅58个，州、厅28个，县85个，共计204个。清代约有1700个府、厅、州、县，雍正年间变动的占到总数的12%，可见改动的比较多。这些是添设和提格的，还有的县及县下的村镇改变所隶省份，如直隶的内黄、滑、浚三县拨归河南，而河南的磁州转属直隶，祥符县的辛安社、仪封县的李家庄改隶山东曹县[172]。所有这些变易，都由雍正批准。他还给新置州县命名，如因太湖古名震泽，就以之名吴江县析出之县，山东博山、台湾彰化等都是他定的名称。

在未增置州县以前，福建人兰鼎元撰《论江南应分州县书》一文，认为苏州、松江、常州、太仓等府州的属县应当析小，原因是这里赋税多，县官忙不过来，化小了才便于征收[173]。他的分析，正是后来两江总督查弼纳提请分县的理由：

该地“额征赋税，款项繁多，狱讼刑名，案牍纷积，为牧令者，即有肆应之才，亦难治理”[174]。苏、松、常是著名的财赋重地，其辖县，钱粮多的，每年至四十多万两，少的亦不下二三十万[175]。一县的钱粮，比有的省份还要多，如云南全省一年的正额钱粮不过20万两，贵州全省地税丁银6.6万两，杂税1.3万两，仓粮11.4万石[176]。苏、松、常、太所属的长洲、昆山、吴江、嘉定、常熟、华亭、娄县、上海、青浦、武进、无锡、宜兴、太仓，合计正赋米银355万两[177]，比滇黔两省的总和还多，超过全国地丁银的10%。这么多的赋税由极少数人来管，很难征收齐全，需要增添县署。江南分县之后，松江民谣：“百里分城隔浦天，东南半壁又三分。莫看斗大州容易，堂上琴声几处闻。”[178]反映这里州县事务依旧殷繁。江南分县最具代表性，其他地区亦有类似情况。山西布政使高成龄折奏将散州蒲州、泽州升格为直隶州，缘由之一是“本州税粮”倍于他郡[179]。署理两江总督范时绎奏请在江西安福、永新两县划出一片地方另设新县，原因是那些地方离县城辽远，“每当征收之时，差役不能制服，是以历来两县钱粮旧欠未清，新征不足”[180]。雍正命他再行调查具奏，后终添设莲花厅。查弼纳、高成龄、范时绎讲的升州增县的共同原因是为了征税。

直隶滑县等三县改归河南是为解决河南漕粮运输问题。河南每年漕粮20万石，定限于次年三月初一日以前送到通州粮仓，运输由河南负责，运道是由卫河进入大运河，转输线上有一段属直隶辖境，河道多沙石浅滩，需要经常疏浚，施工时因该地区不属河南管辖，指挥很不灵便，因而河道不能畅通，河南漕粮不能及时交仓[181]。河南巡抚田文镜为按期运至通仓，奏请将沿河的内黄、滑、浚等三县改隶河南，这几县比较富庶，直隶总督李维钧不乐意划分，但雍正还是于三年（1725年）批准了田文镜的奏议，改变该三县的隶属关系。事情立见效果，当年的漕粮即如期交仓了[182]。雍正于四年（1726年）向李维钧的后任李绂说起此事，李绂认为这是三年雨水大，才得幸运成事，不是行政区划变动造成的。四年的漕粮，田文镜上交的更早，雍正又问李绂还有什么话说[183]。事实上，这种改变是取得了预期的效果。

清初，四川因人烟稀少，归并裁撤20个县。康熙五十年（1711年），川抚年羹尧提请复铜梁、岳池二县[184]，至六十年（1721年）铜梁始获准复置。雍正七年（1729年），川抚宪德疏言四川已"生聚日繁"，改变了"地广人稀，政事简少"的情况，建议恢复双流、崇宁等十四县，雍正全部批准了他的要求[185]。此外，改建宁卫为宁远府，升雅州、嘉定、铜川三州为府，升锦州、茂州、达州、忠州及资县为直隶州[186]。

以上地方政区和行政单位的变化，无论是为赋多事繁、是为通漕、是为人口增殖，都是雍正为保证清朝政府的赋税征收，适应客观条件变化而采取的措施。所以说保障赋税，是产生这种变更的基本原因。

原因是多方面的，还有一种情况。福建总督郝玉麟疏言："福宁地当冲要，崇山峻岭，向设直隶州，不足以资弹压，请改为福宁府。"[187]宁远大将军、川陕总督岳钟琪请将榆林卫改府的事，说了同样的话："（该地）夷汉杂居，必须大员弹压，请于榆林地方设知府一员。"[188]湘抚王国栋疏请将岳州府的澧州升为直隶州，他说："岳州府属辽阔，中隔洞庭……文移每至稽迟，有鞭长不及之虑"，若将澧州升为直隶，领属石门等三县，岳州府的事就好办了[189]。九年（1731年），署理直隶总督唐执玉建言将天津州改为府，他说："天津直隶州系水陆通衢，五方杂处，事务繁多，请升为府。"[190]同年，署理两江总督尹继善说："淮安府属之山阳县、扬州府属之江都县，事务殷繁，幅员辽阔，请各添设知县。"[191]他们的请求都被雍正批准了。雍正君臣的出发点，皆因原来辖区大，管理不方便；官员职务卑小，不足以任其事，为了加强对地方的治理，才进行地方机构的调整。

升府州，与地方官的任用制度也有关联。道员、知府的任用，在康熙中，由吏部按照官员的俸资，挨次选授，知州、知县的选用大体相同。道、府、州、县员缺，又分"繁""简"两项，如何划分繁、简，标准不甚清楚。雍正初年沿用了前朝成法，遗留问题亦未解决。六年（1728年），广西布政使金鉷提出新的补授办法，即府、州、县的事务分出"冲""繁""疲""难"四种情况。"冲"指地理位置的重要，或系交通要道，或系军事重地，或系险阻处所；"繁"指事务殷杂，或钱粮多，或差役杂，或为首府、首县；"难"指士习刁凌，"民风强悍"，狱讼繁多，难于治理。根据这四项内容，确定各府、州、县的官职属于何种缺分，以备选择相应官员补任。雍正把他的意见发交九卿讨论，最后决定：在冲、疲、繁、难四项中，该府、州、县具备四项或三项，则成为"最要缺""要缺"，否则为"中缺""简缺"。属于最要缺、要缺的知府由吏部开列可以补任的官员名单，经皇帝选择，予以补授，这是所谓“请旨补授”，也即所谓“特用”。州县官的补授，凡属最要缺、要缺的，由督抚从现任州县官的能员中提出名单加以任用，称为“题授”，这种官缺就叫做“题缺”；若系中、简缺分，则由吏部除授，叫做“选授”，该官缺则为“选缺”[192]。选授是按俸资排列应升官员名单秩序，然后按序升转，它只讲资格，不重视才能。题授、请旨补授选拔才力之人，可以超越俸资，含有鼓励人才的意思。

增设府县，提升直隶州，更定府、州、县官员补授方法，一个后果是加强了皇帝和督抚对基层的控制。田文镜曾说：“我皇上眷念中土，特增加直隶，事得专达。”[193]直隶州属于省里，题授由督抚进行，他们对州县官的考核和任用权实际上加大了。请旨补授，这是雍正把吏部铨选权削弱了，使皇帝进一步加强对地方行政的指导。所以地方行政制度的变化，同雍正改革中央官制和文书制度相一致。雍正从中央到地方全面调整官制，其结果是进一步强化了皇权。

1　李鸿章等纂：光绪《大清会典事例》卷1014《都察院·六科·掌印》。

2　曹一士：《四焉斋文集》卷2《请复六科旧制》。

3　《清朝通志》卷65《职官》。

4　李鸿章等纂：光绪《大清会典事例》卷1014《都察院·六科》；《清朝文献通考》卷82《职官·六科》。

5　曹一士：《四焉斋文集》卷2《请复六科旧制》。

6　雍正《上谕内阁》，五年十月十五日谕。

7　曹一士：《四焉斋文集》卷2《请复六科旧制》。

8　张廷玉等撰：《明史》卷74《职官志》，第1805页。

9　雍正《上谕内阁》，元年四月十三日谕；赵尔巽等撰：《清史稿》卷115《职官·都察院》。

10　雍正《上谕内阁》，三年十一月二十一日谕。

11　雍正《上谕内阁》，四年十月十一日谕。

12　雍正《上谕内阁》，七年二月十九日谕。

13　雍正《吏部则例·铨选满官则例》。

14　雍正《吏部则例·铨选满官则例》。

15　雍正《朱批谕旨·李卫奏折》，四年八月初二日折。

16　中国第一历史档案馆编：《雍正朝起居注册》，四年十月初六日条。

17　雍正《朱批谕旨·陈世倌奏折》，四年十一月十六日折朱批。

18　中国第一历史档案馆编：《雍正朝起居注册》，四年十月初六日条。

19　中国第一历史档案馆编：《雍正朝起居注册》，四年十一月二十七日条；萧奭：《永宪录》卷4，第321页；《清世宗实录》卷50，四年十一月乙卯条。

20　萧奭：《永宪录》卷4，第325—326页。

21　雍正《朱批谕旨·王国栋奏折》。

22　中国第一历史档案馆编：《雍正朝起居注册》，五年六月初二日条。

23　雍正《朱批谕旨·王国栋奏折》。

24　雍正《朱批谕旨·王国栋奏折》。

25　雍正《朱批谕旨·王国栋奏折》。

26　雍正《朱批谕旨·王国栋奏折》折及朱批。

27　雍正《朱批谕旨·王国栋奏折》折及朱批。

28　雍正《朱批谕旨·王国栋奏折》折及朱批。

29　赵尔巽等撰：《清史稿》卷291《蔡仕舢传》。

30　雍正《朱批谕旨·王国栋奏折》折及朱批。

31　雍正《朱批谕旨·赵弘恩奏折》，七年十一月初七日折。

32　雍正《上谕内阁》，七年十二月初八日谕。

33　雍正《朱批谕旨·王士俊奏折》，八年六月初二日折朱批。

34　雍正《上谕内阁》，九年四月初八日谕。

35　吴振棫：《养吉斋丛录》卷3。

36　中国第一历史档案馆编：《雍正朝起居注册》，二年十二月初九日条。

37　《清世宗实录》卷99，八年十月甲子条。

38　白新良：《清史考辨》，人民出版社2006年版，第248页。

39　《李煦奏折》，第1—2页。

40　故宫博物院明清档案部编：《关于江宁织造曹家档案史料》，第23页。

41　《李煦奏折》，第76页。

42　《李煦奏折》，第23页。

43　《清圣祖实录》卷249，五十一年正月壬子条。

44　雍正《朱批谕旨·王柔奏折》。

45　王锺翰点校：《清史列传》卷12《觉罗满保传》。

46　雍正《朱批谕旨·杨宗仁奏折》，元年四月初五日折朱批。

47　雍正《朱批谕旨·李绂奏折》，二年十二月二十六日折朱批。

48　雍正《朱批谕旨·马会伯奏折》，三年十月二十八日折朱批。

49　雍正《朱批谕旨·鄂尔泰奏折》，四年四月初九日折朱批。

50　雍正《朱批谕旨·齐苏勒奏折》，二年闰四月十五日折及朱批。

51　雍正《朱批谕旨·齐苏勒奏折》，三年十二月十五日折及朱批。

52　雍正《朱批谕旨·齐苏勒奏折》，四年二月初九日折及朱批。

53　雍正《朱批谕旨·鄂昌奏折》，七年六月十八日折朱批。

54　雍正《朱批谕旨·马会伯奏折》，二年七月十一日折朱批。

55　雍正《朱批谕旨·李卫奏折》，五年四月十一日折朱批。

56　雍正《朱批谕旨·性桂奏折》，六年八月初三日折。

57　雍正《朱批谕旨·田文镜奏折》，七年三月二十日折。

58　雍正《朱批谕旨·韩良辅奏折》，二年闰四月十七日折朱批。

59　雍正《朱批谕旨·任国荣奏折》，七年六月二十七日折朱批。

60　雍正《朱批谕旨·王朝恩奏折》，二年十一月初四日折朱批。

61　雍正《朱批谕旨·朱纲奏折》，二年九月初五日折朱批。

62　雍正《朱批谕旨·李秉忠奏折》，六年三月初三日折及朱批。

63　雍正《朱批谕旨·卫昌绩奏折》，六年七月十六日折朱批。

64　雍正《朱批谕旨·卫昌绩奏折》，七年四月二十九日折。

65　雍正《上谕内阁》，七年六月初十日谕。

66　雍正《朱批谕旨·刘於义奏折》，七年闰五月初六日折及朱批。

67　雍正《朱批谕旨·孔毓珣奏折》，三年二月二十五日折及朱批。

68　雍正《朱批谕旨·鄂尔泰奏折》，四年八月初六日折及朱批。

69　雍正《朱批谕旨·田文镜奏折》，二年九月初三日折朱批。

70　雍正《朱批谕旨·田文镜奏折》，二年十一月初九日折朱批。

71　雍正《朱批谕旨·李秉忠奏折》，六年二月十二日折朱批。

72　雍正《朱批谕旨·李秉忠奏折》，六年二月二十七日折朱批。

73　雍正《朱批谕旨·李卫奏折》，四年十二月初二日折及朱批。

74　雍正《朱批谕旨·禅济布奏折》，二年六月十五日折朱批。

75　雍正《朱批谕旨·高其倬奏折》，元年四月二十七日折朱批。

76　雍正《朱批谕旨·王溯维奏折》，七年闰七月初十日折朱批。

77　雍正《朱批谕旨·杨名时奏折》，四年九月初四日折朱批。

78　雍正《朱批谕旨·李卫奏折》，五年二月十七日折及朱批。

79　雍正《朱批谕旨·潘体丰奏折》。

80　雍正《朱批谕旨·李灿奏折》，九年十月初一日折朱批。

81　雍正《朱批谕旨·施廷专奏折》，七年八月十二日折朱批。

82　雍正《朱批谕旨》，卷首上谕。

83　雍正《朱批谕旨·李卫奏折》，四年十月初九日折朱批。

84　雍正《朱批谕旨·鄂昌奏折》，七年六月十八日折朱批。

85　雍正《朱批谕旨·禅济布奏折》，三年十月初七日折朱批。

86　雍正《朱批谕旨·李秉忠奏折》，七年三月初十日折朱批。

87　雍正《朱批谕旨·路振扬奏折》，四年六月十五日折朱批。

88　中国第一历史档案馆编:《雍正朝起居注册》，二年十一月初九日条。

89　雍正《上谕内阁》，康熙六十一年十一月二十七日谕。

90　雍正《上谕内阁》，四年十一月二十五日谕。

91　雍正《朱批谕旨·朱纲奏折》，二年九月初五日折；雍正《朱批谕旨·赵向奎奏折》。

92　雍正《朱批谕旨·乔于瀛奏折》，二年十一月初七日折。

93　雍正《朱批谕旨·朱纲奏折》，三年正月初七日折。

94　雍正《上谕内阁》，八年七月初七日谕。

95　雍正《朱批谕旨》，卷首上谕;《清

世宗文集》卷8《朱批谕旨序》。

96　叶凤毛:《内阁小记·自序》,《玉简斋丛书》本

97　永瑢、纪昀等纂:《四库全书总目》卷55《诏令奏议类》,中华书局1965年版,第494页。

98　关于军机处,下节即将说明。

99　章学诚:《章氏遗书》卷29《三上韩城相公书》,1922年刘氏嘉业堂刊本。

100　雍正《上谕内阁》,四年十一月二十五日谕。

101　谢济世:《谢梅庄先生遗集》卷1。

102　《清世宗实录》卷78,七年二月丙子条。

103　萧奭:《永宪录续编》,第356页。

104　李绂:《穆堂别稿》卷30《请分发后补侍卫疏》。

105　雍正《上谕内阁》,八年五月十二日谕。

106　此事又见赵翼:《檐曝杂记》卷2《王云锦》。

107　昭梿:《啸亭杂录》卷1《察下情》。

108　雍正《朱批谕旨·田文镜奏折》附录李绂奏折,四年四月二十七日折。

109　雍正《朱批谕旨·宪德奏折》,五年六月二十四日折朱批。

110　雍正《上谕内阁》,元年十一月初八日谕。

111　《清世宗实录》卷82,七年六月癸未条。

112　王昶:《春融堂集》卷47,嘉庆十二年刻本。

113　梁章钜:《枢垣纪略·自序》,光绪元年刊本。

114　吴振棫:《养吉斋丛录》卷4。

115　吴振棫:《养吉斋丛录》卷22。

116　赵尔巽等撰:《清史稿》卷114、176。

117　《清世宗实录》卷116,十年三月庚申条。乾隆初印文改为"办理军机事务印记",见吴振棫:《养吉斋丛录》卷4。

118　王昶:《春融堂集》卷47《军机处题名记》;参见吴振棫:《养吉斋丛录》卷4;梁章钜:《枢垣纪略》卷13《规制》。

119　王昶:《春融堂集》卷47《军机处题名记》。

120　赵翼:《檐曝杂记》卷1《军机处》。

121　王昶:《春融堂集》卷47《军机处题名记》。

122　张廷玉:《澄怀园文存》卷5《遵例自陈第一疏》。

123　梁章钜:《枢垣纪略》卷13《规制》。

124　张廷玉:《澄怀园主人自订年谱》卷1。

125　张廷玉:《澄怀园主人自订年谱》卷2。

126　张廷玉:《澄怀园主人自订年谱》卷3。

127　《清世宗实录》卷115,十年二月辛亥条。

128　《清世宗实录》卷117,十年四月己亥条。

129　雍正《上谕内阁》,九年十一月初六日谕。

130　《清世宗实录》卷116,十年三月丁卯条。

131　王昶:《春融堂集》卷47《军机处题名记》;吴振棫:《养吉斋丛录》卷4。

132　吴振棫:《养吉斋丛录》卷4。

133　赵翼:《檐曝杂记》卷1《军机处》。

134　王昶:《春融堂集》卷47《军机处题名记》。

135　欧阳修、宋祁撰:《新唐书》卷46《百官志》,中华书局1975年版。

136　吴孝铭:《枢垣题名·后记》,光绪八年刊本。

137　吴振棫:《养吉斋丛录》卷4。

138　见《文献丛编》第20辑照片。
139　吴孝铭:《枢垣题名》，吴荣光“记”。
140　赵翼:《檐曝杂记》卷1《廷寄》；王昶:《春融堂集》卷47《军机处题名记》。
141　雍正《上谕内阁》，六年二月二十五日谕。
142《清世宗实录》卷54，五年三月丁未条。
143　赵翼:《檐曝杂记》卷1《廷寄》。
144　吴振棫:《养吉斋丛录》卷22。
145　福格:《听雨丛谈》卷5《朝珠》。
146　梁章钜:《枢垣纪略》卷14。
147　赵翼:《檐曝杂记》卷1《军机不与外臣交接》。
148《清世宗实录》卷16，二年二月庚戌条；卷29，三年二月庚午条；中国第一历史档案馆编:《雍正朝起居注册》，三年二月初一日条。
149《清世宗实录》卷75，六年十一月丙辰条。
150《清世宗实录》卷80，七年四月己卯条。
151　雍正《上谕内阁》，十一年四月十四日谕。
152　李鸿章等纂：光绪《大清会典事例》卷732《刑部·名例律·犯罪存留养亲》。
153　李鸿章等纂：光绪《大清会典事例》卷732《刑部·名例律·犯罪存留养亲》。
154　李鸿章等纂：光绪《大清会典事例》卷732《刑部·名例律·犯罪存留养亲》。
155　李鸿章等纂：光绪《大清会典事例》卷733《刑部·名例律·犯罪存留养亲》。
156　李鸿章等纂：光绪《大清会典事例》卷732《刑部·名例律·犯罪存留养亲》。
157　中国第一历史档案馆编:《雍正朝起居注册》，五年五月初十日条。
158　雍正《上谕内阁》，六年六月初四日谕。
159　雍正《上谕内阁》，五年十月十五日谕。
160　中国第一历史档案馆编:《雍正朝起居注册》，二年四月初七日条。
161　中国第一历史档案馆编:《雍正朝起居注册》，三年九月十九日条。
162　中国第一历史档案馆编:《雍正朝起居注册》，三年九月二十一日条。
163　中国第一历史档案馆编:《雍正朝起居注册》，三年九月二十二日条。
164　雍正《上谕内阁》，十三年闰四月二十八日谕。
165　中国第一历史档案馆编:《雍正朝起居注册》，二年闰四月初五日条。
166《清世宗实录》卷129，十一年三月乙酉条。
167　雍正《上谕内阁》，六年三月二十六日谕。
168　中国第一历史档案馆编:《雍正朝起居注册》，三年九月十九日条。
169《清世宗实录》卷159，十三年八月己丑条。
170　雍正《上谕内阁》，二年闰四月十一日谕。
171　萧奭:《永宪录》卷3，第217页。
172　乾隆《河南通志》卷26《田赋》。
173　兰鼎元:《鹿洲初集》卷3，雍正十年刊本。
174《清世宗实录》卷24，二年九月甲辰条。
175　光绪《常熟昭文合志稿》卷1《疆域》。
176　雍正《朱批谕旨·丁士杰奏折》，

三年五月初二日折。

177　兰鼎元:《鹿洲初集》卷3。

178　陈金浩:《松江衢歌》。

179　雍正《朱批谕旨·高成龄奏折》，五年九月十六日折。

180　雍正《朱批谕旨·范时绎奏折》，四年十二月初六日折。

181　雍正《河南通志》卷25《漕运》。

182　雍正《上谕内阁》，四年二月二十八日谕。

183　雍正《上谕内阁》，四年十一月十六日谕。

184　《掌故丛编》第5辑《年羹尧奏折》，第17页下。

185　《清世宗实录》卷87，七年十月己酉条。

186　赵尔巽等撰:《清史稿》卷69《地理·四川》。

187　《清世宗实录》卷143，十二年五月辛卯条。

188　《清世宗实录》卷100，八年十一月壬午条。

189　《满汉名臣传》卷45《王国栋传》。

190　《清世宗实录》卷103，九年二月丙辰条。

191　《清世宗实录》卷109，九年八月丁酉条。

192　《清高宗实录》卷5，雍正十三年十月乙亥条；卷7，十一月甲子条；卷289，乾隆十二年四月丁丑条。袁枚:《小仓山房文集》卷3《广西巡抚金公神道碑》。雍正《上谕内阁》，十二年九月初五日谕。

193　雍正《河山通志》卷2《舆图序》。

第九章　改革旗务，调和满汉

满洲“领主”意识浓重，八旗旗主与下属形成主从关系，又有议政王大臣会议习俗，经过康熙大力削弱旗主权力后，雍正乃终结下五旗私属关系。雍正年间，旗人进入北京已达百年，朝廷给予粮饷，但不许他们从事其他职业，而人口增殖，于是出现生计问题。雍正为旗人增添兵丁名额，发放补助金，另外在京畿创办井田，令旗人前往耕种。旗人入关，抢夺直隶民间田地，欺压汉人，地方官不能惩治，雍正设法调处满汉矛盾。

第一节　旗务整顿，旗主权削

努尔哈赤创建八旗制度，由子侄分任各旗旗主，旗主与旗下有严格的主从关系，皇帝要调发旗下人员，必须通过旗主。旗下隶属于旗主，同皇帝是间接关系，也就是说旗下有两个主人，即旗主和皇帝。各旗内亲王、贝勒、公是世袭的，他们世代掌管所在旗。这样，在对旗民的统治上，皇帝要直接掌管旗民，加强皇权，旗主要维持对旗下的所有权，因而产生皇权与旗主权的矛盾。自清太宗起的清朝前几代皇帝都谋求削弱旗主的权力，太宗、顺治两朝使镶黄旗、正黄旗、正白旗成为上三旗，由天子自将，于是剩下其他五旗，即下五旗旗主问题。康熙在统治后期，派皇七子胤祐管理满洲、蒙古、汉军正蓝旗三旗旗务。皇帝的儿子到下五旗中作管主，代替原来的旗主，实际上削弱了旗主的权力。所以雍正以前，八旗旗主势力逐渐衰微，已无力与皇权抗衡，但是他们还拥有一部分权力，影响着皇权在八旗中的进一步行使。

雍正即位初年，承袭乃父遗策，任用亲信弟兄和王公管理旗务，如以康亲王崇安管理正蓝旗三旗旗务[1]，皇十七弟果郡王允礼管理镶红旗事。他在对管主的使用中，发现管主和皇帝及八旗内官员的矛盾。管旗务的诸王因身份崇高，还是会影响皇帝对旗民的直接统治，而管主同都统等官员职权难分，往往互相摩擦，对于“公事，亦未免耽误”。雍正遂于六年（1728年）减少管主，取消崇安、锡保及信郡王德昭等的管理旗务[2]。七年（1729年），雍正“命庄亲王允禄管理镶白旗满洲都统”[3]，九年（1731年），改“命庄亲王允禄管理正红旗满洲都统事务”[4]，十年（1732年），用平郡王福彭“管理镶蓝旗满洲都统事务”[5]。允禄、福彭管理都统事务，与管旗务大不相同。管旗务是八旗都统的太上皇，是管主，都统得唯命是从；管理都统事务，本身相当于都统，或是兼职都统。都统是所谓掌“八旗之政令，稽其户口，经其教养，序其官爵，简其军赋，以赞上理旗务”[6]。它是八旗的军政长官，是一种职务，由皇帝临时任命，不能世袭，与所在旗的旗民是官民关系，而不是主从关系。允禄是雍正第十六弟，又以亲王身份管都统事，他已不是管主，被降为一旗长官了。这不是他个人的荣辱问题，因为他长期受雍正信任，后来为乾隆顾命大臣之一。他管理都统事务，表明皇子、亲王在八旗中地位的降低，表明管主的被取消。至此，清代管理八旗事务人员经过了三个阶段的变化：旗主—管主—宗室贵族管理都统事务，每一次的变化，都是旗内主从关系的削弱，下五旗的负责人，即长官不再具有原先的旗内自主权，皇帝将它剥夺净尽了。这个“三部曲”是皇权在八旗内（主要是下五旗）强化的过程，雍正宗室贵胄管理都统事的办法，则是它的终结。这是八旗制度内皇权、旗主权消长过程的主线，围绕它，雍正还采取了许多相应措施。

八旗都统，清文为“固山额真”，印信即以此为文，“额真”，满语意为“主”。雍正元年（1723年），给事中硕塞条奏：“额真二字，所关甚巨，非臣下所可得用”，请加改定。雍正为正名分，崇君主，接受他的建议，命将“固山额真”改为“固山昂邦”，意为总管，即汉文的都统，又将“伊都额真”改为“伊都章京”[7]，意为领班。臣下不能称为“主”，只能尊奉一个主人——皇帝。“固山额真”，是努尔哈赤建旗时的老名称，后来的都统早已不复是旗主的意思，至此，雍正又在文字上加以改变，从意识形态上革除旗主的痕迹，从而也标志旗主权力的实际消失。

旗员的官缺，向分旗缺、翼缺、公缺数种。旗缺，是某一官职例由某旗人员充任；八旗又分左右两翼，翼缺是专属于某一翼的人员的官缺；公缺是所有八旗人员的官缺。旗缺、翼缺只在某旗某翼内进行拣选，旗主、管主把持这些缺位，使得各旗之人具有向心力，团结自固，但在八个旗内，各旗人才不一，有的旗升转较快，有的则较迟滞，并不公平。这一问题，康熙初年即着手解决，八年（1669年）、十年（1671年），分别将各部堂主事、郎中改为公缺，通同论俸升转，但员外郎、主事仍按旗升转。雍正六年（1728年），以铨法划一为理由，将原属于旗缺、翼缺的各部员外郎、主事、内阁中书、监察御史、给事中、工部造库郎中，一律改为公缺[8]，既解决铨法的不公平，亦不使旗主、管主干预旗缺中任何一部分旗员的任用。对八旗内部缺分的补授，雍正亦行更改。原来下五旗王公所谓公中佐领之缺，只在该王属下拣选，八年，雍正认为这样做不易得到合适的人，命于该旗中拣选官员引见补授，若该王属下之人可用的当然也可以拣选[9]。企图使诸王所用人员尽量少同他有密切关系。

佐领是八旗基层牛录的主官，职位虽不甚高，但地位重要，特别是原管佐领（勋旧佐领），系清朝开国时期率族众归来的，被编为牛录。佐领在一个家族世袭，也即它永远掌握这个基层组织。世管佐领，也是早期投入后金政权的部众，佐领也是世袭[10]。雍正于四年（1726年）二月说，他们中年幼的，愚昧的，衰老不能办事的，只给佐领的俸禄，不许管理事务，其事另选择该旗大臣官员兼理[11]。这就等于取消了原管佐领、世管佐领的世袭罔替。可见雍正对八旗各级主人下手，褫夺他们的统治权。

对于王公与属下的关系，雍正作了许多规定。元年（1723年），禁止王公在所属佐领内滥派差役，只许挑选人员充任护卫、散骑郎、典仪、亲军校、亲军，不许兼管家务，若用作包衣官职，或令跟随子侄，都要列名请旨，并且要知会该旗都统，由都统复奏。若属下犯罪，王公要奏闻，交刑部处理，雍正说："不请旨，断不可也。"[12]这是说王公对属人没有任意使用权和处罚权。二年（1724年），雍正不许下五旗王公听信谗言，将属下妄加残害，或借端送刑部治罪，若有此种情况，则将这些被害者撤离原主门下。同时规定，王公属下有被问罪发遣的，不许发往该王公打牲处所，免得他们发生联系，私自回到该王公门上[13]。政府惩治王公属下，不容原主包庇，王公迫害其属下，政府不容其肆恶，这是一个问题两个方面，即不许王公与属下有不正常关系。同年，更定王公拥有的护军、领催、马甲数，亲王为护军、领催40名，马甲160名；郡王护军、领催30名，马甲120名；贝勒护军、领催16名，马甲80名；贝子护军、领催16名，马甲64名；镇国公护军、领催12名，马甲48名；辅国公护军、领催8名，马甲32名[14]，比原来的数目减少了。同年还下令，诸王所属佐领，凡移出的，其内人员不得再与旧主往来，否则从重治罪[15]，使王公对旧部不能发挥影响。

雍正特别不许王公勒措属下。元年（1723年），他说五旗诸王不体恤门下人在外省做司、道、府、县官的，向他们分外勒取，或纵容门下管事人员肆意贪求，为除此弊，他允许该等官员封章密揭[16]。次年，他发现公爵星尼向属人王承勋勒取几千两银子，为此特发上谕，说星尼才是公爵，而王承勋不过是州县官，就要这么多银子，若主人是王府，属人为地方大员，则不知要多少了。他就此事警告王公，若不悛改，“必将五旗王府佐领下人一概裁撤，永不叙用”[17]。十一年（1733年），太原知府刘崇元告发他的佐领李永安，在其回京时，李永安到他家索去银子120两及马匹、衣物，后李永安又派人到他任所，勒取骡头、潞绸，还要二三百两银子。雍正下令对李永安严行查处[18]。

削弱八旗王公与属下的私属关系，在雍正初年有特殊意义。雍正严禁诸王滥役属人时说：早先诸王对属下尚知恩抚，而“朕之兄弟，分给包衣佐领之人既少，而差役复多，其余诸王亦从而效之”[19]。他把诸兄弟视作罪魁，借此整饬，收回王公任用属人的权力，所以这是他打击宗室朋党的一个内容。他把严禁王公勒索旗下，纳入了清查钱粮、打击贪赃、肃清吏治的措施之中。他指责王公的勒逼造成旗下官员的贪赃：“该员竭蹶馈送，不能洁己自好，凡亏空公帑，罹罪罢黜者多由于此。”[20]可见他在即位之初，急急忙忙地改革旗务，是同打击朋党、整顿吏治紧密结合。

二年（1724年），雍正下令设立宗学，为八旗的左右两翼各立一学，招收宗室子弟学习，每学设正教长、副教长，由翰林院编修、检讨充任。宗学招收宗室子弟，学习满文、汉文，演习骑射，由政府按月发给银米、纸笔。每年雍正派大臣去考试，进行奖励和惩罚[21]。七年（1729年），雍正因宗学不能容纳觉罗子弟，特于各旗设立觉罗学，令觉罗子弟读书学射[22]。此外，雍正还设立咸安宫八旗官学，选择八旗子弟中俊秀者入学，内务府包衣佐领的景山官学中的优秀者亦可入选[23]。雍正对他兴办宗学的原因作过说明，他认为宗室中人各怀私心，互相倾轧，把骨肉视为仇敌，更有甚者，

“要结朋党，专事钻营”；还有一种人骄奢淫侈，荡尽产业，也是不肖子孙。为改变这种风习，要作许多工作，但必须加强对他们的教育，以事挽救——“急筹保全之道，若非立学设教，鼓舞作兴，循循善诱，安能使之改过迁善，望其有诚”[24]。他又说：“必教以典礼伦常及治生之计，俾各好善恶恶，崇俭戒奢，方可谓教育有成。”[25]他把办宗学与削夺诸王权力、打击宗室朋党同时进行，以巩固他在政治上的胜利。

第二节　养用八旗，维持生计

清朝入关之初，八旗人口微少，他们为官作宦，当兵吃粮，又有旗地可以耕作，不存在生计问题，但时间稍长，如到雍正即位，已八十年了，这时人口增殖甚多，而官职缺额和兵额都有限量，旗地没有增加，除了上述职业以外，清政府又不允许他们自谋生活出路，因此出现了新添人口的生活问题，此外旗人因长期脱离生产，出现生活上追逐奢华的问题。二年（1724年），雍正向八旗官员和民人说：

> 尔等家世武功，业在骑射，近多慕为文职，渐至武备废弛；而由文途进身者，又只侥幸成名，不能苦心向学，玩日愒时，迄无所就；平居积习，尤以奢侈相尚，居室用器，衣服饮馔，无不备极纷华，争夸靡丽，甚且沉湎梨园，遨游博肆，不念从前积累之维艰，不顾向后日用之难继，任意糜费，取快目前，彼此效尤，其害莫甚。[26]

雍正敏锐地看到旗人逐渐丢掉尚武精神，向追求生活享乐方面发展，对后一方面感受尤深。他知京中一部分旗人以酗酒、赌博、赴园馆，斗鸡、鹑、蟋蟀为事，京外他去过盛京，见旗人以“演戏、饮酒为事”，以至城中酒肆多得不得了[27]。他还知道，有的旗人的享乐，靠着变卖家产和钱粮来维持，说他们“多有以口腹之故而鬻卖房产者，即如每饭必欲食酒，将一月所得钱粮，不过多食肉数次，即罄尽矣。又将每季米石，不思存储备用，违背禁令，以贱价尽行粜卖”[28]。

雍正针对一些旗人糜费和不善治生的问题，采取种种措施维持旗人的生活，希望他的国家的根本——八旗军不致为生活问题而动摇。

雍正告诫旗人“量入为出，谋百年之生计”[29]。他严厉禁止旗人分外享乐，元年（1723年），不许旗人酗酒、斗鸡，重定公侯及八旗军民婚丧仪制，让旗人崇尚节俭是重要的原因。到十二年（1734年），他就此事说：“近闻八旗人等仍有未改陋习，以夸多斗靡相尚者”，因命八旗都统务必加强教育[30]。这些禁令，主要是进行教育，收效自不会多，即如变卖禄米，仍是司空见惯之事。五年（1727年），顺承郡王锡保报告，贾富成私自偷买旗军甲米，又向旗人放高利贷，雍正命他加以追查，将所买甲米及高利贷本利银追出，赏给破获此案的官兵[31]。他感到一个一个追查不是根绝旗丁出卖禄米的办法，于六年（1728年）令在京仓附近设立八旗米局24个，即满、蒙、汉军每旗一个，在通州仓附近按八旗左右两翼，设立米局两处，每局都派有专官，稽查禄米的买卖[32]。这是限制旗人的糜费，以便量入为出。

雍正为增加旗人的收入，实行优恤政策。元年（1723

年)，发内帑银80万两，分给各旗，作为官兵婚嫁丧葬的费用，规定护军校、骁骑校等婚事给银10两，丧葬给银20两，马甲、步军等给银递减[33]。这是临时性的补助，对八旗生活帮助有限。

旗人繁衍了，而八旗兵额是固定的，所以出现很多余丁，没有职业，生活无着。雍正想扩大兵额，但又受政府财力的限制，就略为增加兵数，令从满、蒙、汉军中选取4800人为养育兵，每一旗满、蒙、汉军分配600名，其中满洲460名，蒙古60名，汉军80名。每一个满洲、蒙古养育兵每月关饷银3两，汉军每月也应为3两，但实给2两，多余的饷银给额外增加的养育兵，这样汉军每旗又可增添40人，这次总计添加养育兵5120人[34]。同年，雍正又特别增长汉军额数，把汉军265个佐领又两个半佐领，扩充为270个佐领，兵额从17528名，增至2万名[35]。适当增加八旗兵额，雍正坚持了这项政策。九年（1731年)，西安将军秦布奏称，他所管辖官兵定额8000名，然因户口繁盛，旗丁已近4万人，因请在余丁中挑选1000名当差，每月仅给饷银1两、米3斗，雍正批准了他的要求[36]。就此，他考虑到驻防各地的八旗情况相类似，因命其他驻防地也扩大兵额，挑选余丁充任[37]。

八旗庄田是公田，旗人只有使用权并没有所有权，但是时间长了，实际上成了所有者，因而能将所使用的旗地典当或出售，当然这是不合法的。七年（1729年)，雍正过问这类事情，他考虑典卖旗地之事相沿已久，不便依法惩治，又不能不处理而任其发展，因此命各旗查明典卖情况，动支内库银按原价赎回，留在旗内，限原业主一年之内取赎，过限不赎，准本旗及别旗人照原价购买[38]。十二年（1734年），命清查直隶旗地。他力图保持旗人产业，不令流落八旗之外。

限制出卖甲米和旗地典卖，是消极的防范措施，雍正还着眼于发展旗人生产，即位之初，就兴办热河屯垦。元年（1723年）六月命于热河、喀喇和屯、桦榆沟三处屯田，从京城满洲、蒙古八旗中择取没有产业的旗丁八百名前往，编设佐领，另设总管从事经理[39]。十一年（1733年），命喜峰口驻防兵屯田，每名给地150亩，菜园四分，照民田例交税，税银留充兵饷[40]。

雍正下力搞的是八旗井田。孟子讲的井田制，二千年间，真正试行者是雍正。二年（1724年），他批准户部侍郎塞德的建议，设立井田，令拨京南霸州、永清、固安、新城等县官田二百多顷，作为井田，在京城八旗内，选择十六岁以上、六十岁以下没有产业的人员前往耕种，按照孟子所说的井田制精神，每户授给100亩为私田，十二亩半为公田，8家共有公田100亩，又给每户十二亩半作室庐场圃之用，官给盖房屋，按人口分配。另给每户发银50两，购置耕牛、农具、种子。私田收入归井田户，公田收成，在三年后全部交公[41]。为办理此事，设置井田管理处，派建议人塞德前往料理。实行以后，愿去的人很少。五年（1727年），雍正说：那些没有产业、游手好闲的旗人，依靠亲戚为生，使好人受累，而他们却能为非作恶，遂强迫他们迁往井田处耕种；那些犯了枷号鞭责罪的革退八旗官兵，也罚往耕种[42]。以后，又把侍郎哲暹、尚书石文焯等先后发往井田处效力[43]。由于所去旗人多“非安分食力之人”[44]，不仅不好好从事生产，反而偷卖官牛，私自出租井田。管理官员又将井田分成等第，徇私调换，干没公田租课[45]。种种情弊，不断发生。乾隆即位就把井田改为屯田，不愿屯田的井田户撤回京中原旗，留下田房交地方官出租，愿意留下屯种的，按地亩完纳钱粮[46]。雍正试行井田制十年，最后以失败而告终。关于井田制，议论者多，然都不敢贸然实行。康熙年间亦有议行的，康熙说井田法好是好，但形势已不允许它实行了，“后世有欲于旷闲之壤仿古行井田之法者，不惟无补于民，正恐益滋烦扰。天下事兴一利不如去一弊之为愈，增一事不如省一事之为得也”[47]。雍正不怕多事，他宣布：“特开井田，以为八旗养赡之地”[48]，希望它能解决八旗的生计，滋扰之弊，在所不计。但是，他的认识不符合客观实际。第一，一部分旗人因长期脱离生产，成为寄生者，要他们改变习性和生活习惯，不是一般的行政命令所能做到的，所以用他们实行井田制，他们就只能破坏而不能建设。第二，实行井田制不是一个孤立的简单的事情，它同土地所有制、政治制度、赋税制度等相关，在地主土地私有制已流行千百年后，没有经历社会革命，实行以土地公有制为基础的井田制，即使在一片国有地上实行，在地主土地私有制的包围下，它也不可能长期存在，必然会出现将井田（公田）私租出卖的现象，如此，井田怎能维持！第三，纵令雍正的井田法得以长期维持，垦田不过二百余顷，户民不过约200家，人、田均极少，而要想扩大，政府给田、房、开垦费就要增多，也是力量所难达到的，这就是说井田很难大规模发展。那样的小规模进行，根本解决不了旗人的生产生活问题。因此，雍正实行井田制，虽力求解决旗人生计问题，勇于实践，但以主观代替客观，盲目实践，失败也是理所当然的。

雍正晚年谋图扩大旗人的生产地区，令人往黑龙江、宁古塔等处调查，规划分拨旗人前往居住耕种，正当就绪之时，由于他的故世而没能实行[49]。

在八旗人员逐渐地脱离生产、追逐享乐、生活窘迫的现实面前，雍正力图挽救危机，劝诫他们节俭，为他们堵塞钱财漏洞，又希望用发展生产增加他们的财源。他的种种努力收效甚微，没有阻止得了旗人腐化的趋势，旗人的生计问题依然存在。在他以后，问题更趋严重。这是清朝一代的问题。清朝对八旗用养起来的办法，使他们渐渐成为寄生者，渐渐成为废人，这个基本政策不改变，旗人的问题根本解决不了。雍正希望发展旗人的生产，是有识之见，但没有从根本上变更对旗人的方针，所以就不可能改变旗人的状况。

第三节　镇压反清，调处满汉

在曾静案一节提到雍正反对华夷之辨，强调满族统治的合理性，至于满汉关系，他还有具体的处理办法。

一、为明朝皇帝立嗣，镇压反清势力

反满复明思想，自清朝入关后，就在一部分汉人中流行着，有的人积极实践，故而“朱三太子”事件不断出现。

崇祯有七个儿子，第二、五、六、七四子都殇逝，长子朱慈烺立为皇太子，三子朱慈炯为周皇后所生，封为定王，四子慈炤生母为田贵妃，受封永王。李自成进北京，获朱慈烺，封之为宋王，得朱慈炯，封为宅安公[50]，朱慈炤下落不明。李自成退出北京，朱慈烺和朱慈炯兄弟也不知存亡去向，可是不久有人自称是故太子朱慈烺投奔南京福王政权，因真伪莫辨，被朱由崧囚禁。据《明史》记载，该人为明驸马都尉王昺之孙王之明，追清军至南京，乃投降清朝[51]。至此，崇祯的长子已不为人所注意，他的遗胤最尊贵的就是第三子朱慈炯了。因为此人不知所终，汉人正好利用他的名号反清。康熙十二年（1673年），京城有人称“朱三太子”，记载说他叫杨起隆，又叫朱慈璊，他草创政权，建年号广德，封了大学士、军师、总督、提督、齐肩王、护驾指挥、黄门官等官，联系郑成功部下降清将领，准备在首都起兵，被人告发后，“朱三太子”逃亡，其妻马氏及齐肩王等被捕。此后，有人诈称杨起隆，也即诈称“朱三太子”，在陕西造反，被抚远大将军图海拿获，于十九年（1680年）解至北京杀害[52]。与杨起隆活动的同时，蔡寅在福建称“朱三太子”，组织数万人，与在台湾的郑经联合，攻打清朝的漳州，被清朝海澄公黄芳世打败[53]。有个明朝后裔叫朱慈焕，赘于浙江余姚县胡家，生有六子，本人流浪四方，教书为生，化名何诚、王士元。清朝政府对他有所察觉，康熙四十五年（1706年）将他的三个儿子拿获下湖州长兴县监狱。其时，在宁波、绍兴等府，有张念一（张廿一、张君玉）、张念二（张廿二、张君锡）、施尔远等人从事反清活动，尊奉朱慈焕为“朱三太子”，四十六年（1707年）十一月，清军对他们围剿，他们打败官军，进入四明山中的大岚山坚守，次年初失败。在苏州，有一念和尚，也声称尊奉“朱三太子”（慈焕），秘密组织群众。当清军围攻张念一时，他们竖起大明旗号，头裹红布，抢劫太仓州典铺，声言攻打州仓库，当即被州官镇压。江南、浙江两案发生后，康熙派遣侍郎穆丹到杭州审查，张廿一、张廿二、朱慈焕、一念和尚先后在苏州、山东、吴江等地被逮捕。康熙以朱三父子为首恶，将他们杀害[54]。又据吴振棫记载，江南有金和尚，诈称崇祯第四子永王朱慈炤是“朱三太子”，将之拥立，聚众于太湖，准备在康熙南巡时起事，活捉康熙，届时发炮不响，遂为清军破获[55]。康熙最后一次南巡是在四十六年春天，吴振棫所记，与一念和尚的活动在同时同地，但情节又有所不同，因此尚难于断定为一件事。如果金和尚就是一念和尚，则他的活动计划是较庞大的。

康熙对出现的反清复明活动严厉镇压，同时作出对前朝并无恶感的姿态，他南巡到江宁，亲至朱元璋明孝陵祭奠，或派官员往祀，表示对朱元璋的敬意。他保护明十三陵，派皇子巡查、扫祭，以此笼络汉人，希望消弭反清思明情绪。雍正深知关于“朱三太子”的活动及其能量，特别是大岚山及一念和尚的案子，他应当是很清楚的。他也参加了查看明十三陵的活动。也就是说对反清复明他不仅知道，而且要采取对策。

元年（1723年）九月，雍正说他发现康熙的未发谕旨，称赞朱元璋统一华夏，经文纬武，为汉、唐、宋诸君所未及，因命访求明太祖的后裔，以便奉其禋祀[56]。次年，找出正白旗籍、正定知府朱之琏，封为一等侯，世袭，承担明朝诸陵的祭祀，同时把他族内人丁都抬入正白旗。据说朱之琏的先人朱文元，是明宗室代简王的后人，在松山战役中被俘，入了八旗[57]。雍正利用这类旗人，完全不用担心他们会和拥护朱明的汉人搅在一起，却可当作招牌，用作宣传不仇视明朝，不歧视汉人的工具。

雍正中，汉人假借朱姓之名反清的仍不乏其人。七年（1729年），雍正说："山东人张玉伪称朱姓，冒充前明帝裔，宣称星士为他算命，当有帝王之分。"[58]同年，广东总督郝玉麟在恩平县拿获藏有"楚震公"令旗的民众，据说他们的军师叫李梅，以灾变劝人造反，他宣称有一个人，生辰八字俱是壬寅，时年八岁，交趾，山西、陕西、福建、广西各省都有他的人，都发了委任书。又据说：康熙末年在台湾造反的朱一贵的儿子称"朱三太子"，原在交趾小西天，已出发到巫山，有众几十万，不久就要领大兵来了[59]。郝玉麟称这个案子"人犯众多，情事重大"。案中人原计划在七年十二月初二日攻打恩平县，事机不密，被清政府发觉，首领区在台、陈京干、梁伟杰等被捕，李梅逃亡，后被捕，又逃脱了。雍正对这个案子始终关注，责怪郝玉麟办理不力[60]。同时期，广西人张淑言、福建延津道员家人马姓等说：钦天监奏紫微星落于福建，朝廷业已派人到闽，把三岁以上、九岁以下的男子全部斩杀。李梅、张淑言等人的言行透露，有"朱三太子"活动在国境之外，可能在南方邻国安南。他们是否为一伙，资料没有揭示清楚，但李梅提到八岁孩童势力达到福建、广西，而张淑言正是广西人，又说福建将发生变故。他们所说的地区、内容相同，似非偶合，估计当时两广、福建部分汉人假借“朱三太子”旗号，进行反清活动，并有一定的势力。有人认为康熙朝破获朱慈焕案件后，反清力量转移到海外吕宋、交趾等地[61]。此说不无见地，因反清势力屡受挫折，国内活动困难，一部分就转往邻国。然而这只是讲了一方面的道理，还要看到，随着不断发生的“朱三太子”事件的一一失败，再简单地诈称“朱三太子”，很难使民众相信，不便于首领的活动，而诡称其在海外，把他当做一个偶像，则可以用他继续组织群众，这是一个原因；另一方面，清朝加强了对北方和江浙的控制，反清力量不易在这些地方集聚，而两广、福建处于边远地区，又有反清传统，因此反清复明的活动就南移了。

上面说的是雍正朝出现的“朱三太子”，另外，康熙朝朱慈焕余众仍在活动。案内人甘凤池，当日亦被捕，受过两次夹刑，后放出，继续进行反清秘密活动。他被人称为“炼气粗劲，武艺高强”，“各处闻名，声气颇广”，成为领袖人物[62]。和他共同为首的有周昆来，原籍河南商丘，久居江宁，原姓朱，或说是明朝封在河南的周王的后人，曾往苏州见过朱慈焕，与其认为叔侄[63]。有张云如，有人说他是明朝后裔[64]，以相命、念符、练枪为手段，广收门徒[65]。他们联络各阶层人士，因为名气大，和地方大吏都有往来。张云如被两江总督范时绎请至官署，范时绎为学其坐功，欲下拜求师，张云如坚辞，就上坐，范在侧领教[66]。江苏按察使马世烆命其子向张云如学习，称张为师。江宁驻防旗人佛插、赫者库亦同张交游。江宁人于琏捐纳为候选县丞，张云如收为徒弟，告诉他“辅助海中真主”，又把他荐给扬州盐商程汉瞻[67]。

浙江总督李卫获悉甘凤池、张云如等活动，要从甘凤池突破，假意为他的儿子学武艺，请甘凤池及其子甘述为师，甘氏父子应允入衙而被捕[68]。虽是受骗上当，亦可见他们有较高地位，也自视不凡。

他们联络各地人士，其中有蔡胡子，浙江人，在安庆算命，说八年（1730年）秋天要举事。有镇江旗人潘朝辅，卖私盐，“有大志，结交往来过客”。有常州人陆剑门，会天文六壬奇门，懂得兵法，在松江水师提督柏之藩幕中作事，遍游南北十省，交际人甚多。有平湖人陆同庵，是贡生，立志反清，往来苏松各处，看视河道地势，在昆山教习徒众。有无锡范龙友，亦是生员，教人拳棒，联络医生李九征，说海上四方山有朱姓聚集，遣人到内地联系，举人张介绥及金甸南、华希渭往浙江乍浦寻觅未遇。有苏州踹匠栾尔集，与段秀清等22人拜把结盟，准备进行齐行增价的斗争。嘉定有踹匠王朝和监生姚秉忠，姚给其联络人饷银，每季7两2钱，说是从海上领来，有事听征集调用[69]。还有江宁人夏林生，在河南固始县卖花树，联络该县武生周图廉，周组织小车会，“党羽甚众”，并常对结盟弟兄说：“我们虽然穷困，终了还有出头日子。”七年（1729年），甘凤池叫他到镇江相会，届期，甘被李卫“请”去，周图廉因缺乏盘费，延期赴会，未得相遇[70]。这些人有的相互间有交往，有的没有，但众人都以甘凤池晓得天文兵书，“欲得以为将帅，无不与之邀结往来”[71]。这些人均以反清复明为目标，甘凤池随身携带两个密本，记载各省山川关隘，险要形势，攻守机宜[72]，他要夺天下。他们与“朱三太子”朱慈焕一案关联，后仍坚持信仰朱明后裔。陆剑门劝陆同庵入伙，以“吕宋山岛内有朱家苗裔”为说辞，在给其委任状上用“东明龙飞六年”纪年[73]。他们中人总宣传朱家后人在海上，有寄托，是进行政治斗争。甘凤池等的活动，被李卫派人打入内部，暴露了秘密，七年（1729年）、八年（1730年）间相继被捕。雍正深知反清复明活动对清朝统治不利，对这个案子极为注意，他说：

> 此种匪类，行藏诡秘，习尚乖张，暗怀幸灾乐祸之心，敢作逆理乱常之事，关系国家隐忧。[74]

又说：

> 斯种匪类，为生民害甚于盗贼，孟子所谓恶莠恐其乱苗也。[75]

他认为，盗窃犯只是单个人的行动，仅以得财物为目标，而政治犯则可以影响到一群人，以夺取政权为目标，其危险性极大。有鉴于此，特派工部尚书李永升到浙江会审。范时绎、马世烆因与张云如有交往，为护己之短，与李卫不协调，雍正支持李卫，赞扬他“矢志坚定，勇于奉公”[76]，“能于众所忽处留心究察”[77]，树之为“督抚模范”。他对朱明后裔之说倍加警觉，向李卫说：

> 吕宋山岛前明苗裔之真伪有无，极当确切鞫讯。前岁因西洋人来密奏及此，随命闽粤大吏加意访察，佥云子虚。斯事当年圣祖亦曾垂意，今据云审究自不待言，即此案不得实耗，将来仍宜另行设法探访。[78]

随后李卫回奏：对此问题留心已久，还在密探之中[79]。这是他们君臣所谓隐患的核心问题。

雍正用暴力镇压汉人的反清势力，又以优待明裔感化汉人，力图处理好围绕清朝统治是否合法的斗争问题。

二、调处直隶旗、汉矛盾

直隶多旗地，旗人甚众，他们依恃特权，欺压汉民，造成严重的旗汉冲突。

雍正元年（1723年），直隶巡抚李维钧密奏房山县庄头李信与宛平县庄头索保住勾结作恶的罪行，他说李信等独霸房山县石行，把附近居民的牲口抢去，为其拉石料出售；放高利贷，拿百姓房产作抵押，不能偿还的，勒逼人妻、子、女为奴；强占房山、宛平县民间妇女多人为妾；打死人命。他们的行为造成严重的后果，“以致宣化府士民罢市”。雍正痛恨庄头作恶，见奏即指示李维钧将李信等严审究拟，“以示惩创，以舒畅小民怨抑之气”。他知道此等庄头，必勾结内廷势要，去之不易，他怕李维钧遇到阻力，退缩不前，因在李的奏折上批道：“尔断不可游移软懦，倘遇难以推卸之处，直告之曰上意指示，何敢见宽。”[80]与此同时，公开向李维钧发出谕旨：

> 畿甸之内，旗、民杂处，向日所在旗人暴横，小民受累，地方官虽知之，莫敢谁何，朕所稔悉。尔当奋勉整饬，不必避忌旗汉冰炭之形迹，不可畏惧勋戚王公之评论，即皇庄内有扰害地方者，毋得姑容，皆密奏以闻。[81]

李维钧是汉人，若对旗人据法惩治，必遭王公反对，会被安上汉人反对旗人的罪名，雍正给李维钧撑腰，警告贵胄不得对他陷害，以便他顺利处置不法的旗人，适当消释汉人的怨恨。七月，李维钧密奏宝坻庄头焦国栋、焦国璧在城乡占据田土一千余顷，开设当铺、商店数处，打死人命六条，奸占妇女，包揽词讼，私立场集。雍正指示李维钧："除暴安良，尔分所当为，类此等事，宜极力振作，更勿虑朕以多事见责。"[82]十月，雍正谕内务府，加强对庄头的管理，对怙恶不悛的即行革退[83]。十二月又谕，庄头不得奢华，住房不得逾制，不得擅用非分之物，否则正法不贷[84]。经过一番整饬，有的凶恶庄头有所收敛，自动将地租和当铺利息各减一分，李维钧因他们知过省改，请求免予治罪。雍正回答说：恶人禀性难移，对他们仍要留心访察，如少蹈前辙，立即参处，不可稍存姑息之念，绝不要始勤终怠。他还作了除恶务尽的表示："朕必永断此恶而后已。"[85]正是在雍正的鼓励与督责下，李维钧继续打击作恶庄头，二年（1724年）正月又将静海县镶黄旗恶霸庄头李大权捉拿归案[86]。

对于庄头以外的凶横旗人，雍正亦从严惩罚。康熙末，许二倚恃是旗人，率众打死民人刘国玉，雍正即位有赦免恩诏，刑部援引诏书，欲为之减刑，大学士等复奏，雍正说许二倚仗旗人犯罪，实属可恶，不可援赦宥免，仍应按原罪拟绞监候，秋后处决[87]。四年（1726年）八月，直隶总督李绂奏报：镶黄旗人王三格，据称是内务府仓官，在满城县有祖遗圈地，早年转典给县人孙含夫、冉铎等取租，三年（1725年）回到满城，殴打孙含夫及佃农，占夺原地。转年三月孙含夫到保定控告，还未审理，王三格因冉铎吃斋被乡人称为老道，就诬告冉铎邪党聚众，自称教主，任命孙含夫等人为将军、总管。直隶按察使据报将冉铎等人拘捕审讯，造成冤狱。王三格因是仓官，地方官不便审理，请将其官职革退，以便审结。雍正指示："三格实属可恶，宜加倍严惩，以警刁诬。仓官非官，彼自名之为官也，殊可发一大笑！"[88]王三格夺人财产，又肆诬陷，可见旗人对汉民欺压的严重。他可以自称仓官，封疆大吏的总督也对他无可奈何，亦见旗人特权之大。雍正加倍严惩的态度，才可以多少打击不法旗人的嚣张气焰。五年（1727年），顺义县旗人方冬魁在酒馆中见到张四，张未让坐，方即对之打骂，激怒张将其杀死，署理直隶总督宜兆熊承审，拟将张四定为绞监候罪，雍正不以为然，他说："向来庄居旗人，欺凌民人者甚多，即方冬魁之事可见"，因此对张四从宽发落：免死，枷号两月，责四十板完结，"以为旗人不论理恃强凌弱欺压民人者之戒"，并将此事晓谕八旗及各屯庄居住之旗人，以引起警惕[89]。这样从轻处理张四，于法律不合，但不失为纠正旗人肆意作恶弊端的一个措施。

旗、汉之间纠纷案件，向例，旗人不由地方官审理，到康熙三十七年（1698年），经直隶巡抚于成龙题请，设立满洲理事同知一员，驻保定，审理旗人斗殴、赌博、租佃、债务诸事，至于人命盗匪等重案，则会同督抚鞫审[90]。这个理事同知，专由满人承当，与作为知府副手的同知不同。州县官不能随意审查旗人案件，也不能对旗人用刑[91]。雍正初，以直隶旗、汉互相呈控事件繁多，增设满洲通判一员，亦驻保定，协助理事同知处理事务。不久，仍以事多，旗、汉纠纷均赴保定办理不便，遂将张家口、河间、天津的旗、汉事件分别交张家口同知和天津同知审理[92]。这是雍正维持康熙朝旧制，只是增设专管旗民事务的官员，以便比较迅速地处理纠纷案件。六年（1728年），良乡县知县冉裕棐杖责旗人乌云珠，署直隶总督宜兆熊以违例虐待旗人将他题参。雍正说："旗、民均属一体，地方官审理事务，只当论理之曲直，分别赏罚，不当分别旗、民。"冉裕棐奉公守法，不应当革职听审，因将宜兆熊的题本掷还。他还说不知道有不许地方官体刑旗人的成例，要刑部查明具奏[93]。刑部查出果有这种案例，雍正命把它废掉，依他的指示执行，同时指责宜兆熊那样对待属员，过于苛刻[94]。

旗人与汉人在处刑上，向来有所不同，汉人犯流徒罪的照律充发，旗人则可改为枷号、杖责结案，实际是从轻发落。四年（1726年），雍正感到它使法律不能一致，因命大学士、八旗都统及满洲、汉军中的九卿共同商议，可否将旗人的准折刑法取消，一律按照统一的刑律与汉民一样处置[95]。大学士等认为准折刑法是不好，易使旗人轻于犯罪，但满人、蒙古人缺乏营生之术，发遣难于图存，请维持旧例不变，唯汉军有犯军流罪者，则照律发遣[96]。

在旗民与汉民关系问题上，雍正亦欲作些改革，但因照顾旗人的方针不变，所以在法令上就不能不遵奉旧制了。然而在实践上，打击不法旗人，尤其是作恶多端的庄头，一定程度地缓和旗、汉矛盾。在这里，人们可以看到，他维护旗人特权，但又不使它过分，这同他对待汉人中的绅衿是一样的，即承认其法定权利，而不允许非法虐民。只有这样，才有利于巩固清朝的统治。

三、所谓“满汉臣工均为一体”

与旗人欺凌汉民相一致，在官僚中，旗员傲视汉员，这是清代皇族制度和清朝职官制度所决定的。雍正宣称：“朕即位以来，视满汉臣工均为一体。”[97]又声言：“朕待臣下至公至平，从无一毫偏向，惟视其人如何耳。”[98]听其言而察其行，他的言行并不完全一致。

清朝对大学士、六部尚书、侍郎等官实行复职制，满汉兼用，且为同等职务，但总有一个主事的，即所谓在前行走者，这却法定为满人。五年（1727年），雍正规定，大学士领班以满人中居首的充任，其余大学士的行走秩序，不必分别满汉，要依补授时间排列名次，由皇帝临时决定，并指定汉人大学士张廷玉行走在旗人孙柱之前[99]。六部满尚书在汉尚书之上，张廷玉以大学士管吏部、户部尚书事，雍正不顾定制，命张廷玉行走在前。六年（1728年），公爵傅尔丹管部务，张廷玉因他为贵胄，不敢越过他，向雍正请求，让傅尔丹在前行走，雍正不答应，令张廷玉安心居前[100]。汉人励廷仪任刑部尚书多年，其属满人侍郎海寿升任尚书，按规定超居其上，雍正为表示对励廷仪的重视，命他在前行走[101]。雍正一面执行以满人为领班的制度，一面又因人而异，重用一部分汉人。

满汉官员在政府中的不同地位，自然会产生矛盾，互相排斥。雍正见到：“满洲为上司则以满洲为可信任；汉人为上司，则以汉人为可信任；汉军为上司，则以汉军为可信任。”[102]雍正认为这种偏向，将影响政事的治理，时加警惕。汉军杨文乾为广东巡抚，广州将军石礼哈及广东官员阿克敦、常赉、官达等四个满人协谋陷害他，被雍正识破，因而训饬他们。雍正说他信任的满员迈柱、汉员李卫、汉军田文镜和杨文乾，什么出身都有，“但能竭忠尽力，则彼挟私倾陷之徒，无论其为满洲、汉军、汉人，皆不得施其狡狯，肆其奸谋”[103]。在这相互排斥之中，满人占居主导地位，他们不仅据要津，即使为汉人的下属，亦以旗籍而蔑视主官，雍正知道这是旗人的常习，时加警戒。汉人孔毓珣任广西巡抚时，汉军刘廷琛为按察使，雍正叮嘱他：“凡百处不可越分，毋因巡抚系汉人遂失两司之体，而主张分外之事，朕如有所闻，必加以僭妄处分也。”[104]雍正考虑到政事的治理，需要官员的团结一致，他告诉官员：都是办的朝廷事情，何必分满洲、汉人、汉军、蒙古，应当“满汉协心，文武共济，而后能致治”[105]。他以此律人，也应该说这是他的真实思想，他为了很好地利用汉官，不愿过分地歧视他们。

雍正说：“天之生人，满汉一理，其才质不齐，有善有不善者，乃人情之常，用人惟当辨其可否，不当论其为满洲为汉人也。”[106]这里说的是对满汉一视同仁，唯看其才质。可是他又对臣下说：“朕惟望尔等习为善人，如宗室内有一善人，满洲内亦有一善人，朕必先用宗室；满洲内有一善人，汉军内亦有一善人，朕必先用满洲；推之汉军、汉人皆然。苟宗室不及满洲，则朕定用满洲矣。”[107]同样人才，先宗室，次满人，再次汉军，最后才是汉人，满汉就是有区别、有等第。所以说雍正依然执行清朝传统的依靠满洲团结汉人的用人方针，但是他比较重视才能，给某些汉人以较高的地位和特殊的荣誉，有利于这些汉人尽心尽职发挥政治治理作用。

四、巩固满洲地位的方针

雍正即位不久，召见八旗大臣，宣称："八旗满洲为我朝根本"，植本一定要牢固，为此要根据满洲现存问题，逐一解决，限诸臣于三年之内，"将一切废弛陋习，悉行整饬，其各实心任事，训练骑射，整齐器械，教以生理，有顽劣者，即惩之以法"[108]。解决八旗生计问题，是他巩固满洲根基一项措施，此外，他还抓了几件事。

满洲八旗军事训练在较长的和平时期逐渐废弛。雍正在藩邸就知道，八旗训练不过是虚应故事，每至校射之期，管旗大臣不过至校场饮茶，闲谈一阵散伙，有人担任领侍卫内大臣三年，竟没有看过侍卫骑射。军械损坏，官员也不修理，还将修理费、添置费落入私囊，政府虽有定期检验制度，但彼时各旗互相挪借，以至"租箭呈验"，进行欺蔽。雍正说此种情况，先帝没有怪罪，他本人"则不能宽恕"，定行整顿。他立限一年，要将器械修整完备，届时检验一旗，即行封存，防止挪移租箭积弊[109]。训练亦行加强，命教养兵练习长枪、挑刀各艺，八旗前锋营每月习射6次，马甲春秋两季合操。雍正还增加驻防外省八旗军的人数和地区，太原、德州各添500人，增设驻防福州水师营、浙江乍浦水师营、广州水师营，设甘肃凉州八旗兵2000人，庄浪八旗兵1000人，添设驻防山东青州将军、副都统，八旗兵2000人[110]。雍正说"省省皆有驻防满兵，方为全美"[111]。他希望通过训练和扩大防区，维持和增强八旗军的战斗力。

语言，是一个民族得以独立存在的基本条件，雍正致力于防止满人的汉化，在语言上颇为留神，他说“满洲旧习最重学习清语”[112]，“八旗兵丁学习清语最为紧要”[113]。六年（1728年），他发现侍卫护军废弃满语不讲，用汉话互相调笑，遂指示他们专心学习满语。十一年（1733年）又下令，凡是侍卫护军，只许说满语，不许讲汉话。八旗训练时，亦只讲满语，如果仍有说汉话的，定将该管大臣、官员严肃治罪[114]。语言与文字紧密相联，雍正办宗学、觉罗学、八旗官学，亦以满文为主要课程，教育旗人不忘本民族文字。雍正注意满文翻译的准确性，他说若拘泥字句，则文义不能贯通，若追求通俗易晓，修辞就不能典雅，他讲求辞意兼到之法。康熙曾命顾八代用满文翻译朱熹辑的《小学》，没有刊刻，雍正将它印刷颁布，并作序言[115]。雍正令把《孝经》译成满文出版，也为它写了序[116]。

满人散处各地，尽管驻防的旗人有固定居住地区，即俗谓满城，但总是和汉人杂处，往来增多，自不可避免民族间的通婚。雍正依旧采取传统的禁止政策。蔡良赴福州将军任前，雍正对他说:“驻防兵丁均系旗人，竟有与汉人联姻者”。要他到任后严行禁绝。蔡良至闽，查明旗人娶汉人为妻的214人，嫁出者2人。雍正说不会就这些人，不过既往者不究，“将来者当加严禁”[117]。

汉族文明高于满族，满族虽居统治地位，然而汉化却是不可避免的趋势，雍正极力保持满族的语言文字，风俗习惯，禁止满汉通婚，防止满人的汉化，不利于民族融合，违背历史的潮流。其所以如此，是使满族以本来面貌，维持其对全国的统治。

雍正处理满汉关系的原则，可以归结为两条：一是以八旗满洲为立国根本，保护它，维持其生计和特权地位，防止满人汉化；二是适当调节满汉矛盾，打击恣意压迫汉人的不法旗人，重用汉人中的有才能的人士。第一条表现了他的顽固态度，第二条则反映了他的应变精神。

1 中国第一历史档案馆编:《雍正朝起居注册》，五年五月二十一日条。

2 《清世宗实录》卷74，六年十月癸巳条。

3 《清世宗实录》卷83，七年七月甲寅条。

4 《清世宗实录》卷102，九年正月甲申条。

5 故宫博物院明清档案部编:《关于江宁织造曹家档案史料》，第220页。

6 光绪《大清会典》卷84《八旗都统》。

7 《清世宗实录》卷42，四年三月丁未条。

8 《清世宗实录》卷70，六年六月庚辰条。

9 《清世宗实录》卷100，八年十一月癸巳条。

10 《清圣祖实录》卷281，五十七年十月乙巳条；吴振棫:《养吉斋丛录》卷1；福格:《听雨丛谈》卷1《佐领》，第23页。

11 《清世宗实录》卷41，四年二月辛卯条。

12 中国第一历史档案馆编:《雍正朝起居注册》，元年七月十六日条。

13 中国第一历史档案馆编:《雍正朝起居注册》，二年三月二十日条。

14 《清世宗实录》卷23，二年八月戊寅条。

15 《清世宗实录》卷26，二年十一月辛亥条。

16 中国第一历史档案馆编:《雍正朝起居注册》，元年六月二十九日条。

17 雍正《上谕内阁》，二年六月二十三日谕。

18 雍正《上谕内阁》，十一年九月二十日谕。

19 中国第一历史档案馆编:《雍正朝起居注册》，元年七月十六日条。

20 中国第一历史档案馆编:《雍正朝起居注册》，元年六月二十九日条。

21 雍正《上谕内阁》，二年闰四月初五日谕；吴振棫:《养吉斋丛录》卷3；昭梿:《啸亭杂录》卷9《宗学》。

22 《清世宗实录》卷84，七年闰七月癸未条。

23 《清世宗实录》卷75，六年十一月丙辰条；昭梿:《啸亭杂录》卷9《八旗官学》。

24 雍正《上谕内阁》，二年闰四月初五日谕；吴振棫:《养吉斋丛录》卷3；昭梿:《啸亭杂录》卷9《宗学》。

25 《清世宗实录》卷41，四年二月辛卯条。

26 《清世宗实录》卷16，二年二月丙午条。

27 中国第一历史档案馆编:《雍正朝起

居注册》，三年四月十二日条。

28 《清世宗实录》卷56，五年四月己亥条。

29 《清世宗实录》卷16，二年二月丙午条。

30 雍正《上谕内阁》，十二年五月十七日谕。

31 雍正《上谕内阁》，五年六月二十八日谕。

32 《清世宗实录》卷66，六年二月甲午条。

33 李鸿章等纂：光绪《大清会典事例》卷1139《八旗都统·优恤》。

34 雍正《上谕内阁》，二年正月二十六日谕。

35 李鸿章等纂：光绪《大清会典事例》卷1121《八旗都统·兵制》。

36 《清世宗实录》卷108，九年七月癸亥条。

37 雍正《上谕内阁》，九年七月二十二日谕。

38 李鸿章等纂：光绪《大清会典事例》卷1117《八旗都统·田宅》。

39 《清世宗实录》卷8，元年六月辛酉条。

40 《清朝通典》卷3《驻防庄田》。

41 《清世宗实录》卷21，二年六月甲午条。

42 《清世宗实录》卷55，五年闰三月丁巳条。

43 中国第一历史档案馆编:《雍正朝起居注册》，五年七月二十二日条。

44 王庆云:《熙朝纪政》卷4《记屯田·附记井田》，光绪二十七年上海天章书局印本。

45 《内阁全宗·雍正朝题本》，田赋类，海涛为查奏井田事，中国第一历史档案馆藏，第3函31号。

46 李鸿章等纂：光绪《大清会典事例》卷161《户部·田赋·井田改屯地》。

47 钟琦:《皇朝琐屑录》卷3，光绪二十三年刊本。

48 中国第一历史档案馆编:《雍正朝起居注册》，二年十一月十五日条。

49 梁诗正:《八旗屯种疏》，见贺长龄、魏源等编:《清经世文编》中册卷35。

50 计六奇:《明季北略》卷20《内臣献太子》，商务印书馆《国学基本丛书》本。

51 张廷玉等撰:《明史》卷120《庄烈帝诸子传》。

52 蒋良骐:《东华录》卷12，第193页；吴振棫:《养吉斋余录》卷4。

53 吴振棫:《养吉斋余录》卷4；赵尔巽等撰:《清史稿》卷261《黄芳世传》。

54 《清圣祖实录》卷232，四十七年四月戊午；卷233，六月丁巳条。《李煦奏折》，第40—44、50—51、55、56页。

55 吴振棫:《养吉斋余录》卷4。

56 中国第一历史档案馆编:《雍正朝起居注册》，元年九月十九日条。

57 《清世宗实录》卷16，二年二月丙辰条；卷25，十月戊寅条。孟森论辩朱文元并非代王后裔，见所著《明清史论著集刊》上册，第70页。

58 《清世宗实录》卷86，七年九月癸未条。

59 雍正《朱批谕旨·王士俊奏折》，八年正月初二日折。

60 档案“朱批奏折”，转见人民大学清史所编:《康雍乾时期城乡人民反抗斗争资料》，中华书局1979年，第613—614页。

61 ［日］竺沙雅章:《朱三太子案——关于清初江南秘密结社的一个考察》，《史林》1979年第62卷第4号。

62 雍正《朱批谕旨·李卫奏折》，七年十二月初二日折。

63 雍正《朱批谕旨·李卫奏折》，七年十二月十一日折。

64 雍正《朱批谕旨·李卫奏折》，八年正月十七日折。

65 雍正《朱批谕旨·李卫奏折》，七年十二月初二日折。

66 雍正《朱批谕旨·李卫奏折》，八年二月二十五日折。

67 雍正《朱批谕旨·李卫奏折》，七年十二月初二日折。

68 雍正《朱批谕旨·李卫奏折》，七年十二月初二日折。

69 雍正《朱批谕旨·李卫奏折》，七年十二月初二日折。

70 雍正《朱批谕旨·田文镜奏折》，八年二月初一日折。

71 雍正《朱批谕旨·李卫奏折》，七年十二月初二日折及朱批。

72 雍正《朱批谕旨·田文镜奏折》，八年二月初一日折及朱批。

73 雍正《朱批谕旨·李卫奏折》，七年十二月初二日折及朱批。

74 雍正《朱批谕旨·李卫奏折》，七年十二月初二日折及朱批。

75 雍正《朱批谕旨·田文镜奏折》，八年二月初一日折及朱批。

76 雍正《朱批谕旨·李卫奏折》，七年十二月初二日折朱批。

77 雍正《朱批谕旨·田文镜奏折》，八年二月初一日折朱批。

78 雍正《朱批谕旨·李卫奏折》，七年十二月初二日折朱批。

79 雍正《朱批谕旨·李卫奏折》，八年正月十七日折。

80 雍正《朱批谕旨·李维钧奏折》，元年五月十六日折及朱批、十八日折。

81 《清世宗实录》卷8，元年六月壬申条。

82 雍正《朱批谕旨·李维钧奏折》，元年七月三十日折及朱批。

83 雍正《朱批谕旨·李维钧奏折》，元年十月二十九日折。

84 雍正《上谕内阁》，元年十二月初五日谕。

85 雍正《朱批谕旨·李维钧奏折》，元年十一月二十九日折及朱批。

86 雍正《朱批谕旨·李维钧奏折》，二年正月十九日折。

87 中国第一历史档案馆编:《雍正朝起居注册》，元年七月十八日条。

88 雍正《朱批谕旨·李绂奏折》，四年八月初一日折及朱批。

89 中国第一历史档案馆编:《雍正朝起居注册》，五年四月丁未条。

90 萧奭:《永宪录》卷1，第60页。

91 张廷玉:《澄怀园文存》卷12《甘汝来墓志铭》。

92 李绂:《穆堂初稿》卷39《请定理事同知通判分审旗人案件疏》。

93 雍正《上谕内阁》，六年三月初三日谕。

94 雍正《上谕内阁》，六年三月二十四日谕。

95 《清世宗实录》卷41，四年二月癸酉条。

96 《清世宗实录》卷48，四年九月辛卯条。

97 中国第一历史档案馆编:《雍正朝起居注册》，四年十二月二十六日条。

98 雍正《上谕内阁》，六年八月初九日谕。

99 中国第一历史档案馆编:《雍正朝起居注册》，五年九月二十二日条。

100 张廷玉:《澄怀园语》卷2。

101 张廷玉:《澄怀园文存》卷12《励廷仪墓志铭》。

102 雍正《上谕内阁》,四年五月初二日谕。

103 雍正《上谕内阁》,六年八月初九日谕。

104 雍正《朱批谕旨·刘廷琛奏折》,元年六月二十九日折朱批。

105 雍正《上谕内阁》,六年八月初六日谕。

106 雍正《上谕内阁》,六年十月初六日谕。

107 雍正《上谕内阁》,三年三月十三谕。

108 《清世宗实录》卷12,元年十月辛未条。

109 雍正《上谕内阁》,元年四月十八日、九月十一日谕。

110 赵尔巽等撰:《清史稿》卷130《兵志》。

111 雍正《朱批谕旨·田文镜奏折》,六年十二月十六日折朱批。

112 《清世宗实录》卷65,六年正月庚辰条。

113 雍正《上谕内阁》,十一年十一月二十七日谕。

114 雍正《上谕内阁》,十一年十一月二十七日谕。

115 《清世宗诗文集》卷7《清汉文小学序》。

116 《清世宗诗文集》卷7《清汉文孝经序》。

117 雍正《朱批谕旨·蔡良奏折》,五年二月二十七日折及朱批。